KB119320

한 · 중 · 일 경제 삼국지 2

새로운 길을 가야 하는 한국 경제

나남
nanam

지은이 소개

안현호는 서울대학교 무역학과를 졸업하고 제 25회 행정고시에 합격한 후
산업입지환경과장, 철강 · 석유화학과장, 부품 · 소재과장,
산업기술정책국장, 산업정책국장, 기획조정실장, 산업경제실장을 거쳐
산업통상자원부(구 지식경제부) 제 1차관을 역임하였으며,
약 30년 공직생활의 대부분을 산업분야에서 근무하였다.
퇴직 후 한국무역협회 상근 부회장, 단국대 석좌교수를 거쳐
현재 삼정KPMG 고문으로 재직하고 있다.

나남신서 1913

한 · 중 · 일 경제 삼국지 2
새로운 길을 가야 하는 한국 경제

2017년 3월 10일 발행
2017년 5월 10일 3쇄

지은이   安玹鎬
발행자   趙相浩
발행처   (주) 나남
주소   10881 경기도 파주시 회동길 193
전화   (031) 955-4601(代)
FAX   (031) 955-4555
등록   제 1-71호(1979.5.12)
홈페이지   http://www.nanam.net
전자우편   post@nanam.net

ISBN 978-89-300-8913-5
ISBN 978-89-300-8655-4(세트)

책값은 뒤표지에 있습니다.

나남신서 1913

한·중·일 경제 삼국지 2

새로운 길을 가야 하는 한국 경제

안현호 지음

나남
nanam

Rock, Paper, Scissors:
The East Asian Economic Game

New Challenges for the Korean Economy

by

Ahn, Hyunho

nanam

가끔씩 떠올리는 시구 하나가 있다. 당나라 때의 시다. 시인은 저녁 어스름에 높은 누각에 올라 먼 산을 바라본다. 그곳에는 이미 비가 닥치고 있었다. 먼 곳을 바라보는 시인에게 바람이 불어와 그가 서 있는 곳의 누각을 가득 채운다.

시구를 한자로 적으면 "山雨欲來風滿樓"(산우욕래풍만루) 다.

스산한 정경일까. 아니면 그저 아름다운 서경(敍景)일까. 둘 다 맞을 수 있다. 그러나 나는 이 구절에서 위기 앞에 놓인 사람의 노심(勞心)과 초사(焦思)를 읽고 싶었다.

먼 곳에 내리는 비, 그를 미리 알리는 바람이 등장한다. 비는 고요하고 평온한 일상을 깨우는 위험의 상징이요, 비보다 앞서 닥쳐 누각을 가득 메우는 바람은 조짐이자 암시다. 앞으로 닥칠 '위기'와 그를 미리 알리는 '조짐'의 상관관계가 잘 드러나 있다.

필자는 사회생활을 시작하고 줄곧 우리나라 산업 행정의 일익을 담당했다. 우리 경제와 산업의 흐름이 좋았던 적도 많았다. 정부의 계획과 기업의 활력이 맞물려 잘 돌아갔기 때문이다. 그럼에도 '우리에게 닥칠 위기가 있다면 어떤 모습일까'를 늘 생각했다.

실제 1997년과 2008년에는 아주 커다란 위기가 닥쳤다. 나름대로 대응을 하면서 그 두 차례의 위기도 잘 넘겼다. 우리의 산업과 통상정책을 다루는 부처에서 몸을 담고 일하던 필자는 그런 과정에서도 다음에 닥칠 위기의 모습을 자주 떠올리지 않을 수 없었다.

삶의 모든 현장이 다 그렇다. 상승이 있으면 하강이 꼭 있다. 순탄한 길이 나타났다가도 계곡에 둘러싸이고 가시가 무성한 애로(隘路)에도 접어든다. 남과의 다툼이 불가피한 경쟁의 길에서는 더욱 그렇다. 따라서 사람은 늘 위기에 대비해야 하고, 적어도 위기를 미리 읽으려는 노력을 반드시 해야 한다.

4년 전 펴낸 《한·중·일 경제 삼국지 1》은 그런 노력의 소산이었다. 장기적으로 우리나라 경제를 먹여 살릴 영역이 무엇이며, 그 전망은 어떤지, 우리의 경쟁력 수준은 어느 정도인지를 파악해 미래의 경쟁에서 제대로 살아가자는 취지였다. 그 역시 미래에 우리에게 닥칠 위기를 전망하는 데서 시작한 책이었다.

2권을 준비하는 요즘 우리나라 경제 전망은 결론부터 말하자면 매우 비관적이다. 앞에서 인용한 시구에 비유하면, 우리에게 곧 닥칠 비는 폭풍우에 가깝다. 그런 위기에 앞서 당도한 지금의 이 바람은 아주 강력한 태풍이라고 해도 좋을 정도다.

누각이 벌써 흔들리고 있다. 거대한 비와 세찬 바람에 누각이 무너질 수도 있는 위태로운 순간이지만, 튼튼한 골조를 새롭게 만들어 올릴 인력과 기술력의 채비가 다 부족하다. 지난 40여 년의 고속성장기를 지탱했던 토대가 모두 흔들리고 있다.

우선 세계 경제의 큰 흐름이 불황으로 향하는 징후가 뚜렷하다. 누구도 장담할 수 없는 미래의 불확실성 속에서 패러다임의 변화 조짐마저 보인다. 이른바 제4차 산업혁명이 도래하면서 우리는 기존의 산업적 틀을 근본적으로 재편해 새로운 흐름에 대응해야 하는 절실한 과제를 안고 있다.

이에 더해 우리 사회의 인구 고령화는 아주 심각하다. 미래 경제·산업을 이끌어 갈 창조적인 인재와 산업현장에서 부가가치를 생산할 청년층은 급격히 줄어들고, 경쟁력 있는 생산력과 창의력을 기대하기 어려운 노년층은 크게 늘어만 가고 있다.

우리 경제의 토대였던 대기업의 성장도 한계에 이르렀다. 새롭게 굴기하는 중국의 막강한 경쟁력, 그곳 정부의 선택과 집중에 따른 거대한 물력(物力)이 그나마 한국 경제의 활력과 경쟁력을 받쳐줬던 우리 대기업의 경쟁력을 크게 위협하고 있기 때문이다.

이제 그 규모와 상관없이 부분적으로 손을 대서 수정하는 '조정'(調整)의 단계는 지났다고 본다. 저 멀리서 곧 들이닥칠 거대한 폭풍우, 그에 앞서 닥친 태풍과도 같은 바람에 삐걱거리며 흔들리는 누각 …. 이 모습이 우리가 엄중한 마음으로 받아들여야 할 오늘날 우리나라 경제의 실제 광경(光景)이다.

이제 우리는 혁신(革新)만이 살 길이라는 결론을 내릴 수밖에 없는 형국이다. 변하되 근본적인 체질까지 변하지 않고서는 우리가 살아남지 못할 수도 있는 상황이다. 동물의 피와 살점이 묻은 가죽을 무두질로 다스려 틀과 모습을 아예 바꿔버리는 혁명적인 변화, 즉 혁신만이 답이라는 얘기다.

나는 이 책에서 그 점을 자세히 기술했다. 우리가 조립을 통한 완성품 제조에 주력하는 지금까지의 틀에서 부품·소재·장비의 영역으로 옮겨가지 못하면 왜 일본과 중국 사이에서 결국 시들어 죽을 수밖에 없는지를 주변의 상황, 우리의 실례로 적었다.

그에 혁신을 덧붙이기 위해서는 무엇을 어떻게 펼쳐야 할지도 설명했다. 시장을 주무르고 생산체계의 정점에서 상생(相生)과는 거리가 먼 독점적 지위를 차지한 대기업 위주의 현재 틀로서는 혁신을 이루고, 그를 지속적으로 펼쳐가기 힘들다는 점도 적었다.

이를 뒷받침하기 위한 창조적인 국가혁신시스템 구축의 필요성도 역설했다. 또한 우리가 새로운 성장동력을 창출하고, 부품·소재·장비산업의 초일류화를 이루면서 기존 우리 주력산업의 전략적 재편, 미래 성장분야의 효과적 선점을 이루는 방도를 소개했다.

이제 몇 년밖에 남지 않았다. 저출산·고령화의 흐름이 본격적으로 농도를 더하는 시점까지, 그리고 우리의 기존 산업 경쟁력이 지금까지의 효력을 상실하는 때까지 말이다. 그 몇 년 동안 우리는 혁신적인 변화를 서둘러야 한다. 크게는 국가혁신시스템을 상례화하고, 작게는 미시적인 흐름에서의 경쟁력 제고까지 손을 대야 한다.

한국 경제의 경쟁력이 마주할 위기의 요소는 언론과 전문가들이 자주 경고음을 울려 이제는 귀에 익다고 해도 좋을 정도다. 그러나 종합적 인식은 매우 부족했다. 세계 경제의 흐름에서부터 우리와 경쟁관계인 일본과 중국의 동향, 한국 산업계의 구조적 한계, 우리 사회의 제도적 문제점 등을 함께 살피는 기획은 부족했다.

《한·중·일 경제 삼국지 2》 출간은 이런 문제 인식에서 비롯했다. 이제 우리는 전략의 시야를 제대로 다져 위기를 똑바로 응시해야 한다. 그로써 우리는 지금까지 펼쳐왔던 자랑스러운 '한강의 기적' 제 2탄을 쏘아 올려야 한다. 어둠이 깊어지는 이때 혁신이라는 화두(話頭)를 가슴 깊이 품고 새벽의 길에 우리 모두가 함께 나서기를 바라는 마음으로 이 책을 펴낸다.

2017년 3월

안 현호

한 · 중 · 일 경제 삼국지 2

새로운 길을 가야 하는 한국 경제

차 례

제1장

한계에 다다른 한국 경제

1. 세계 경제사에서 유례없는 성공을 거둔 대한민국

선진국의 꿈은 모든 나라가 품는다. 그러나 현실에서 그 꿈을 이루는 일은 말처럼 쉽지 않다. 현재의 세계경제 패러다임은 유럽의 산업혁명을 통해 만들어졌다. 오늘날 대부분의 산업도 제2차 산업혁명이 펼쳐진 19세기 말에서 20세기 초에 걸쳐 골격이 만들어졌다. 따라서 지금의 선진국 그룹은 18~19세기에 유럽과 미국, 캐나다, 호주 등 이른바 '유럽계 국가'로 이뤄졌으며, 일본만 유일한 예외다.

　이런 점에서 볼 때 일본은 세계 경제사적으로 대단한 나라다. 그 어느 나라도 할 수 없는 일을 해냈기 때문이다. 그러나 우리나라가 1960년대 이후 약 50년간 이룩한 성과는 일본에 결코 뒤지지 않는다. 오히려 세계 경제사 전반을 놓고 볼 때 일본보다 나은 성과를 이룩했다.

우선, 우리나라는 2011년 세계 경제사에서 아홉 번째로 무역 1조 달러를 달성했다. 1조 달러를 달성한 국가는 미국(1992년), 독일(1998년), 일본(2004년), 중국(2004년), 프랑스(2006년), 이탈리아(2006년), 영국(2007년), 네덜란드(2007년) 순이다. 이 가운데 네덜란드는 중개무역 국가여서 진정한 '1조 달러 클럽' 회원국이라고 보기 어렵다. 그렇다면 무역규모(2015년 기준) 면에서 한국은 미국, 독일, 일본, 중국, 프랑스, 이탈리아, 영국 다음이다. 이 자체로도 개발도상국의 성적표라고는 도무지 믿기 어려운 대단한 성과임에 틀림없다.

수출규모에서도 2015년을 기준으로 세계 6위(5,269억 달러)를 기록했다. 수출액을 국가별로 나열하면, ① 중국(2조 2,749억 달러), ② 미국(1조 5,049억 달러), ③ 독일(1조 3,289억 달러), ④ 일본(6,251억 달러), ⑤ 네덜란드(5,670억 달러), ⑥ 한국(5,269억 달러) 순이다.

무역이나 수출규모만 놓고 보면 우리나라는 세계 최고 수준의 선진국이다. 물론 국내총생산(GDP)은 세계 12~15위, 1인당 GDP는 20위권 중반 정도다. 그러나 수출과 무역 부문에서의 성과라는 점이 중요하다. 아랍에미리트연합(UAE), 브라질, 호주처럼 자원을 수출해 이룬 성적이 아니기 때문이다. 순전히 제조업을 기반으로 이룩했다는 점이 돋보인다는 얘기다.

우리나라는 제조업 전반에 걸쳐 생산기반을 고루 갖춘 전 세계에서 몇 안 되는 국가다. 대만처럼 일부 제조업에서 글로벌 경쟁력을 갖춘 나라는 꽤 있다. 그러나 제조업 전반에 걸쳐 훌륭한 기반을 다지고 유지하는 나라는 독일, 일본, 중국, 한국 정도다.

우리나라는 제조업 강국으로 세계 생산기지의 핵심 역할을 담당한다. 메모리반도체 D램(1위), 디스플레이(1위), 조선(1위), 연료전지(1위), 자동차(5위) 등 제조업 전 분야에서 세계 1~5위 수준의 기반을 구축하였다. 그리고 우리 제조업은 모든 가치사슬(value chain) 과정에서 산업기반을 고루 갖췄다. 기획, 디자인, R&D, 생산, 물류 및 판매 기반뿐 아니라 '소재-부품-장비-조립'으로 이어지는 산업별 생태계를 아주 정치(精緻)하게 구성했다.

아울러 여기에 제조업을 밑에서 받치는 주물, 금형, 열처리, 단조 같은 뿌리산업의 기반과 경쟁력 또한 단단하다. 이와 같은 제조업 강국으로서의 위상은 우리 경제·산업의 최고 자산이며 자랑거리라고 할 만하다. 제조업 강국으로서의 경쟁력을 기반으로 한 무역 1조 달러, 수출 6~7위의 성과는 일본을 제외하고 어느 나라도 이룩하지 못한 성적표다. 세계 경제사 전체를 일별해도 역시 대단히 높은 평가를 받을 수준이다. 확언컨대, 이 점에 있어서는 대한민국이 일본보다 한 수 위다. 물론 현재 한국과 일본의 경제력을 비교하면 우리가 열위에 있는 것은 분명하다. 그렇지만 한국과 일본이 처했던 환경과 걸어온 길을 고려하면 생각이 달라질 수 있다.

일본의 경우를 보자. 일본은 적어도 2세기 이상의 근대화 과정을 거친 후 19세기 말~20세기 초반에 이미 선진국 수준에 도달했다. 1603년 도쿠가와(德川) 막부(幕府)가 들어선 후 천주교 유입 방지를 위해 쇄국정책을 취했으나 유럽의 선진문물은 나가사키(長崎) 항을 통해 활발하게 받아들였다.

근대화 기반을 꾸준히 닦은 일본은 1868년 메이지유신(明治維新)을 통해 본격적인 부국강병을 추진했다. 이어 청일전쟁(1894~1895년)과 러일전쟁(1904~1905년)에서 승리함으로써 세계 강국으로 우뚝 올라섰다. 당시의 일본은 서구 선진국과 경쟁할 정도의 과학기술과 산업의 기반을 이미 다졌던 것이다.

　나아가 일본은 진주만 폭격을 감행하면서 미국과 태평양전쟁을 치르고 만다. 당시 하와이 진주만을 공격했던 일본의 주력기 '제로(Zero) 전투기'가 추락하자 미국이 이를 가져다 연구할 정도로 기술이 우수했다. 이처럼 일본은 선진국으로 발돋움하기 위한 준비를 몇 세기에 걸쳐 지속적으로 추진했다. 일본은 마침내 비유럽 국가로는 처음으로 선진국 반열에 오를 수 있었다.

　우리는 어땠을까? 조선시대 들어 임진왜란(壬辰倭亂)과 병자호란(丙子胡亂)의 대규모 전쟁이 벌어졌다. 외세의 잇단 침략으로 국토는 피폐할 대로 피폐해졌다. 영·정조 시대의 치세로 나라 형편이 잠깐이나마 나아지는 듯했다. 그러나 세도정치의 전횡은 멈출 줄 몰랐다. 위정자들의 부패도 이어졌다. 극도로 좁아진 위정자들의 식견은 마침내 나라를 일본의 식민지로 만들었다.

　일제 강점기에 전 국토는 수탈에 가까운 피해에 고스란히 몸을 드러내고 말았다. 이어 닥친 한국전쟁은 한반도를 완전히 초토화시켰다. 그야말로 아무것도 없는 상태에서 우리는 1960년대 중반 제1차 경제개발 5개년 계획을 추진했고, 이후 약 50년이라는 짧은 시간에 지금의 성과를 이뤄낸 것이다.

　일본은 청일전쟁을 치르며 확보한 전함 건조능력 등을 바탕으로 순탄하게 세계 1위 조선국으로 올라설 수 있었다. 자동차산업도 눈부신 발전을 이루어 전후에는 세계 1위로 약진했다. 역시 제로 전투기를 만들던 엔지니어들이 그 주역으로 저력을 발휘했다. 반면, 우리는 사람도, 돈도, 인프라도 없었다. 그러나 반세기 만에 맨손으로 오늘과 같은 산업적 토대를 일궜다. 적어도 이 점에서만은 일본보다 훨씬 높게 평가받을 만하다. 한국은 산업발전과 경제성장을 바탕으로 과학기술, 문화, 예술 등 거의 모든 분야에서 선진국 수준에 이르렀다고도 볼 수 있다.

몇 년 전 가수 싸이의 〈강남스타일〉이 유튜브 역대 최다 조회 수 (13억)를 경신하는 등 한국의 케이팝(K-Pop)이 세계 유행을 선도하는 현상을 목격했다. 1960~1970년대에 청소년기를 보내면서 미국이나 프랑스 같은 먼 세상을 동경하던 나와 같은 세대들은 감회에 젖을 수밖에 없는 일이었다.

2. 한계에 다다른 한국 경제시스템

1) 한계에 처한 한국 경제

그러나 이제 희망과 기대보다는 걱정이 앞선다. 대한민국을 알리는 외신은 암회색이 주조(主調)다. 안팎으로 들려오는 뉴스는 기분이 좋아지는 내용보다는 우리를 짐울하게 짓누르는 정보가 주를 이룬다. 긍정적인 이야기를 들어본 지 이미 퍽 오래다.

〈한국경제〉신문이 2015년 일반 국민 5,000명을 대상으로 "대한민국에 미래는 있는가"라고 물은 적이 있다. 그 결과는 매우 어두웠다. '우리에게 희망이 있는가?', '자식에게 물려줄 미래가 밝은가?'를 묻는 질문에 10명 중 8명이 "앞으로 더 나은 삶을 기대하기 힘들다"고 답했다. 조선과 철강 등 주력산업의 경쟁력 상실, 세계에서 가장 빠른 저출산·고령화 등으로 인한 성장잠재력의 위축, 대부분 국민의 소득정체, 가계부채의 증가 등이 주요 원인이다. 이로써 중산층은 감소하고 빈곤층은 증가했다. 둘은 맞물려 현상의 고착화로 이어졌다. 취업하기가 너무 힘들어 희망을 잃은 청년들이 늘어간다.

그러나 우리가 맞닥뜨린 문제들이 제법 오랜 시간을 거쳐 쌓이고 쌓여 이제는 구조화되는 단계로 진입하고 있음에도 나라의 경제주체들에게 이를 해결할 의지가 없는 것으로 보인다. 구조적 문제들을 극복할 수 있는 큰 그림을 그려서 국민 앞에 내놓지 못한 채 단기적 임기응변 대책만 쏟아내는 정부가 우선 문제다. 나라를 위한 정치적 리더십을 발휘하지 못하고 인기 위주의 포퓰리즘(*populism*) 입법을 양산하는 국회도 마찬가지다.

'내 일자리'와 '내 임금' 지키기 외에는 귀를 닫아버린 노조는 방조자에 가깝다. 조금도 손해 보지 않으려는 자기중심적인 시민의식도 문제의 해결을 가로막는 요인이다. 지금과 같은 상황이 줄곧 이어지면 우리나라는 희망적 미래를 기대할 수 없다. 오히려 큰 위기에 봉착할 가능성이 아주 높다.

왜 이 지경에 이르렀을까? 한국의 경제시스템, 더 나아가 사회시스템이 한계에 다다랐기 때문이다. 이제 우리는 매우 심각한 기로

(岐路)에 섰다. 2020년대 중반 일본 수준의 초고령사회에 이르기 전까지의 약 10년 동안 전면적인 구조개혁을 통해 선진국으로 도약할 것인가, 아니면 이대로 가다 중국의 주변국으로 주저앉아 버릴 것인가 라는 갈림길이다.

한 나라의 경제시스템이 제대로 작동하기 위해서는 지속적인 경제성장이 이뤄져야 한다. 아울러 성장에 따른 분배가 비교적 광범위하게 펼쳐져 대다수 국민이 그 혜택을 고루 누릴 수 있어야 한다. 그러나 현재의 우리나라 경제시스템은 성장과 분배 모두가 제대로 작동되지 않는 한계에 도달한 모습을 보이고 있다.[1]

2) 전면적 구조개혁이 필요한 한국 경제

우리나라 경제시스템은 대기업집단 위주의 성장시스템이 그 중심에 있다. 즉, 한국 경제시스템의 기원은 1973년 박정희 대통령의 중화학공업 육성이다. 이후 미세한 수정이 많이 가해졌지만 그 골격은 지금까지 유지되고 있으며, 대기업집단 위주의 흐름은 2008년 경제위기 이후 오히려 더욱 견고해졌다. 그러나 현재의 한국 경제시스템은 거의 수명을 다했다고 볼 수 있다.

현재 우리나라의 경제는 성장과 발전의 측면에서 모두 한계에 다다른 모습이 도처에서 나타나고 있다. 요즘 경제관련 우울한 소식들은 줄곧 들려오는데, 이는 우리나라 경제시스템의 한계로 인해 나타나는 징후들이 각각 편린처럼 흘러나와 하나의 모자이크로 모아지는 형국이다.

이제 구조적인 문제, 시간적인 한계가 다가오는 불길하고 암담한 길목에서 흐름을 과감하게 돌려 대대적인 구조개혁, 그를 통한 경제시스템의 혁신을 설계해 실천에 옮기는 일을 더 이상 미룰 수 없다. 우리나라 경제는 임기응변식의 정책 나열이나 구호성 개혁, 실질적이라 말할 수 있지만 분산되고 산발적인 몇 가지 제도개선으로는 발전과 성장을 꾀할 수 없는 한계에 와 있다. 시스템 전체를 근본부터 다시 만들어야 할 시기가 왔다는 말이다. 이런 작업을 10년 전쯤 했으면 좋았을 텐데 하는 아쉬움은 있지만, 아직 늦지는 않았다고 생각한다.

지난 《한·중·일 경제 삼국지 1》 저술의 궁극적인 목표는 우리나라 경제, 특히 성장측면의 한계를 지적하고 경제시스템의 전면 개편을 촉구하는 것이었다. 그런데 아쉽게도 그동안 우리나라 경제시스템을 근본적으로 개선하려는 노력은 진전이 없었거나 매우 미흡했던 것으로 평가한다. 현재는 1권을 저술할 때보다 우리나라 경제의 한계가 더욱 명확해지면서 최악의 경우 위기에 봉착할 수 있다는 불안감이 더 팽배해졌다. 먼 산에 머물렀던 비구름이 이제는 머리 위의 먹구름으로 몰려들었다는 느낌이다. 그래서 대단히 걱정스럽다.

제 2 장

급변하는 세계 경제여건과 패러다임

한국 경제의 특징 중 하나는 대외의존 비중이 세계 어떤 나라보다 높다는 점이다. 우선 내수규모에서 한계가 뚜렷하다. 이로 인해 지속적인 경제성장을 위해서는 대외지향적인 성장전략을 피할 수 없다. 선택이라기보다 차라리 숙명이라고 해야 옳을 정도다.

한국 경제의 무역 의존도는 100%를 넘는 수준으로 G20 국가 중 최고다. 아울러 수출의 GDP 기여도도 약 50% 수준이어서 경제의 수출 의존도가 다른 어느 나라보다 높다. 따라서 우리나라 경제는 세계 경제 흐름에 매우 민감하게 반응하며 그로부터 큰 영향을 받을 수밖에 없다. 세계 경제성장률과 세계 교역액의 증감에 우리나라 경제성장률이 매우 긴밀하게 연동돼 있다.

또한 우리나라는 소규모 개방경제이기 때문에 대외충격에 금융시장이 대단히 민감하게 반응한다. 주식시장의 외국인 보유비중이 30%를 훨씬 웃돌고, 외국인 자금 또한 외채를 포함해 약 7,500억 달러 수준으로 상당한 규모이다. 따라서 세계 경제의 상황에 따라 외국인 투자자금의 흐름이 급변하면 우리나라 금융시장에 대단히 큰 충격을 준다.

IMF 외환위기 당시 원-달러 환율은 1997년 1월 평균 849.9원이었으나 이듬해 1월에는 1,702.8원까지 절하됐다. 또한 2008년 금융위기 당시 외국인 자금이 그해 6월부터 이듬해 3월까지 9개월 동안 약 93조 4,000억 원이나 빠져나가 우리 금융시장에 큰 충격을 준 적이 있다.

우리나라 경제의 기초체력이 좋지 못할 때 세계 경제 동향은 더욱 중요하다. 그리고 제 4차 산업혁명은 세계 경제·산업의 패러다임을 근본적으로 변화시키고 있다. 과연 세계 경제의 여건과 패러다임 변화가 우리나라에게 유리할까, 불리할까? 결론부터 말하자면 불리할 것으로 전망된다.

1. 장기적 침체의 가능성을 보이는 세계 경제

최근 들어 세계 경제가 장기간 침체할 것이라고 주장하는 전문가들이 늘고 있다. '장기침체'(*secular stagnation*)는 1938년 하버드대 교수 한센(Alvin Hansen)이 1930년대 대공황기에 미국 경제가 기술 정체와 인구증가율 둔화에 따른 투자기회의 대폭 축소로 인해 회복되지 못하고 과소투자 등 총수요 부족에 직면할 것으로 예측하면서 처음 사용한 용어다.

최근에는 미국 전 재무장관이며 현재 하버드대 교수인 서머스 (Lawrence Summers)가 IMF 경제포럼(2013. 11) 연설에서 "선진국 경제는 2000년대 초부터 구조적 요인에 의해 장기침체에 진입했다"고 주장하면서 세계 경제학자들 사이에 찬반 논쟁이 크게 벌어졌다.

장기침체란 개념은 그 원인을 두고 다양한 견해가 있다. 아울러 다른 유사현상과 섞여 혼란스럽게 쓰이는 경우도 있다. 그럼에도 개념 자체는 대체로 다음과 같이 정의할 수 있다.

실제 GDP가 잠재 GDP를 밑도는 가운데 총수요가 억제돼 있거나 공급 측면에서 기술혁신의 정체 등으로 잠재 GDP가 정체된 현상[1]

장기침체론에 반기를 드는 학자들도 물론 있다. 그러나 이미 대세를 이뤘다고 해야 한다. 동조하는 전문가들이 다수인 데다가, 그 수가 점차 증가하고 있기 때문이다. 이들은 대개 2008년 글로벌 금융위기 발생 이후 8년이 지났지만 세계 경제가 아직 회복세를 보이지 않는 점을 주목한다. 아울러 회복이 되더라도 위기 이전의 성장수준으로 돌아가는 것은 불가능해 저성장 기조가 장기화한다고 본다.

실제 금융위기 이후 주요 선진국 중앙은행들이 강력한 통화 확대 정책을 실시해 왔으나 선진국들은 저성장을 벗어나지 못하고 있다. 물가상승률 2%의 목표를 달성하기는커녕 0~1%대의 저물가 상황을 맞고 있다. 향후 10년 동안 예상 실질금리가 0%인 점을 감안하면 세계 경제는 장기침체의 길로 들어섰다고 할 수 있다.[2]

장기침체는 인구의 고령화, 기술혁신의 정체, 부채(정부 또는 민간)의 조정(*deleveraging*) 등 구조적 취약성을 먼저 드러낸다. 이어 잠재성장 수준 자체가 하락하거나 잠재성장률이 떨어진다. 이는 거의 대부분의 선진국들이 공통으로 봉착한 상황 중 하나이다.

지역별로 보다 구체적으로 살펴보면 다음과 같다. 우선 유럽이다. 잠재성장률이 다음과 같은 이유로 계속 하락하고 있어 디플레이션을 수반한 장기침체를 벗어나기 어렵다고 전망된다.

첫째, 유로지역에서는 생산가능 인구 증가율이 빠르게 둔화하면서 2012년부터 마이너스로 전환하였다.

둘째, 중심국과 남유럽국가(PIGS: Portugal, Italy, Greece, Spain) 간의 불균형이 확대하고 있으며, 이를 근본적으로 해소할 수 없는 유로화 체제의 구조적인 문제점은 뚜렷해지고 있다.

셋째, 재정위기 국가들의 금융부실이 계속 늘어나고 부채감축도 더딘 상황이다. 그리스·이탈리아·포르투갈의 은행부실 비율이 계속 상승하고 있다. 또한 유로존(Eurozone) 국가들의 GDP 대비 기업부채 증가세가 이어지면서 정부부채 축소도 매우 더디게 진행지고 있다. 특히 이탈리아의 은행부실이 문제로 떠오를 수 있다고 전망된다.

넷째, EU·유로존을 이탈하려는 원심력이 점차 커지고 있으며 난민, 테러 등 정치적 위협도 커지고 있다. 그리스, 핀란드, 체코 등의 유로존 탈퇴 가능성이 높아질 수 있으며, 시리아 등 이슬람권 난민의 유입증가 및 IS 추가테러 위협도 유럽 내 불확실성을 높여 소비·투자심리 위축으로 이어질 수 있다.

일본도 2012년 아베노믹스(*Abenomics*) 이후 일부 경제지표가 나아지는 모습을 보였으나 아베노믹스의 세 번째 화살인 구조개혁이 지지부진하면서 기업의 투자증가, 소비확대로 이어지지 못하고 있다. 최근 마이너스 금리 조치를 시행하고 있음에도 불구하고 회복의 조짐은 없다.

IMF도 일본의 디플레이션 탈출을 위해서는 구조개혁 등 추가적인 조치가 필요하다고 하면서 현재 일본 경제상황을 비관적으로 보는 견해를 강력하게 피력했다.[3] 더 나아가 GDP 대비 250%에 달하는 정부부채로 인해 향후 일본이 금융위기를 겪을 가능성이 있다고 전망하는 전문가들이 증가하고 있다.[4]

세계 경제에서 미국 경제가 유일하게 양호한 흐름을 보이고 있다. 미국은 2008년 금융위기 이후 대대적인 양적 완화 등의 노력에 힘입어 경제회복의 길로 안정적으로 접어든 것으로 보인다. 경제성장률도 2013~2015년 2%대 중반을 유지하고 있으며, 10%에 달하던 실업률도 월평균 5% 이하로 떨어져 거의 완전고용 상태에 있다고 평가된다. 미국 경제의 성장에서 가장 중요한 역할을 하는 민간소비의 경제성장 기여도도 지속적인 증가세를 보이고 있다.[5] 2016년 물가상승률 또한 대체로 상승세를 보이고 있으며, 임금상승률은 전년보다 높아지는 추세로 향후 물가상승률 확대를 뒷받침하고 있다.

에너지와 식품류를 제외한 근원소비지출 물가상승률은 2015년 월평균 1.3%에서 2016년 1~4월 월평균 1.7%로 증가했다. 2016년 하반기 미국 경제의 실물경기 강세는 연방준비제도(The Federal Reserve: Fed·연순)로 하여금 12월 두 번째 금리인상을 실시하도록 했다. 아울러 2017년 3회의 금리인상을 계획하도록 이끌었다.

이제는 신흥국 경제상황을 살펴보도록 하자. 사실 2008년 금융위기 이후 세계 경제는 신흥국 경제가 끌고 왔다고 해도 과언이 아니다. 선진국 경제의 침체를 신흥국의 높은 경제성장률이 상쇄했던 셈이다. 2008년 위기 때는 중국이 4조 위안의 막대한 돈을 풀어 세계 경제가 위기를 벗어날 수 있도록 큰 역할을 했다. 그 이후 중국의 경제성장률이 둔화되고 석유 등 원자재 가격이 하락하기 전까지 신흥국 경제의 고도성장은 세계 경제성장을 이끌어 가는 견인차였다. 그러나 2015년 이후 신흥국 경제도 상당히 어려워지고 있다.

인도를 제외한 모든 신흥국들의 경제가 좋지 않은 모습을 보이고 있다. 특히 중국이 많은 문제점을 안고 있으며, 이를 해결하는 데 많은 시간이 필요할 것으로 보인다. 이 기간 동안 중국 경제는 상당한 하방압력에 시달릴 전망이다. 최근에는 중국의 부채문제 등으로 세계 경제가 상당히 어려워질 수 있다는 중국발 경제위기 가능성을 제기하는 전문가들이 늘어나고 있다. 중국이 세계 경제의 견인차에서 세계 경제의 걸림돌로 전락할 수 있다는 것이다. [6]

러시아와 브라질의 경우 원자재 가격하락과 정치적 부패 등으로 인해 마이너스 성장, 자국 화폐의 대폭적인 평가절하, 외화유출 등 경제위기 직전의 상황을 보이고 있다. 최근 유가상승으로 위기를 넘겼으나 경제회복까지는 요원한 상태다.

신흥국이 직면한 경제난의 원인으로는 미국의 금리인상과 긴축재정으로 인한 자금유출, 중국의 경제성장률 둔화로 인한 석유 등 자원 가격의 급락, 국내 경제회복에 역행하는 정치적 상황 등을 들 수 있다. 이러한 요인들은 일시적이 아닌 추세적이라는 점에서 문제다.

경제적 난국을 부르는 요인들이 단기간에 사라지지 않으리라는 전망이 우세하다. 따라서 신흥국 경제의 침체도 오랜 기간 이어질 가능성이 매우 높다.

2008년 위기 이후 신흥국 경제성장을 이끌었던 가장 중요한 요인 중 하나는 선진국의 자금유입이었다. 신흥국에 유입된 자금은 2002년 2,400억 달러였으나 2014년 1조 4,000억 달러로 급증했다.[7] 그러나 이러한 자금흐름은 2015년 급반전해 신흥국 유입자금은 30년 만에 처음 감소했다.

신흥국 기업들은 달러표시 부채에 시달리게 됨에 따라 투자규모도 급감하고 있으며 부도상황에 처하는 기업도 많은 상황이다. 특히 중국 기업들이 문제로 부상하고 있다. 석유 등 자원가격도 당분간 추세적인 상승을 기대하기 어렵다.

이런 구조적 원인들로 인해 신흥국 경제는 상당기간 어려움에서 탈피하지 못한다는 예상이 지배적이다. 신흥국 경제의 어려움은 선진국에 부정적인 영향을 미치고, 선진국 경제의 어려움은 다시 신흥국에 부정적 영향을 미치는 악순환의 고리를 이룰 가능성이 높다.

결론적으로, 미국 경제의 회복세만으로 세계 경제의 침체를 막기에는 역부족이다. 더욱이 미국의 회복세가 아직은 견고하지 않아 세계 경제의 침체 가능성은 현재로서는 매우 높아 보인다.

더욱 우려스러운 점이 있다. 세계 경제가 다시 침체에 빠질 경우 선진국을 비롯한 정부들이 대응할 수단이 마땅치 않다는 점이다. 금리는 0%에 가까운 상태여서 추가로 인하할 여지가 없다. 이미 높은 수준의 정부부채 때문에 재정확대도 어려운 상황이다. 따라서 막대한 정부예산 투입을 필요로 하는 구조개혁 또한 쉽지 않다.

따라서 세계 경제의 침체는 예상보다 더 깊어질 가능성이 커지고 있다. 회복에는 상당한 기간이 필요할 것으로 보인다. 세계 교역 또한 상당기간 침체를 피하지 못할 것이며, 교역량 감소폭 또한 예상보다 커질 가능성이 높다고 판단된다. 세계 경제와 세계 교역의 이런 침체는 수출의존도가 높은 우리나라 경제로서는 큰 악재가 아닐 수 없다.

2. 세계 경제의 불확실성 증폭: 세계 도처에 위험요소

현재 세계 경제는 과거 어느 때보다 미래를 전망하기 어려운 불확실성 속에 있을 뿐 아니라 최악의 경우 위기에 빠져들 수 있는 위험요소(risk)를 많이 안고 있다. 세계 경제의 불확실성을 증폭시키는 요소는 다양하다. 미국의 금리인상, 트럼프 정부의 예상하기 어려운 정책, 구조적 전환기에 처한 중국의 과도한 투자로 인한 부실과 부채의 급증, 남유럽 국가의 과도한 부채와 은행의 부실로 인한 금융위기의 가능성, 브렉시트(Brexit)로 인한 EU의 분열 가능성 및 이에 따른 혼란, 러시아·브라질 등 신흥국의 자금유출에 따른 외환위기 가능성, 일본의 아베노믹스 실패와 과도한 정부부채로 인한 금융위기 가능성 등이 그것이다.

이 중 세계 경제의 불확실성을 증폭시켜 위기상황으로 진입케 할 수 있는 가장 큰 요소 몇 개를 꼽자면 다음과 같다. 첫째, 미국의 금리인상, 둘째, 트럼프 정부의 불확실한 정책, 셋째, 중국의 경착륙 가능성 및 중국 은행의 부실과 이로 인한 금융위기 가능성이다.

1) 미국의 금리인상

우선 미국의 금리인상이 세계 경제에 미치는 영향을 살펴보자. 미국 연방준비제도(Fed)는 주택담보대출 시장의 거품붕괴로 시작한 금융위기로 2008년 12월 기준금리를 제로 수준(0~0.25%)으로 내렸다. 하지만 금리를 하한선까지 내려도 경기침체가 심해지자 '비(非)전통적 통화정책 수단'인 양적 완화를 꺼내들었다. 중앙은행이 시장에서 국채 등 중·장기 채권을 매입해 직접 시장에 유동성을 공급하겠다는 의도였다. 하지만 효과가 없자 양적 완화 규모를 계속 늘려갔다. 양적 완화로 Fed가 푼 돈은 약 4조 5,000억 달러에 달한다.

Fed가 금리를 올리기 시작한다는 것은 초저금리 상태에서 금리 정상화를 시도할 뿐 아니라 이미 막대하게 풀린 돈도 회수한다는 점을 뜻한다. 긴축기조로의 전환까지를 의미하는 것은 아니지만, 지금까지 풀린 돈이 많아 이를 회수해 금융정책 기조를 정상화하겠다는 말이다.

10년 동안 이어졌던 초저금리와 양적 완화 기조가 바뀐다는 점은 그 자체만으로도 세계 경제에 엄청난 충격을 줄 수 있다. 2013년 5월 버냉키(Ben Bernanke) 당시 Fed 의장의 '양적 완화 규모를 축소하겠다'는 말 한마디에 세계 금융시장이 큰 충격에 휩싸인 적이 있다. 이른바 버냉키 쇼크였다.

사실 Fed가 2015년 12월 금리인상을 단행하자 신흥국 경제는 크게 타격을 받았다. 급속한 평가절하, 외국자금의 급격한 유출, 경제 성장률 하락 등으로 외환위기 직전까지 간 나라도 있었다. 특히 중국이 증시폭락, 자금유출로 인한 위안화 절하 압력 등 큰 충격을 받았다. 이에 Fed는 3~4월 금리인상을 연기하기도 했다.

2008년 이후 선진국 전체의 양적 완화 규모는 약 9조 달러로 추정되며 미국이 50%를 차지하고 있다. 막대한 규모의 자금이 급속도로 신흥국으로 유입됐다. 신흥국 기업들은 이 돈을 초저금리의 이자로 무분별하게 빌려 썼다. 이제 상황이 뒤바뀌어 빌려 쓴 돈을 갚아야 하지만 어렵다.

세계 경기가 침체해 이익이 나지 않는 상황에서 이자까지 올라가니 부담이 더 커질 수밖에 없다. 게다가 원자재 가격까지 급락하니 어려움이 3중으로 겹쳐지는 상황이다. 특히 중국 기업들의 부채수준이 문제다. 많은 신흥국들의 경제가 어려움을 겪을 수밖에 없는 환경이 만들어진 셈이다. 이에 따라 일부 국가들은 외환위기를 겪을 가능성도 높다.

Fed가 미국의 금리인상 시기와 속도, 자금회수 계획을 어떻게 잡느냐에 따라 세계 금융시장에 미치는 영향이 각기 다르게 나타난다. 이 때문에 세계 경제의 불확실성은 커질 수밖에 없다. 2015년 12월 Fed가 최초로 금리를 인상했을 때 옐런(Janet Yellen) 의장은 향후 금리인상은 미국 경제뿐 아니라 세계 경제의 상황에 따라 신축적으로 해나가겠다고 밝혔다. 금리인상이 세계 금융시장에 미치는 효과가 다양하게 나타난다는 점을 의식했기 때문이다.

실제로 당시 Fed의 금리인상 일정은 2016년 연말까지 4회까지로 잡혀 있었다. 이후 2회가 적절하다는 판단을 내렸다가, 결국 12월에 금리인상을 실시함으로써 2016년에는 1회 실행하는 데 그쳤다. 그러나 2017년에는 3번의 금리인상을 예고하고 있어 불안감이 높아지고 있다. Fed가 이처럼 금리인상 일정을 수시로 바꾼다는 점도 세계경제의 불확실성을 높이는 이유다.

2) 트럼프의 불확실한 정책

예상을 깨고 트럼프가 미국 45대 대통령에 오르면서 세계 경제의 불확실성은 크게 증폭하는 분위기다. 우선 트럼프 정부는 큰 규모의 감세와 1조 달러 규모의 재정확대를 실시할 계획임을 수차례 천명했다. 이러한 재정확대 정책은 완전고용 상태의 미국 경제에 인플레를 유발해 Fed의 금리인상 계획을 더욱 빠르게 할 가능성이 높아지고 있다.

또한 예상보다 빠른 금리인상은 달러강세를 유발해 미국의 무역수지 적자폭을 확대할 수 있다. 이는 미국의 보호주의 정책을 더욱 강화시켜 세계 교역을 크게 위축토록 할 가능성이 있다.

특히 중국과의 갈등은 더욱 주목할 만한 대목이다. 갈등의 폭이 벌써부터 커지고 있어 미국과 중국 간의 통화 및 무역전쟁 가능성도 점쳐진다. 우려하지 않을 수 없다. 그리고 트럼프 정부의 국무·국방 분야 고위 책임자들이 대부분 강경한 매파들로 짜여 북한의 도발을 좌시하지 않을 수 있다. 그에 따라 한반도 긴장은 더 높아질 가능성이 매우 농후하다. 따라서 트럼프 정부의 출범은 세계 경제 및 우리 나라에 불확실성을 크게 드리울 수 있는 분기점에 해당한다.

3) 구조적 전환기의 중국 경제와 과도한 기업부채 및 부실누적

중국은 지난 30년간 투자·수출에 의존한 요소투입형 성장의 한계에 직면한 상황이다. 그로써 '중진국 함정'에 근접한 것으로 판단할 수 있다. 이런 중진국 함정에 한번 빠져들면 상당기간 저성장에서 벗어나기 어렵다. 왜냐하면 혁신주도형 성장으로의 전환 및 소비의 증대 등을 통한 새로운 성장동력을 창출하는 데는 오랜 기간이 필요하기 때문이다.

또한 중국은 지속적인 경제성장을 위해 다양한 구조적 문제를 해결해야 하는 상황에 처해 있다. 이는 2000년대 들어오면서 개혁·개방 기조가 대폭 약해지면서 이미 예견했던 문제다. 경제·사회구조의 효율성 제고 및 체질강화를 위한 구조개혁의 필요성이 오래 쌓여 더 이상 미룰 수 없는 지경에 이르렀다.

특히 국영기업의 대대적인 민영화를 포함한 구조개혁, 부실기업의 정리, 과잉업종의 구조조정, 금융개혁, 토지개혁 및 호구(주민등록) 제도의 개혁 등이 중요하다. 구조적인 전환과정에서 중국의 경제성장률이 낮아지는 현상은 필연적이다. 아울러 과도한 경제성장 감속은 세계 경제와 우리 경제에 악영향을 미칠 수 있다.

중국 경제는 2014년 하반기부터 하방압력이 커지고 있으며 2015년 이후 하락속도가 가속화하고 있다. 2016년 1/4분기 이후 중국 정부는 경제성장률 제고를 위해 대대적으로 돈을 풀었으나, 선전·상하이 등 1선 도시들의 부동산 가격만 대폭 올려놓았을 뿐 경제가 기대만큼 성장하지 못했다.

이제 중국 정부는 과거와 같은 문제해결 방식에 안주할 수 없다. 경제성장률을 높일 수 있는 수단은 이미 바닥을 드러냈다. 이와 함께 과거에 동원했던 정책수단들도 더 이상 높은 효과를 거두지 못한다. 시간이 지날수록 낮은 성장기조가 더 이어지면서 복잡한 상황을 맞이할 가능성이 높다.

최근 세계 경제전문가들이 가장 우려하는 사항은 중국의 부채급증 현상이다. 중국은 2000년 이후 지속할 수 없는 과도한 투자로 인해 부실이 줄곧 쌓여왔다. 게다가 부채도 빠른 속도로 증가했다. 비효율적 투자로 인한 부실이 한계에 도달하고 있으며, 특히 국영기업의 부실로 좀비(zombi) 국영기업이 급증하고 있다.

그럼에도 정치적 이해관계로 인해 부실기업에 대한 구조조정은 지지부진한 상태다. 특히 부채의 경우 우선 그 규모가 눈에 띄지만 사실 더 큰 문제는 증가 속도에 있다. GDP 대비 민간부채는 2008년 100% 수준이었으나 2016년에는 180% 수준으로 급증했다. 1990년대 일본과 2008년 금융위기 당시의 미국보다 훨씬 빠른 속도다. 부채가 이렇게 빠르게 증가하면 반드시 금융위기를 겪는다.

가장 보수적인 입장을 견지하는 IMF마저 최근 중국 부채의 위험성을 강력하게 경고했다. 물론 문제를 달리 평가하는 전문가들도 있다. 중국 정부가 이를 해결하며 관리할 능력을 지니고 있다고 보는 견해다. 그러나 중국 경제가 점점 불안해지고 있으며 이로 인한 위기

가능성도 점차 높아지고 있다는 점은 부인할 수 없는 분위기이다.

이와 같은 중국 경제의 불안정성은 주기적으로 표출하고 있다. 2015년 중국 증시의 폭락, 2015년 이후(특히 연말) 급격한 외국인 자금유출과 위안화 절하 사태 등이 일어나고 있다는 점이 그것이다. 중국 경제의 미래를 보는 견해가 낙관적인지 혹은 비관적인지와 관계없이 분명한 사실이 하나 더 있다. 과도하며 비효율적인 투자에서 비롯한 중국 경제의 부실과 부채는 반드시 해결해야 한다는 점이다.

본격적으로 이 문제를 해결해야 하는 시기가 언제인지는 불확실하지만 점점 가까워지고 있는 것은 분명하다. 부실과 부채 해결과정은 고통스러울 수밖에 없다. 중국이 겪을 고통의 강도는 중국 경제의 대응능력과 세계 경제상황에 따라 결정될 것이다.

이와 같이 세계 경제와 우리 경제를 위협할 중국발 위기 가능성이 점점 다가오고 있다. 아마도 우리나라 경제에 미치는 영향은 초대형 태풍급 정도에 이를 것으로 예상한다. 이 점 또한 누구도 부인하기 힘든 상황이다.

3. 제 4차 산업혁명으로 세계경제 패러다임 급변: 우리에게 유리할까?

1) 제 4차 산업혁명의 개념

2016년 1월 스위스 다보스에서 열린 세계경제포럼(WEF: World Economic Forum) 의제는 '제 4차 산업혁명'이었다. 아직까지 제 4차 산업혁명에 대해 명확하게 합의된 정의는 없다. 그러나 대체로 제 4차 산업혁명은 인공지능, 빅데이터, 사물인터넷, 생명공학 기술 등 다양한 부문의 신기술(emerging technology)들의 융합과 그 사회적 파급효과를 아우르는 용어로 사용된다. 즉, 제 4차 산업혁명은 디지털화를 바탕으로 사이버 물리시스템8을 구현하여 산업에서 차세대 제조혁명을 달성할 뿐 아니라, 신기술로 인하여 인류의 생활방식이 혁명적으로 변화되는 것을 의미한다. 이 중 제 4차 산업혁명의 핵심은 초연결 사회(hyper-connected society)를 구현한 디지털혁명(digital transformation)이다.

역사적으로 산업혁명은 크게 4단계로 걸쳐 진화해 왔다. 즉, 기계화에 따른 제 1차 산업혁명, 전기에너지에 기반한 제 2차 산업혁명, 컴퓨터와 인터넷에 기반한 제 3차 산업혁명이 있었다. 이어서 2000년대 들어 지능과 정보에 기반한 제 4차 산업혁명이 시작되었다. 인류는 이러한 혁명을 통해 생산성을 고도화하였고, 그때마다 사회와 산업의 구조를 획기적으로 바꾸어 놓았다. 따라서 우리 인류는 이제 지구 위에서 운영했던 모든 사업과 생활의 틀이 근본적으로 변화하

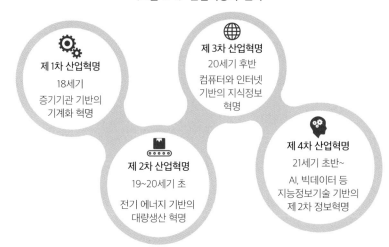

〈그림 2-1〉 산업혁명의 진화

제 1차 산업혁명
18세기
증기기관 기반의
기계화 혁명

제 3차 산업혁명
20세기 후반
컴퓨터와 인터넷
기반의 지식정보
혁명

제 2차 산업혁명
19~20세기 초
전기 에너지 기반의
대량생산 혁명

제 4차 산업혁명
21세기 초반~
AI, 빅데이터 등
지능정보기술 기반의
제 2차 정보혁명

자료: 삼정 KPMG 경제연구원

는 기로에 서 있다. 이를 주도하는 흐름이 바로 디지털혁명이다.

　디지털혁명으로 인해 촉발한 변화의 흐름과 깊이는 세상의 산업을 모조리 바꿔 놓았던 18~19세기의 제1차, 제2차 산업혁명과 같은 수준이다. '혁명'이라는 말 자체가 그렇듯, 우리의 모든 것을 근본적으로 바꿀 수 있는 충격과 전환의 물결이다. 디지털혁명은 산업의 패러다임을 근본적으로 변화시키고 있다. 산업을 지배하는 게임의 법칙 자체가 바뀌고 있다는 얘기다. 이 메가트렌드(*mega-trend*)에 성공적으로 적응하면 승자가 될 것이다. 그렇지 못하면 절벽 밑으로 추락하는 참담한 패배자가 될 수밖에 없다.

2) 제 4차 산업혁명의 특징 : 핵심요소

제 4차 산업혁명이 제 1~3차 산업혁명(특히 제 3차 산업혁명)과 구별
되는 특징적인 요소는 〈표 2-1〉에서 보는 바와 같이 초지능성과 초
연결성이다. 즉, 4차 산업혁명 시대에는 인공지능의 출현으로 사람
의 두뇌를 대체함으로써 지금까지와는 완전히 다른 심각한 변화를
겪게 될 것이다.

또 모든 사람, 사물이 기계-기계, 기계-인간 등의 형태로 네트워

〈표 2-1〉 초지능-초연결사회의 구성요소와 역할

구성요소	역할
인공지능	빠르고 정확한 연산능력을 통해 인간의 Input 없이 또는 최소한의 Input으로 의사결정
클라우드 컴퓨팅	분산저장 및 분산연산을 통해 대용량의 정보처리가 신속하게 가능
빅데이터	대량의 정보가 실시간으로 생성되는 지능정보기술에서 분석이 가능해지므로 정보의 효용이 대폭 증가
모바일	정보 교류의 통로 형성
사물인터넷 (IOT: Internet of Things)	기기에 부착된 센서 및 네트워크를 통해 정보를 수집하고 수집된 정보를 제공하는 최종 디바이스로 활용

자료: Mckinsey 컨설팅자료를 재구성

크, 즉 인터넷에 연결되는 초연결사회는 가상데이터9와 실시간데이터10를 활용하여 새로운 혁신과 가치를 창출하여 산업과 사회를 근본적으로 변화시킨다. 특히, 제 4차 산업혁명 시대에는 실시간데이터의 이용과 활용이 부가가치 창출과 경제력의 원천으로서 매우 중요하다.

3) 제 4차 산업혁명과 산업의 변화

(1) 플랫폼 중심의 산업구조로 재편

인류는 이미 제 3차 산업혁명을 통해 디지털화 플랫폼(*platform*)의 네트워크 효과를 경험했다. 그러나 제 4차 산업혁명 플랫폼은 실제 세상과 연결된 글로벌 플랫폼이라는 차별적 특징이 있다. 기존 플랫폼은 온라인 활동공간에서 발생하는 가상데이터에 기반을 두었다. 예를 들면, 마이크로소프트는 컴퓨터 운용체계를, 구글과 애플은 모바일 운용체계를 장악함으로써 세계 최고의 기업에 올랐다. 아울러 그에 수반하는 독점적인 이익을 누릴 수 있었다.

그런데 제 4차 산업혁명의 플랫폼에는 소비재뿐만 아니라 개인 및 산업체들이 활용하는 자동차, 기계설비, 부동산 등의 자본재들까지도 결합될 것이며, 여기에서 발생하는 실시간데이터를 기반으로 매우 다양한 플랫폼이 출현할 수 있다. 이러한 플랫폼이 신뢰를 얻게 되면 이를 바탕으로 다양한 제품과 서비스를 제공할 수 있고 산업 간 경계를 허물 수도 있다.

자동차산업을 예로 들어보자. 앞으로 자율주행자동차 시대가 오면 자동차의 개념이 완전히 달라진다. 인간이 운전으로부터 자유로워진다면 어떨까. 자동차가 자율적으로 목적지를 향해 이동하는 사이에 인간은 자신이 원하는 행위를 자유롭게 할 수 있다. 사무실 업무나 집안일을 할 수도 있다. 음악을 듣거나 영화를 감상할 수도 있다. 자동차는 단순한 교통·운송의 수단에서 매우 중요한 생활공간으로 그 개념 자체가 바뀐다. 공상과학 영화에서나 가능했던 일이 실제 생활에서 구현되는 혁명적인 변화다.

구글은 궁극적으로 이 모든 것을 할 수 있는 플랫폼을 개발해 세계 시장을 장악하는 것을 목표로 삼았다. 구글이 자동차 플랫폼을 장악한다면 애플, 아마존과 같은 기존 플랫폼 지배자보다 훨씬 큰 독점적 이익을 누릴 것이다. 미치는 영향도 막대할 것이다. 구글의 목표가 실현된다면 자동차산업을 지배하는 기업은 더 이상 폭스바겐, 토요타, GM 등의 자동차 제조사가 아니라 IT서비스 기업이 될 것이다.

자동차회사로서는 전혀 염두에 두지 않았던 IT서비스 기업이 가장 강력한 경쟁자로 등장한 것이다. 현재 기존 자동차회사들은 발등에 불이 떨어진 상태다. 그래서 우선 폭스바겐이 반구글 진영의 선봉에 섰다. 바야흐로 큰 전쟁이 벌어질 전망이다. 2008년경부터 자동차 업계의 R&D투자가 급증한 이유다. 자동차산업은 제조업 중에서 가장 아날로그적 성격이 강한 산업이다. 자동차산업에서는 급격한 혁신보다는 점진적 개선의 과정을 거쳐 혁신이 이루어졌다. 따라서 R&D투자의 증가율이 미미할 수밖에 없었다.

그러나 게임의 법칙이 변화하면서 이처럼 완만했던 자동차산업의 R&D투자가 급증하고 있다. 제조와 서비스 간의 경계가 애매해질 뿐 아니라 산업을 지배하는 패러다임이 뿌리째 흔들리며 변화하고 있기 때문이다.

모든 산업(제조업과 서비스산업)에서 이와 같은 상황이 일어나고 있다. 자동차산업처럼 가장 아날로그적 성격이 강한 기계장비 산업의 예를 들어 보자. 독일의 대표적인 히든 챔피언 기업 중 하나인 트럼프(Trumpf) 사는 수치제어를 활용한 일반기계 제조회사로서 1년 매출액이 32억 달러(3,500억 원) 정도인 중견기업이다. 이 회사가 기존의 영역에 디지털을 융합해 깜짝 놀랄 일을 해냈다. [11]

이 회사는 악숨(Axoom)이라는 온라인 플랫폼을 개발하여 디지털 서비스를 제공하기 시작했다. 우선 자사 장비를 구매한 회사의 모든 기계(자사 기계 및 타사제공 기계 포함)를 연결했다. 그로부터 수집된 정보와 자료를 분석해 고객회사에 필요한 정보를 제공하는 플랫폼 시스템을 개발해 운영하기 시작한 것이다. 윤활유 교체시기부터 생산공정의 최적화 설계까지 고객사에 필요한 정보를 실시간으로 제공한다. 트럼프 사는 향후 장비판매보다 악숨으로부터 얻는 수익이 훨씬 더 클 것으로 기대하고 있다.

트럼프사의 악숨은 단적인 사례에 불과하다. 지금 세계 곳곳에서는 자동차부터 일반 기계장비까지를 포함하는 모든 산업의 규칙이 완전히 바뀌고 있다는 점만은 반드시 알아야 한다. 상품제조 부문의 중요성이 현저히 떨어지고 상품관련 정보에 기반한 플랫폼이 훨씬 더 그 중요성을 인정받고 있다. 따라서 성공을 거두는 기업들의 '컬러'도 급속히 변한다. 최고의 제품을 만들어 성공하는 회사는 점차 사라지고 있다. 그보다는 많은 정보를 모아서 조합하고 분석하는

북미 최대 금속가공산업박람회(FABTECH)에 출품한 트럼프 사의 악숨. 2016년 라스베이거스

회사들이 성공하고 있다. 이들 기업들은 한결같이 이런 정보를 활용해 유용한 디지털 서비스를 제공한다는 공통점도 지니고 있다.

특히 그 가운데 최종 승자는 더 유별난 색깔을 띨 전망이다. 다른 종류의 기기들, 데이터 및 서비스를 하나로 묶는 소프트웨어시스템인 플랫폼을 만들어 낼 수 있는 회사들이다. 구글, 애플, 트럼프 등이 대표적인 기업이다.

(2) 제조업의 서비스화와 비즈니스모델 혁신 증가

과거 제조기업들은 제품생산과 판매에서 주된 가치창출을 하였지만, 점차 서비스기능(연구개발·디자인·마케팅·애프터서비스)을 통해 많은 가치를 창출하고 있다. 이 같은 변화를 제조업의 서비스화라고 부른다.

제조업의 서비스화는 후발 제조기업들의 추격을 따돌리기 위한 차별화 전략으로서 기존에도 진행되었지만, 제4차 산업혁명 시대에는 더욱 가속화될 것으로 보인다. 산업화 시대에 중요했던 대량생산을 통한 규모의 경제, 소유 중심, 유형자산 중심 등의 개념은 그 중요성이 약화될 것이다. 이와 함께 수요자 중심, 무형자산 중심의 탈산업화 사회로의 전환이 급속히 이루어질 것으로 전망된다.

특히 자동화 및 인공지능을 통한 효율화는 생산공정의 비용 최소화로 이어질 것이며, 이는 규모의 경제로 인한 생산시설의 집적화 대신 수요처 및 수요자에 더 가까운 곳에서 소규모로 생산하는 형태로 변화할 것으로 보인다.

또한 향후 제조업에서는 사물인터넷에 의한 실시간데이터 및 빅데이터의 활용을 바탕으로 생산방식, 제품 및 서비스의 제공방식 등 제품과 서비스가 결합하여 비즈니스모델 전 주기 상에서 지속적인 혁신이 일어날 것이다. 즉, 제품혁신과 공정혁신으로 대표되는 제조업의 혁신활동에서 비즈니스모델의 혁신이 새로운 혁신역량으로 부상할 것으로 전망된다.

(3) 경쟁구도 및 기업구조의 변화

제4차 산업혁명은 기업 내부의 운영방식과 기업구조에도 획기적인 변화를 가져올 것이다. 첫째, 물류관리・재무관리 등 기업의 많은 기능은 여러 회사의 데이터를 기반으로 한 빅데이터를 활용하여 학습된 서비스를 제공하는 외부회사에게 외주하는 것이 효과적일 것이다. 따라서 가치사슬의 분해가 이루어져 큰 기업들 대부분은 소규모로 전환될 것이다. 또한 데이터가 획기적으로 증가하면서 빅데이터를 활용하여 새로운 부가가치를 창출하는 등 서비스개념의 확장으로 초기 필요자금이 최소화될 것이다. 따라서 많은 전문가들은 소규모 스타트업 기업들이 폭발적으로 증가할 것이라고 예상하고 있다.

둘째 신뢰할 수 있는 창의적인 플랫폼을 보유하여 이를 바탕으로 축적된 데이터를 보유한 소수업체들의 시장지배력은 더욱 강화될 것이다.

(4) 생산방식의 변화

디지털혁명으로 인해 이전 시대를 지배했던 생산방식은 새로운 방식으로 대체될 것이다. 첫째, 원거리-대량생산방식에서 근거리-개별 생산방식으로 전환될 것으로 전망된다. 소품종 대량생산에서 다품종 소량생산으로의 변화는 다소 오래된 추세이지만 자동화와 자원활용의 최적화를 통한 비용 최소화와 함께 제4차 산업혁명의 핵심 요소기술인 적층(積層) 제조방식(3D 프린팅)은 수요자와 보다 근접한 장소에서의 개별화된 생산방식으로의 변화를 가속화하고 있다.

적층제조방식은 다음과 같은 변화를 가져올 것으로 예상된다.

① 기존 제조방식으로 만들 수 없는 형태를 제조할 수 있으며 일체형 제조 및 경량화 등의 장점이 있음
② 금형제작 등 사전작업을 거치지 않기 때문에 제품제작에 소요되는 시간과 비용을 절약할 수 있으며, 이에 따라 고객별 맞춤형 생산의 문턱이 낮아짐

③ 3D 프린터를 통해 다양한 부품을 수요에 따라 즉각적으로 제조할 수 있으므로, 재고를 보유할 필요가 낮아지고 공장이 수요자와 보다 가까운 곳으로 이동하는 등의 변화를 가져올 수 있음

    생산방식의 한계로 적층제조방식을 전면적으로 도입하는 것은 어렵지만 기존 제조기술과 융합한 하이브리드 제조방식은 적극적으로 도입되고 있다. 따라서 적층제조방식이 발전하고 다양한 분야에서 적용될수록 소량의 특정수요 제품을 소규모 기업 또는 개인이 보다 가까운 곳에서 더 빠르고 저렴하게 제작할 수 있게 될 것이다.

    둘째, 자본과 기술의 노동대체와 리쇼어링(reshoring)12이 확산될 것이다. 1차 산업혁명 시대부터 과학기술의 발전과 노동자의 고용안정성과는 전통적으로 서로 긴장관계였지만, 최근 인간의 고유영역으로 믿어왔던 지식노동까지도 기계학습을 앞세운 신개념 인공지능 앞에서 위협당하고 있다. 여러 연구보고서와 저서들은 인공지능이 미래의 고용을 대체할 것이라고 경고한다. 이는 비단 사용자와 노동자 간의 문제 또는 노동자 간 임금격차의 문제에 국한되지 않으며, 기업 간의 문제 또는 국가 간의 문제로 확대된다.

    즉, 노동집약적 제조·서비스 기업은 자본 및 기술집약적 제조·서비스 기업에 자리를 내주게 될 것이다. 또한 선진국의 본국에 새롭게 건설되는 스마트팩토리(smart factory)를 통한 리쇼어링 현상이 강화될 것이며, 연쇄적으로 선진국 제조업의 중간공정 아웃소싱을 담당해주던 국가들의 경쟁력은 약화될 것이다. 이런 트렌드는 기업 간, 국가 간 격차가 커지는 계기가 될 것이다. 예를 들면 아디다스는

자동화 생산로봇을 통해 기존 아시아지역의 생산시설을 부분적으로 독일과 미국으로 이전하는 리쇼어링을 추진 중이다. 아디다스는 리쇼어링 완료 후, 수년 내 운동화 수백만 개 생산을 목표로 삼고 있다.

(5) 소비방식의 변화

사이버 물리시스템은 소비자가 필요한 제품에 대한 정보뿐 아니라 제조공정에 필요한 자원에 대한 정보를 모두 하나로 연결하여 관리, 분석, 활용할 수 있게 한다. 이를 통해 소비자가 온라인을 통해 제품과 서비스를 쉽고 보다 저렴하게 이용할 수 있게 해주는 O2O(*Online To Offline*) 서비스가 활성화될 것이다. 제조기업은 자체 공정의 유휴설비 등의 관리가 용이해질 뿐 아니라 국내 및 해외의 활용 가능한 자원의 현황까지도 접근할 수 있게 된다.

따라서 소유보다는 사용의 개념이 강해지는 공유경제가 소비자와 생산자를 막론하고 일반적인 경제방식으로 자리 잡게 된다. 택시 한 대 보유하지 않은 우버(Uber)가 세계 최대 택시회사가 됐고, 호텔 한 곳 보유하지 않은 에어비엔비(Airbnb)도 세계 최대 숙박업체로 성장했다. 국내에서도 모바일쇼핑 비중이 커지고 있다. 아울러 호텔앱, 배달서비스앱, 택시서비스앱이 급성장하고 있다. 이러한 공유경제는 기존에는 생각지도 못한 영향을 경제·산업에 끼칠 것이다.

서비스를 제공하는 기업의 경우 비용이 감소하고 효용 및 생산성이 증대되는 효과가 있을 것이다. 반면 공유되는 자본재를 통해 이익을 창출해온 기업의 입장에서는 수요가 감소하는 상황에 직면할 것이다. 예를 들어 우버와 같은 자가용공유 플랫폼과 자율주행자동차

기술이 결합하여 상당량의 이동·물류 수요를 공유자동차가 감당하게 되는 경우, 개인마다 자동차를 소유할 필요가 없으므로 자동차 수요가 감소하게 될 것이다. 심지어 도심 곳곳에 상당한 자리를 차지한 주차공간은 그 수요가 감소하면서 주거 및 상업적 용도로 전환될 수 있어 부동산 가격의 인하를 가져올 수 있다.

또 공유경제가 작용하는 산업의 경쟁구도가 완전히 바뀔 것이다. 즉, 서비스산업은 원래 성격상 내수산업이나, 이제는 수출산업으로 변화하고 있다. 예전에는 결코 상상조차 할 수 없었던 혁신적인 변화다. 우버와 에어비앤비는 미국 이외의 국가에 진출해 현지에서 벌어들인 수익을 미국으로 가져가고 있다. 캐나다 택시회사는 우버와 경쟁하고 있으며, 한국 호텔들은 에어비앤비와 치열한 경쟁을 하는 식이다. 실제 한국 특급호텔의 객실가동률이 $80\sim90\%$ 대에서 60% 대로 떨어졌다. 우리나라는 우버 택시를 허가하지 않았지만, 우버가 진출한 나라의 경우 기존 택시회사들이 상당히 고전하고 있다.

4) 제4차 산업혁명의 사회적 영향

(1) 인공지능과 일자리

인공지능과 제4차 산업혁명은 일자리, 근무환경, 직무특성 등을 변화시킬 것으로 전망된다. 여러 연구보고서와 저서들은 인공지능을 탑재한 자동화시스템이 인간의 육체노동뿐 아니라 지식노동까지 대체하여 미래의 고용을 감소시킬 것이라 경고한다. 대표적으로 세계경제포럼의 보고서에 따르면, 2020년까지 15개국 기준(전 세계 고용의 65% 차지), 710만 개의 일자리가 사라지고(이 중 470만 개가 사무/행정직) 200만 개의 일자리가 창출되어 총 510만 개의 일자리가 감소할 것으로 전망하고 있다.

반면, 인공지능이 고용을 감소시키지 않는다는 반론도 있다. 첫째, 인공지능은 특정한 작업(task)을 수행하지만 수많은 직업이 있고 각 직업에는 수많은 작업이 요구되기 때문에 인공지능이 노동자를 대체하지 못하며, 사람 수준의 인공지능의 개발에는 아주 오랜 시간이 소요될 것이라는 것이다. 둘째, 인공지능의 도입으로 증대된 생산성으로 인해 사회의 구매력이 증가하여 수요가 창출되고 고용도 창출될 것이라는 것이다.

다만 제4차 산업혁명과 고용의 문제는 일자리의 개수로 논할 수 없다. 일자리 수가 유지되더라도 대우가 동일하게 유지되는지 여부가 중요할 뿐 아니라 고용안정성의 측면에서도 노동자 개인에게 미치는 영향은 클 것으로 보인다.

인공지능은 당장 노동의 대체를 가져오기보다는 인공지능의 활용 가능성이 높은 직무들(금융, 의료, 법률, 관리, 연구)에서 인간의 분석, 판단, 실행 등을 보조하는 보완적 역할을 수행할 것이며, 이는 해당업무에 인공지능을 접목할 수 있는 기업과 인력들 위주의 재편을 가져올 것이다.

(2) 시스템의 복잡성과 위험성 증가

디지털 기술을 바탕으로 사회의 연결성이 높아질수록 시스템의 복잡성이 증가하며, 궁극적으로 시스템의 효율성은 낮아지고 위험성은 높아진다. 즉, 네트워크를 통해 더 많은 자원에 편리하게 접근하게 될수록, 이를 안정적으로 통제하기 위한 시스템 구축이 필요해진다. 사물의 디지털화에 비례하여 연결성이 높아지는 반면 정보보안, 시스템관리 등의 통제시스템은 그에 비례하여 발전하지 않기 때문이다. 연결성의 증가에 따라 해킹 및 사이버 범죄의 위험에 노출되는 경제영역이 큰 폭으로 확대될 것이며, 정보보안 사고, 사생활 침해 등의 이슈가 지속적으로 제기되고 있다.

또한, 인공지능에 의존한 의사결정이 많아지면서 복잡성이 증가하기 때문에 예상치 못한 문제가 발생하거나 그 원인을 파악하기조차 어려워질 가능성도 높아지게 될 것이다. 예를 들어 2010년 5월 미국 증시에서 몇 분 만에 주가가 폭락하면서 1조 달러 이상의 자산이 증발하는 사건이 발생했다. 6개월간의 조사 끝에 주식거래에서 활용되는 초단타매매 인공지능들 간의 충돌이 원인으로 밝혀졌다.

(3) 포스트휴먼 시대에 따른 윤리적 문제 대두

제 4차 산업혁명 기술이 불러온 포스트휴먼 시대에는 전혀 새로운 윤리적 쟁점이 출현한다. 사이버 물리시스템이 도입됨에 따라 기계와 인간의 경계가 점점 모호해지고 있다. 또한 생명공학, 뇌과학, 로봇공학이 결합하면서 인간강화가 기술적으로 가능해졌으나, 윤리적으로 허용해도 좋은가에 대해서는 많은 이견이 있다.

인공지능이 도입될수록 해결해야 할 윤리적·법적 문제가 증가한다. 예컨대 자율주행자동차, 자동주식거래시스템, 로봇수술 등에 관련된 사고가 발생할 경우, 로봇을 도덕적 행위자로 간주할 것인지, 제작자에 대한 제조물 책임을 물어야 할 것인지, 정부의 어떤 기관이 어떻게 관리할 것인지 등의 문제가 발생할 것으로 예상된다.

생명공학기술의 윤리문제도 부각될 것이다. 인공지능을 바탕으로 한 빅데이터 처리능력은 개인화된 의료서비스를 제공할 수 있게 할 뿐 아니라 막대한 정보를 바탕으로 의료 및 생명공학 기술의 발전속도를 가속화할 것이다. 개인정보 문제 혹은 센서의 신체삽입 등의 문제부터, 유전자 조작을 통한 인간의 변화, 그리고 이에 따르는 사회적 갈등 등 다양한 쟁점이 발생할 것으로 전망된다.

5) 주요 국가별 제 4차 산업혁명 대비 현황

미국, 독일, 중국 등은 초연결-초지능사회로의 변화를 요구하는 제4차 산업혁명의 거대한 도전을 성공적으로 극복하고 최종승자가 되기 위해 치열한 경쟁을 벌이고 있다. 각 나라들의 주요정책을 살펴보기로 한다.

(1) 독일

2013년 독일은 정부, 기업, 연구기관들과 함께 제조업 진화전략인 '인더스트리 4.0'(INDUSTRIE 4.0)의 추진목표를 구체화하였고, 후속 프로젝트로 2015년 3월 '스마트 서비스 월드 2025'(*Smart Service*

World 2025) 전략을 발표하고 스마트 생산과 스마트 서비스체계를 구축해 디지털 생태계를 구현할 계획을 실행하기 시작했다. [13]

독일이 인더스트리 4. 0 등의 정책을 의욕적으로 추진하는 이유는 중국 등 후발국의 추격에 따른 제조업 주도권 약화에 대한 위기감 때문이다. 따라서 독일의 목표는 국가경쟁력의 기반인 제조업 강국의 입지를 더욱 강화하는 한편 전 산업의 스마트화를 촉진하며 제 4차 산업혁명을 리드하는 것이다.

독일의 인더스트리 4. 0과 스마트 서비스 월드 2025의 내용은 다음 과 같다. 첫째, 스마트 생산시스템의 실현이다. 스마트 생산은 제조 기계들이 네트워크에 연결되고 분석된 데이터 등에 기반을 두고 자율적으로 제어되는 미래형 제조시스템이다.

둘째, 스마트 서비스체계의 구축이다. 스마트 서비스는 스마트 팩토리와 스마트 제품으로부터 축적된 빅데이터의 정제를 통해 확보한 스마트 데이터를 적재적소에 제공하는 수요맞춤형 서비스다.

독일 트럼프사의 온라인 플랫폼 악숨이 제공하는 서비스가 그 좋은 예이다. 앞으로는 스마트 서비스의 역할이 매우 중요하다. 따라서 향후에는 제조와 서비스로 양분됐던 비즈니스 모델도 상품개발에서 생산, 판매 등으로 이어지는 전 가치사슬에서 스마트 서비스를 활용하는 '제조+서비스' 일체형으로 변화되고, 최종 소비자를 대상으로 하는 스마트 서비스모델과 이를 총괄하는 매우 다양한 플랫폼이 등장할 것이다. 이러한 플랫폼 설립자가 최종승자가 될 것이다. 독일 트럼프사는 기계제조업체에서 '기계제조업+악숨플랫폼 운영자'로 변신하게 되는 것이다.

셋째, 산업 전반의 스마트화를 통해 제조업뿐만 아니라 물류, 에너지, 의료, 농업 등 전 산업에 디지털 생태계를 조성하고, 스마트 서비스체계를 확산할 것이다. 오랜 기간이 걸리겠지만 이 웅대한 계획이 실현된다면 독일의 제조업 강국 지위는 더욱 공고해질 뿐 아니라 미국과 함께 제4차 산업혁명을 이끄는 선두주자가 될 것으로 전망된다.

(2) 미국, 일본, 중국

미국은 제3차 산업혁명인 인터넷에 기반한 정보혁명을 주도하였으며 제4차 산업혁명의 과정에서도 최선두에 서서 다른 나라 및 기업을 이끌고 있다. 구글, 아마존, 애플 등 미국 기업들이 제4차 산업혁명의 주요 개념과 요소기술을 만들어 내는 등 산업 및 가치사슬의 최정상에 위치하고 있다. 따라서 미국 정부는 제4차 산업혁명의 본질적인 대비보다는 제조업의 부활이라는 기치 아래 첨단 제조업의 경쟁력을 확보하는 것을 목표로 하고 있다. 미국은 2011년부터 첨단 제조파트너십 프로그램(AMP)을 추진하고 있다. AMP는 산업계, 정부기관, 대학이 함께 참여하여 첨단소재, 로봇공학, 나노일렉트로닉스 및 바이오제조 등 첨단제조업 분야를 차세대 제조업 11대 신기술 분야로 선정하고 신기술 개발 및 활용을 위해 국가적 역량을 결집하고 있다.

일본 정부는 2016년 산업경쟁력 회의에서 일본재흥전략의 일환으로 '제4차 산업혁명을 선도하는 일본 전략'을 발표했다. 이를 소개하면 〈표 2-2〉와 같다. 이 전략은 제4차 산업혁명에 대한 일본식 해석

〈표 2-2〉 제4차 산업혁명 일본 7대 전략

1. 데이터 이용/활용 촉진을 위한 환경정비
   - 데이터 플랫폼 구축 및 데이터 유통시장 조성
   - 개인 데이터 이용/활용 촉진
   - 보안기술 개발 및 인재육성 강화
   - 제4차 산업혁명 대응 지식재산정책 기반구축
   - 제4차 산업혁명 대응 경쟁력확보 환경정비

2. 인재 육성/확보, 고용시스템 유연성 향상
   - 새로운 니즈에 대응하는 교육시스템 구축
   - 글로벌 인재확보
   - 다양한 노동가능 인력의 활동촉진
   - 노동시장, 고용제도 유연성제고

3. 이노베이션, 기술개발 가속화
   - 오픈이노베이션 시스템 구축
   - 세계시장 선점을 위한 거점 정비, 국제프로젝트 구축
   - 전략적 지식재산 관리 및 국제표준화 추진

4. 파이낸스(Finance)기능 강화
   - 제4차 산업혁명을 위한 무형자산 투자활성화
   - 핀테크(Fintech)를 주축으로 금융, 결제기능 고도화

5. 산업구조, 고용구조의 원활한 전환
   - 신속, 정확한 의사결정을 위한 거버넌스 구축
   - 신용, 유연한 사회 재생, 재편을 위한 제도, 환경 정비

6. 중소기업, 지역경제에 제4차 산업혁명 확산
   - 중소기업, 지역에 IOT 도입, 활용이 가능한 기반 구축

7. 제4차 산업혁명을 위한 경제사회시스템 고도화
   - 제4차 산업혁명 대응 규제개혁
   - 데이터 활용 행정서비스 향상
   - 전략적 연계 등을 통한 글로벌 전개 지원강화
   - 제4차 산업혁명에 대한 사회인식 확산

자료: 일본 경제산업성

과 대응이다. 중국 정부도 2012년부터 '중국 제조 2025', '인터넷 플러스', '스마트 시티' 등의 정책 패키지를 수립, 추진하면서 제 4차 산업혁명에 대비하여 적극적으로 움직이고 있다.

그럼 제 4차 산업혁명은 우리나라에게 어떤 영향을 미치게 될까? 우리나라에게 유리한가? 혹은 우리에게 좋은 기회를 제공해 줄까? 결론부터 말하자면 결코 유리하지 않다. 차라리 대단히 불리하다고 해야 마땅할지 모른다. 제 4차 산업혁명에 대한 대비 또한 매우 미진하다고 판단할 수준이다. 만약 현재와 같은 상태가 계속된다면 세계 경제 및 산업에서 우리나라의 위상과 역할은 크게 추락하고 말 것이다. 존재감이 없는 나라가 될 것으로 보여 매우 걱정스럽다. 이에 대해서는 제 6장 "기로에 선 한국 경제: 재도약 또는 영원한 추락" 편에서 자세히 설명하기로 한다.

4. 거대한 변화를 앞둔 한국, 중국, 일본: 그리고 한·중·일 관계

우연일지 모르지만 한·중·일 모두 거대한 변화를 앞두고 있다. 지금의 변화에 어떻게 대처하고 그 결과가 어떻게 나오느냐에 따라 동북아시아 경제의 판도가 달라질 것이고 세계 경제에도 큰 영향을 미칠 것이다. 궁극적으로는 세계 경제의 지형까지 변화시킬 것으로 보인다. 그 변화의 중심에는 중국이 있다.

1) 중국: 선진국으로 발전하느냐? 또는 규모만 큰 개도국으로 남느냐?

세계 경제의 큰 흐름 중 하나는 신흥국의 비중이 높아지고 있으며 아시아가 중심 역할을 하고 있다는 점이다. 앞으로 이러한 추세가 더욱 깊어져 세계 경제의 중심이 아시아로 이동할 것인지 여부는 우리에게 대단히 중요하다.

〈표 2-3〉에서 보는 바와 같이 유럽계 국가들이 세계 경제의 중심을 이룬 것은 18세기 후반 산업혁명 이후다. 산업화된 문명의 역사는 기껏해야 300년 남짓에 불과하다. 그 이전 세계 경제의 중심은 중국과 인도가 이끈 아시아였다. 1600년대 세계 경제에서 차지하는 아시아의 비중은 약 60%였다. 1980년대 유럽과 미국을 합한 비중과 유사하다. 이제 세계 경제의 흐름이 다시 아시아로 오고 있다. 아시아가 세계 경제에서 차지하는 비중이 급격히 증가하고 있다. 이 흐름의 중심에는 중국이 있다.[14]

중국은 요소투입형 성장-개도국형 성장이 한계에 달하고 있어 새로운 성장전략이 필요하다. 아울러 지속적인 개혁·개방 조치들을 도입해야 한다. 그리고 조만간 인구고령화가 시작된다. 현재 중국은 이러한 과제들을 훌륭히 극복하고 선진국으로 발전해 나갈 것인가? 아니면 규모만 큰 개도국으로 남을 것인가? 이런 기로에 서 있다.

중국은 현재 지구상에서 한 번도 경험해 보지 않은 거대한 실험을 하고 있는지 모른다. 14억 명의 인구를 가진 거대한 나라를 통째로 바꾸는 작업을 하고 있으니 말이다. 그래서 중국의 미래를 예측한다는 것은 거의 불가능한 일이다. 중국의 미래에 대하여 극단적인 낙관

<표 2-3> 세계 GDP 지역별 비중 변화 (Angus Maddison, IMF)

■ 중국 ■ 인도 ■ 동아시아* ■ 일본 ■ 유럽 ■ 미국　　　(단위:%)

연도	중국	인도	동아시아*	일본	유럽	미국
1600년	29		23	7	2.2	22 / 0.1
1980년	1.8	1.7	2.3	10	34	27
2010년	8.7	2.2	5.3	8.5	27	24
2015년	11.5	2.2	5.8	7.6	24	22.4

*동아시아: 한국 및 동남아시아(단, 중국, 일본 제외)

론자부터 극단적인 비관론자까지 그 스펙트럼이 매우 넓다는 사실이 이를 입증한다.

그런데 우리가 직시해야 할 사실은 중국이 우리나라(특히 경제 및 산업)에 절대적인 영향을 미치고 있으며 앞으로도 그 영향력이 더욱 커질 것이라는 점이다. 지금까지의 중국이 우리에게 위협보다는 기회로 다가왔다면, 앞으로의 중국은 기회를 주기보다는 위협을 가하는 존재로 부상할 가능성이 매우 높다. 단기적으로는 중국 경제의 부채로 인한 변동성 확대로 중국발 위기 가능성이 점쳐진다. 중·장기적으로는 중국이 제조업 강국으로 우뚝 서면서 여러 영역에서 우리나라 주력산업이 쇠퇴할 가능성이 높다.

우리나라는 남·북한을 모두 합쳐도 규모가 큰 중국 1개 성 정도의 규모에도 미치지 못한다. 우리나라는 중국의 움직임을 면밀히 관찰, 분석하면서 중국의 기회요인을 극대화하고 위협요인을 극복하는 체계적이고 총체적인 대응이 어느 때보다 절실하다.

2) 일본: 아베노믹스로 재기에 성공할까?

일본은 1980년대 최고의 전성기를 누렸다. 세계 제2위 경제대국으로서 위상이 높았으며 제조업에서는 세계 최고의 경쟁력을 확보해 세계를 호령했다. 그러나 1990년대 이후에는 극적인 반전이 이뤄져 이른바 '잃어버린 20년'을 겪었다. 지금도 그 침체의 늪에서 벗어나지 못하고 있다.

그런데 일본을 다시 살리겠다는 '슈퍼맨'(?)이 등장했다. 바로 아베 총리다. 아베 총리는 20년 넘는 침체기 동안 고통과 체념 속에서 일본의 재기를 열망한 일본 국민들의 염원을 읽었다. 이어 '아베노믹스'를 통한 일본 경제의 재기를 실천에 옮기고 있다. 아울러 평화헌법 개정을 통한 일본 군대의 재무장 등 강한 일본 건설을 목표로 하고 있다. 이를 바탕으로 동북아시아에서도 중국에 맞서려는 움직임을 보이는 등 일본의 자존심을 회복하고자 노력하고 있다.

이 중 핵심은 아베노믹스라고 불리는 일본 경제재건 비전이다. 아베노믹스는 세 가지 화살로 이뤄져 있다. 급격한 양적 완화, 재정확대 및 구조개혁이 그것이다. 그 내용을 보면 과격한 조치들이 많이 들어 있음을 알 수 있다. 20년 넘는 침체기를 극복하려다 보니 그럴 수밖에 없다는 이해와 함께 어쩌면 재기하고 싶은 일본 국민들의 처절한 몸부림일지 모른다는 생각마저 든다. 아무튼 이제 일본은 재기할 것인가? 아니면 침체가 깊어져 쇠락의 길로 갈 것인가? 일본이 마주한 갈림길이다.

3) 한국: 선진국 진입 혹은 중국의 주변국

앞에서 언급한 바와 같이 우리나라 경제시스템은 성장과 분배 등 모든 면에서 한계를 보이고 있다. 한국 경제의 추락 징후들이 도처에 보이고 있다. 그리고 한국 경제를 둘러싼 대외적 환경 또한 불리하게 돌아가고 있다.

우리나라는 수없이 많은 위기를 훌륭히 극복해 왔다. 그러나 앞으로 닥칠 어려움은 이전보다 훨씬 광범위하고 오랫동안 이어질 것으로 예상된다. 더욱이 우리나라는 2025년경 일본 수준의 초고령사회로 들어선다. 따라서 앞으로 10년 동안이 매우 중요하다.

한국 경제가 이 기간에 예전의 낡은 체제를 청산하고 새로운 길을 갈 수 있다면 가장 바람직하다. 선진국에 진입하는 것이다. 그렇지 못하면 일본처럼 장기적으로 침체하면서 중국 변방의 하나인 주변국으로 머무를 수 있다. 우리 또한 그런 기로에 서 있다.

최근 대만을 갈 때마다 드는 걱정이 있다. 우리나라도 결국 대만과 같은 처지가 되지 않을까라는 점이다. 현재 대만은 경제적으로 중국에 완전히 종속된 상황이다. 중국에 대한 대만 자체의 비교우위가 없기 때문이다. 14억의 인구규모를 가진 중국을 넘어서 비교우위를 확보하는 것은 결코 쉬운 일이 아니다. 그러나 중국과 차별화된 비교우위 부문을 갖지 못하면 대만처럼 중국 경제에 종속될 수밖에 없다. 한국은 정말 결정적인 순간을 앞두고 있다.

제3장

구조적 전환기의 중국 경제와 위기 가능성

최근 전 세계의 관심이 중국에 쏠리고 있다. 때론 자국 상황을 걱정하기보다 중국이 앞으로 어떤 상황에 접어들 것인지를 두고 지대한 관심을 보이고 있다. 거의 대부분의 노벨경제학상 수상자가 중국 경제의 미래를 두고 견해를 밝히고 있다. 헤지 펀드, 투자은행 등 다국적 투자자들도 중국 경제의 상황에 일희일비(一喜一悲)하고 있다.

매일 전 세계 언론매체는 중국 경제상황을 상세히 다룬다. 우리나라도 마찬가지다. 신문과 TV에서 중국문제(특히 경제·산업분야)를 다루지 않는 날이 드물다. 중국을 향한 지대한 관심은 두 가지 이유에서 비롯한다. 첫째, 중국 경제상황이 세계 경제에 지대한 영향을 미친다는 사실이다. 둘째, 중국 경제의 장·단기 전망이 매우 가변적이며, 특히 단기적으로 중국 경제가 매우 걱정스럽기 때문이다.

우리는 2016년 초에 주가급락으로 중국 증권시장이 요동치면서 세계시장이 받은 엄청난 충격을 목격했다. 최근 많은 세계 경제전문가들은 세계 경제가 2008년 이후 경제위기를 맞이한다면 그 시발점은 중국일 가능성이 높다는 전망을 내놓고 있다. 장기적으로도 중국이 어떻게 변화하느냐에 따라 세계 경제에 미치는 영향이 크게 달라진다.

궁극적으로는 16세기에 그랬던 것처럼 중국이 세계 최고의 선진국, 패권국가의 지위에 올라 세계 경제의 중심이 아시아로 옮겨 올 것인지를 따져보는 사람도 많다. 이 문제 또한 세계 모든 국가의 관심사이기도 하다.

우리나라는 그저 관심만을 두기에는 중국이 너무 크고 가깝다. 지금도 중국으로부터 전해지는 아주 큰 영향에 어쩔 줄 모를 때가 적지 않다. 앞으로도 중국의 영향에서 자유롭기 힘들고, 그 영향력은 더욱 커질 것이다.

단기적으로는 몇 년 내 중국이 어려워지거나 위기에 처한다면 기초체력이 더욱 약해진 우리나라로서는 큰 위기에 봉착할 수 있다. 장기적인 전망도 그리 밝지만은 않다. 중국이 단기적으로 닥친 위기를 극복한 뒤가 문제다. 중국이 제조업 강국으로 성장하면서 선진국형 성장경로로 발전해 나간다면 우리나라 주력산업에게는 매우 큰 위협이다. 물론 중국 경제가 역동적으로 발전하면서 중국 시장이 세계 최대로 커지면 우리에게 기회로 작용하는 면이 있다. 그러나 우리가 중국에 대한 비교우위를 확보하기 어려워져 기회보다는 위협으로 다가올 가능성이 훨씬 더 크다.

그런데 중국의 미래를 전망한다는 것은 대단히 어려운 일이다. 어쩌면 불가능에 가까울지 모른다. 왜냐하면 중국이란 나라가 워낙 크고 변수가 많으며 다양하기 때문이다. 이러한 한계에도 불구하고 우리나라에 절대적인 영향력을 행사하는 중국의 미래를 예측하지 않을 수 없다.

따라서 여기서는 장기적인 시각에서 현재 중국은 어디쯤 있으며, 현재 표출되고 있는 문제점들은 어디에서 비롯했는가를 따져볼 생각이다. 중국 경제는 또 얼마나 심각한 상태이며 위기 가능성을 보이는가도 관심거리다. 아울러 장기적으로 중국이 계속 발전할 수 있는가도 살펴보기로 한다.

1. 거대한 구조적 전환기에 있는 중국 경제

"중국 경제성장률이 계속 떨어지고 있다", "지금 성장률 수치도 조작한 것이며 실제로는 이보다 더 낮다 …". 이런 말들이 나돈다. 아울러 주식시장의 주가급락, 급격한 외화유출과 위안화 절하, 인민은행의 방어와 외환보유고의 급감, 과도한 부채와 그림자 금융 그리고 금융위기 가능성 경고 등이 줄을 잇는다. 최근 중국 경제를 두고 퍼지는 뉴스들에 섞인 말들이다.

또 한편으로는 알리바바의 미국 나스닥 상장과 급격한 성장, 스마트폰 시장에서 부상하는 화웨이 및 샤오미 등의 중국 기업이 화제로 부상한다. 우리나라 LG, 삼성 스마트폰이 저들의 위협에 고전한다는 소식도 전해진다. 전기자동차 분야에서 자신감을 드러내는 중국 기업 BYD, 반도체 산업에서 중국 기업들의 대대적 투자와 10년 계획이 줄을 잇는다. 다시 '제조업 2025', 인터넷플러스 계획 등도 지면을 장식한다.

신문에서 중국 제조업의 약진이 우리나라 기업을 위협한다는 기사들은 거의 매일 찾아볼 수 있을 정도다. 그렇지만 위기를 알리는 조짐을 엿볼 수 있는 중국 관련기사도 좀체 줄지 않는다. 우리는 다양하고 상반된 기사내용들로 인해 혼란스럽다. 중국 경제의 진정한 모습이 궁금해진다. 저들이 도대체 어디쯤 가고 있는지도 퍽 알고 싶어진다.

한마디로 표현하면 "중국 경제는 거대한 구조적 전환기에 처했다"고 할 수 있다. 필자는 《한·중·일 경제 삼국지 1》에서 중국 경제의 성장과 발전은 4가지 한계와 애로에 봉착했다고 밝힌 바 있다.[1]

- 요소투입형 성장의 한계
- 투자-수출주도 성장의 한계
- 미완의 체제개혁(사회주의 → 자본주의)으로 인한 시스템의 한계
- 환경·자원소모적 성장의 한계

중국은 이 4가지 한계(특히 요소투입형 성장, 투자-수출주도 성장) 때문에 30년 동안 비약적 발전을 이끈 기존 성장요인들을 서서히 소진해 왔다. 그러나 최근에는 그 속도가 급격히 빨라졌다. 따라서 중국은 새로운 전략의 틀 아래에서 빠른 시간 내 새로운 성장동력을 만들어내야 한다. 다시 말하면, '요소투입형 성장전략-개도국형 성장전략'을 '혁신주도형 성장전략-선진국형 성장전략'으로 전환해야 한

다. 인력과 자금의 추가투입으로 경제성장을 도모하던 기존의 단순한 방식을 지양하고 선진국처럼 R&D 혁신과 생산성 혁신에 의한 부가가치 창출로 경제성장을 하도록 시스템 자체를 바꿔야 하는 것이다. 중국이 선진국형 성장패턴으로의 전환에 성공하느냐 못하느냐는 중국뿐 아니라 세계 모든 나라에 대단히 중요한 문제다.

만약 중국이 성공한다면 미국을 추월해 제1위 경제대국 자리를 차지하는 것은 단지 시간의 문제다. 궁극적으로는 세계 경제 중심이 아시아로 넘어올 가능성도 상당히 높아질 것으로 보인다. 그러나 개도국형 성장패턴을 극복하고 선진국형 성장패턴으로 성공적으로 전환한 나라는 지금 선진국을 제외하고는 극히 드물다. 그만큼 어렵다는 것이다. 그리고 오랜 기간이 필요하다.

우리나라도 아직 혁신주도형 성장을 완성하지 못한 상태다. 또한 중국은 지난 30년간 투자에 의존한 고도성장에 치중한 결과 과도한 불균형에 직면해 있다. 국민총생산에서 소비의 비중이 너무 낮고, 투자의 비중은 너무 높다. 이러한 심각한 불균형은 영원히 지속적일 수 없다. 과도한 투자는 부실을 낳고 공급과잉이 이어지면 투자수익도 급격히 떨어지게 마련이다.

따라서 향후 중국 경제는 투자가 줄 수밖에 없다. 경제성장률을 서서히 떨어뜨리며 연착륙에 성공하려면 소비를 늘려야만 한다. 정부는 이를 위해 성장의 과실을 폭넓게 배분하여 가계를 안정시키는 개혁을 성공적으로 추진해야 한다. 그러나 결코 쉬운 과제가 아니다.

투자에 유리하게 만들어진 모든 제도, 관행과 사람들의 인식들을 소비에 유리하게 바꿔야만 가능하다. 아울러 경제주체들의 의지와 관계없이 중국 경제는 개방체제로 전환하지 않을 수 없다. 현재 중국 경제가 제한적으로 개방된 상황에서도 세계 경제에 미치는 영향이 매우 큰데, 경제개방이 확대될수록 그 영향력은 커질 수밖에 없다. 특히 중국이 추진하는 금융부문의 개방이 세계 경제와 중국에 미치는 영향은 우리가 상상하기 어려울 정도로 클 것이다.

역사적으로 볼 때 개도국이 자국의 금융시장을 개방할 때는 고도의 주의가 필요하다. 대부분의 경우 다국적 금융회사, 이른바 세계적인 큰손들로 말미암아 위기에 빠졌다. 특히 취약한 금융시장과 경상수지 적자가 결합한 경우 개방으로 인한 충격이 훨씬 컸다. 1997년 한국을 포함한 아시아 국가들의 외환위기가 대표적인 사례다.

중국은 취약한 금융시장을 가진 어마어마한 규모의 개도국이기 때문에 개방으로 인한 충격은 중국뿐만 아니라 전 세계에 큰 영향을 미치지 않을 수 없다. 예를 들면 중국의 2015년 기준 총 저축액은 5조 2,000억 달러로(미국의 경우 3조 4,000억 달러)[2] 세계 최대규모이다. 중국 금융이 개방의 폭을 넓히면 중국인들의 저축자금은 세계 금융시장 또는 자산시장 등 실물부문으로 투자돼 나갈 것이다. 이 경우 중국의 외환보유고, 환율 등에 큰 변동이 있을 것이고, 세계 금융시장뿐만 아니라 실물경제에도 막대한 영향을 미칠 것이다. 따라서 앞으로 금융부문에서 중국이 세계 경제와 어떻게 조화를 이루어 나갈 것인가도 중요한 과제 중 하나다.

마지막으로 중국은 장기적으로 정치적 진화를 어떻게 관리해 나갈 것인가 하는 매우 어려운 과제를 안고 있다. 중국의 중산층은 급속도로 증가하고 있다. 연소득이 11,500달러~43,000달러에 해당하는 가구 수는 2000년에는 약 500만이었는데 2016년 현재 2억 2,500만에 달한다.[3] 중산층이 이처럼 빠른 속도로 증가한다는 것은 이들의 목소리가 커져 정치체제의 변화가 뒤따를 수 있다는 얘기다.

세계 역사가 유사한 사례를 많이 보여준다. 현재 이들이 별다른 체제변화의 목소리를 내지 않고 있지만, 경제침체로 인해 이들의 생활이 어려워지고 미래가 불안해지면 상황이 어떻게 변할지 예측하기는 어렵다. 이와 같이 거대한 구조적 전환기에 직면한 중국이 향후 5~10년 동안 해결해야 할 과제는 다음과 같이 요약할 수 있다.[4]

① 요소투입형 성장패턴을 혁신주도형 성장패턴으로 어떻게 전환시킬 것인가?
② 이 과정에서 필연적으로 수반되는 저성장에 어떻게 대처할 것인가?
③ (특히 금융부문에서) 세계 경제와 어떻게 조화를 이룰 것인가?
④ 정치적 진화를 어떻게 관리할 것인가?

우리는 네 가지 과제 중 앞의 두 과제를 중심으로 자세히 살펴보기로 한다.

2. '중진국 함정' 진입과 경착륙 가능성

현재 중국 경제는 이른바 루이스 전환점을 지나고 있거나 중진국 함정에 이미 빠졌다고 판단할 수 있는 많은 조짐이 보인다. 이러한 관점에서 보면 우리나라의 1980대 후반~1990년대 초반과 너무나 흡사하다.

루이스 전환점 또는 중진국 함정은 개발도상국이 경제성장 초기에는 순조롭게 성장하다가 중진국에 이르러 성장이 장기간 정체되는 현상을 말한다.5 이는 전형적인 요소투입형 성장의 한계 때문인데 특히 과도한 자본투입에 의존한 성장이 한계에 다다라 과잉투자 → 투자효율 급감 → 부실누적 → 부채급증 등 부작용이 연쇄적으로 나타난다.

2000년대 중반 한때 중국은 정말 '잘나갔다'. 이 무렵 중국 고유모델인 국가자본주의의 우수성을 적극 홍보하는 학자들이 있었다. 이를 두고 찬·반 논쟁도 뜨거웠다. 이때 중국은 기존 선진국과 한국, 대만 등 중진국 함정을 겪은 국가와 달리 정부의 치밀한 관리로 중진국 함정을 건너뛰어 지속적인 경제성장을 구현할 자신감을 보였다.

그런데 세계 경제사의 관점에서 보면 중국식 모델은 따로 있을 수 있으나 시장경제 원칙의 예외는 없다. 중국도 요소투입형 성장에서 혁신주도형 성장으로 전환하면서 다른 나라가 겪었던 일종의 성장통인 '중진국 함정'을 건너 뛸 수는 없는 것이다.

다만, 각 나라별로 성장통의 형태와 강도는 천차만별이다. 우리나라의 경우 1997년 국가위기로까지 내몰려간 형태로 성장통을 겪었다. 그렇다면 중국은 어떤 모습으로 성장통을 겪을까? 일단 '중진국 함정'에 진입하면 상당기간 저성장에서 벗어나기 어렵다. 왜냐하면 기존의 성장동력은 급속히 약화되는 반면, 새로운 성장동력은 더디게 강화되므로 기존 성장동력의 약화로 인한 경제적 손실을 충분히 보충하지 못하기 때문이다. 중국의 경우 투자증가율이 감소하는 정도보다 소비증가율이 더 커져야 하며, 투자효율의 감소를 R&D 혁신 등을 통해 보충해야 한다.

지난 30년 동안 중국은 주로 투자에 의존해 성장했다. 2014년 GDP 대비 투자비중이 45.9%이며, 소비비중은 51.4%(가계소비 비중: 38%)일 정도로 투자의 비중이 너무 높다. 세계 경제사에서 이와 비교할 수 있는 나라는 일본과 한국 정도다. 1980년대의 일본, 1990년대의 한국도 GDP 대비 투자의 비중이 35% 수준이었다. 국제적 기준으로 볼 때 중국의 투자비중은 도저히 지속할 수 없는 지나치게 과도한 수준이라고 할 수 있다.

R&D 혁신 등 혁신이 수반되지 않은 채 물적 자본의 투자만 과도하게 이루어질 경우 필연적으로 '한계생산 체감의 법칙'이 작동해 자본의 효율성 및 수익성이 지속적으로 떨어지며, 시간이 갈수록 체감의 정도는 커질 수밖에 없다. 중국 경제는 30년 이상 투자에 의존하며 성장했고, 그 형태는 혁신과는 거리가 먼 물적 자본만의 투자였다. 이 때문에 지금은 자본투자에 의한 수익이 거의 나지 않는 상태라고 할 수 있다. 그리고 비효율적 투자의 누적으로 부실이 매우 높아지고 부채마저 급속히 늘어나면서 GDP 대비 약 260% 수준에 이른다(특히 기업부문에서 이 문제가 심각하다).

이제 중국은 기존의 성장전략으로는 더 이상 성장할 수 없다. 따라서 중국은 지속적인 성장을 위해 소비촉진을 통해 투자와 소비의 불균형을 해소하는 한편, R&D 혁신과 생산성 혁신 등을 통해 투자의 효율성을 근본적으로 제고해야 한다. 이른바 혁신주도형 성장, 내생적 성장(endogenous growth)으로 전환하는 새로운 성장전략을 강력하고 지속적으로 추진해야 한다.

중국 정부도 새로운 성장전략의 필요성을 깊이 인식하고 '12. 5 계획'부터 변화를 모색하고 있으나, 의도대로 전환이 이뤄지지 않고 있다. 우선 투자위주의 성장에서 소비위주의 성장으로 전환하는 일은 매우 어렵기 때문이다. 특히 중국에게는 더욱 어려울 것이다.

중국의 투자위주 성장은 국가주도로 이루어졌다. 정부가 중·장기계획상 연도별 성장률을 정하면 산업별, 국영기업별 투자계획이 만들어지고 국영은행은 정부의 지시에 따라 자금을 공급했다. 지방정부의 경우도 유사한 방식이다. 지방정부별로 성장목표가 정해지면 주로 투자계획(주로 주택건설)이 수립되고 필요한 자금은 토지를 비싸게 매각한 자금으로 충당하거나 국영은행으로부터 공급받았다.

사회주의적 성격이 강한 방식이라서 일정 수준의 경제성장을 달성하는 데 그리 어렵지 않았다. 국영기업, 국영은행, 지방정부는 정부(또는 공산당) 지시내용을 그대로 따르려고 노력하는 주체들이었기 때문이다. 이들에게 투자의 효율성 및 수익성 여부는 그다지 중요하지 않다. 경제성장률 목표달성을 위한 투자규모가 더 중요하다. 더욱이 국영기업은 대부분 국내시장에서 독·과점 상태이므로 경쟁이 거의 없다. 이러한 상황에서 투자효율성을 제고하려는 유인체계는 거의 존재하지 않는다. 그러나 소비의 경우는 다르다. 그 주체가 국영기업이나 지방정부가 아닌 가계와 일반국민이기 때문이다.

정부가 일반국민을 대상으로 "올해 경제성장률 목표가 몇 %이니 1인당 일정금액 이상 소비하세요"라고 지시할 수 있을까? 결코 그렇게 할 수 없다. 가계와 각 개인은 정부의 의도와는 달리 각자의 사정에 따라 소비하려 할 것이다.

이런 이유로 소비가 단기간 내에 빠른 속도로 증가하기 어렵다. 특히 중국과 같이 경제운용방식이 정부주도인 경우 더 그렇다. 더욱이 중국은 지난 30년 동안 모든 제도와 인센티브 시스템을 투자에 유리하도록 짜왔다. 최근 중국 정부가 소비확대를 위해 세제개혁, 서비스산업 육성 및 임금인상 유도 등을 하고 있으나, 30년 이상 투자에 유리하도록 운영해온 시스템을 소비에 유리하도록 바꾸는 데는 시간이 걸릴 수밖에 없다.

또한 중국은 의료, 복지 등 사회보장시스템이 선진국과 비교할 수 없을 정도로 열악하다. 특히 의료·보건시스템이 국민들의 수요에 비해 양적으로나 질적으로 미흡할 뿐 아니라 의료보험제도도 정비되지 않아 중국 국민들은 각자 사고와 질병에 대비해야 한다. 다른 사회보장제도도 의료·보건 분야와 크게 다르지 않다. 이런 상황에서 중국 국민들이 선택할 수 있는 합리적 행동은 미래를 위해 가능한 한 많이 저축하는 일 이외에 달리 없다.

따라서 중국의 총 저축 비중은 약 48% (2013년 기준) 로 매우 높은 수준을 유지하고 있다. 높은 수준의 가계저축을 소비로 전환하기 위한 일련의 조치들을 취하고 있으나 막대한 정부재정을 투입해야 하므로 이 또한 오랜 기간이 소요될 수밖에 없다.

　그럼 혁신주도형 성장으로의 전환은 어떨까? 혁신주도형 성장으로의 전환은 소비위주 성장으로의 전환보다 훨씬 더 어렵다. 거의 모든 개도국들이 선진국 진입에 실패한 까닭은 양적 성장단계인 요소투입형 성장에서 질적 성장단계인 혁신주도형 성장으로의 전환에 실패했기 때문이다. 그만큼 개도국에게는 거의 불가능에 가까울 정도로 어렵다.

　우리나라도 중진국 함정에서 벗어나는 데는 성공했으나 혁신주도형 성장으로의 전환은 미완의 단계에 있다고 할 수 있다. 더욱이 중국과 같이 규모가 매우 큰 나라의 경우 어려울 뿐 아니라 성공한다고 해도 그 틀을 완성하기까지 30년 이상의 긴 시간이 필요할 것으로 전망된다.

　《한·중·일 경제 삼국지 1》에서 서술한 바와 같이 한 나라의 경제·산업에서 혁신이 작동하려면 여러 여건이 갖추어져야 한다. 가장 중요한 네 가지를 우선 지적하면 다음과 같다.

　① 혁신을 이끌어낼 일정수준 이상의 과학·기술 인프라를 갖추었는가?
　② 혁신역량 중 특히 사람-혁신능력을 갖춘 인재가 충분히 존재하는가?
　③ 혁신을 할 수 있는 기업 혹은 기업군이 얼마나 있는가?
　④ 혁신이 작동할 정도로 시장은 충분히 경쟁적인가?

현재 중국 경제의 혁신수준과 혁신가능성은 혁신주도형 성장의 초기단계로 평가할 수 있다. 그 상세한 내용은 3장 4절 "위기극복 후 장

기적인 성장 가능할까?"에서 살펴볼 예정이다. 여기서는 이 과제가
얼마나 어려운지에 대해서만 간단히 설명하기로 한다.

앞에서 지적했듯이 양적 성장과 질적 성장의 패턴은 완전히 다르
다. 즉, 질적 성장을 위해 필요한 인프라, 제도, 관행, 경제주체의
인식 및 지적 수준들이 양적 성장에 필요한 것들과는 전혀 다르다.

30년 이상 해오던 것들을 버리고 다른 틀로 바꾼다는 일은 정말 어
렵다. 새로운 방식을 도입해야 한다고 생각하면서도 관성의 법칙에
의해 어느덧 기존의 방식을 선택하기 마련이다. 특히 경제주체들의
기존에 갖고 있던 인식과 지적 수준은 짧은 시간에 쉽게 바꿀 수 없
기 때문에 양적 성장 때의 행태가 이어지기 쉬운 것이다.

한국이 중진국 함정에 진입한 1980년대 말부터 1990년대까지 한
국 재벌들의 행태가 그 좋은 사례다. 당시 한국의 재벌들은 급격한
임금상승과 함께 인력수급의 난관에 직면했다. 아울러 환율, 이자율
등도 불리하게 움직이면서 국제경쟁력이 급격히 떨어지기 시작했다.
섬유, 의류, 신발 등 경공업부터 석유화학, 가전, 자동차 등 중화학
공업까지 모든 산업은 장비와 부품, 소재를 수입해 값싼 노동력을 활
용하면서 조립한 후 수출하고 있었다.

필요한 자금은 차입으로 조달했다. 제품생산에 필요한 기술 또한
수입했는데 대부분 도입장비에 체화(滯貨) 된 형태였다. 그런데 임금
이 급상승하자 가격경쟁력이 빠르게 떨어지면서 이익도 급감했고 결
과적으로 투입한 자본, 즉 투자대비 수익률이 빠르게 감소했다. 특
별한 기술과 노하우 없이 자본을 단순 투자하는 방식으로는 더 이상
수익을 거둘 수 없는 전형적인 요소투입형 성장의 한계가 자본측면

에서도 나타났던 것이다. 이렇게 되면 새로운 성장동력을 찾아야 한다. 즉, 기술을 혁신하든지 생산성을 획기적으로 높이든지 해서 나빠진 가격경쟁력을 보완하고도 남을 정도로 총요소 생산성을 높여야만 한다.

그러나 당시 우리나라 대기업들은 R&D, 생산성 혁신 등의 새로운 방식을 시도하지 않고 관성에 따라 종래방식을 고수했다. 자본의 효율성을 높이기 위해 필요한 자본, 장비, 부품, 소재를 수입해 단순조립하는 기존방식에 집착했다. 아울러 사업다각화를 통해 이런 틀을 동시다발적으로 확장해 나갔다. 전자제품을 생산하던 기업이 석유화학, 조선으로 사업영역을 넓혔다. 자동차, 조선, 기계를 주력으로 하던 기업들이 경쟁적으로 다른 분야에 진출하기 시작했다. 그 결과는 참담한 IMF 경제위기였다. 왜 이들은 파멸의 길로 갔을까?

당시 대기업 오너(owner)와 핵심 CEO들은 R&D, 생산성 혁신에 대한 지식이 없었을 뿐 아니라 혁신에 필요한 인재를 확보하거나 인프라를 구축하려는 노력을 거의 하지 않았다. 이 점이 결정적인 실패요인이다. 그리고 당시 우리나라 경제·산업시스템은 양적 성장에 적합하게 설계되어 발전했던 까닭에 혁신에 대한 개념도 거의 없었다. 설령 혁신하고자 하는 의지가 있어도 이를 실천할 수 있는 생태계가 거의 형성되지 않았다.

현재 중국도 1990년대의 한국과 크게 다르지 않다. 중국의 혁신은 전기·전자(IT) 산업에서 주로 이루어지고 있으며, 아직 타 산업에까지 확산하지 못하고 있다. 필자는 중국 내 기업인, 공무원들을 만날 기회가 많은데 이들의 인식과 지식은 1990년대 한국의 CEO, 공무원들과 크게 다르지 않다. 대부분의 기업인들은 R&D 투자와 생산성 혁신의 개념조차 모르는 경우가 많았다. 왜냐하면 지난 30년 동안 만들면 팔리고, 공무원들과 '꽌시'(關係)만 잘 유지하면 사업은 번창했기 때문이다.

초기 혁신기업가들에 의해 자극받은 젊은 벤처기업인들은 IT산업을 중심으로 활동하며 열심히 주변의 혁신을 모방하면서 영역을 서서히 넓히고 있는 상태다. 정부에서도 중국식 벤처인 '창커'(創客)'를 적극 육성하는 등 R&D 혁신, 생산성 혁신을 적극 추진하고 있다. 그러나 정부부문도 역시 초기단계다. 즉, 추진주체가 아직 소수이기 때문에 지방정부는 물론 중앙정부에서도 확산정도가 미약한 것으로 보인다.

혁신의 추진주체들도 정확한 개념을 이해하기는 어려울 것이다. 그들에게 혁신이란 한 번도 경험해보지 못한 것이고, 혁신의 개념은 그저 문서를 통해 간접적으로 체득한 지식에 불과하기 때문이다.

과거 한국도 그랬다. 필자는 IMF 위기 이후 우리나라 성장정책을 혁신주도형으로 전환하는 데 초기부터 참여하며 그 골격을 만드는 주요 정책에 관여했다. 주로 독일, 미국, 일본의 혁신시스템을 연구했다. 미국의 실리콘밸리, 독일과 일본의 혁신클러스터, 이탈리아 북부 클러스터를 방문 조사했으며, 각국 전문가들과 토론했고 관련 전문서적 등을 통해서도 연구했다.

당시 가장 고민스러웠던 것은 혁신의 개념, 중요성, 각국의 구체적인 정책 등을 막연하게는 이해하겠는데, 정확하게는 잘 모르겠다는 점이었다. 정확하게 알게 된 것은 정책을 시행하고서 시행착오를 직접 겪고 난 후였다. 그때 절실히 깨달은 사실은 R&D 혁신 등 혁신추진에 '점프'는 없다는 것이다.

후발국은 선진국의 경험을 공유함으로써 시간은 단축할 수 있지만 선진국이 겪은 단계는 전부 겪어야 한다. 중국도 예외일 수 없다. 중국은 한국보다 훨씬 많은 전 세계 전문가들의 도움을 받고 있을지 모르나, 규모가 워낙 크고 사람들이 다양하며 많기 때문에 혁신확산은 중국 정부의 기대보다 느리게 진행될 것이다. 이와 같이 새로운 성장 전략으로서의 전환은 쉽지 않다. 따라서 중국 경제는 '중진국 함정'에 진입한 뒤에는 상당기간 하방압력에 시달릴 수밖에 없다.

3. 중국 경제의 지속적인 하방압력과 경착륙 가능성

1) 하방압력이 커지고 있는 중국 경제

앞에서 살펴본 바와 같이 중국은 ① 요소투입형 성장의 한계, ② 요소투입형 성장을 대체할 소비와 총요소 생산성 증가의 한계로 성장률이 지속적으로 감소해 왔다. 2000년 중반 두 자릿수 성장에서 2015년 6.9%, 2016년 중반 6% 중·후반까지 떨어진 상태이며, 실제로는 이보다 낮다고 추정된다.

2014년 하반기에 하방압력이 커지기 시작해 2015년 이후에는 그 하락속도가 가속화하면서 중국 경제의 성장감소와 급작스러운 경착륙 가능성의 우려가 커졌다. 더욱이 경제성장이 일정수준 이하로 하

<표 3-1> 중국의 고정자산투자 및 민간투자 증가율

(단위: %)

년도	2010	2011	2012	2013	2014	2015	2016*
고정자산투자 증가율	12.1	23.8	20.3	19.1	14.7	9.8	9.0
민간투자 증가율	-	-	24.8	23.1	18.1	10.1	3.9

* 2016년의 경우, 고정자산투자 증가율은 1~6월, 민간투자 증가율은 1~5월의 통계임.

락할 경우 고성장을 지속했던 시기에는 드러나지 않았던 각종 비효율, 이로 인한 기업과 은행의 부실이 적나라하게 불거지면서 경제위기와 사회혼란까지 야기할 수 있다.

현재 중국은 국내적으로는 기업의 부채에 은행의 부실채권이 가세하는 문제가 두드러지고 있다. 게다가 대외적으로는 미국 금리인상, 브렉시트 등 대외 리스크에 의해 다양한 형태의 위기에 처할 가능성이 높아지고 있다. 이러한 상황에서 중국 경제에 하방압력까지 가해진다면 정말 어려운 상황까지 갈 수 있다. 여기에서는 중국 경제의 하방압력 상황을 대내 및 대외 부문으로 나눠 상세히 진단해 보도록 한다.

2) 투자증가율의 급감

중국의 고정자산투자 증가율이 〈표 3-1〉에서 보는 바와 같이 2010년 12.1%에서 2016년 9.0%까지 급감하고 있다. 특히, 고정자산투자의 약 60%를 차지하는 민간투자가 급감하는 등 매우 좋지 않은 상황으로 가고 있다. 2012년 민간투자 증가율이 24.8%에 달하고, 민간투자가 국영기업 투자의 약 2배에 달하는 등 중국 경제를 끌고 가는 견인차였다.

그런데 2013년 이후 민간투자 증가율이 급감하면서 2016년 2월부터 한 자릿수 증가가 이어져 5월까지 3.9% 증가에 그치고 있다.

지난 30년 동안 중국 경제를 끌고 가는 주 성장동력은 투자였다. 주 성장동력이 급감한다는 것은 그만큼 경제의 하방압력이 크다는 것이다. 그렇다면 투자가 급감하는 이유는 무엇이며, 그 심각성은 어느 정도인가, 그리고 이러한 현상이 얼마나 지속될 것인가?

앞서 지적했듯이 중국은 지난 30년간(특히 2008년 이후) GDP 대비 약 45% 내외의 과도한 투자를 했다. 과도한 투자는 각 부문의 공급 과잉과 함께 필연적으로 비효율과 부실을 초래했다. 여기에 정부주도의 사회주의 방식 또한 비효율과 부실을 더욱 가중시켰다.

중국의 투자는 크게 3가지 부문에 집중적으로 이루어졌다. ① 제조업, ② 주택건설, ③ 인프라건설이 그것이다. 그런데 중앙정부가 주로 투자하는 인프라건설 부문을 제외한, 제조업과 주택건설 부문은 심각한 과잉상태이며 자본의 한계효용이 매우 떨어져서 더 이상 수익을 내기 어려운 구조이다.

(1) 제조업 부문

우선 제조업을 살펴보자. 국영기업을 중심으로 대부분의 산업이 상당한 규모의 공급과잉 상태다. 특히 건설부문의 원자재를 공급하는 철강, 유리, 시멘트, 평판유리산업이 두드러진다. 제조업 원자재를 공급하는 철강, 비철금속(구리, 알루미늄, 아연 등)도 마찬가지다. 화학·에너지 부문 중 석탄, 태양광 그리고 조선 등 자동차와 전자통신 일부를 제외한 거의 모든 산업이 공급과잉과 이로 인한 부실로 허덕이고 있다.

중국 제조업 전체의 설비가동률은 64~74% 수준으로 국제 적정선인 80% 내외보다 훨씬 낮으며, 시간이 갈수록 더 떨어지고 있다. 대표적인 사례 중 하나인 철강산업의 경우 중국의 조강능력은 약 10억 톤6이며 실제 생산량은 8억 톤으로 약 2억 톤이 과잉상태인 것으로 추정된다. 중국의 과잉설비 규모는 우리나라 조강능력(약 7,000만 톤)의 약 3배 정도에 이른다.

중국 철강산업의 과잉설비가 전 세계 철강산업을 교란하고 있다. 미국 정부는 중국 철강업체의 밀어내기식 덤핑공세를 강력히 성토하면서 고율의 반덤핑 관세를 부과하고 있다. 또한 중국의 설비감축 등 구조조정을 강력히 요구하고 있으나 중국은 말로만 감축을 약속하면서 실제로는 생산량을 늘리고 있는 실정이다.

한국의 경우 터무니없이 싼 중국산 철강제품이 수입되면서 국내업계도 타격받고 있다. 더욱이 미국 등 수출시장에서도 중국산 제품으로 인한 각국의 보호주의조치 강화로 어려움을 겪는 등 2중의 피해를 입고 있는 실정이다. 이러한 사례는 정도의 차이는 있을지는 모르나 거의 모든 제조업, 특히 중후장대한 중공업 분야에서 공통적으로 나타나고 있다.

과잉설비와 부실을 처리하는 일은 이제 중국 정부의 가장 시급한 과제로 떠올랐다. 중국 제조업 과잉설비는 특히 2008년 경제위기 이후 대폭 늘었다. 2008년 경제위기 이후 중국 정부는 공기업을 통해 대규모 경기부양을 추진했다. 이때 새로운 공장, 설비를 막대한 규모로 추가했다. 아울러 엄청난 규모의 인프라 및 주택건설을 밀어붙이면서 건설에 필요한 자재용 설비를 크게 증설했다. 이런 설비증설이 각 지방정부 공무원의 승진과 봉급에 연계되다보니 지방정부들이 경쟁적으로, 아울러 너무나도 비합리적이며 무리한 투자를 했다. 중국 제조업의 각 산업별 공급과잉 정도는 천차만별이다, 그러나 이런 과잉을 해소할 때까지 필요한 시간은 서방국가들이 생각하는 것보다 훨씬 오래 걸릴 것이다. 나중에 자세히 설명하겠지만 중국의 구조조정 방식은 서구 시장경제의 그것과는 많이 다르다.

민간투자의 절반을 차지하는 제조업 부문 투자가 급감하는 가장 큰 이유는 이와 같은 제조업 생산능력의 과잉 때문이다. 철강·석탄·조선·화학·비철금속 등 대부분의 산업이 공급과잉인 데다, 중국 경제와 세계 경제의 침체로 국내외 수요마저 부진한 상황에서 정부가 강력한 민간투자 유도정책을 펼치고 있지만 민간기업들은 추가 투자를 엄두도 못 내고 있다. 이러한 상황이 상당기간 이어지는 한 제조업 투자는 물 건너갔다고 볼 수 있다.

민간투자가 급감하자 중국 정부는 일정수준 이상의 경제성장을 위해 국영기업 투자를 대폭 늘리고 있다. 2015년까지 10%대의 증가율에 머물러 있던 국영기업 투자가 2016년에는 23.3%까지 2배 이상 급증했다. 이는 비효율적인 국영기업에 대한 구조개혁과는 완전히 배치하는 조치다. 이에 따라 중국이 과거 성장방식으로 돌아가는 것이 아닌가 하는 우려가 높아지고 있다.

(2) 부동산 부문(주택건설 중심)

부동산 부문도 제조업 부문과 그 사정이 거의 유사하다. 중국 부동산 시장의 비중은 중국 경제의 20~25% 수준이다. 지난 30년 동안 중국 경제성장을 견인해 온 가장 중요한 주춧돌 중 하나다. 그러나 이제 중국의 부동산 부문은 중국 경제의 견인차 역할에서 정반대의 자리로 내려앉았다. 성장의 발목을 잡는, 경우에 따라서는 중국 경제의 위기를 부를 수도 있는 시발점으로 여겨지고 있다.

그 이유를 살펴보면 다음과 같다. 첫째, 중국의 부동산시장은 도시화율이 25%에서 55%로 2배 이상 높아지고, 2000년대 초반 개인의 주택소유가 허용되면서 주택건설 붐으로 거의 폭발하다시피 성장했다. 그러나 도시화율의 증가폭이 크게 감소하고 주택수요도 정체하며 주택판매가 연간 1,000만 채를 정점으로 감소하기 시작했다.

둘째, 제조업과 같이 대규모 과잉공급이 이뤄졌다. 최근 중국 중·소도시(특히 3~4선 도시)에 가보면 주택의 과잉공급으로 아파트 공실률이 대부분 약 30~40%에 이르러 빈 집이 많아 생기는 '유령 도시화'를 목격할 수 있다.

이런 부동산 투자의 70%가 중·소도시(2, 3, 4선 도시)에서 이뤄지고 있어 만성적인 공급과잉 상태를 해소하기 전에는 주택건설 투자가 다시 활발히 이뤄질 가능성은 없으며, 따라서 침체상태는 상당 기간 이어질 전망이다. 2016년에 접어들면서 금융완화 정책과 중국 정부의 강력한 부동산 경기부양책에 힘입어 1선 도시를 중심으로 부동산 가격은 급등하고 있으나 실제 신규주택 착공면적은 마이너스 증가세를 지속하고 있다.

셋째, 중국 주택시장은 이중구조로, 중앙정부와 지방정부(주로 지방정부)가 공급하는 주택시장과 민간 건설회사가 공급하는 주택시장으로 나뉜다. 이 중 민간 주택시장은 공급이 완전히 중단됐다 해도 과언이 아닐 정도로 침체해 있다. 왜냐하면 제조업 민간투자가 급감했듯이 공급과잉이 엄청나 수요가 거의 없는 상태에서 집을 지어 판매하려는 민간 건설회사는 없기 때문이다.

그러면 지방정부는 주택건설을 위한 투자를 할 여력이 있는가? 거의 없다고 봐야 한다. 현재 중국의 지방정부는 부채가 급증하는 등 재정건전성이 악화하고 있으며 앞으로도 상황은 더욱 나빠질 전망이다. IMF에 따르면 중국의 지방정부 부채규모는 2009년 8.4조 위안에서 2014년 25.2조 위안으로 6년간 약 3배 급증했다.[7] 이로 인한 이자 부담이 2015년에만 1조 위안에 달한다.[8]

반면 지방재정의 40~50%를 차지하는 토지사용권 매각수입이 급감하면서 지방재정수지는 2008년 2.1조 위안 적자에서 2014년 5.3조 위안 적자로 약 2.6배 급증했다.[9] 최근 중국 인민은행이 지방정부 부채감축을 위해 자금을 지원하는 한편, 단기부채를 중·장기 부채로 전환(swap)하고 있으나 지방재정의 적자를 반전시킬 수 있는 근본적인 대책으로는 턱없이 부족한 실정이다.

이에 따라 GDP 대비 지방부채 비중은 2009년 24.2%에서 2014년 25.2%로 소폭증가에 그쳤으나 2019년에는 50%를 웃돌 것으로 전망된다. 이와 같이 지방정부는 과도한 부채와 재정건전성의 악화로 인해 지금까지 수요와 관계없이 중앙정부의 지시에 따라 해왔던 주택건설을 더 이상 추진할 수 없다.

중국 정부는 2016년 들어 경제성장률 제고를 위해 부동산 경기활성화 대책을 강력히 추진했다. 즉, 생애 첫 주택구입자의 주택담보대출 계약금 비율도 당초 집값의 25%에서 20%로 인하했고, 부동산 취득세와 영업세도 인하했다. 이에 따라 부동산관련 신규대출은 2016년 1/4분기 1조 5,000억 위안으로 전년 대비 51%가 급증했다.

부동산 활성화 대책으로 중국 부동산경기는 2016년 선전, 상하이, 베이징 등 1선 도시를 중심으로 회복세가 빠르게 나타났다. 그러나 소도시로 갈수록 회복세는 거의 나타나지 않았다. 공식통계로 보면 70대 도시의 평균 주택가격 증가율은 2015년 5월 현재 1선 도시 29.8%, 2선 도시 6.5%, 3선 도시는 0.6% 각각 상승했다.

그러나 현장에 가보면 공식발표가 실제 부동산경기와 다름을 알 수 있다. 부동산경기 회복세는 주로 1선 도시, 특히 선전, 상하이, 베이징 등 수요가 있는 도시 중심으로 나타나고 있다. 그마저 경기회복의 정도가 아니고 전년대비 50% 이상 주택가격이 오르는 등 전형적인 투기의 양상을 보이고 있다.

이는 중국 정부가 연초 주식시장이 폭락하고 성장률이 기대 이하로 떨어지는 등 상황이 어려워지자 돈을 대대적으로 풀어 성장률을 끌어올리려 하는 흐름과 관련이 있다. 그럼에도 풀린 돈은 제조업과 건설현장으로 가지 않고 투기현장으로 몰리고 있는 것이다. 현재 중국 1선 도시 주택시장은 한국의 1980년대 부동산 광풍이 불 때 '폭탄 돌리기식' 투기를 연상케 한다.

그러나 2, 3, 4선 도시(특히 3, 4선 도시)의 상황은 이와 전혀 다르다. 30% 정도의 분양도 이루어지지 않는 도시들에서 부동산경기 회복을 전혀 기대할 수 없다. 이처럼 중국 부동산경기 회복에는 뚜렷한 한계가 있다. 중국 당국의 무리한 정책은 오히려 시장을 왜곡시키고 있다고 볼 수 있다.

그렇다면 중국 부동산시장은 향후 붕괴 가능성이 있을까, 나아가 중국 경제는 부동산시장의 붕괴로 인해 위기로 치달을까 라는 문제가 남는다. 이 점은 다음 절의 '중국 위기 가능성' 편에서 자세히 살펴보도록 한다.

이제까지 우리는 향후 중국의 제조업과 부동산부문 과잉투자가 해소되기 전에는 동 부문에서의 투자증가세가 대폭 줄 수밖에 없음을 살펴보았다. 이런 상황에서는 전반적 투자증가세 추이를 유지하려면 제조업과 부동산 부문의 투자증가율 감소를 만회할 정도로 중앙정부에 의한 인프라 투자가 늘어야 한다. 그 수준이 되기 위해서는 중앙정부의 인프라 투자를 2배 이상 증가시켜야 하는데 이러한 규모의 투자는 불가능하다. 10

한편 중국 정부는 투자-소비 불균형을 해소하면서 일정수준 이상의 경제성장을 이룩하기 위해 소비촉진을 위한 다양한 정책을 정책의 최우선 순위에 두고 추진하고 있다. 이에 힘입어 소비는 10%대 성장을 지속하고 있으며 서비스산업의 성장도 순조롭게 진행되고 있다. 따라서 중국 경제는 장기적으로 보면 투자-소비 균형경제로의 전환이 순조롭게 진행되고 있다고 평가된다. 그러나 앞에서 지적한 이유들로 인하여 가계소비 증가세는 매우 완만하게 나타나고 있으므로 투자증가율의 감소분을 대체할 만큼 충분한 성장을 이루기 힘든 구조다.

3) 하방압력을 가중시키는 구조적 문제: 부채 및 은행의 부실

요소투입형 성장의 한계 외에도 중국 경제의 하방압력을 가중시키는 가장 큰 구조적 문제는 기업(특히 국영기업) 부채의 급격한 증가와 기업부실에 따른 은행의 부실이다. 국영기업 중심의 부채와 부실은 은행의 부실로 전이해 중국 경제뿐 아니라 세계 경제의 최대 리스크요인으로 대두하고 있다. [11]

중국 국영기업들은 2008년 이후 정부지시로 경제적 합리성과는 관계없이 엄청난 투자를 단행해 일시적으로는 이익이 폭증하기도 했다. 그러나 이후 중국 정부의 신용축소, 경제성장률 저하, 공급과잉, 주택시장 냉각 등으로 매출이 줄고 영업이익은 대규모 적자를 내면서 부채는 눈덩이처럼 불어났다. 2013년 공식통계에 의하면 전체 국영기업의 42%가 손실을 기록했는데 실제로는 이보다 훨씬 많을 것이 확실하다. [12]

또한 중국은 지난 10년 동안 GDP 대비 총 부채비율과 민간 부채 비율이 2008년 각각 150%, 100%에서 2016년 260%, 180%까지 증가했다. 아주 빠른 속도다. 부채가 빨리 증가하면 대부분 금융시스템의 혼란을 초래하거나 경제의 장기간 침체 또는 급락을 수반하는데 중국도 예외일 수 없을 것이다. [13]

또한 2014년 기준으로 신규대출의 약 40% 정도는 기존 대출 이자를 갚는 데 쓰이고 있으며 1,000개 중국 대기업의 약 16%는 세전이익으로 이자도 갚지 못하는 실정이다. 이렇다 보니 갚을 수 없는 악성부채(NPL: *Non-Performing Loans*)가 2년 동안 두 배로 증가했다.

공식통계에서는 악성부채가 전체 대출의 5.5%에 불과하나, 국제기구는 실제비율이 15~19%에 이르는 것으로 추정하고 있다. 이러한 기업부실(특히 국영기업)은 은행(특히 국영은행)으로 고스란히 옮겨져 이제는 중국은행의 부실처리가 최대현안으로 부상한 상황이다.

중국 기업의 부실, 부채의 급속한 증가와 은행의 부실은 중국 경제의 하방압력을 구조적으로 가중시킨다. 이로써 나타나는 경제성장률 저하는 중국 기업의 부실, 부채와 은행부실을 더욱 악화시키는 악순환 사이클로 접어드는 모습이다.

4) 세계 경제 및 무역환경 악화 지속

지난 30년간 투자와 함께 중국의 고도성장을 이끈 다른 한 축은 수출이다. 국내 경기가 어려울 때 세계 경제가 호황이면 수출이 경제성장의 주동력이 될 수 있다. 그런데 최근 세계 경제 및 무역환경도 결코 우호적이지 않다.

2장 "불리하게 돌아가는 세계 경제"편에서 이미 지적한 바와 같이 선진국 경제는 장기침체 논쟁을 불러일으킬 정도로 심각한 상태이다. 신흥국 경제 또한 중국 경제의 성장률 저하와 석유 등 원자재 가격의 하락 등으로 매우 어려운 상황이다. 이렇다보니 세계 교역도 활발하지 않고 오히려 감소하는 상황이다.

세계 경제가 나빠지면서 각국의 보호주의 성향이 대폭 강화되고 있으며, 특히 세계 수출 1위국이며 공급과잉으로 저가수출을 많이 하는 중국에 대한 견제가 매우 심하다.

따라서 중국 수출은 2015년 이후부터 마이너스 증가율이 이어지고 있다. 2016년 6월까지 -7.7% 증가율을 기록, 경제성장에 대한 기여가 오히려 마이너스 상태다. 이러한 기조는 당분간 반전시키기 어려울 것으로 전망된다. 왜냐하면 세계 경제의 침체가 생각보다 장기간 지속될 것으로 보이기 때문이다.

5) 중국 정부의 경기부양능력 한계

중국의 경제성장률은 10.6%(2010년) →9.5%(2012년) →6.9% (2015년) →6.7%(2016년 2/4분기)로 지속적으로 떨어져서 2015년 이후 6%대까지 내려왔다. 중국도 고도성장이 더 이상 불가능하다는 것을 인정하고 이른바 '신창타이'(新常態), 즉 뉴노멀(*New Normal*)로서 중속성장 시대로 접어들었다고 선언했다.

신창타이는 경제성장률은 예전에 못 미치지만 지속적인 성장을 이룰 수 있도록 경제성장의 패러다임을 바꾸겠다는 중국 정부의 신경제 기조다. 신창타이의 4대 특징은 중속성장, 구조개혁, 성장동력 전환, 불확실성 증대 등이다. 아울러 2016~2020년 동안의 성장률 수준을 6.5~7.0%로 설정했다. 그러나 2014년 하반기 이후 실제 경제성장률이 정부가 설정해 놓은 목표치보다 낮아지는 하방압력이 가중되고 있다.

2015년 중국 정부는 공식 경제성장률이 6.9%라고 발표했으나 세계 경제전문가 중 이를 신뢰하는 이는 거의 없다. 실제로는 5%대라고 추정하는 전문가들이 많다. 과거부터 중국 통계에 대한 신뢰도가 매우 낮지만 최근에는 성장률을 조작하는 사례가 많다는 것이 다수 의견이다. 2016년 2/4분기 6.7% 성장률도 경제성장률 산정방식을 변경해 발표한 것으로 기존의 방식보다 성장률이 높게 나온다. 기존의 방식에 따랐다면 중국의 경제성장률은 그보다 낮아졌을 것이다.

고의인지 아닌지 알 수 없지만 중국 정부가 구차하게 왜 이렇게까지 할까? 그것은 중국 정부의 부양능력이 예전에 비해 양과 질에 있어서 훨씬 떨어지는 등 시간이 갈수록 한계를 보이고 있기 때문이다. 지난 30년간 중국의 고도성장을 가능하게 한 성공요인 중 중국 정부의 인위적이고 집중적인 자원배분·집행시스템은 아주 중요한 자리를 차지한다.14

중국은 5개년 계획을 통해 경제발전을 대단히 체계적이고 전략적으로 추진했으며 이 과정에서 정부의 인해전술적인, 어떻게 보면 무모하다고까지 할 정도의 집중적인 자원배분을 추진했다. 이는 실제로 무서울 정도였다.

14억의 인구를 배경으로, 중국 정부는 규모의 경제가 작용하는 산업에 자원을 집중적으로 배분하여 실로 놀라운 성과를 냈다. 섬유·석유화학·철강·자동차 등 중국 정부가 육성하고자 하는 모든 산업은 이런 배경하에 단숨에 세계 1위로 도약할 수 있었다.

2008년 세계 경제위기 시에는 중국 정부의 대규모 경기부양이 세계 경제의 위기국면을 해소하는 받침대였다. 이로써 세계는 중국 정부의 역량을 매우 경이로운 시선으로 바라봤다. 그런데 이제는 중국 정부의 이런 부양능력이 뚜렷한 한계를 보이고 있다.

우선 동원할 수 있는 수단이 예전과 같지 않다. 예전에는 국영기업, 지방정부, 국영은행 등이 중앙정부의 명령에 일사불란하게 움직였다. 그러나 지금은 앞에서 자세히 살펴본 바와 같이 그동안 누적된 부실과 부채로 이들을 동원하는 데 한계가 있다. 중국 중앙정부는 아직 여력이 있으나 홀로 이를 감당하기에는 충분하지 않을 뿐 아니라 과거에 비해 훨씬 다양한 분야(부실해소, 부채감축, 복지, 교육, 환경 등)에 돈을 들여야 하는 문제가 있다.

아울러 양적 성장에서 혁신주도형의 질적 성장으로 전환해야 하는 단계에서는 과거의 정책집행 방식을 바꿔야 한다. 정부의 인위적 자원배분 방식과 중앙정부 및 공산당이 보여왔던 지시형 경제운용 방식은 이제 자리를 서서히 비켜 줘야 한다. 이를 대체할 새 경제운용 방식을 도입해야 하는 시점이라는 얘기다.

이 과정에서 중국 정부의 경기부양 능력은 질적으로도 한계를 지닐 수밖에 없다. 중국은 최근 지급준비율 및 예·대 기준금리를 인하하고 대출을 대폭 확대하는 등의 조치를 취했다. 유동성을 확대하는 등의 금융통화 완화조치였다. 그러나 자금이 기업투자 등 실물부문에 유입하지 않고 있으며 실물에 쓰이더라도 그 효과가 대폭 떨어지는 '유동성 함정' 양상을 보이고 있다.

현재 중국 경제는 똑같은 수준의 경제성장에 필요한 돈이 과거보다 훨씬 많이 드는 상황에 이르렀다고 한다. 〈이코노미스트〉(*The Economist*, 2016. 5. 7) 분석에 따르면 2008년 경제위기 이전에는 '1위안 성장'을 위해 1위안이 필요했으나 현재는 4위안이 필요하다. 막대한 부채의 이자지급과 자본의 효율성저하 때문이다. 더욱이 시중에 많이 풀린 돈이 부동산투기 및 구리 등 원자재투기를 불러일으키는 등 오히려 부작용까지 빚고 있어서 전체 양상이 매우 불량해지는 추세다.

6) 중국 경제의 경착륙 가능성

중국 경제가 두 자리 숫자의 고도성장을 멈추고 7~8% 수준의 성장세로 돌아섰을 때, 세계 경제의 최대관심사는 중국 경제의 경착륙 가능성이었다. 당시 중국과 거리가 먼 곳에 있는 전문가들은 대체로 경착륙 가능성이 있다고 전망했으며, 중국과 가까운 곳에 있는 전문가들(특히 중국 내 경제학자)은 그 가능성을 낮게 봤다. 전체적으로는 경착륙 가능성을 낮게 보는 전문가들이 더 많았다.

지금은 어떨까? 중국 경착륙 가능성을 높게 보는 전문가들이 많다. 필자도 이에 동조하는 입장이다. 즉, 중국 경제는 수년 내로 예상하지 못한 투자와 성장률의 급격한 추락을 겪을 가능성이 높아지고 있으며, 중국 정부는 이를 막기 어려울 것으로 판단된다. 이러한 전망의 이유는 다음 절에서 자세히 다루기로 한다.

4 중국 경제, 얼마나 심각하고 위기 가능성은 있는가?

중국 경제는 2015년 8월과 2016년 주가폭락, 2015년 하반기 급격한 외화유출과 위안화절하 등 불안한 모습을 보여왔다. 이럴 때마다 세계 경제도 큰 충격을 받는 등 중국발 위기의 가능성과 이로 인한 충격을 실감했다. 여기서는 중국 경제가 과연 얼마나 심각하며, 정말 위기 가능성이 있는가를 집중 조명한다.

1) 중국 경제의 부실누적과 부채급증 발생구조

'투자의 급증 → 비효율 투자 급증 → 부실의 누적 → 부채 및 부실채권 급증'이란 흐름에 우선 주목하자. 현재 세계 경제의 최대 리스크 요인으로 부상 중인 중국 경제의 부실과 부채 발생구조를 요약한 것이다. 중국은 2000년대 경제성장을 위해 투자를 대폭 늘렸다.

2005년 중국의 GDP 대비 투자비중은 34%였으나 2014년에는 46%로 엄청나게 증가했다(최대는 2009년 49%). 중국 경제는 2008년 세계 경제위기 이후 은행대출을 폭발적으로 증가시켰다. 7년 동안 약 3배 이상 증가한 규모였다.

이런 엄청난 규모의 투자증가는 비효율적인 투자를 수반할 수밖에 없다. 더욱이 앞서 지적한 바와 같이 수익성과 관계없이 경제성장률 달성을 위한 중앙정부의 지시에 따라 이루어지는 투자 의사결정구조를 감안하면, 비효율적 투자의 규모는 우리의 상상을 초월한다. 필자도 과거 중국을 방문할 때마다 수없이 많은 사례를 목격했다.

중국은 지난 10년간 GDP 대비 부채비율이 2008년 약 150%에서 거의 240~260%15까지 증가했다. 현기증을 느낄 정도로 빠른 속도다. 부실의 누적에 따른 부실채권도 이와 동시에 같은 속도로 증가했다. 악성부채는 2년 동안 두 배로 증가했다.

세계 경제사를 돌아보면 빠른 속도로 부채와 악성채권이 증가했던 거의 모든 나라들은 반드시 금융위기 또는 장기간의 경기침체를 경험했다는 사실을 알 수 있다. 1990년 초반의 일본과 2008년 경제위기를 겪었던 미국이 대표적인 예다. 최근의 중국 경제상황을 보면 일본이나 미국처럼 금융 및 실물 부문에서 큰 충격을 받을 가능성이 점점 높아지고 있으며 그 시기도 다가오고 있다.

2) 경제주체별 부채규모 및 증가요인

〈표 3-2〉에서 보는 바와 같이 중국의 전체 부채는 규모가 큰 것도 문제지만 매우 빠른 속도로 증가한다는 점이 더 큰 문제이다. 또한 기업(특히 국영기업)의 부채가 대부분을 차지하고 있다.

〈표 3-2〉 중국의 경제주체별 부채구조

(단위: 조 위안)

구분		2009년	2011년	2014년
전체 부채(GDP 대비 비중, %)		63.0(182.4)	95.6(197.4)	154.8(243.4)
정부부채		15.9(45.9)	22.7(46.9)	36.3(57.0)
	지방정부	8.4	13.7	25.5
기업부채		41.6(120.5)	76.6(143.4)	103.2(162.2)

자료: 현대경제연구원

경제주체별로 보면, 기업부문에서는 부채규모가 가장 크고 증가 속도도 매우 빠르다는 것을 알 수 있다. 정부부문에서는 부채의 대부분이 지방정부에 의한 것임을 알 수 있다. 이것은 앞서 살펴본 바와 같이 중국 경제성장이 국영기업과 지방정부의 투자에 의해 이뤄졌기 때문이다.

(1) 기업부채와 국영기업의 개혁 가능성

중국 기업의 부채규모는 제조업과 부동산업을 중심으로 빠르게 증가했으며, 문제의 중심은 국영기업이다. 그리고 부실로 인한 악성부채의 대부분은 국영기업의 비효율적인 투자로 인하여 발생한 것이다. 따라서 국영기업의 개혁은 중국의 구조개혁 중 가장 중요한 핵심과제다.

1990년대 말 중국은 주룽지(朱鎔基) 총리 주도로 대대적인 국영기업 개혁을 추진했다. 국영기업 종업원 수를 1997년 7,000만 명에서 2005년 3,700만 명으로 거의 절반 가까이 줄였다. 아울러 최악의 실적을 내는 국영기업을 폐쇄하는 한편 대대적인 M&A와 민영화를 통해 수익성을 대폭 향상시켰다. 그 결과 2000년대 초반 국영기업의 수익률은 민간기업과 큰 차이가 없을 정도로 경쟁력이 있었다.[16]

그런데 2008년 경제위기 이후 이런 기조가 완전히 바뀌었다. 대규모 경기부양이 국영기업 위주로 이뤄졌다. 수익성을 고려하지 않은 무지막지한 투자가 짧은 기간 집중적으로 펼쳐졌다. 엄청난 돈을 풀다보니 경제가 가열되었고 국영기업들의 이익은 폭증했다. 그러나 이러한 현상은 앰플주사처럼 단기적인 효과만 거뒀다.

약 3년이 경과하면서 금융정책 기조를 긴축적으로 운영할 수밖에 없었다. 중국 경제성장률이 감소하기 시작하면서 국영기업의 상황은 완전히 바뀌었다. 이자부담이 급격히 커지면서 대부분 국영기업의 재무상태를 회복하기 어려운 지경까지 몰고 갔다.

공식통계에 따르면 2013년 전체 국영기업의 42%가 손실을 기록했으며, 민간기업과의 수익률 격차도 과거 어느 때보다 가장 컸다.[17] 이에 따라 기업부채는 2008년 32.7조 위안에서 2014년 103.2조 위안으로 3배 넘게 급증했다. 이는 GDP 대비 162%로 미국(71%), 일본(102%), 독일(55%) 보다 훨씬 높다. 이 중 국영기업 부채가 약 55% 정도에 이른다.

또한 중국의 회사채 미상환액 규모가 급증하는 등 신용리스크 발생에 대한 우려가 이어지고 있다. 즉, 중국 기업의 회사채 미상환액이 2008년 1.33조 위안에서 2014년에는 11.62조 위안으로 10배 가까이 증가하는 등 연평균 증가율이 42.6%에 달했다. 실로 놀라운 속도로 상황이 악화되고 있다. 이러한 상태가 지속된다면 중국 경제는 정말 심각한 사태를 겪게 될 것이다.

사실 중국발 위기가 '발생하느냐 아니면 수습되느냐'의 문제는 국영기업의 부채 및 부실을 어떻게 처리하느냐에 달려 있다고 해도 과언이 아니다. 중국 정부도 이 문제의 심각성을 깊이 인식하고 있다. 리커창(李克强) 총리 등 고위지도자들이 수차례 공기업개혁을 천명하였으며, 실제로 2015년 9월 공산당대회에서 국영기업 개혁의 청사진을 발표했다. 2016년 들어서는 국영기업 개혁을 핵심과제로 포함한 공급측면의 개혁을 주요 목표로 설정하는 등 국영기업 개혁에

<표 3-4> 2016년 기업 구조개혁 방향

개혁 방향	핵심 과제
과잉설비 해소	- **과잉투자 산업 및 한계기업 정리** • 신속한 파산·청산 행정절차 진행 • 부실자산 처리 • 기업합병 환경을 위한 자본시장 개발 • 추가 과잉생산에 대한 엄격한 관리
기업비용 절감	- **기업의 세금부담 감면** • 불합리한 세금·수수료 정리 - **기업의 재무비용 경감**
유효공급 확대	- **전면적인 기업지원 강화** • 기업의 기술·설비개선 지원 • 기업 채무부담 감소(금융 지원) 등

자료: 현대경제연구원(2016.2.23)

박차를 가하고 있다.

〈표 3-4〉에서 보는 바와 같이 기업의 구조개혁은 과잉생산 해소와 재무구조 개선 등 국영기업이 당면한 핵심문제에 초점을 맞추고 있다. 그렇다면 중국의 국영기업 개혁은 실제로 순조롭게 진행되고 있는가? 그러나 지금까지 드러난 성적표를 보면 실망스러울 정도이다. 고위지도자들이 수없이 강조하는 데도 불구하고 지지부진한 이유는 무엇일까? 국영기업 개혁의 핵심은 노후설비, 수익을 내지 못하는 설비 중심의 과잉설비 감축과 혁신을 통한 국영기업의 수익률 제고 및 민영화다. 이를 추진하는 데는 다음과 같은 두 가지 결정적인 걸림돌이 있다.

첫째, 공산당과 정부(중앙 및 지방)가 국영기업에 대한 장악력을 잃고 싶어 하지 않는다는 점이다. 30년 이상 고도성장을 하는 가운데 공산당을 중심으로 국영기업-국영은행-정부 간 긴밀한 유착관계가 만들어졌다. 이른바 기득권 세력이 형성되면서 부정·부패를 통해 이들은 상당한 지대(rent)를 향유하게 된다. 민영화를 하면 현재 권력층인 기득권 세력은 지금까지 누려왔던 모든 것을 잃게 된다. 어떠한 이유를 동원해서라도 민영화 형태의 개혁에 저항할 것이다.

따라서 현재 국영기업 개혁은 큰 기업 간 합병을 통한 경쟁력 강화에 초점이 맞추어져 있으며 민영화는 배제되고 있다. 고위지도자들의 생각도 이와 다르지 않다. 이들은 국영기업 합병이 규모의 경제를 확보할 수 있어 경쟁력을 유지하는 데 아주 좋은 수단이라고 생각하고 있다.

그러나 합병으로 공급과잉과 수익률 감소 등의 본질적인 문제를 해결할 수 있을까? 기업 간 합병은 규모의 경제로 인한 경쟁력 제고에는 다소 도움이 될 수 있지만 과잉설비 해소와 수익률 제고 등 근본적인 문제해결 방안으로는 결코 바람직하지 않다. 근본적인 해결을 위해서는 보다 과감한 외과적 수술조치와 수익성 제고를 지속적으로 보장하는 경영혁신시스템 구축이 뒤따라야 한다.

즉, 노후설비, 이익을 내지 못하는 설비의 폐기 등 과감한 설비감축과 함께 혁신을 일상화할 수 있도록 경영시스템도 완전히 바꿔야 한다. 이를 위해서는 국영기업의 민영화가 가장 좋은 방안이며, 민영화가 여의치 않을 경우 적어도 정부의 통제와 지시를 없애 민간회사와 같은 자율경영을 할 수 있도록 보장해야 한다. 기업 간 합병은 덩치만 키울 뿐이지 외과적 수술조치와는 거리가 멀다.

둘째, 구조조정으로 인한 대규모 실업, 또 그에 따른 사회적 불안정을 야기할 수 있다는 우려가 국영기업의 폐쇄 또는 설비감축을 과감하게 펼치지 못하게 하는 걸림돌이다. 중국은 아직 사회주의적 유산이 많이 남아있다. 구조조정을 통한 근로자의 대규모 해고가 자본주의 경제에서는 당연하다고 생각할지 모르나, 국가가 인민들의 의식주를 해결해야 한다고 생각하는 사회주의 정서에서는 용납하기 어렵다.

실제 중국의 고위지도부부터 말단공무원과 국민들에 이르기까지 아무런 대책도 없이 노동자를 해고하는 일은 '해서는 안 되는 것'이라는 정서가 깊이 깔려 있다. 이러한 이유들로 중국식 구조조정은 속도가 매우 느리게 진행될 수밖에 없다. 따라서 국영기업 구조개혁은 본질적 문제를 해결하지도 못한 채 매우 느리게 진행되고 있다.

여기에 경제성장률 저하까지 더해져 하방압력이 더 커지면 부채 및 부실의 증가 및 수익률 감소 → 경제성장률 저하 → 이자증가 및 수익률 추가감소 → 부채 및 부실의 추가증가로 이어지는 악순환으로 기업의 부채가 지속적으로 늘어나다가 언젠가는 더 이상 버틸 수 없는 상황이 올 것이다. 이제 그 한계점에 거의 도달한 것이 아닌가라는 우려가 커지고 있다.

(2) 지방정부 부채해소 가능성

지방정부 부채는 기업부채에서 번지는 리스크보다 심각하지 않지만 중국 경제의 발목을 잡고 있는 고질적인 문제 중 하나라는 점은 분명하다. 지방정부 부채도 기업부채와 마찬가지로 중국 경제의 30년 고도성장과 깊이 연계돼 있으며 주로 부동산 문제와 관계가 깊다.

그럼 지방정부 부채는 단기간 내 해소할 수 있을까? 결론적으로 말하면 그럴 가능성은 없으며 오히려 지방정부의 재정적자 폭이 지속적으로 커질 것으로 보여 역시 깊은 우려를 자아낸다. 지방정부 부채는 2009년 8. 4조 위안에서 2014년 25. 5조 위안으로 6년 동안 약 3배 증가하였으며 GDP 대비 40. 0% 규모다.

지방정부는 경제성장 촉진을 위해 고금리 은행대출과 LGFV[18]를 통해 자금을 조달했다. 그런데 토지가격 하락과 부동산시장 불황 등으로 지방정부의 재정수입이 급감하면서 재정건전성이 나빠지고 있다. 2008년 이후 지방정부 재정수지는 2008년 2. 1조 위안 적자에서 2014년 5. 3조 위안 적자로 7년간 약 2. 6배 급증했다. [19]

이와 같이 지방정부 부채는 구조적으로 계속 크게 증가하는 추세다. 따라서 시간이 갈수록 채무상환 부담이 증가하고 있으며, 일부 지방정부는 재정상황이 열악해 채무상환에 어려움을 겪고 있다. 중앙정부는 문제의 심각성을 인식하고 2015년 3월 지방정부의 대출과 채권을 차환하는 채무조정 프로그램을 본격적으로 도입했다.

이 프로그램은 지방정부가 채무상환을 위해 발행한 채권을 담보로 시중은행으로부터 유동성을 공급받고, 중앙은행은 시중은행이 보유한 지방채를 담보로 저금리 자금을 지원하는 형태다. 이를 통해 지방정부는 기존의 고금리 대출채무에 대한 이자부담을 줄여 지방정부의 부채상환 부담이 완화될 것으로 기대되나, 단기적 처방에 그칠 것으로 평가하는 전문가가 많다.

이 문제를 근본적으로 해결하기 위해서는 세제개혁을 통해 중앙정부에 비해 지출비중은 높으나 수입비중이 낮은 지방정부의 재정구조를 균형 있게 개선하거나, 부동산 경기가 살아나 토지사용권 매각대

금 수입이 큰 폭으로 증가해야 한다. 따라서 향후 지방정부 재정건전성은 지속적으로 악화될 전망이다. IMF에 따르면 GDP 대비 지방정부 부채비중이 2019년에는 50%를 웃돌 것으로 전망하고 있다.

3) 악화 일로에 있는 은행의 부실과 그림자 금융

앞에서 살펴본 바와 같이 중국이 고도성장 과정에서 쌓은 무리하고 비효율적인 투자는 중국 경제성장의 주동력인 기업(특히 국영기업)과 지방정부의 부실(악성부채) 급증으로 이어지며, 궁극적으로는 은행의 부실로 귀착된다. 그런데 과도한 기업부채와 지방정부 부채문제가 근본적으로 해결될 가능성이 거의 없는 상황이므로 향후 은행의 부실도 더 악화될 것으로 전망된다.

중국은 은행이 전체 금융자산의 80% 이상을 차지하고 있어 은행이 부실해지면 금융시스템 전체가 위험에 빠지는 금융위기 가능성이 있다. 여기서 중국은행의 부실이 도대체 얼마나 심각하며, 중국 정부는 이 문제를 해결할 능력이 있을까 라는 의문이 생긴다.

사실 중국 은행의 부실채권 규모를 두고서는 추정기관에 따라 그 편차가 크다. 중국 은행들의 전체 대출자산 중 부실채권 비중은, 공식통계로는 1~7%, 국제기구 추정으로는 15~19%, 헤지펀드인 헤이먼 캐피털(Hayman Capital)의 카일 배스(Kyle Bass) 회장의 판단으로는 30%다.

분명한 사실은 부실채권의 규모가 정부의 공식통계보다는 훨씬 크다는 점이다. 이는 전 세계 모든 전문가가 인정하고 있다. 왜냐하면

1990년대 말에도 은행의 부실이 크게 문제가 된 적이 있었는데, 당시 전체 대출의 약 40%가 악성부채였다는 점을 고려하면 현재 이보다는 낮다고 하더라도 상당규모의 악성부채가 숨겨져 있을 것이기 때문이다. 더욱 걱정스러운 것은 부실채권의 증가속도이다. 2015년 2/4분기 부실채권 증가율이 약 57%를 기록하는 등 증가속도가 매우 빨라지고 있다. [20]

또한 중국의 은행부실이 실제보다 훨씬 클 수밖에 없는 것은 그림자 금융의 존재 때문이다. 그림자 금융은 일반은행처럼 돈을 빌려주지만 은행 수준의 건전성을 갖추지 못하고 있으며, 정부로부터 예금에 대한 보증도 받지 못하는 비제도권 금융기관을 말한다. 그림자 금융의 확대속도와 이에 따른 은행부실의 확대속도는 매우 빠르다. 역시 우려스러운 현상이다.

사실 2000년대 초반에는 은행이 거의 모든 대출을 담당했고 2008년 경제위기 때는 막대한 자금을 공급했다. 2010년부터 은행에 대한 대출규제가 시작되자 상황이 바뀌었다. 고속도로부터 아파트, 공장에 이르기까지 건설사업을 벌여 놓았던 기업과 지방정부는 그림자 금융을 통해 자금을 조달할 수밖에 없었다. 은행도 정부규제를 피해 대출을 확대하고 예금을 유치하기 위해서는 공식이자보다 이자를 많이 주는 그림자 금융이 필요했다. 중앙정부도 현실을 인정할 수밖에 없었다. 모든 경제주체들의 이해가 일치하면서 그림자 금융은 급속도로 커져갔다.

중국의 그림자 금융의 형태는 민간 신탁회사부터 개인이 개인에게 빌려주는 사채까지 매우 다양하다. 중국의 그림자 금융 규모는 보수적으로 평가하여 2016년 약 40조 위안으로 GDP의 약 67% 수준이다. 21 물론 이는 선진국의 규모 및 비중에 미치지 못한다. 미국의 그림자 금융 규모는 GDP 대비 1.5배 수준이다. 그러나 중국 그림자 금융의 문제는 빠른 증가속도(연평균 30%)와 부실을 불러일으키는 사업의 구조이다. 게다가 은행과의 깊은 연계성으로 인해 부실이 은행에 전이되면 전체 금융시스템을 위험에 빠뜨릴 수 있다.

그럼 그림자 금융이 어떠한 형태로 포장돼 있고 현실적으로 어떻게 작동해 은행부실이 발생하는지, 또 그런 점은 왜 은폐돼 있는지를 알아볼 필요가 있다. 그러나 여기서는 다양한 그림자 금융 중 은행과 직접 이어져 있어 가장 큰 문제로 발전할 수 있는 두 가지 형태만 다루기로 한다.

첫째, 은행의 대차대조표 안에 존재하면서 대출이 투자로 위장한 상품들이 있다. 가장 일반적이고 흔한 형태가 TBRs(*Trust Beneficiary Rights*)와 DAMPs(*Directional Asset-Management Plans*)다. 두 상품 모두 은행장부에는 투자로 분류되어 있으나 실제로는 신탁회사(*trust company*)에 대출해 준 것이다.

TBRs는 신탁회사가 관리자의 역할을 수행하지만, DAMPs는 신탁회사가 단순 중개자의 역할을 한다. 실제로 둘을 구분하기 어려운 경우도 있다. 두 상품 모두 은행이 돈을 공급해 여기서 발생한 이익과 위험 모두 은행이 가져가는 구조다. 이러한 형태의 그림자 금융의 총 규모는 2015년 말 기준으로 12조 위안, 전체 대출의 약 16%를 차지하는 것으로 추산된다. 22 은행은 왜 TBRs과 같은 그림자 금융의 상품에 의존할까?

가장 큰 이유는 부실채권을 숨길 수 있기 때문이다. 대출이 상환되지 않을 때 이를 중앙은행에 보고하지 않기 위해 중국 은행들은 불이행 대출을 신탁회사로 옮기고 그 자산을 신탁자산(*Trust Beneficial Receipt*: TBR)으로 기록한다. 그림자 금융 중 가장 나쁜 형태다.

이러한 사실에 비추어 볼 때 공식통계에 드러난 중국 은행들의 악성부채 규모는 그야말로 빙산의 일각에 지나지 않을 수 있다. 수면 위로 보이는 것보다 수면 아래에 존재하는 빙산이 훨씬 큰 것과 같은 이치이다. 이러한 형태의 TBRs는 중국 은행에 매우 광범위하게 퍼져있어 중국 전체 은행시스템의 큰 문제로 부상할 수 있다.

둘째 이유는 투자를 위해 필요한 유보금이 대부의 25%에 지나지 않아 중앙은행의 대출규제(75%)를 피해 훨씬 많이 빌려줄 수 있기 때문이다. 이것 또한 은행부실이 공식적인 것보다 커질 수 있는 원인이다.

다음은 대차대조표 밖에 있는 형태(*off-balance sheet*)로 WMP (*Wealth Management Products*) 상품이 있는데, 가장 고전적이며 가장 많이 쓰이는 방법이다. 정부의 대출규제가 강화되면서 중국 은행들이 높은 수익을 원하는 고객을 유치하기 위한 방법의 일환으로 만든 상품이다. WMP의 규모는 2015년 말 기준 23.5조 위안 정도로 추정된다. WMP는 저축과 유사한 형태로 판매되는데 저축보다 약 2% 포인트 정도 높은 이자를 제공한다. 높은 수익이 필요한 은행은 그림자 금융기관(주로 신탁회사)을 활용한다. 대부분 채권형태로 투자되므로 모든 WMP가 위험한 것은 아니다. 그럼에도 점차 주식 등 위험자산에 대한 투자가 증가하고 있기 때문에 위험이 커진다는 점은 분명하다.

실제로 WMP가 운영되는 형태를 보면 이로 인해 은행부실이 실제보다 클 수밖에 없는 구조임을 알 수 있다. 금융당국은 WMP의 그림자 금융 투자를 35% 이내로 제한하고 있는데 실제 이 한도를 지키는 은행은 거의 없다. 제도적 허점(loopholes)을 이용하고 있기 때문이다. 그림자 금융에 투자한 상품을 다른 은행에 팔고 나서 은행 간(inter-bank) 거래를 통해 다시 매입하면 이는 곧 은행의 표준자산으로 변신할 수 있다. 이 경우 금융당국에 대한 보고의무와 충당금 적립의무가 없어진다.

WMP도 TBRs처럼 예금자 저축에 대한 원금보장이 없다. 그러나 투자자들은 처음에는 저축과 같이 원금을 보장하는 줄 알고 샀다. 그런데 WMP가 원금상환을 못할 정도로 실패하는 사례가 발생하자 많은 발행은행들이 은행신용을 지키기 위해 최소한의 원금은 보장해 줬다. 나중에는 투자자들이 원금보장이 없다는 점을 알고 샀더라도 손해가 나면 원금보장을 요구하는 도덕적 해이 사례가 확산했으며 은행은 결국 이를 수용할 수밖에 없었다.

이에 따라 발생한 손실이 점점 커지고 이 손실들이 은행의 장부에 올라 은행의 건전성을 대폭 악화시키고 있다. 은행의 건전성을 해치는 또 다른 요인은 WMP의 만기기간과 WMP 자금의 투자 회수기간의 갭이 매우 크다는 점이다. 즉, WMP의 만기기간은 평균 113일인 반면 투자하기 위한 대출의 만기는 몇 년에 걸친 장기간일 수밖에 없다.[23] 따라서 은행은 새로운 WMP를 계속 판매할 수밖에 없으며 은행은 그만큼의 자금부족 상황에 이르러 마침내 전체적으로 유동성이 줄어들고 만다.

WMP는 대형은행보다 중형은행이 많이 보유하고 있다. 중형은행의 WMP 비중은 전체 저축액의 40% 수준(대형은행 15%)으로 그 비중이 매우 높다. 그만큼 위험에 직면할 가능성이 높다는 얘기다. 왜냐하면 중형은행들은 시장점유율을 확대하기 위해 공격적인 경영을 할 수밖에 없기 때문이다.

WMP도 TBRs만큼은 아니지만 은행 건전성을 악화시키는 주요 요인 중 하나다. 중국의 그림자 금융은 점점 중국 은행시스템의 '시한폭탄'으로 변하고 있다. 물론 낙관론자들은 현재 그림자 금융의 규모는 관리가 가능하다고 생각하고 있다. 그러나 문제는 그림자 금융이 당국의 통제 밖에 있으며 정확한 부실규모를 모른 채 몸집이 빠른 속도로 커진다는 점이다. 따라서 언제 어느 정도로 중국 경제에 충격을 줄지 아무도 모른다는 사실이 더 불안하다.

4) 은행부실, 해결될 수 있나?

중국은 1990년대 말 지금과 같은 은행부실이 발생해 그를 해결한 경험이 있다. 1999년 중국 전체대출의 약 40%가 부실화해 총 1.4조 위안(2,160억 달러), GDP 20% 규모의 부실채권이 발생해 당시 대형 국영은행들은 기술적으로 부도가 난 상태였다. 이에 중국 정부는 특별자산관리 회사를 설립해 4개 대형 국영은행의 부실채권을 액면 가격으로 매입하고 이를 정부보증의 10년 만기채권(2009년 만기)으로 발행했다.

그러나 10년 만기채권 규모는 그 이후 10%를 넘는 고도성장의 덕분으로 10년도 채 지나지 않아 GDP의 5% 이하로 줄었다. 최근 중국 정부는 당시의 경험을 살려 현재 은행부실을 처리하려고 노력 중이다. 1990년대 말과 같은 기제가 최근 은행부실에도 작동해 문제를 해결할 수 있을까? 결론부터 말하면 그렇지 못할 것이다.

최근 2년 동안 정부는 20개의 새로운 배드뱅크(*bad bank*：부채처리은행) 설립을 허가했다. 이 은행들은 15조 위안의 부실채권을 인수하고 이를 새로운 채권으로 발행했다. 그러나 이런 방식으로는 모든 부실채권을 처리할 수 없다는 게 문제다.

1990년대 말에는 부실채권 처리에 필요한 자금을 마련하기 위해 소비자들에게 소비세를 부과하고 은행 저금리에 저축하도록 강제했다. 그렇지만 현재는 이러한 수단들을 동원할 수 없다. 국민들이 자기들에게 매우 불리한 조치들을 용납하지 않을 뿐 아니라 소비를 촉진해야 하는 정부로서도 그런 조치가 부담스럽기 때문이다.

그리고 은행대출의 50% 이상을 국영기업이 차지하고 있는데, 수익이 저하되는 상황에서 부채를 계속 연장할 수는 없는 노릇이다. 아울러 부실채권이 증가하며 규모가 계속 커질 수밖에 없는 상황이어서 배드뱅크의 능력을 크게 벗어나고 있다. 더욱이 1990년대 말의 기제가 통하려면 10% 이상 경제성장이 적어도 10년 가까이 이어져야 한다. 그러나 앞으로 이러한 고도성장은 불가능하다. 오히려 저속성장을 걱정해야 하는 상황이다.

최근 은행들도 자체적으로 부실채권을 처리하려고 노력 중이다. 부실채권을 장부상에 드러나게 하고, 이를 배드뱅크에 매각하는 방법이다. 또 부실채권을 자본으로 교환(*swap*)하고 있다. 그럼에도 문제를 해결하기에는 턱없이 부족하다. 은행들은 조만간 큰 손실을 장부화하면서 정부에 자금투입을 요청할 수밖에 없다. 또 정부는 어쩔 수 없이 이에 응해야 하는 형편이다. 왜냐하면 현재와 같은 은행의 부실을 방치하면 중국 금융시스템을 뒤흔들 금융위기를 겪을 수밖에 없기 때문이다.

5) 중국 경제, 위기 가능성은?

부실채권으로 인한 은행의 부실규모는 정확하게 파악할 수 없으나 상당한 수준이다. 이제 더 이상 버틸 수 없는 한계상황으로 점점 다가가고 있다는 평가가 지배적이다. 중국 은행시스템의 급속한 신용팽창을 통한 방식으로 자금을 조달할 수 있었기 때문에 지난 10년간 막대한 투자증가가 가능했다. 그 과정에서 중국 은행자산이 2006년 3조 달러에서 2015년 30조 달러로 약 10배 증가했다.[24] 짧은 기간 내에 이와 같은 막대한 규모의 신용팽창은 세계 경제역사상 전무후무한 일이다. 이 과정에서 엄청난 규모의 비효율 투자와 이로 인한 부실이 발생하는 것은 당연한 결과다.

 그런데 중국 정부는 과다한 부채와 부실채권의 문제를 원천적으로 해결하는 데 실패하고 있다. 앞에서 살펴본 바와 같이 국영기업의 구조개혁과 함께 지방정부 부채감축을 위한 개혁이 매우 미흡하기 때문이다. 이에 따라 기존부채와 부실채권에다가 추가적인 부채와 부실이 급속도로 증가해 기업과 지방정부 등 채무자들의 이자부담 또한 크게 늘어나고 있다.

설상가상으로 경제성장률이 점점 감소하면서 기업의 수익성도 나빠지고 부동산 경기침체로 인한 지방정부의 재정건전성도 악화하고 있다. 이른바 악순환의 고리에 들어선 것이다. 이 고리를 끊고 근본적인 해결을 하기 위해서는 달리 방법이 없다. 우선 중국 정부, 특히 고위지도자들이 상황의 심각성을 인정한 후 정공법적인 구조개혁을 말로만 하지 말고 실제 행동으로 옮겨야 한다.

물론 일시적으로 경제성장률이 큰 폭으로 감소하거나, 대규모 실업이 발생하는 등의 충격이 불가피하다. 그러나 이를 감수할 줄 알아야 한다. 그럼에도 최근의 중국 경제상황은 오히려 거꾸로 가는 모습을 보여 상당히 우려할 만하다. 중국 정부는 2016년 1/4분기에 6조 위안의 신규대출을 하는 등 대규모 완화정책을 단행한다. 실제 신용확대 규모는 공식통계보다 2배 많은 전년 대비 25~30% 증가한 수준으로 GDP 증가의 4배에 이른다. [25]

결과적으로 돈의 힘으로 경제성장을 도모하는 과거의 방식으로 돌아간 것이다. 2015년 하반기의 경기 하방압력 가중, 급속한 자본유출에 이어 2016년 주가급락이 발생하는 등 중국 경제가 불안한 모습을 보이자 당국이 경제를 안정화하기 위해 이러한 조치들을 취한 것으로 추측된다.

이러한 신용팽창은 중국 경제를 안정시키는 데 성공했다. 부동산시장이 활성화하고 주식시장에 돈이 들어오면서 경기의 하방압력도 다소 느슨해졌다. 그러나 다른 한편으로는 심각한 부작용을 낳기도 했다. 우선 구리, 철강봉 등 원자재시장부터 부동산시장까지 광란의 투기가 기승을 부렸다.

중국은 에펠탑 17만 8,082개를 지을 수 있는 철과 지구상의 모든 사람에게 최소한 청바지 한 벌을 만들어 줄 수 있는 면을 단 하루에 거래했다. 대상이 한 자산에서 다른 자산으로 계속 옮겨가는 방식으로 투기가 진행됐다.[26] 특히 1/4분기에 풀린 돈은 1선 대도시의 부동산가격을 끌어올렸다. 선전 등 대도시의 부동산가격은 50% 이상 급등했다.

이러한 현상은 대부분 '돈으로 경제성장을 사는 시스템'의 말기에 나타나기 쉽다. 마치 전조현상을 거친 후 거대한 규모의 지진이 닥치듯이 중국 경제가 부채와 부실로 인한 큰 충격을 겪기 전에 나타나는 사전조짐들이 아닌가 하는 생각을 지울 수 없다. 빨리 닥칠 수도 있고, 조금 더 시간을 끌 수도 있다. 그럼에도 분명한 사실은 중국 경제의 누적 부실채권으로 인해 거대한 규모의 지진이 반드시 올 것이라는 점이다.

앞서 살펴본 바와 같이 중국 정부는 부실채권의 규모를 전체 은행 자산의 1~7%, 서방국가 연구기관들은 보수적으로는 10%, 비관적으로는 30%까지에 달하는 수준으로 본다. 대체로 전체자산의 20% 내외, 중국 GDP의 60%(약 7조 달러) 수준에는 이를 것으로 추산하고 있다.[27] 이런 엄청난 규모의 부실채권과 이로 인한 은행부실을 중국 정부가 제대로 처리할 수 있을지를 두고 낙관론과 비관론이 첨예하게 대립하고 있다. 낙관론의 근거는 다음과 같다.

① 부채의 거의 대부분은 국내에 한정해 있음.

② 부채는 국영기업과 지방정부 등에 몰려 있는데 특히 문제가 되는 국영기업(채무자), 국영은행(채권자) 양쪽 다 정부가 강력히 통제할 수 있어 처리할 시간을 줄 수 있음.

③ 매년 5조 달러의 국내 저축이 있어 부실을 처리할 능력이 있음.

④ 중국 정부는 위기를 인지하면 이를 극복할 수 있는 의지와 능력을 보유하고 있음.

이 같은 낙관론의 근거는 대부분 타당하다. 그런데 최근 들어 낙관론의 근거들이 점차 약화하고 있는 점도 사실이다. ①, ③의 근거는 아직 확실한 효력을 가지고 있다. 그러나 ②, ④의 근거를 의심하는 전문가들이 요즘 들어 급격히 늘어나고 있다. 우선 ②의 경우를 살펴보면, 중국 당국이 채무자인 국영기업과 채권자인 국영은행을 강력히 통제하고 있는 것은 사실이다. 그러나 문제를 올바르게 해결하려면 중앙당국이 국영은행에게 영향력을 행사해 수익을 내지 못하는 국영기업의 부채를 계속 연장해주고 추가대출을 해줘서는 안 된다. 오히려 수익을 내지 못하는 국영기업은 망하게 내버려 둬야 한다. 그럼에도 최근 중국 정부는 올바른 해결방안과는 반대로 영향력을 행사하고 있어 사태를 오히려 악화시키고 있다는 평가를 받는다.

④의 경우를 살펴보자. 사실 과거 중국 정부의 관리능력은 대단했다. 체계적인 중국 정부의 문제해결 능력은 높은 신뢰를 받았다. 그러나 이제 중국 정부의 관리능력이 강한 의심을 받고 있다. 우선, 경제규모가 엄청나게 커져서 더 이상 정부가 시장의 힘을 이기기 힘든 변곡점을 훨씬 넘어갔기 때문에 중국 정부의 시장관리 능력은 한계가 있을 수밖에 없다는 지적이 나온다. 규모가 작은 경제발전 초기에

는 중국 정부의 힘이 아주 효율적으로 작동했다. 그러나 이제는 오히려 비효율적으로 작용하는 경우가 많다.

문제는 중국 정부가 아직도 전지전능하다 싶을 정도의 힘을 가지고 있다고 스스로 생각한다는 점이다. 이런 생각이 중국 정부의 시장 관리 능력에 대한 신뢰를 약하게 하고 있다. 2015년 8월 주가폭락 사태 때 중국 정부의 대응이 가장 대표적이다.

중국 정부는 당시 당황한 모습을 적나라하게 드러낸 채 반시장적이고 극단적인 대책을 계속 쏟아냈다. 다수의 주식종목 거래가 멈췄고 공매도도 금지됐다. 대형 투자자는 주식매입을 종용받았다. 그리고 중국 정부는 갑자기 20년 만에 위안화를 절하하는 초강수를 뒀다. 경기를 부양할 수 있는 수단이 한계에 처하자 다소 평가절상된 위안화를 세계 경제투자자들과 소통하지 않고 일방적으로 절하시켰다. 충격은 컸다.

위안화가 평가 절하되자 국내외 투자자들의 자금이 급속도로 중국을 빠져나갔다. 그러자 깜짝 놀란 중국 금융당국은 반대로 위안화 가치를 유지하기 위해 막대한 자금을 시장에 투입했다. 이른바 냉·온탕을 서둘러 왔다 갔다 한 것이다. 이러한 모습을 적나라하게 지켜본 각국 정부와 전문가들은 중국 정부의 관리능력에 대해 크게 걱정하고 있다.

'능력'뿐 아니라 '의지' 측면도 의심받고 있다. 중국 정부가 그동안 단기적으로 경제성장을 촉진하면서도 장기적으로 부채감축 등 구조개혁 노력을 하는 등 장·단기 정책의 조화를 위해 노력해온 것은 사실이다. 그러나 문제해결을 위해서는 턱없이 부족한 수준이다. 1990

년대 말과 같은 강력한 의지와 실행이 필요하다.

즉, 문제해결을 위해서는 단기적인 어려움을 겪더라도 보다 과감하게 부채와 부실을 축소할 개혁조치가 필요하다. 그런데 개혁조치로 인한 단기적인 어려움을 감당할 의지도 부족하고 기득권을 과감하게 내려놓을 용기도 부족해 보인다. 이러한 의지부족을 적나라하게 보인 것이 2016년 1/4분기 과거식의 '돈 풀기 경기부양을 통한 성장방식'으로의 회귀라고 생각한다.

2016년 6월 익명의 중국 정부 실력자[시진핑 주석의 경제자문관인 류 허(Liu He)로 추정]가 〈인민일보〉에 심각한 중국 부채와 부실문제에 대한 조속하고 과감한 해결을 촉구한 글을 실어 파문을 일으킨 적이 있다. 정부 고위지도자 차원에서 문제의 본질을 솔직히 인정한 최초의 사례라고 생각한다. 이후 재무장관, 고위 금융당국자, 학자들이 모여 대응방안을 논의하기도 했다고 한다. 얼마나 실질적인 해결방안이 나올지 조금 더 지켜봐야 하겠지만 과다한 중국 부채와 부실문제는 이미 '루비콘 강'을 건넜다고 본다. '중국의 부채와 부실로 인해 중국발 위기가 확실히 발생할 것'이라고 생각하는 전문가들이 '중국 정부가 문제를 해결할 수 있다'고 보는 낙관론자들을 훨씬 압도하고 있다. 그렇지만 '위기가 어떤 형태로 다가올 것인가'를 두고 전문가들 사이에서 의견이 분분하다.[28] 그 시나리오들을 종합하면 다음과 같다.

① 은행이 부도가 나서 금융시장이 일시적으로 마비되는, 2008년 리먼 사태와 유사한 형태의 금융위기를 겪을 것임.

② 1990년대 버블붕괴 후 부실기업과 은행부실 처리가 장기간에 걸쳐 이어져 장기간 경기침체를 겪은 일본식의 위기형태일 것임.

③ 금융위기는 겪지 않을 것이나 일본식 위기보다 고통이 더 큰 급격한 투자 및 성장률 감소를 겪은 후 일정기간 경기침체를 겪을 것임.

이 세 가지 시나리오 중 어떤 형태로 중국의 위기가 나타날까? 결과는 아무도 알 수 없다. 그러나 조심스럽게 예측해 보면, 3번 시나리오의 가능성이 제일 높을 것으로 생각한다. 적어도 금융위기는 겪지 않을 것이다. 왜냐하면 ① 부채가 국내에 한정돼 있고, ② 중국의 총저축 규모가 연간 5조 달러에 달하는 등 위기를 막는 데 동원할 충분한 자금이 있으며, ③ 인민은행 등 중국 정부의 관리능력과 통제력으로 금융위기 사태를 막을 능력은 충분하다고 판단하기 때문이다.

앞의 위기 시나리오에서 2번과 3번 중 어떤 형태로 진행될지 여부는 향후 중국 정부의 대응에 달려 있다. 지금이라도 중국 정부가 대출증가를 줄여나가고 부채와 부실을 근본적으로 축소하는 조치가 필요하다. 과감하며 실효성 있는 구조개혁을 추진한다면 향후 고통은 훨씬 완화된 형태일 것이며 경기침체를 겪는 기간도 줄일 수 있을 것이다. 이는 2번에 가까운 시나리오다.

구조개혁을 가능한 한 미루고 위기 직전까지 중국 지도부가 온갖 경기부양 정책이나 구조금융을 위한 특단의 조치를 실시한다면, 상당히 큰 충격과 혼란을 겪은 후 장기간에 걸친 경기침체를 경험하게 될 것이다. 이는 3번에 가까운 시나리오다. 그러나 최근의 중국 정부의 행태를 보면 2번보다는 3번 시나리오의 가능성이 더 크다고 보인다. 나름대로의 조심스런 전망이다.

경기 하방압력이 본격화하기 전(대체로 2015년)까지는 중국 정부의 기조는 시장의 기대보다는 미흡하지만, 점진적인 구조개혁의 추진이라는 흐름에 있었다. 이런 기조가 2015년 하반기 증시불안, 외화유출, 경제성장 둔화 등을 겪으면서 급격히 경기부양 쪽으로 선회했다. 적어도 경기부양 기조는 2017년 시진핑 2기 정부가 들어설 때까지 이어질 것으로 보인다.

왜냐하면 공산당과 시진핑 정부의 정당성을 경제성적표로 인정받고 싶을 것이기 때문이다. 아마도 이때까지 중국 정부는 경제성장률 목표를 달성하면서 경제안정을 유지하기 위해 가능한 모든 수단을 동원하려고 할 것이다. 따라서 이때까지는 중국 정부 뜻대로 될 가능성이 높다. 그러나 그 이후 긴장이 풀리고 느슨해질 것으로 예상되는 2017년 4/4분기부터가 문제이다. 중국이 잘 극복하기를 바랄 뿐이다. 왜냐하면 우리는 2015년 8월과 2016년 초 중국 경제가 약간 불안해질 때 세계 경제가 크게 흔들리는 것을 목격했기 때문이다.

만약 중국 경제가 경착륙 후 장기간 경기침체를 하는 3번 시나리오 사태가 발생한다면 세계 경제와 우리나라에 어느 정도의 충격을 줄까? 중국은 세계 2위의 경제대국(11조 3,800억 달러)이다. 아울러 세계에서 가장 규모가 큰 은행부문을 소유하고 있다. 주식시장의 규모는 6조 달러에 이른다. 그리고 세계 3위로 급속히 성장 중인 7.5조 달러 규모의 채권시장을 가지고 있다. [29]

2015년 7월 단 2%의 위안화 평가절하 시 전 세계 증권시장이 휘청할 정도로 충격을 받았다. 이러한 사실로 미루어 볼 때 세계 경제와 우리나라가 받을 충격은 아마도 상상하기 어려울 정도로 클 것이다. 아마도 리먼사태에 버금갈 정도의 충격을 받을 것이며, 우리나라는 위기국면에 처할 가능성이 높다. 왜냐하면 중국은 우리나라 수출의 약 25%(홍콩까지 포함할 경우 30%)를 차지하고 있기 때문이다. 아울러 중국의 직접적인 영향을 받는 동남아시장(20~25%)을 감안할 때 사정은 더 나빠질 수 있다.

우리나라는 큰 폭의 수출감소를 겪을 것이며 위안화가 큰 폭으로 절하함에 따라 원화가치도 큰 폭으로 떨어져 급격한 외화유출을 겪게 될 것이다. 또한 그 이후 중국 경제가 상당기간 침체하면 우리나라 경제도 같이 장기간 침체할 것이 분명하다. 그 경우 우리나라 많은 기업들이 망하면서 은행 등 금융권 또한 부실해지는 등 중국보다 훨씬 어려운 상황을 겪을 가능성이 크다.

5. 위기극복 후 장기적인 경제성장 할 수 있을까?

중국 경제는 앞에서 살펴본 바와 같이 지난 30년간의 고도성장에 따른 부실과 부채를 털어내는 과정, 또 새로운 성장패턴으로 전환하는 과정을 겪고 있다. 그 과정을 '성장통'으로 표현할 수 있다. 어려움은 그 과정에 반드시 수반하는 요소다. 그렇다면, 그 과정을 거친 후 중국은 문제를 극복해 선진국으로 발전해 나갈 것인가? 중국의 장기적인 미래전망을 두고 전 세계의 관심이 매우 높아지고 있다. 그러나 그를 둘러싼 의견은 매우 극단적으로 갈린다. 극단적 낙관론부터 극단적 비관론까지 그 스펙트럼이 매우 넓다.

필자의 견해는 《한·중·일 경제 삼국지 1》과 크게 다르지 않다. 온건한 낙관론자의 입장이다. 1권에서 제시한 근거는 다음과 같다.

① 14억 인구가 가진 규모의 잠재력
  • 특히 14억 명 소비시장의 상상하기 어려운 힘. 이 거대시장은 역사상 한 번도 경험하지 못한 것으로, 그 힘(power)과 잠재력(potentiality)은 예측하기 어려움.
② 선진국이 되기 위해 필수적으로 갖추어야 할 과학기술 기반 보유.
  • 현재 R&D 역량은 미국 등 선진국에 비해 뒤지나 R&D 투자의 급증과 민간기업 혁신역량의 비약적 발전으로 다소 시간이 걸리겠지만 선진국 수준의 과학기술역량 보유 전망.
③ 장기적인 성장추세로의 확실한 진입.
  • 문화혁명 이후 장기 하락세였던 중국 경제가 덩샤오핑의 개혁개방 조치로 상승반전 후 30년 넘게 지속. 한 방향으로 추세가 잡히면 추동력 때문에 계속 그 방향으로 가게 됨.
  • 극심한 내부분열이 초래되는 상황이 아닌 한 이 추세를 깨뜨리기 힘들 것임.

이 책에서는 중국의 혁신역량과 역동성을 중심으로 중국 경제의 미래를 전망해 보기로 한다. 어떤 국가가 장기적으로 발전할 수 있는지는 결국 그 나라의 역동성과 혁신역량에 달려있기 때문이다.

노벨경제학상 수상자인 에드먼드 펠프스(Edmund S. Phelps)는 《대번영의 조건》에서 다음과 같이 설파했다. "근대국가가 인류역사상 가장 발전했던 이유는 창의성을 가진 사람이 자유롭게 역동적으로 경제활동을 할 수 있었으며, 창의성에 바탕을 둔 지식으로 끊임없는 혁신을 할 수 있었기 때문이다."

이런 관점에서 지난 몇 년 동안 관찰하고 분석한 내용을 다음과 같이 소개한다.

1) 비약적으로 발전하고 있는 중국의 혁신역량

중국의 전반적인 혁신역량을 평가한다는 것은 대단히 어려운 일이다. 중국은 아주 큰 나라인 데다가 혁신역량을 평가할 수 있는 통계와 자료들이 매우 부족하기 때문이다. 이런 한계에도 불구하고 필자는 지난 몇 년간 중국의 전반적인 혁신역량이 1권에서 전망한 것보다 빠르게 발전하고 있다고 평가한다. 때문에 중국 경제의 장기적인 미래도 희망적이라고 전망한다.

중국은 연간 2,000억 달러(GDP 대비 약 2.2%)가 넘는 R&D 투자를 하고 있다. 2009년 이미 일본을 추월했으며 EU 전체의 R&D 투자 규모도 조금 넘어서는 수준이다. 10년 만에 4배가 증가할 정도로 엄청난 속도다. 20%가 넘는 연평균 증가율을 감안하면 2020년대 중반에는 미국마저 추월해 세계 1위 R&D 투자국으로 올라설 전망이다.

글로벌 R&D 인력의 20%(세계 1위)를 중국이 차지하고 있으며 박사급 인력은 질적 수준에서는 아직 뒤지지만 148만 명 수준(2013년 기준)으로 미국과 비슷하다. 특허 출원에서도 중국은 이미 세계를 선도하고 있다. 중국의 피인용 상위 1% 국제논문과 국제이슈논문 수량에서도 선진국을 상당수준 추격하여 세계 2~3위다. 특히 신소재, 바이오 등 연구인력의 대량투입이 필요한 분야에서 뛰어난 성과를 보이고 있다.

이러한 성과들은 모두 전문가들의 예상을 뛰어넘은 수준이다. 따라서 시간은 걸리겠지만 중국의 혁신역량은 선진국 수준으로 도약하리라는 전망이다. 부분적으로 선진국을 뛰어넘는 분야가 조만간 가시적으로 나타날 것이다. 아마 그 분야는 IT산업일 가능성이 높다.

① 시장의 경쟁상태, ② 과학・기술기반 구비, ③ 혁신기업군 존재, ④ 혁신 추진능력을 갖춘 인재의 존재 등 한 나라의 혁신역량을 평가하는 요소 중에서 중국은 지난 3년간 '혁신기업군' 측면에서 괄목할 만한 변화를 보였다. 즉, 민간기업의 혁신역량이 비약적으로 발전하였고 확산이 이루어졌다. 그리고 중국 정부의 혁신촉진을 위한 노력 또한 강력해지고 있다. 특히 고위지도자들이 국가발전을 위해 혁신이 매우 중요하다는 점을 깊이 인식하고 있다. 또한 중국 시장의 경쟁수준도 국영기업 부문은 그대로이나 민간부문 위주로 대폭 높아지고 있다는 평가다. 즉, 국가혁신시스템의 큰 얼개가 하방영역을 중심으로 활발히 펼쳐지고 있는 등 아주 좋은 모습을 보이고 있다. 여기에서는 중국의 민간부문의 폭발적인 혁신모습 등을 중심으로 살펴본다.

2) 폭발적인 혁신을 보이는 민간기업 부문: 중국 경제의 희망

향후 중국 경제가 일정수준 성장하기 위해서는 총요소 생산성의 향상이 대단히 중요하다. 우선 생산가능 인구가 2015년을 정점으로 감소하기 시작하는 등 저출산·고령화 사회로 급속히 접어들고 있는 점이 문제다. 그리고 경제성장을 위한 투자증가도 예전처럼 할 수 없기 때문이다.

맥킨지컨설팅은 중국이 2025년까지 5.5~6.5% 성장을 유지하려면 성장의 1/3~1/2을 총요소 생산성 증가가 책임지는 구조를 이뤄야 한다고 예측하였다. [30] 이를 위해서는 역동성 있는 혁신기업의 존재가 가장 중요하다. 즉, 창의력을 가진 수많은 혁신적인 기업이 활발히 만들어져서 시장에서 자유롭게 사업해 돈을 벌고 성장해야 한다. 그로써 이들이 중견기업, 대기업으로 커가는 선순환이 빠르게 자리를 잡아 국가 전체로 흐름이 확산해야 한다. 이럴 경우 총요소 생산성이 큰 폭으로 증가하며 이와 함께 기업의 이익, 노동생산성 및 근로자의 실질소득도 획기적으로 증가할 수 있다.

최근 민간기업(특히 IT분야)을 중심으로 이런 역동적인 변화가 나타나고 있어 중국의 미래전망을 밝게 한다. 그러나 한편으로는 이 같은 중국 혁신기업들의 성장과 혁신의 빠른 확산이 향후 우리나라를 가장 위협하는 존재로 부상할 전망이어서 우려도 깊어진다.

중국의 기업들은 분명하게 2개 그룹으로 구분된다. [31] 하나는 독과점 상태의 지위를 향유하면서 매우 비효율적이며 부채가 많은 국영기업군이고 다른 하나는 대단히 경쟁적인 시장에서 살아남기 위해 혁신적일 수밖에 없는 민간기업군(토종, 외자 포함)이다.

국가경제 기여도 측면에서 보면 그 공의 대부분은 민영기업의 몫이다. 중국 국영기업은 자산규모에서는 GDP의 2배이며 중국 자본투자의 3분의 1을 차지하지만 그 성과는 그다지 좋지 않다. 심지어는 담배와 같은 독점기업 및 에너지, 통신 등 과점기업들조차도 투자 대비 수익률이 낮다. 사실상 대부분의 국영기업이 '좀비기업' 수준이 라고 해도 과언이 아니다.

반면 민간기업의 성과는 눈부시다. GDP 성장의 약 2/3 정도 기여 하고 있으며 중국 수출의 90%를 차지하면서 2.5억 명 고용을 창출 한다. 보스턴컨설팅그룹 중국 지사장이었던 에드워드 츠(Edward Tse)는 중국 현대기업이 4단계에 걸쳐 발전하고 있다고 구분한다.[32]

- 1단계: 1980년대 마오쩌둥 정신의 퇴조에 따라 민간기업이 태동하는 시기로 대표적 기업은 화웨이, 하이얼, 레전드(Legend) 등이다. 당시 이들은 서구식의 경영경험이 전무한 수준이었다.
- 2단계: 1992년 덩샤오핑의 남순강화 이후 개혁·개방정책을 재점화 하면서 잘 훈련받은 기업가들이 많이 등장했다. 공무원과 교수들이 정 부와 대학을 뛰쳐나와 사업을 시작했다.
- 3단계: 2001년 WTO 가입 이후 중국 시장이 대폭 개방되면서 수많은 인터넷 관련기업들이 생겨나 폭발적으로 성장하기 시작했다. 대표적 개척자는 알리바바(전자상거래), 텐센트(인터넷 및 게임), 바이 두(검색 엔진) 등이다.
- 4단계: 2010년대 이후 매우 파괴적 혁신을 할 수 있으며 세계시장 공 략을 목표로 한 기업들이 전국에 걸쳐 IT분야를 중심으로 수없이 생겨 났다. 대표적 기업은 스마트폰 제조사인 샤오미, 오포, 비보 등이다.

과거 중국 기업들은 주로 모방위주로 사업을 했으나 최근에는 혁 신적인 기술, 상품 및 서비스를 내놓고 있는 등 빠르게 변화하고 있다. 중국 민간기업들은 경제성장을 이끄는 핵심 성장동력이며, 혁신을 선도하는 선구자로서 중국 경제의 르네상스를 열고 있다. 민간기업은 국영기업보다 생산성이 3배나 높으며 민간기업의 혁신은 IT산업에서 다른 산업으로 확산하고 있다.

맥킨지컨설팅에 따르면, 다양한 혁신을 통해 이익을 확대하는 중국 기업은 능력이 매우 탁월하며 그 숫자도 대단히 많아지고 있다. 특히 소비자를 상대하는 전자상거래, 온라인 쇼핑, 게임 등의 분야가 대표적이다.

3) 중국식 벤처, 촹커 열풍 : 중국 경제, 빅뱅이 일어나고 있다

한 나라의 경쟁력을 평가할 때 가장 중요한 요소는 '슘페터식의 창조적 파괴를 통한 혁신을 할 수 있는 기업, 이른바 기술혁신적 벤처기업들이 얼마나 왕성하게 창업하고 이들이 얼마나 세계적인 기업으로 성장하느냐'다.

일단 벤처기업들의 창업이 중요하다. 이 점에서 보면 중국 경제의 미래는 장밋빛 그 자체다. 지금 중국에서는 촹커(創客) 열풍이 불고 있다. 베이징 중관춘(中關村)에서 불기 시작한 촹커열풍이 선전, 상하이, 옌타이 등 중국 전역으로 퍼지고 있다. 이제 촹커는 중국 경제를 혁신으로 빅뱅시키는 선구자로서 핵심역할을 하고 있으며, 나아가 세계 경제지형도를 바꿔나가고 있다. 촹커들이 이끄는 중국 창업의 폭발적인 증가는 실제 통계로 확인할 수 있다.

200만 개 (2011년) → 250만 개 (2013년) → 290만 개 (2014년) → 약

380만 개(2015년)로 4년 만에 약 2배 증가했으며 날이 갈수록 증가 속도가 빨라지고 있다. 한국(약 3만 개)의 126배 수준이어서 그 규모가 무섭다고 해도 좋을 정도다. 우리나라로서는 엄청난 도전이고 위협이다. 또한 벤처 투자금액은 2014년 기준으로 155억 3천만 달러(약 16조 9천억 원)를 기록해 전년 대비 3배 이상 급증했다. 같은 해 한국의 벤처 투자금액(1조 6천억 원)과 비교하면 10배 이상이다. 33 중국에서 벤처열풍이 불고 있는 이유는 무엇일까?

첫째, 중국의 소비시장 규모를 들 수 있다. 14억의 인구가 분출하는 소비시장의 구매력이 기업가들로 하여금 창업의 열정을 가지게 하는 원동력이다. 중국 시장에서 한 번 히트치는 상품이나 서비스가 탄생하면, 그 기업은 하루아침에 1조 매출 기업이 된다. 우리나라의 경우 기껏해야 100억 규모 수준에 그치는 것에 비하면 너무나 매력적인 시장이다. 실제로 중국에는 수백만 개의 성공한 기업들이 있다. 1조 원 이상의 가치를 가진 벤처기업도 12개나 있다고 한다. 34

대표적인 기업이 중국판 우버(Uber)라 할 수 있는 모바일 택시앱 회사인 디디다처(滴滴打車)이다. 창업자 청웨이(程維)는 2012년 알리바바를 그만두고 디디다처를 창업했다. 디디다처 사용자는 2014년 10월 1억 5,000만 명을 기록해 전년 대비 688.1% 급증했다. 엄청난 성공이 아닐 수 없다. 2015년 디디다처의 총 투자유치액은 약 8억 2,000만 달러에 이르고 기업가치는 무려 150억 달러에 달한다. 35

둘째, 중국 정부의 벤처육성 의지다. 특히 고위지도자들이 벤처기업을 중국의 새로운 성장동력으로 키워내려는 의지가 확실해 보인다. 2016년부터 리커창 총리는 '대중창업, 만인혁신'을 강조하고 있다. 그는 1월 4일 선전의 창업 인큐베이터인 '차이휘창커쿵젠(柴火創客空間)'을 방문해 젊은 창커들을 격려했다. 5월 4일 청명절에는 칭화(淸華)대의 창커 학생들에게 격려서한을 전달했으며 5월 7일에는 중국과학원과 베이징 중관춘을 시찰하면서 벤처창업을 독려하였다. 리커창의 지도하에 국무원은 3월과 6월 두 차례에 걸쳐 대중창업과 만인혁신을 장려하는 정책을 발표했다. 정부의 과감한 규제완화와 대대적인 지원에 힘입어 벤처창업 열풍이 전국을 휩쓸고 있다.

셋째, 마윈 알리바바 창업자와 레이쥔 샤오미 회장 등 중국 창커들의 성공스토리도 창커열풍에 불을 지폈다.[36] 알리바바가 미국 뉴욕증권시장에 상장되며 일약 세계적인 기업으로 도약하고 마윈이 세계적인 갑부가 되는 모습을 생생히 지켜본 중국의 예비창커들의 가슴은 뜨거울 수밖에 없었을 것이다.

이 밖에도 풍부한 인적 자본, 세계의 공장인 중국의 제조업 능력, 외국기업에 대한 확실한 진입장벽, 실패도 용인하는 창업문화까지 많은 요소가 복합적으로 작용하며 '창업국가 중국'을 실현하고 있다. 벤처열풍의 중심지인 선전은 아시아의 실리콘밸리로 부상해 중국 경제혁신의 메카로 세계적인 관심을 받고 있다. 필자도 2015년 선전을 둘러볼 기회가 있었는데 예전의 '짝퉁' 천국에서 창업 천국으로 거듭난 선전의 모습에 그저 놀랍고 두렵기까지 했다.

현재 선전은 미국의 초기 실리콘밸리와 같이 역동적이며 창의적인 벤처 생태계로 발전해 나가고 있다. 선전시 정부가 규제를 철폐하고 지원을 확대하는 등 창업과 혁신을 주도하고 있어 기업활동이 중국 내에서 가장 자유롭다. 또한 30여 년 세계의 공장 역할을 해오는 동안 영세부품상, 조립·가공업체부터 첨단기술을 가진 글로벌기업까지 제조업 생태계가 완벽하게 만들어졌다. 제품설계부터 부품구매, 시제품 제작까지의 전 과정을 선전 상업지역인 화창베이(華强北)에서 모두 해결할 수 있다.

세계의 다른 도시와 비교해도 손색없는 이 벤처생태계의 매력이 알려지면서 중국뿐 아니라 전 세계의 인재들과 돈이 선전으로 쏟아져 들어왔고 창업이 폭발적으로 일어났다. 2016년 초 미국 라스베이거스에서 열린 세계 최대의 전자제품박람회(CES)에서는 중국 기업들의 약진이 돋보였다. 혁신상품을 출품한 전체기업 4,119개 중 32%(1,300개)가 중국 기업이었고, 이 중 절반 이상인 652개 회사가 선전 기업이었다.

2013년 선전에서 중국 최초로 단행한 사업자등록제 개혁이 창업 빅뱅의 시발점이었다. 지난 3년간 신규창업자만 138만 명에 달한다. 1980년 중국 경제특구 1호로 지정된 선전에서 30여 년간 창업자 수가 100만 명에 못 미쳤던 점을 감안하면 그 규모와 성장속도가 가히 폭발적이다.

선전의 창업 생태계에는 돈이 쏟아져 들어오고 있다. 즉, 정부와 민간 자금이 넘쳐나는 창업천국으로 변하고 있다. 선전의 창투사와 사모펀드는 2015년 말 기준으로 4만 6,000여 개로 2015년에만 2만 6,000여 개가 새로 등록했다. 벤처캐피털과 사모펀드의 등록자본금만 2조 7,000억 위안(약 472조 5,000억 원)을 웃돌며, 전체 벤처캐피털 숫자와 규모 면에서 중국의 1/3을 차지한다.

선전이 벤처창업과 혁신의 중심지로 도약하면서 많은 중국 혁신기

선전시 핑안파이낸스센터(平安金融中心)

업들이 선전에 자리 잡고 있다. 화웨이, 텐센트, ZTE, BGI(세계적 유전자분석 기업), 민드레이(의료기기), 화창베이(세계 최대 전자부품 상가), DJI(드론), 스카이워스(Skyworth) 및 콩카(가전), 알리바바 및 바이두 국제본부 등이 그 대표적인 기업으로 중국의 대표기업이기도 하다. 이 기업들은 현재 중국을 넘어 세계시장으로 무섭게 진출하고 있다.

앞으로 선전과 같은 창업, 혁신 생태계는 중국 전역으로 빠르게 확산할 것이다. 성급한 전망일지 모르나 궁극적으로는 10억 달러 이상의 가치를 가지는 창업기업의 수가 미국보다 훨씬 많아질 것으로 전망된다. 물론 실리콘밸리에 있는 미국 창업기업들의 가치는 평균적으로 중국 기업보다 클지 모르나, 전체 숫자는 중국이 미국을 추월할 것이다. 14억 인구를 배경으로 하는 어마어마한 '규모의 경제'의 파괴력과 내수시장의 폭발적인 성장잠재력이 중국 창업과 혁신을 강력하게 뒷받침하고 있기 때문이다. 그럼 현재 중국의 혁신을 선도하는 대표기업들을 간단히 소개하기로 한다.

4) 중국 혁신을 선도하는 기업들

중국에서 혁신을 선도하는 기업들을 꼽는 것은 쉬운 일이 아니다. 왜냐하면 독특한 방식으로 혁신에 성공하는 기업들이 상당히 많기 때문에 우열을 가리기가 쉽지 않기 때문이다. 그러나 분명한 것은 여기 소개하는 기업들은 각자 다른 방법으로 혁신에 성공해 중국을 대표하는 세계적 혁신기업의 반열에 올랐다는 점이다. 우선 화웨이, DJI, 디디추싱, 알리바바, BYD다.

(1) 화웨이 (华为技术有限公司, Huawei Technologies)

화웨이는 통신장비 분야 세계 1위, 스마트폰 시장 세계 3위인 중국 IT산업(하드웨어)를 대표하는 회사다. 1987년 인민해방군 통신장교 출신인 런정페이(任正非) 회장이 자본금 2만 1,000위안으로 설립해 1993년 전화교환기 개발에 성공한 것을 계기로 수입 통신장비 판매업체에서 네트워크 설비 및 스마트폰 제조회사로 탈바꿈했다. 여기서 화웨이를 중국 혁신의 선도기업으로 소개하는 이유는 이 회사가 R&D 혁신을 통해 세계적인 경쟁력을 확보했기 때문이다. 중국 기업으로는 찾아보기 힘든 경우다. 현재 중국의 과학기반형 산업군은 선진국과 큰 격차를 보인다. 아울러 R&D 역량이 선진국 수준에 도달된 중국 기업은 거의 없다. 이런 관점에서 보면 화웨이의 혁신성을 매우 높이 평가할 수밖에 없다.

화웨이는 세계지식재산권기구(WIPO)에 3,898건의 국제특허를 출원해 2년 연속 특허 출원건수 1위를 기록했다. 화웨이가 특허제국으로 발돋움한 것은 R&D에 대대적인 투자를 한 덕분이다. 2014년 연간 매출의 14%인 66억 달러를, 2015년에는 연간 매출의 15%인 92억 달러를 R&D에 투자했다. 화웨이는 미국, 유럽 등 주요 국가에 16개의 R&D 센터를 두고 있다. 전 직원의 45%에 해당하는 7만 9,000여 명이 R&D 인력이다. 이처럼 화웨이는 R&D 혁신을 통해 세계적인 경쟁력을 확보했으며 2010년부터 전 세계를 상대로 활동하는 글로벌기업으로 성장했다.

현재도 삼성과 경쟁하고 있지만 향후 삼성의 최대 라이벌로는 사실 화웨이를 꼽고 싶다. 왜냐하면 스마트폰의 중앙처리장치인 AP (application processor)를 독자개발할 정도의 R&D 역량을 보유하고 있을 뿐 아니라 가격경쟁력까지 보유하고 있기 때문이다. 최근 〈이코노미스트〉도 향후 스마트폰 경쟁은 애플, 삼성, 화웨이의 3파전이 될 것이라고 전망했다. [37]

(2) DJI (다장촹신 유한공사)

'드론계의 애플'이라고 불리는 세계 최대의 상업용 드론업체로 세계 시장의 70%를 장악하고 있다. 미국 백악관 및 일본 총리관저에서 발견된 드론이 DJI에서 제작한 것으로 알려지면서 더욱 유명해졌다.

DJI는 왕타오(汪滔, 1980년생)가 2006년 당시 26세의 나이로 홍콩 로봇경진대회에서 1등으로 받은 3억 원의 상금으로 선전에서 설립한 회사다. 2015년 DJI의 매출은 약 1조 1,000억 원으로 5년 만에 2,000배 성장한 경이로운 회사다. 중국에서 하드웨어 창업의 성공 사례 1순위로 꼽힐 정도로 혁신적인 기업이다.

DJI의 드론 신제품(Phantom 3) 발표회

세계 상업용 드론시장은 현재 5억 달러에서 2021년 271억 달러 규모로 커질 전망이다. 이 거대시장의 주도권을 선점한 곳이 DJI이다. 현재 DJI의 전 직원 5,000명 중 R&D 인력이 1,500명에 달한다.

DJI가 보유한 특허는 500건이 넘으며 드론분야 특허의 대부분은 DJI가 채택하고 있거나 개발한 것이다. DJI는 최근 몇 년간 미국 실리콘밸리의 유명 벤처캐피털에서 잇따라 투자금을 유치했다. 2014년 세쿼이아 캐피털이 3,000만 달러, 2015년 액셀 파트너스가 7,500만 달러를 투자했다. 현재 DJI의 기업가치는 약 100억 달러(약 11조 2,000억 원)가 넘는 것으로 추정한다.

DJI는 핵심원천기술을 보유하고 있으며 경쟁사들이 신제품 출시에 5~6년 걸리는 데 비해 5개월 단위로 신제품을 출시하는가 하면, 일반 소비자용뿐 아니라 산업용 및 농업용으로 지평을 넓혀가고 있어 DJI의 독주는 이어질 전망이다.

(3) 디디추싱 (北京小桔科技有限公司)

텐센트가 투자한 디디다처와 알리바바그룹이 투자한 콰이디 다처가 2015년 2월 합병해 디디추싱(滴滴出行)으로 탄생했다. 디디추싱은 중국판 우버(Uber)로 모바일 앱을 통해 가장 가까운 곳에 있는 택시 및 개인 자가용 차량을 배차해 주는 차량공유서비스를 제공한다.

디디추싱의 창업자는 디디다처를 창업한 청웨이(程維, 1983년생)이다. 그는 '마윈 키드(kid)'로 알리바바에서 10년간 근무했고 2012년 29세의 나이로 14억 중국인을 위해 낡은 교통시스템을 변화시키겠다는 목표로 디디다처를 세웠다.

2016년 8월 중국 우버를 합병한 후 중국시장 점유율은 93.1%로 사실상 독점상태다. 이 기업의 가치는 350억 달러(약 40조 원)로 우리나라 시가총액 2위인 한전과 비슷한 규모다. 〈뉴욕타임스〉는 "모바일 분야에선 실리콘밸리가 아니라 중국이 혁신의 첨단을 달린다"고 보도하면서 디디추싱의 혁신역량을 극찬한 적이 있다.

디디추싱은 신용카드가 없는 대부분의 중국 소비자를 위해 스마트폰으로 차량을 호출하고 배차·결제까지 모든 과정을 한 번에 처리할 수 있는 시스템을 성공적으로 안착시키고 있다. 이런 혁신적인 기술을 근거로 미국 〈포춘〉지는 디디추싱을 2016년 '올해 세상을 바꾼 혁신기업' 30위로 선정했다.

우리나라 카카오가 2015년 출시한 카카오 택시는 중국의 디디추싱을 모방한 것이다. 한때 모방과 '짝퉁'으로 한국기업을 추격했던 중국이 오히려 한국을 앞서고 있다. 특히 모바일 서비스 분야에선 한국 IT기업들이 중국을 벤치마킹하는 역전현상이 일어나고 있다. 현재 전 세계 모바일 서비스 분야를 중국이 선도하고 있다고 평가된다. 중국은 정부지원, 저렴한 하드웨어 공급, 열정적인 소비자의 3박자를 갖추었으며 거대한 시장에서 수집된 빅데이터를 활용하는 디디추싱과 같은 혁신적인 기업이 존재하기 때문이다.

(4) 알리바바 (阿里巴巴)

알리바바는 1999년 영어교사였던 마윈(馬雲)이 중국 제조업체와 국외의 구매자들을 위한 B2B 사이트(Alibaba.com)를 개설하면서 설립했다. 2000년 일본 손정의 회장의 소프트뱅크 투자를 유치하면서 본격적으로 성장했다. 이후 2003년 전자상거래 사이트인 타오바오를 개설하면서 가파른 성장세를 보였다. 그 영향으로 미국 이베이(Ebay)가 2006년 중국에서 철수하기도 했다. 2004년 온라인 결제시스템인 알리페이(Alipay)를 만들었으며 2008년 중국 소비자가 세계적인 제품을 직접 구매할 수 있는 사이트 티몰을 열었다.

알리바바는 중국 전자상거래 시장의 80%를 점유하고 있으며 2013년 매출 79억 5,000만 달러, 순이익은 35억 6,000만 달러에 이른다. 2013년 기준 알리바바 산하의 사이트에서 팔린 상품은 2,480억 달러어치로 이베이, 아마존의 거래액을 합친 것보다 많다.

사실 여기서 알리바바를 중국의 혁신기업으로 소개해야 하는지를 두고 주저했다. 이 회사가 이미 너무 많이 알려져 있고, '알리바바가 혁신적이냐'는 점에서는 약간의 의문도 있기 때문이다. 그럼에도 여기에서 알리바바를 혁신기업으로 소개하려는 이유는 분명하다.

먼저 알리바바가 중국 혁신기업의 아이콘이며 중국 창업열풍을 일으킨 선구자라는 점 때문이다. 현재 중국에는 수없이 많은 마윈 키즈들이 알리바바와 같은 성공을 꿈꾸며 창업대열에 뛰어들고 있다. 또한 적지 않은 마윈 키즈들이 크고 작은 성공을 거두었다. 디디다처를 창업한 청웨이가 마윈 키즈 중 대표적인 인물이다. 따라서 알리바바는 중국 경제를 혁신주도형 경제로 이끄는 선봉장으로 꼽을 수 있다. 아울러 그 공로는 이루 말할 수 없이 크다.

다음으로, 알리바바가 기술과 서비스를 독창적으로 혁신하지 못했지만 기존의 기술과 서비스를 중국 소비환경에 맞게 재구성한 점이 돋보인다. 이것이 바로 알리바바의 성공요인이다. 맥킨지컨설팅은 이를 '시장화를 통한 혁신'(innovation through commercialization)이라고 하며 알리바바의 혁신을 매우 높이 평가한다. 38

알리바바는 이베이를 중국에서 몰아냈다. 당시 중국 온라인 거래의 가장 큰 문제점은 '소비자와 제조업체 간 불신'이었다. 중국 소비자는 상품을 받지 않고 먼저 결제하는 데 익숙지 않았고, 제조업체는 돈을 받지 않고 상품배송하기를 거부했다. 이러한 관행 때문에 이베이의 지불결제시스템인 페이팔(PayPal)은 무용지물이었다. 그러나 알리바바는 알리페이로 이 문제를 해결했다. 소비자에게 일단 돈을 받아 쌓아 놓고 물건이 배달된 뒤 최종 구매의사를 확인하고 나서 돈이 지불되는 방식이었다. 따라서 소비자와 판매자 둘 다 만족한 경우라야만 거래가 이루어진다. 작은 변화이지만 이베이를 몰아낸 결정적 힘이었다. 이것이 바로 상업화를 통한 혁신이다.

(5) BYD (比亚迪股份有限公司)

1995년 중난(中南) 대학에서 야금물리학을 전공한 왕촨푸(王傳福) 회장이 29세의 나이에 250만 위안을 들여 23명의 직원과 설립한 회사다. 창립 5년 후인 2000년에는 매출 58억 달러, 영업이익 6억 달러, 종업원 16만 명으로 급성장하는 등 10년 만에 전지 및 친환경 전기차업계의 선두기업으로 부상했다. 2008년에는 세계적인 투자가인 워렌 버핏(Warren Buffett)이 BYD의 지분 10%를 2억 3,000만 달러에 인수했으며, 2016년에는 삼성전자가 BYD의 전기자동차 분야를 높이 평가해 5,000억 원을 투자하며 지분 4%를 매입했다.

  BYD는 중국 정부 전기자동차 육성정책의 가장 핵심적인 기업으로 엄청난 보조금 등 지원을 받고 있다. 설립한 지 20년 만인 2015년에 미국 테슬라(Tesla)를 제치고 전기차 판매량 1위에 올랐다. BYD는 기술개발에 과감한 투자를 해서 '타사 동급차량 대비 절반가격에 판매'하는 원칙을 세우고 있으며, 배터리부터 차체까지 모두 생산하는 수직계열화를 달성한 세계 유일의 전기차 기업이다.

5) 중국 소비시장: 중국 경제의 새로운 성장동력

제 1권에서 중국 소비시장은 국영부문, 민영부문 모두 그다지 경쟁적이지 않다는 점을 지적했다. 아울러 시장규모와 소비자 수준 또한 혁신을 촉진시키는 데 도움이 되지 못한 것으로 평가했다. 그런데 지난 몇 년 동안 중국 소비시장은 국영부문을 제외한 모든 부문에서 놀라운 변화가 일어났다. 또 이런 변화는 현재진행형이다. 이제 중국의 소비시장은 중국 경제의 새로운 성장동력으로 확실히 자리매김을 하고 있으며, 세계에서 가장 주목받는 역동적인 시장으로 발전해 나가고 있다.

중국 소비시장은 상상하기 어려운 규모의 경제라는 힘으로 중국 제조업뿐 아니라 서비스산업을 세계 최고로 밀어 올리고 있다. 중국 소비자들의 기대가 커지고 까다로워지면서 기업 간 경쟁이 치열해졌고, 이에 따라 혁신하는 기업만이 성공하는 시장으로 급속하게 변하고 있다. 즉, 국영부문은 전략부문으로 분류되어 여전히 독·과점 상태이나 민간부문은 끊임없이 혁신을 촉진할 정도로 충분히 경쟁적이라고 평가된다.

미국 피터슨 국제경제연구소의 니콜라스 라디(Nicholas Lardy) 연구원은 "지난 20년 중국의 노동력이 세계 경제의 판도를 바꿨다면 앞으로 20년은 그들의 구매력이 글로벌 판도를 결정할 것"이라고 했다. 39 정확히 핵심을 찌른 말이다.

20~30년 내 중국은 미국을 제치고 세계 최대규모의 시장으로 우뚝 설 것이 확실해 보인다. 이는 세계 경제의 규칙제정자(rule setter) 지위가 미국에서 중국으로 넘어가는 것을 의미한다. 즉, 지금까지 미국은 세계 최대시장을 제공하면서 대부분의 국가에 대해 '갑'(甲)의 지위를 누려왔다. 그런데 앞으로 중국이 세계 최대시장으로 부상하면 지금까지의 미국이 누려온 지위 또한 넘겨받을 수 있다.

맥킨지컨설팅은 2020년 중국 가구의 50% 이상이 고급 중산층 대열에 올라설 것으로 예상했으며, 보스턴컨설팅그룹은 2012년 〈중국 차세대 소비동력〉 보고서에서 중국 부유층 소비자(연평균 가처분 소득 2만 24만 달러)의 수가 현재 1억 2천만 명에서 2020년에는 2억 8천만 명으로 늘어 전체 인구의 35%에 이를 것으로 전망했다. 이와 같은 중산층의 폭발적인 증가세는 인류역사상 어느 나라도 경험하지 못한 현상이며, 이 자체가 중국에게는 어마어마한 성장동력인 것이다.

중국이 인도, 브라질 등 다른 브릭스 국가와 다른 점은 바로 경제성장의 혜택이 대부분 중산층 소득증가로 이어진다는 점이다. 특히 인도의 경우 7% 이상 경제성장이 이루어져도 상위 고소득층을 제외한 나머지 계층에는 그 혜택이 돌아가는 정도가 미미하여 빈곤층 → 저소득층 → 하위 중산층 → 중위 중산층 → 부유층으로 국민들의 소득이 균등하게 증가하는 모습을 보이지 못하고 있다.

맥킨지보고서에 따르면 중국은 1990년 100%가 거의 빈곤층(연간 가구 가처분소득 28,000위안: 약 470만 원)에 육박했으나 1990년대 중반부터 저소득층(28,000~45,000위안: 470~760만원)이 늘어났으며, 2000년대 초부터는 하위 중산층(45,000~79,000위안: 760~1340만원), 2010년대에는 중위 중산층(79,000~114,000위안: 1,340~1,940만원)이 크게 늘고 있다. 2020년대에 들어서면 부유층이 증가할 것으로 예측하고 있다.

현재 중국 소비시장의 규모는 미국과 EU와는 여전히 큰 차이를 보이나 과거 10년간 4배로 커진 증가속도를 감안하면 2020년에는 현재 EU 소비시장 규모(약 10조 3,000억 달러)에 육박할 것이며, 2020년대 후반에는 미국도 추월할 것이다.

이와 같은 중국의 소비시장 규모와 증가속도는 중국 경제와 산업에 엄청난 성장기회를 제공할 전망이다. 또 이는 중국 경제의 미래를 밝게 전망하는 핵심요인 중 하나이다. 아울러 중국의 소비시장은 질적으로도 매우 빠르게 발전하고 있어 중국 기업의 혁신, 나아가 중국 전체 혁신을 촉진시키는 데 크게 기여할 것으로 보인다.

2000년대는 말할 것도 없고 2010년대 초반까지도 중국 소비시장은 전반적으로 공급자 위주의 시장(seller's market)이었다. 수요는 20% 이상씩 증가하는데 공급물량은 부족한 상태여서, 품질과 소비자의 기호 등을 따질 여유가 없었다.

그러나 이제 지금까지와는 전혀 다르게 상황이 급변하고 있다. 최근 중국 소비자들은 다양한 취향과 까다로운 요구가 많아지는 경향을 보이고 있다. 지역·연령 등에 따라 시장이 아주 세분화하는 등 소비자층이 미세하게 쪼개지고 있다. 그리고 세계적인 명품들을 자주 접하다 보니 상품을 대하는 태도나 시야가 중국을 벗어나 세계적 수준으로 높아지고 있다.

여기에 중국 시장은 온라인쇼핑, 모바일쇼핑 등 IT기반의 새로운 판매·소비방식이 SNS 같은 소셜 미디어(social media)와 혁신적으로 융합하면서 매우 빠르게 소비자 위주의 시장(buyer's market)으로 변모하고 있다.

현재 중국에서는 특정 상품브랜드 또는 서비스에 대한 소비자 평가가 실시간으로 SNS를 통해 공유되고 있다. 중국 소비자들은 소셜 미디어를 통해 미국과 유럽 소비자들보다 상품과 브랜드에 대해 훨씬 많은 의견을 실시간으로, 그리고 전국적으로 서로 공유한다. 이러한 역동성 때문에 하루아침에 대박상품이 탄생하는가 하면 한 번의 실수로 시장에서 퇴출되는 사례도 빈번하게 일어나고 있다. 또한

중국 소비자들을 대상으로 한 개인 인터넷방송　　중국 내 수입상품의 O2O서비스

중국 소비시장의 규모와 성장성 때문에 전 세계 기업과 상품이 중국
으로 몰려들고 있다.

　이렇다 보니 중국 시장은 세계 어느 나라 시장보다 경쟁적으로 변
해가고 있으며 중국 소비자들을 만족시키기 위해 기업들은 혁신하지
않으면 살아남기 어려운 상황에 처했다. 다시 말하면 중국은 값싼 스
마트폰의 보급, 신뢰성 있는 온라인 및 모바일 결제, 유통혁신 및 열
정 있는 소비자가 결합해 시장의 경쟁과 기업의 혁신을 가속화하고
있다.

6) 중국의 미래

지난 30년간 중국의 경제기적은 정부가 주도했다고 해도 과언이 아
니다. 정부가 계획하고, 선택한 분야에 자원을 집중하는 방식으로
중국은 고도성장을 이뤄 냈다. 이 단계에서 중국 민간기업들의 역할
은 정부와 국영기업의 기여에 비해서는 미미했다고 할 수 있다.

　이 기간 중국 민간기업들은 선진국의 제품을 단순 모방하는 데 급급한 수준이었으며 혁신의 개념도 잘 몰랐다. 당시 민간부문의 혁신은 대부분 외자계 기업이 주도했다. 그러나 이제 상황이 완전히 역전되고 있다. 수많은 민간기업들이 슘페터식의 창조적 파괴를 통한 혁신을 하고 있으며 국내에서의 성공을 발판으로 세계시장에 진출하고 있다. 이처럼 혁신적인 기업, 거대한 규모의 경제, 경쟁적인 시장이 결합한 중국의 혁신생태계가 존재하기 때문에 단기적으로는 중국 경제의 위기 가능성을 제기하면서도 장기적으로는 중국 경제를 희망적으로 전망할 수밖에 없다.

물론 부정적인 요소들도 많다. 그중 반드시 언급해야 할 걸림돌은 중국의 고령화 현상과 중국 정부이다. 중국은 1960년대 중반부터 비공식적으로 세계에서 가장 강력한 형태의 산아제한인 '한 자녀 정책'을 시작했다. 한 자녀 정책의 부작용은 이제부터 나타나고 있다.

중국의 출산율은 1960년대 여성 1,000명당 6.0명에서 2000년에 1.8명으로 떨어졌고 지금도 이 수준을 유지하고 있다. 기존 인구를 대체하기에 크게 낮은 수준이다.[40] 따라서 2015년경부터 생산가능 인구가 줄기 시작했으며 2030년경에는 고령화 비율이 현재의 일본 수준까지 올라갈 전망이다. 중국도 인구구조에 있어서는 우리나라와 같이 일본에 비해 약 20년의 격차를 두고 뒤따라가고 있으며 고령화 속도에 있어서는 일본보다 훨씬 빠르다.

중국의 이 같은 급속한 고령화 진전은 중국의 장기적인 경제성장의 가장 큰 걸림돌이 될 것이다. 최근 중국은 인구구조상의 문제를 인식하고 '한 자녀 정책'을 완화했으나 이 문제를 해결하기에는 시기적으로 늦었다고 판단된다.

다만, 전 세계적으로 중국처럼 큰 나라의 고령화 사례가 없어 14억 명 규모의 중국에서 고령화가 진전될 경우 얼마나 부정적인 현상이 생길지는 아무도 예측할 수 없다. 그러나 경제성장에 부정적인 영향을 미치는 가장 큰 요인으로 작용하리라는 점은 확실하다.

또 하나의 큰 걸림돌은 중국 정부(공산당)가 기득권 세력으로 변해 개혁·개방을 방해하는 것이다. 어떤 나라가 지속적인 성장과 발전을 하기 위해서는 일정 기간마다 개혁을 통한 혁신을 펼칠 수 있어야 한다. 그런 개혁을 가로막는 존재가 바로 기득권 세력이다. 이를 극복하는 나라는 지속적인 발전이 가능하나, 이를 극복하지 못하는 대부분의 나라는 정체에 빠진다.

동남아시아, 남아메리카, 아프리카의 개도국들이 대부분 발전하지 못하는 결정적인 이유는 기득권 세력이 나라 전체를 완전히 장악하고 있어 변화를 허용하지 않기 때문이다. 한국과 중국, 대만 등이 발전할 수 있었던 가장 큰 이유도 기득권 세력이 존재하지 않아서다.

한국은 토지개혁과 한국전쟁, 중국은 공산혁명, 대만은 토지개혁으로 기득권 세력이 완전히 없어졌다. 반면, 필리핀, 인도네시아, 태국, 브라질, 아르헨티나 등 대부분의 개도국들은 극히 소수의 가문이 권력을 장악하고 나라를 통치했기 때문에 기득권층의 이해에 반하는 어떠한 조치도 취할 수 없었다. 이런 나라들은 결코 발전할 수 없다.

중국은 지난 30년 동안 고도성장을 하면서 기득권층이 자리를 잡았다. 중국 정부(공산당)를 중심으로 국영기업과 국영은행, 그리고 이를 광범위하게 둘러싼 주변세력이다. 국영기업과 국영은행의 최고관리자들도 공산당 간부들이기 때문에 이들은 광의의 중국 정부(공산당)의 기득권층이라고 할 수 있다. 2000년대부터 중국의 개혁·개방조치가 거의 이루어지지 못한 것은 이들 기득권층의 저항 때문이었다. 지금도 중국 정부 내 개혁을 추진하려는 세력과 이를 방해하려는 세력 간의 갈등이 있다고 추정된다.

앞으로 중국이 지속적으로 발전하려면 정부(공산당)가 권한과 힘을 스스로 절제하며 제한해야 한다. 또한 지속적인 개혁조치들을 성공적으로 추진해 내야 한다. 결코 쉬운 일이 아니다. 만약 개혁을 가로막는 기득권층의 반대를 극복하지 못한다면 중국의 미래는 어두울 수밖에 없다. 바로 이 점이 중국 경제의 미래를 전망하는 데에서 가장 중요한 관전 포인트다. 현재 시진핑 주석에게 힘이 집중되는 현상이 좋은 방향으로 작용할지 지켜볼 일이다.

제 4 장

제조업 강국으로 부상하는 중국

1. 우리나라 주력산업을 뛰어넘기 시작한 중국 제조업

역사적으로 중국과 관계를 맺기 시작한 아주 오래전부터 우리에게 중국이란 존재는 항상 기회이면서 위협이었다. 우리가 강할 때, 중국에 비해 확고한 경쟁우위가 있을 때는 기회였으며 그렇지 못할 때는 우리에게 엄청난 위협으로 다가왔다. 14억 인구의 슈퍼대국에 인접한 소국의 지정학적 위치 때문이다.

개혁·개방 이후 지금까지 중국은 우리에게 위협보다는 기회를 더 많이 제공했다. 특히 2000년대는 우리에게 엄청난 기회였다. 중국이 10% 이상의 고도성장을 구가하는 동안 우리나라 주력산업은 단군 이래 최대 호황을 누렸다. 이 기간의 특수로 우리나라는 세계 9번째로 무역규모 1조 달러를 달성할 수 있었으며 우리나라 주력산업은 세계적인 기업으로 도약했다.

기업들은 이로써 엄청난 돈을 벌었다. 중국 제조업에 필요한 중간재를 주로 공급할 수 있었기 때문이다. 물론 중국 제조업에 대한 확고한 경쟁우위가 성공의 원동력이었다. 그러나 앞으로는 중국이 우리에게 훨씬 다양하고 복잡한 위협요인으로 작용할 가능성이 매우 높다. 특히 중국 제조업은 우리나라 최대 위협요인이 될 것이다.

단기적으로는 중국 기업의 과다한 부채문제로 인한 위기 가능성이 우리나라를 매우 어려운 상황으로 몰고 갈 위협요인이다. 그러나 중·장기적으로는 중국 제조업이 우리를 궁지에 몰아넣을 것이다. 1권에서 필자는 이러한 중국 제조업의 발전가능성을 언급하면서, 이에 대한 대비를 서둘러야 한다고 주장했다. 그럼에도 현재상황은 오히려 더 나빠졌다. 중국 제조업은 4년 전의 예상보다 훨씬 빠르게 발전한 반면, 그동안 우리나라는 비교우위를 확보하기 위한 노력이 거의 없었기 때문이다.

1) 우리나라 주력산업을 추월하고 있는 중국 제조업

1권에서 제조업의 가치사슬을 조립-부품-소재-장비로 나눌 때 중국은 궁극적으로 조립분야에서 최고의 경쟁력을 확보할 것으로 전망했다. 아울러 중국이 경쟁력을 확보하기 쉬운 산업의 기준을 다음과 같이 제시했다.

① 조립부품 수가 적으며 표준화한 부품이 많은 분야
② 기술이 장비에 체화된 분야

③ 블랙박스(Black Box)식의 독자기술이 필요하지 않은 분야

④ 현장의 암묵지(暗默知)가 그다지 필요하지 않은 분야

⑤ 대만의 산업협력을 받을 수 있는 분야

경쟁력 확보가 쉬운 산업의 5가지 요소를 가장 많이 보유한 분야가 IT산업이며, 그에 가장 부합하지 않는 산업이 자동차산업이라고 지적했다. 지금까지 지켜본 결과 4년 전 전망했던 방향과 흐름이 일치했다. 다만 그 속도가 예상했던 것보다 훨씬 빨랐다.

이제는 가능성만을 재고 있을 때가 아니다. 이미 제조업의 상당부분에서 중국이 실제로 한국의 주력산업을 추월하는 현상이 실시간으로 일어나고 있다. 중·장기적으로 볼 때 우리나라 주력산업이 중국에 비해 확고한 비교우위를 가진 분야는 메모리반도체뿐이다. 나머지는 모두 추월당할 것으로 전망된다.

산업별로 자세히 살펴보기 전에 그 이유를 살펴보기로 한다. 우선 패빗(Keith Pavitt) 교수에 따르면, 산업군은 기술혁신과 경쟁력 결정 요인에 따라 〈표 4-1〉과 같이 5가지로 분류할 수 있다.

여기서 우리나라 주력산업은 규모집약형 산업군 1(일관공정산업), 규모집약형 산업군 2(조립가공산업)와 전문가 공급자형 산업군 일부로 구성되어 있다. 특히 규모집약형 산업군 2 중 IT산업(약 1/3)과 자동차산업의 비중이 매우 높다. 그러나 〈표 4-1〉에서 보는 것처럼 우리나라 주력산업의 경쟁력을 결정하는 가장 중요한 요소는 '규모의 경제'다.

'규모의 경제'에 있어서 중국을 당할 나라는 세계 어디에도 없다.

<표 4-1> 패빗의 산업분류

구분	내용
과학기반형 산업군	• 정밀화학 · 의약 · 항공산업 등이 여기에 속하며 이 산업군은 과학지식 (특히 기초과학)이 산업경쟁력에 결정적으로 작용 • 공식적 연구 · 개발 조직에 의해 기술혁신이 이뤄져 대기업 중심의 시장구조가 형성되지만, 벤처기업도 틈새시장에서 기술혁신에 기여
규모집약형 산업군 1 (일관공정산업)	• 철강 · 석유화학(유리, 시멘트) 산업 등이 여기에 속하며, 이 산업군은 R&D, 생산 등에서 규모의 경제를 확보하는 것이 매우 중요 • 대규모 장치산업이며 혁신성과와 제조공정을 주로 대기업 내부에서 수행
규모집약형 산업군 2	• 자동차 · IT산업 등이 여기에 속. 이 산업군도 R&D, 생산 등에서 규모의 경제를 확보하는 것이 중요하나 일관공정산업과는 달리 조립 대기업과 부품 · 소재 · 설비 협력기업 간 제품과 공정에 대한 상호교류와 학습에 의한 혁신이 더욱 중요
전문가 공급자형 산업군	• 다양한 자본재(산업기계, 정밀기기)가 여기에 해당 • 수요가 한정된 특정기종의 설계 · 제작에 특화해 전문지식과 기술 노하우를 축적하는 중소 · 중견기업이 수요자가 요구하는 특수사양의 제품을 설계 · 제작하므로 비공식적인 기술 노하우(특히 암묵지)의 축적에 의해 혁신 유발
전통산업군	• 의류 등 섬유산업 · 신발 · 가구 · 인쇄산업 등이 여기에 해당 • 가격경쟁력이 중요하며 혁신도 주로 공정혁신 중심이기 때문에 장비가 중요

필자는 중국 기업을 방문할 기회가 많은데, 갈 때마다 두려운 마음이 드는 이유는 중국 기업의 규모다. 몇 년 전 난징(南京)에 있는 직물공장을 방문한 적이 있었는데, 축구장 몇 개를 합쳐 놓은 규모의 공장이 여러 개 있었다. 한국 공장규모에 익숙한 필자로서는 그 어마어마한 규모에 기가 눌렸다. 결국 한국 직물산업은 중국을 당해낼 수가 없다는 것을 그때 절실히 깨달았다. 정도의 차이는 있지만, '규모의 경제'가 경쟁력을 결정하는 핵심요소인 산업은 결국 중국이 최고가 될 것이다.

〈표 4-2〉 우리나라 성장전략과 기업의 경쟁력확보 전략

구분	전략
성장전략	• 불균형 성장: 특정부문의 우선적 성장, 수출산업화 도모 • 대기업 중심, 조립분야 특화: 부품·소재·장비 수입 • 모방전략: 필요기술 선진국(특히 일본)으로부터 도입
기업 전략 (경쟁력 확보)	• 대기업의 빠른 의사결정에 의한 선제적 투자 • 표준화된 상품기술 도입, 주로 제조기술 혁신을 통한 생산효율의 최적화

그러면 우리나라 주력산업이 중국의 최대 강점인 '규모의 경제'를 압도할 수 있는 확고한 비교우위가 있나? 결론부터 말하면 메모리반도체를 제외하고는 없다. 우리나라 주력산업의 비교우위는 대기업의 빠른 의사결정에 의한 선제적인 대규모 투자와 조립완성품 분야의 제조기술이다. 이와 같은 우리나라 주력산업의 비교우위는 우리나라 성장전략에서 비롯했다.

〈표 4-2〉에서 보는 바와 같이 우리나라의 초기 성장전략은 정부가 특정산업을 지정하면 대기업이 중심이 돼 부품·소재·장비를 수입한 뒤 값싼 노동력을 활용, 조립해서 수출하면서 경제성장을 이룩하는 '불균형성장–수출산업화' 전략이었다. 이러한 기조는 큰 변화 없이 지금까지 줄곧 이어지고 있다.

이 과정에서 필요한 기술을 주로 일본으로부터 도입하는, 전형적인 모방에 의한 성장이었다. 이러한 성장전략 아래에서 대기업들이 일본을 추월하기 위해 취한 전략은 선제적인 대규모 투자와 제조기술 혁신을 통한 생산효율의 최적화다.

우리나라 대기업들은 불황기에 일본이 주저하는 사이에 오너에 의

한 과감한 선제적인 투자를 단행함으로써 일본의 관련업체들을 추월했다. 반도체와 디스플레이가 대표적인 사례다. 그리고 우리나라 주력산업이 세계 최고의 경쟁력을 확보할 수 있었던 주요인은 제조기술 혁신을 통한 생산효율의 최적화였다. 대기업들은 IMF 위기 이후 주로 제조공정 혁신을 통해 생산성을 대폭 향상시켰다. 즉, 우리나라 주력산업의 경쟁력은 대부분 제조기술에 바탕을 두고 있다. 그런데 우리나라의 이런 비교 우위는 중국의 추격 때문에 급격히 사라지고 있다.

이제 중국 기업들이 더 과감하게 선제적으로 투자한다. 일본이 우리에게 당했듯이 우리도 중국에게 추월당하고 있다. 더욱이 우리나라 주력산업의 기반은 선진국의 모방에서 비롯했기 때문에 다른 나라에 의해 추월당하기 쉽다.

중국은 14억 명 규모의 시장이 지닌 힘 때문에 우리나라보다 훨씬 더 유리한 조건으로 선진국으로부터 필요한 기술과 지식을 제공받고 있다. 즉, 우리나라보다 훨씬 빠른 속도로 모방에 성공하고 있는 것이다. 따라서 확실한 기술적 우위와 매우 높은 진입장벽이 있는 메모리반도체 분야를 제외하고는 정도의 차이가 있을지는 모르지만 대부분 산업에서 우리나라는 약간의 공정기술상의 우위만 있다고 평가할 수 있다. 그나마 이러한 우위는 몇 년 내로 사라지고 말 것이다.

만약 수년 내로 중국에 대한 비교우위 요소를 확보하지 못한다면 우리나라 주력산업은 과거 일본 IT산업 조립업체들처럼 몰락하는 운명에 처할 것이다. 어쩌면 일본보다 훨씬 더 안 좋은 상황에 처할 가능성이 높다. 이유는 간단하다. 일본은 제조업 분야에서 세계 최고의 기술을 확보하고 있을 뿐 아니라 부품·소재·장비(특히 첨단소재, 장비) 분야에서는 독일과 함께 어느 나라도 넘볼 수 없는 경쟁력을 보유하고 있기 때문이다. 우리와는 질적으로 다른 비교우위가 있다.

2) 중국 제조업 혁신의 중심: IT산업

중국의 혁신부분에서 상세히 서술한 바와 같이 중국 IT산업은 이 나라 제조업 혁신을 선도하는 역할을 하고 있다. '중국이 추월하기 쉬운 조건 5가지'를 가장 많이 보유하고 있어 중국이 우리나라를 가장 맹렬하게 추격하고 있는 분야이다. IT산업은 우리나라 제조업의 1/3을 차지하는 가장 중요한 주력산업이다.

1990년대 중·후반 우리나라 IT산업이 일본을 추월한 시점과 유사하게 중국 IT산업이 우리나라를 추월하는 현상이 벌어지고 있다.

(1) 가전산업

필자는 제 1권에서 "1990년대 중반 우리나라에서 당시 최강자인 일본과 국산제품이 동일하게 인식되면서 국산제품의 비중이 크게 높아지기 시작해 10년 후인 2006년부터는 해외시장에서 한국이 일본을 추월한 것처럼 비슷한 일이 중국 가전산업에서도 일어날 것이다"라고 전망했다. 그러나 중국 기업들의 1위 등극은 필자의 전망보다 훨씬 빨리 가시화할 것으로 보인다.

2006년 11월 삼성전자는 세계 TV시장 점유율 1위에 올라섰다. 삼성이 같은 해 4월 내놓은 오르도 LCD TV는 한 해 판매량이 300만

대를 넘어설 정도로 돌풍을 일으켰다. 당시 세계 최고브랜드로 명성을 날리던 소니는 이때 세계 1위를 내준 뒤 최근까지 지리멸렬하다가 가전부문에서 철수했다.

2016년 5월 시장조사기관 IHS는 2016년 1/4분기 글로벌 TV시장에서 중국의 시장점유율(대수 기준)이 31.4%를 기록했다고 발표했다. 삼성, LG등 한국기업 점유율(34.2%)을 2.8%포인트 차로 바짝 뒤쫓아 온 것이다. 아마 내년엔 중국 기업들이 판매수량 면에서 한국 기업을 앞설 것은 거의 확실해 보인다.[1]

중국의 맹추격에 발동이 걸린 시점은 2010년이다. 중국의 시장점유율은 2014년 21.8%, 2015년 27.5%, 2016년 1/4분기 31.4%로 급격히 증가하고 있다. 사실 하이얼 등 중국 기업 제품과 삼성, LG 제품을 비교해 보면 품질과 성능은 거의 똑같으면서 가격은 최대 40%까지 저렴하다. 게임은 끝났다.

TV, 냉장고 등 가전산업은 기술이 표준화돼 있으며 부품 수도 적다. 이와 같은 산업에서는 가격이 경쟁력을 결정한다. 규모의 경제에서 막강 위력을 자랑하는 중국을 가격경쟁력으로는 당할 수 없다. 궁극적으로 우리나라 가전산업은 일본의 전철을 밟을 것으로 보인다. 지금도 우리나라 IT업체들의 영업실적을 보면 가전부문의 경우 이익이 매우 적다는 점을 알 수 있다. 조만간 일부 프리미엄시장을 제외하고는 경쟁력을 잃을 것이며, 가전시장에서 철수하는 모습을 우리가 직접 목격해야 할 것이다.

(2) 디스플레이 산업

디스플레이 산업도 제 1권에서 전망한 대로 변화하고 있다. 디스플레이 산업 중 우리나라 주력제품인 LCD(액정표시장치) 분야에서 이미 중국에게 밀리기 시작했다. 중국 기업들은 LCD 설비투자를 빠르게 늘리고 있으며 2020년이 오기 전에 중국의 LCD 생산량이 한국을 추월할 것으로 보인다.

더욱이 중국 기업들은 내년부터 한국 기업들이 갖춘 8세대 라인(2200×2500mm)보다 두 배 가까이 큰 10.5세대(3370×2940mm) 이상의 패널공장 건설을 계획하고 있다. 중국 최대 LCD업체인 BOE는 세계 최초로 10.5세대를 생산하기 위한 투자를 2016년 초에 착공해 2017년 말 생산을 시작할 계획이라고 밝혔다. 차이나스타(CSOT)도 11세대 투자를 준비하고 있는 것으로 알려졌다.

반면 한국의 국내 LCD 신규투자는 2010년 이후 중단됐다. 공급과잉으로 인해 가격이 폭락해 이익을 내기 힘든 구조이기 때문이다. 이런 상황이 이어지면 10.5세대 생산이 본격화하는 2017년에는 가격경쟁력으로 한국이 도저히 따라갈 수 없기 때문에 LCD 시장의 패권이 중국으로 넘어갈 수밖에 없다. 삼성과 LG는 앞으로 OLED(유기발광다이오드)에 집중할 계획이다. 삼성은 스마트폰 등에 쓰이는 중소형 패널에, LG는 TV에 쓰이는 대형패널에 집중하고 있다. 그러나 궁극적으로는 OLED 분야도 조립완성품은 중국으로 넘어갈 것으로 전망한다. 그 이유는 다음과 같다.

첫째, 어마어마한 디스플레이 패널 수요다. 전 세계 디스플레이 수요의 50% 이상이 중국에서 발생하고 있다. 전 세계 업체 대부분

BOE의 패널 공장(중국 허페이시)

이 중국에 공장을 가지고 있다. BOE 등 중국 대표기업들은 폭발적인 수요를 바탕으로 비약적인 성장을 할 전망이다. 디스플레이 산업에서도 기본적으로 규모의 경제가 경쟁력을 결정한다. 아울러 기술적으로도 큰 차별성이 없다. 조립분야에서는 중국 기업들이 한국 기업들을 따라오지 못할 정도가 아니라는 얘기다.

디스플레이 산업의 블랙박스 기술에 해당하는 분야는 부품·소재·장비(특히 첨단소재와 장비)에 있다. 이 분야는 일본 기업들이 장악하고 있다. 우리나라 디스플레이업체들도 첨단소재와 장비는 대부분 일본으로부터 수입하고 있다. 최근 우리나라 모기업이 8세대 OLED 개발 후 양산단계에서 실패한 것으로 알려졌다. 일본 장비업체로부터 공급받기 어려워 국내에서 장비개발을 시도했으나 실패했기 때문이다. 이렇듯 우리나라 디스플레이 산업의 경쟁력은 디스플레이 조립분야에 한정돼 있다.

둘째, 중국 정부의 강력한 지원이다. 중국 정부는 차세대 전략산업에 디스플레이 산업을 포함시켜 강력한 육성의지를 표명함과 동시에 각종 지원정책을 시행하고 있다.

셋째, 중국은 대만과 일본으로부터 경쟁력 제고를 위한 많은 도움을 받고 있다. 대만업체들은 중국의 엄청난 수요에 힘입어 중국 기업들과 협력을 대폭 강화하고 있다. 중국은 대만의 우수인력과 패널을 공급받음으로써 자국의 디스플레이 산업의 경쟁력을 강화하고 있다. 특히 대만의 전문엔지니어들이 중국 기업에 대거 취업하면서 중국의 기술발전에 중추적인 역할을 담당하는 것으로 알려지고 있다. 또한 중국은 높아진 자체 조립업체의 브랜드 위상을 바탕으로 일본의 유휴 생산시설 및 우수기술을 흡수함으로써 경쟁력을 빠르게 강화하고 있다. 일본 샤프의 생산시설 흡수와 NEC의 기술이전이 좋은 예다. 이 같은 요인 덕택에 중국은 디스플레이 산업에서 적어도 조립완성품 분야만큼은 최강자로 부상할 전망이다.

(3) 스마트폰 산업

스마트폰은 IT산업에서 가장 중요한 핵심분야 중 하나다. IT기기 대부분이 스마트폰으로 통합되고 있으며, 현대인에게 한시라도 없어서는 안 되는 생활필수품으로 변했기 때문이다. 미국, 일본, 독일 등 선진국으로부터 세계에서 가장 가난한 아프리카 국가들까지 세계 대부분의 사람들이 스마트폰을 사용한다.

스마트홈(smart home) 시대가 오면 스마트폰으로 가정 일도 처리할 것이다. 앞으로도 스마트폰을 통해 할 수 있는 일이 무한정으로 늘어날 전망이다. 이렇듯 스마트폰은 이미 우리에게 생활필수품 이상의 물건으로 자리 잡았다. 따라서 세계 IT업체들은 오래 전(피처폰 시절)부터 휴대폰의 최강자가 되기 위해 사투를 벌였다.

그동안 휴대폰 시장의 경쟁구도는 많은 변화를 겪었다. 피처폰 (*feature phone*) 시대의 최강자는 노키아(Nokia)였다. 누구도 노키아의 자리를 넘볼 수 없을 것 같았으나 스티브 잡스의 애플사가 스마트폰을 출시하자 노키아는 허무하게 무너졌다. 스마트폰 시대가 열리면서 처음에는 당연히 애플의 독무대였다. 애플은 독자적인 플랫폼을 구축해 자사의 운영체계를 공개하지 않고 폐쇄적으로 운영했다.

삼성, LG 등 다른 휴대폰업체들은 갑작스러운 산업 패러다임의 변화로 큰 혼란을 겪었다. 짧은 시간 내 독자적인 운영체계를 만드는 것은 불가능했기 때문이다. 이런 패러다임 변화에 적응하지 못한 많은 기업들이 도태됐다.

그러나 기존 휴대폰업체들에게 구세주가 등장했다. 바로 구글 (Google)이다. 구글은 애플에 대항하기 위해 구글이 개발한 독자적인 모바일 운영체계인 안드로이드를 모든 기업들에게 개방해 버렸다. 이 조치가 스마트폰 산업의 경쟁구도를 소프트웨어 우위에서 하드웨어 우위로 바꿔버렸다. 이때부터 한국의 삼성전자처럼 디자인이 좋고 기능이 편리한 기기를 잘 만드는 기업이 스마트폰 산업의 강자가 되었다. 이 시기가 대략 2011년경이었다.

그런데 삼성의 좋은 시절도 그리 오래가지 못했다. 2013년 3분기에 세계시장 점유율 35.0%를 정점으로 삼성의 위상은 급격히 떨어지기 시작했다. 〈표 4-3〉에서 보는 바와 같이 중국 기업들의 맹렬한 추격 때문이다. 이미 2014년 2분기에 삼성은 중국 시장에서 샤오미에게 1위 자리를 내줬으며 2016년 2분기에는 우리에게 매우 생소한

<표 4-3> 세계 스마트폰 시장점유율

(단위: %)

구분	2012년 1분기	2013년 1분기	2014년 1분기	2015년 1분기	2016년 2분기
삼성전자	28.9	31.5	30.7	24.6	22.4
애플	22.9	16.9	15.2	18.3	11.8
화웨이	3.4	4.2	4.7	5.2	9.4
레노버	5.0	4.7	6.6	5.6	-
샤오미	-	-	4.2	4.5	4.0
LG	3.2	4.7	4.3	4.6	3.9
오포	-	-	-	2.0	4.6

자료: IDC, Gartner, Trendforce 자료 재구성

기업인 오포(OPPO)가 중국 시장점유율 22.9%로 1위를 차지했으며 화웨이(17.4%)가 2위, 비보(12.0%)가 3위에 올랐다. 과거 1·2위를 다투던 삼성(6.8%)과 애플(9%)은 크게 밀렸다. 인도 등 신흥국 시장에서도 중국과 비슷한 상황이 벌어지고 있다. 중국 기업들의 인도 시장 점유율도 2016년 1분기 21%에서 2분기 27%로 크게 증가하는 등 중국 기업들의 세계시장 공략은 무서울 정도다.

TV와 같은 상황이 벌어지고 있는 것이다. 즉, 중국 기업들이 중국 내수시장에서 외자계 업체를 밀어낸 뒤 세계시장에서 세계 최고가 되는 현상이 스마트폰 시장에서도 일어나려 하고 있다. 왜 이런 현상이 발생하는 것인가?

첫째, 스마트폰 시장의 경쟁구도가 바뀌고 있다. 한국 기업의 강점인 하드웨어가 모듈화 형태로 기술보편화가 이뤄지면서 경쟁요소 중 가격경쟁력이 보다 중요해지고 있다. 이렇게 되면 중국 기업들의 경쟁력이 급격히 높아진다. 더욱이 중국은 어마어마한 규모의 경제

력을 가지고 있지 않은가? 중국산 스마트폰 단가는 약 30달러 수준까지 가능하며, 수출가격(FOB 기준)도 대략 50달러대까지 맞출 수 있는 것으로 분석된다.[2] 중국 기업들이 중국 내수시장뿐 아니라 남미·동유럽·중동·아프리카 등 개도국 시장에서 돌풍을 일으킨 것이 이러한 가격경쟁력 때문이다.

둘째, 앞에서 상술한 바와 같이 중국 IT기업들의 혁신이 활발하게 일어나면서 저가폰의 대명사였던 중국 휴대폰의 품질과 성능이 다국적 기업과 견줄 수 있는 수준까지 향상되었다. 또한 샤오미, 오포, 비보 같은 예전에는 이름도 없던 기업이 계속 탄생할 수 있는 생태계가 형성되어 새로운 혁신기술로 무장한 제2, 제3의 샤오미, 오포가 계속 나타날 것으로 보인다.

셋째, 최근 중국은 스마트폰의 하드웨어뿐 아니라 소프트웨어 경쟁력을 제고하기 위한 노력을 대폭 강화하고 있다. 중국은 모바일 기기용 운영체계 경쟁에 적극 뛰어들었다. 현재 전 세계 스마트폰 운영체계의 80% 이상을 차지한 구글의 안드로이드에 대한 의존을 줄이기 위해 독자적인 운영체계를 개발하고 있다.[3]

텐센트는 스마트폰, 스마트워치 등에 탑재하는 운영체계 TOS+를 발표했으며, 샤오미 역시 자사 운영체계 '미 유아이'(MIUI)를 스마트폰에 탑재했다. 중국의 소프트웨어 역량은 중국 정부의 적극적인 지원과 해외인재들의 활발한 창업 등에 힘입어 비약적으로 성장하고 있다. 이에 반해 우리나라 소프트웨어 역량은 정체된 상태다. 중국이 소프트웨어 역량을 급속히 키울 경우 한국 기업들에게는 큰 위협이 될 것이다.

이들 중 삼성을 위협하는 최대의 경쟁자는 화웨이일 가능성이 높다. 화웨이는 무엇보다 글로벌 수준의 R&D 개발능력을 보유하고 있다. 화웨이는 스마트폰의 핵심부품인 AP모뎀을 독자개발할 정도이며 총 3,898건의 국제특허를 출원해 세계 1위에 올랐다. 4

또한 통신장비 분야 2위 경험을 통해 세계시장에 대한 마케팅 능력도 확보했다. 화웨이는 '타도 애플', '타도 삼성'의 목표를 공개적으로 밝히고 있다. 화웨이 대표는 〈월스트리트저널〉과의 인터뷰에서 "5년 내 세계 시장점유율 20~25%를 차지해 애플과 삼성을 추월하겠다"고 말한 바 있다. 필자도 이 기간 중 화웨이를 비롯한 중국 스마트폰 조립업체들이 세계 최고가 될 것으로 본다.

물론 한국 기업들이 현재의 스마트폰 산업의 경쟁구도를 완전히 바꿀 정도의 혁신을 이룬다면 중국 기업들의 부상을 막을 수 있을 것이다. 그러나 한국 기업들에게 산업 전체 패러다임을 바꿀 창조적 역량은 없는 것으로 평가된다.

현재 그런 역량을 지닌 업체들은 미국에 있다. 우리는 반도체D램을 제외하고는 한 번도 산업의 전체 패러다임을 바꿔 본 적이 없다. 그저 미국 기업들이 만들어 낸 산업패러다임 내에서 최대한 빨리 모방하는 전략에 익숙해 있을 뿐이다.

(4) 반도체산업

반도체산업은 제조업에서 제일 중요한 영역 중 하나다. 그 중요성을 꼽아 보자. 첫째, 반도체는 '산업의 쌀'이라고 불릴 정도로 거의 모든 제품에 쓰인다. 인형에서 자동차까지 반도체가 들어가지 않은 제품은 거의 없을 정도다. 아마 소재 중 가장 중요할 것이다.

둘째, 반도체가 전통산업에서 첨단산업에 이르기까지 경쟁력의 원천이 된다는 점이다. 자동차, 휴대폰, 디지털 TV 등 시스템 핵심 기술이 '칩'(chip)에 구현됨에 따라 반도체가 완제품의 가격과 품질경쟁력을 좌우하는 경우가 많다.

셋째, 제4차 산업의 핵심이 디지털혁명이며, 제조업뿐 아니라 서비스산업에 IT가 융합되는 형태가 중심을 이룰 것이다. 아울러 모든 기기와 사람이 연결되는 초연결사회가 급속히 이루어질 것으로 전망된다. 이러한 IT융합과 디지털혁명의 중심에는 반도체(시스템반도체)가 자리 잡고 있다. 예를 들면 사물인터넷의 가장 중요한 요소가 센서(일종의 비메모리반도체)이며 미래 자동차인 스마트자동차도 부품의 약 40%가 반도체일 정도다.

넷째, 반도체산업은 시장규모가 크며 성장성이 큰 첨단분야다. 2014년 반도체 시장규모는 3,545억 달러(약 400조 원)이며 우리나라 수출 1위 품목이다. 또한 IT융합이 진전될수록 성장속도는 더욱 빨라질 것으로 전망된다.

다섯째, 모든 첨단무기에 반도체가 장착될 뿐 아니라 반도체가 무기의 성능을 좌우하므로 국가안보 측면에서도 매우 중요한 산업이다. 중국이 어떤 대가를 치르더라도 반도체산업을 육성하고자 하는 이유가 여기에 있다.

반도체는 크게 정보를 저장할 수 있는 메모리반도체와 정보저장 없이 연산이나 제어기능을 하는 시스템반도체(비메모리반도체)로 나뉜다. 시장규모는 2014년 기준 메모리반도체 825억 달러(약 23%),

시스템반도체는 2,091억 달러(약 60%)를 차지하고 있다.

시스템반도체는 미국이 절대 강자로서 설계의 약 2/3를 담당하는 등 산업 전체를 리드하고 있다. 메모리반도체는 우리나라가 세계 D램 시장의 70%를 차지하는 절대강자다. 현재의 이런 반도체산업의 구도에 중국이 강력한 도전장을 던지고 있다.

중국의 반도체 소비는 세계 반도체 생산량의 55.6%(2013년 기준)을 차지하고 있는 반면 토종기업의 반도체 생산을 통한 자급률은 11.7%(2013년)에 불과하다. 소비는 매년 20%씩 급성장하고 있다. 대부분의 반도체를 미국, 한국 등으로부터 수입하는데 한 해 수입액이 원유 수입액을 초과할 정도로 크다.

이에 중국 정부는 2015년 발표한 '중국 제조업 2025'를 통해 2020년에는 글로벌 수준으로 발전하며 2030년에는 세계 반도체산업을 선도하겠다는 단계별 목표를 설정했다. 또한 중국 정부는 2014년 6월 190억 달러 규모의 국가반도체 펀드(이후 1,180억 달러로 확대)를 조성해 2014~2017년 간 반도체 생태계에 전방위적인 투자를 계획(제조 40%, 설계 30%, 장비·부품 30%)하는 내용을 주요 골자로 하는 중장기 반도체산업 육성계획을 발표한 바 있다. 이와 같이 중국 정부의 반도체산업 육성의지는 매우 강력하다.

중국 정부는 시스템반도체와 메모리반도체 분야 모두를 육성한다는 계획이다. 중국 반도체산업 현황을 살펴보면 시스템반도체가 메모리 분야보다 역량이 뛰어나며 발전속도도 빠르고 가능성도 크다고 평가된다. 사실, 국내에서 알려진 것보다 중국 정부의 반도체 육성 정책의 우선순위는 메모리보다 시스템반도체 분야에 있다고 판단할 수 있다. 시스템반도체 분야가 산업 내 비중도 클 뿐 아니라 향후 중요성에 있어서도 메모리반도체를 넘어서기 때문이다.

세계 팹리스(*Fabless*: 반도체 설계) 산업 상위 50개 기업 중 중국 기업은 2009년 1개 기업에서 2014년 9개 기업으로 급증했으며 대표기업인 하이실리콘(HiSilicon)도 2009년 17위에서 2014년 8위로 급성장했다. 2013년 중국 상위 20개 팹리스기업의 매출은 70억 달러 규모로 한국 팹리스기업 전체매출(17억 달러)의 4배 이상에 달하는 규모다. 아울러 수요산업의 급속한 성장에 힘입어 매출증가 속도가 매우 빠르다.

중국 파운드리(*Foundry*: 반도체 제조) 산업의 성장도 눈부시게 빠르다. 세계 10위 내 2개의 중국 기업(SMIC 5위, Hua Hong Grace 9위)이 순위에 올랐으며 성장세 또한 매우 빠르고 강한 편이다. 파운드리산업은 대만이 전체의 약 2/3를 차지하는 등 산업을 선도하고 있는데, 대만의 기술과 인력이 중국에 유입되면서 중국 파운드리산업 발전을 촉진시키고 있다. 이와 같이 중국 시스템반도체산업의 잠재력은 매우 크다고 볼 수 있다.

무엇보다도 중국은 세계 최대의 반도체 소비국으로서 엄청난 수요가 시스템반도체산업 발전을 촉진하는 원동력으로 작용하고 있다. 또한 우수한 인력이 동 산업을 막강하게 뒷받침하고 있다.

시스템반도체의 핵심역량은 개념설계를 할 수 있는 소프트웨어 엔지니어다. 중국 정부의 소프트웨어 육성정책에 힘입어 연간 20만 명의 소프트웨어 엔지니어들이 쏟아져 나오고 있을 뿐 아니라 미국 실리콘밸리 등에서 활동하던 최우수 엔지니어들이 중국으로 돌아와 산업발전에 크게 기여하고 있다. 아울러 앞에서 살펴본 바와 같은 정부의 대규모 육성시책 덕분에 시스템반도체산업은 빠른 성장을 하고 있다. 중국의 시스템반도체산업 경쟁력은 이미 우리나라를 넘어섰으며 생태계 상황과 잠재력으로 볼 때 중국은 우리나라를 훨씬 뛰어넘어 세계의 강자가 될 것으로 전망된다.

우리나라의 주력산업이며 수출 1위 품목인 D램 등 메모리반도체 분야는 어떤가? 앞에서 밝힌 바와 같이 우리나라 주력산업 중 중국에 대해 절대적인 비교 우위를 가진 분야는 메모리반도체뿐이다. 적어도 향후 5년 이내에는 큰 변화가 없을 것이다. 그러나 그 이후에는 두 가지 측면에서 메모리반도체 분야의 경쟁구도에 변화가 일어날 가능성이 있다. 하나는 기존 메모리반도체가 조만간 기술적 한계에 봉착해 새로운 차원의 메모리반도체가 탄생할 가능성이 높다는 사실이다. 그런 상황이 오면 기존의 경쟁구도는 아무런 의미가 없어지고 전혀 새로운 상황이 펼쳐질 것이다. 이에 대해서는 한국 편에서 상론하기로 한다.

또 다른 하나는 중국의 움직임이다. 앞서 지적하였듯이 중국 정부의 반도체산업 육성의지는 매우 강력하며 확고하다. 중국 정부는 '중국제조업 2025'에서 2025년까지 모바일과 통신장비에 쓰이는 반도체를 각각 40%와 80%까지 국산화하겠다는 목표를 밝혔다. 이러한 정부의 계획에 중국 기업들이 적극적으로 호응하며 나서고 있다. 중국 기업들의 메모리반도체 진출계획을 정리하면 〈표 4-4〉와 같다.

중국 기업들의 메모리반도체 진출은 체계적이며 일사불란하다. 중국 정부의 지침이 있었기 때문이다. 중국은 처음에는 인수합병

〈표 4-4〉 중국 기업의 메모리분야 진출동향

기업	주요 현황
칭화유니그룹	• 세계 3위 메모리업체 마이크론 인수 추진 → 미국 정부의 반대로 실패 • 미국 낸드업체 샌디스크 우회인수
푸젠진화 반도체	• 대만 UMC사와 협력하여 32나노 D램(JHICC) 공장(월 6만 장) 착공
XMC	• 3D 낸드플래시 개발 착수
산둥화신 반도체	• D램 독자기술 개발
BOE	• TF구성 뒤 관련인력 확보 중

(M&A)을 통해 메모리반도체 시장진출을 추진했다. 삼성전자 등 기존업체가 이뤄놓은 진입장벽이 워낙 높기 때문이다.

대부분의 전문가들은 중국이 M&A가 아니고는 메모리시장 진출이 불가능하다고 판단했다. 그래서 미국 정부가 칭화유니그룹의 마이크론 인수를 막으면서 중국의 메모리산업 진입이 물 건너가는 것 아니냐는 성급한 전망이 나오기도 했다.

그러나 중국은 이에 흔들리지 않고 메모리산업 진출을 강행하고 있다. 2016년 3월 XMC가 3차원(3D) 낸드개발에 착수하였으며, 7월에는 푸젠진화반도체(JHICC)가 D램공장을 건설하기 시작하며 가장 비중이 큰 양대 메모리반도체 산업에 진출했다.

왜 이렇게 무모하다고 할 수 있는 일을 하려고 하는 걸까? 중국 정부가 단기적인 경제성과보다는 장기적인 산업육성의 필요성을 중시하고 있기 때문이다. 유사한 사례를 디스플레이 산업에서 찾아볼 수 있다.

2000년대 초반만 해도 존재감이 없던 중국 디스플레이 산업은

BOE를 통해 최근에는 세계 선두권으로 부상했다. BOE 특허건수가 2005년 75건에 불과했으나 2016년에는 3만 2,000개로 급증했으며, 삼성과 LG가 시도하지 않은 10.5세대 라인 투자를 발표했다.

BOE가 단숨에 세계 최고수준이 될 수 있었던 것은 중국 정부의 무모할 정도로 집중적인 지원이 결정적이었다. BOE가 10년 넘게 적자를 내는 데도 불구하고 중국 정부는 경제성을 무시한 엄청난 자금을 지원했으며 중국 내 TV 생산업체들이 BOE 패널을 일정부분 구입하도록 의무화하는 정책도 지속적으로 추진하는 등 BOE가 경쟁력을 확보할 때까지 무지막지한 지원을 이어갔다.

중국 정부는 디스플레이 산업의 성공사례를 메모리반도체 분야에도 적용하려고 하고 있다. 아마도 디스플레이 산업에 대한 지원과 같은 수준의 지원을 메모리반도체 분야에도 쏟아 부을 것이다. 그러면 중국 메모리반도체 산업도 디스플레이처럼 성장할 수 있을까? 결론부터 말하면 삼성전자를 능가할 정도는 아니지만, 세계시장 내 일정 수준의 비중은 차지할 정도의 성공가능성은 매우 높다고 생각한다.

우선 중국이 상당한 수준의 성공을 거둘 수 있다고 판단하는 근거는 다음과 같다. 메모리반도체 산업 성공을 위해서는 인력, 돈, 시장의 확보가 필수적인 핵심요소인데, 중국은 이 세 가지 요소를 다가지고 있다. 먼저 인력 면을 살펴보면, 중국의 메모리반도체 개발 및 양산에 필요한 핵심엔지니어 확보가 그다지 어렵지 않으며 이미 상당수준 확보한 상태다. 중국 기업들은 일본 반도체 기업들이 사업을 포기함에 따라 퇴직한 60대 일본 엔지니어들을 이미 필요한 만큼 확보할 것으로 알려져 있다. 또한 삼성과 하이닉스의 핵심엔지니어들도 기존 연봉의 3~5배를 제시하며 스카우트하고 있다. 상당수의 한국 엔지니어들이 중국 기업으로 넘어간 것으로 파악된다. 게다가 대만 반도체업체들과의 협력도 강화하고 있어 대만으로부터 기술이 전도 언제든지 가능한 상황이다. JHICC와 대만 파운드리업체 UMC 와의 합작투자가 대표적인 사례다.

둘째, 자금 면에서도 중국 정부의 무지막지한 지원이 예정되어 있다. BOE의 사례에서 보듯이 메모리반도체 성공 때까지 지속적이고 집중적인 지원이 계속될 것으로 예상된다. 중국 정부의 이와 같은 집중적이고 지속적인 지원형태가 우리나라로서는 매우 위협적이라고 할 수 있다.

셋째, 무엇보다 중국이 메모리반도체 분야에서 성공할 가능성이 높다고 판단하는 이유는 거대한 내수시장 때문이다. 중국은 세계 반도체 수요의 약 55%를 차지하고 있으며, 앞으로도 수요의 성장성이 매우 클 것으로 전망된다.

삼성과 하이닉스는 20나노급 D램을 생산하고 있어 품질과 효율성 측면에서 세계 최고다. 그러나 중국 시장의 수요는 양적으로 엄청나게 많을 뿐 아니라 저급 반도체부터 최고급 반도체까지 다양한 수요의 스펙트럼을 가지고 있다. 중국 정부는 중·저급 반도체에서 승산이 있다고 보는 것 같다. JHICC가 생산하려는 반도체는 32나노급 D램이다.

스마트폰, PC가 아닌 셋톱박스, TV 등에 쓰이는 D램은 간단한 기술로도 생산할 수 있는 저급 반도체로도 충분하다. 디스플레이처럼 중국 내수시장에서 정부의 지원을 받고 구형 D램만 공급해도 이익을 낼 수 있다고 전문가들은 분석하고 있다.

　이런 이유로 중국이 저급 반도체부터 중급 반도체까지는 충분히 성공할 수 있다고 전망된다. 이렇게 되면 적어도 중국 시장에서는 중국 기업들이 일정수준 이상의 수요에 대응할 가능성이 높다. 중국 정부가 목표를 정해 놓으면, 어떠한 경우든 이를 달성하려고 할 것이기 때문이다.

　결국 한국 메모리반도체 산업은 중국 반도체 산업의 이러한 움직임에 영향을 받지 않을 수 없다. 아울러 현재 세계 메모리반도체 산업의 구도 또한 중국으로 인해 재편될 가능성이 충분하다고 보인다. 우리는 이에 대한 대비를 철저히 해야 한다.

3) 중국발 구조조정을 걱정해야 하는 철강ㆍ석유화학산업

(1) 철강산업

철강산업은 일관공정산업 중 하나다. 일관공정산업은 대규모 장치산업이고, 제조공정 및 혁신이 주로 대기업 내부에서 이뤄지며 기술 또한 모방하기 어렵지 않다. 특히 규모의 경제가 경쟁력에 결정적으로 작용한다. 따라서 중국의 철강산업은 14억 인구에 바탕을 둔 건설ㆍ기계ㆍ자동차 등의 막대한 수요를 기반으로 정부의 강력한 지원까지 받고 있어 경쟁력을 가지기 쉬운 대표적인 분야 중 하나다.

　세계 조강생산량 대비 중국의 생산량 비중은 2000년 15%에서 급속도로 증가해 2014년에는 49.4%(약 8.2억 톤)로 세계 최대생산국과 동시에 최대소비국으로 발돋움했다. 이 같은 비약적인 발전 덕분에 세계 10대 철강사 중 중국 기업은 2000년 1개에서 2014년 6개로 증가했다.

그러나 중국 철강산업은 세계 경제의 침체, 중국 경제의 성장률 둔화 등으로 철강소비가 2014년부터 감소세로 돌아서면서 공급과잉이 심화됨에 따라 세계 철강산업 및 한국에도 막대한 부정적인 영향을 미치고 있다. 최근 중국 철강산업계에서는 철강소비의 정점(*peak*)이 언제인가를 두고 논란이 벌어지고 있다. 당초 2020년 이후로 전망했으나 2014년 7.02억 톤이 소비정점이라는 조기 피크설이 유력하게 부상하고 있다. 5

중국 철강산업은 설비 과잉능력이 무려 4억 톤(조강·소비의 54%)에 달하는 것으로 평가받고 있으며 세계 철강산업을 장기간 불황으로 이끄는 핵심요인이라는 비난에 시달리고 있다.

현재 세계 철강산업은 중국의 과도한 설비-과잉으로 인해 고통받고 있다. 세계 경제의 침체로 수요는 줄고 있는데, 공급물량은 넘쳐나고 있어 철강재 가격이 2011년 이래 하락세를 지속하고 있다. 또한 중국 철강기업이 남아도는 제품을 전 세계에 밀어내기식으로 수출하다보니 전 세계 철강산업계에서 통상마찰이 증가하는 등 보호주의 조치가 남발하고 있다.

중국산 철강재의 덤핑수출이 증가하면서 반덤핑제소가 급증하고 있다. 2014년 전체 반덤핑 조사개시 건수 236건 중 철강건수는 89건에 달하고 있다. 최근에는 미국을 비롯한 철강 생산국들이 중국 철강산업의 구조조정을 강력히 요구하고 있다. 세계 철강산업 시황이 세계 과잉능력의 58%를 차지하는 중국의 구조조정에 달려 있기 때문

<표 4-5> 세계 TOP 10 철강사 (조강 기준)

(단위: 만 톤, 굵은 글씨는 중국 기업)

순위	2000년		2014년	
	기업명	생산량	기업명	생산량
1	신일본제철	2,840	아르셀로미탈	9,809
2	POSCO	2,770	NSSMC	4,930
3	아베드	2,410	**하북강철**	4,709
4	LNM	2,240	**보강집단**	4,335
5	USINOR	2,100	POSCO	4,143
6	CORUS	2,000	**사강집단**	3,533
7	TKS	1,770	**안산강철**	3,435
8	**상하이보강**	1,770	**무한강철**	3,305
9	NKK	1,600	JFE	3,141
10	리바	1,560	**수도강철**	3,078

자료: World Steel Dynamics

이다.

　중국 정부도 자국의 철강산업 구조조정을 실시할 것을 약속하고 실행하려는 노력을 기울이고 있다. 그러나 중국 철강산업의 구조조정은 세계 철강산업이 희망하는 대로 조속히 이루어질 가능성은 없어 보인다. 따라서 생각보다 훨씬 길고도 고통스러운 과정이 수반할 것으로 보인다.

　중국 철강산업 구조조정의 가장 큰 걸림돌은 지방정부다. 중국의 중앙정부가 아무리 설비를 줄이라고 촉구해도 지방정부들의 반응은 대단히 소극적이다. 철강산업이 세수확보 및 고용창출 면에서 매우 중요하기 때문이다. 예를 들면 허베이(河北)성의 경우 철강산업의 기여도가 전체 부가가치 중 30%, 고용의 15%, 세수의 15%를 웃돌 정도로 중요하다. 이런 상황에서 중국 철강산업의 구조조정이 신속하게 이뤄지기는 어려우며 실제로 그 실적도 대단히 미흡하다. 따라서 중국의 과잉설비 상황은 상당기간 해소되기 어려울 것이라는 전망이다.

중국의 엄청난 과잉설비는 우리나라 철강산업에 대단히 부정적인 영향을 주고 있으며, 시간이 지날수록 그 영향력은 커질 것으로 보인다. 우선 철강재 가격의 하락으로 한국 철강사 모두 경영상의 어려움을 겪고 있다. 그리고 우리나라 주요 수출시장에서 중국과의 경쟁이 격화하고 있으며 우리나라 철강재가 중국산에 밀리는 양상이기도 하다. 한·중 양국 간 수출시장이 겹쳐 치열한 시장쟁탈전이 벌어지고 있으며 앞으로 양국 간 경쟁은 일본 기업의 가세로 더욱 치열해질 전망이다.

한·중·일 간 경쟁이 가장 극심한 지역은 동남아시아 시장이다. 이 시장에서 중국 철강재의 비중이 급격히 커지고 있으며, 상대적으로 우리나라 철강재의 비중은 줄어들고 있어 우려를 자아낸다. 또한 우리나라 내수시장의 중국산 비중이 급격히 늘고 있어 한국 철강사들의 걱정과 불만이 증가하고 있다. 철강산업은 내수위주 산업이어서 외국산 제품의 대규모 수입이 어렵다. 그러나 한·중·일은 지리적으로 가까워 3국의 시장은 거의 내수시장으로 움직인다고 봐도 무방하다. 공급과잉에 시달리는 중국 철강기업들이 덤핑으로 우리나라에 수출하는 사례가 많아 우리 기업들의 피해가 늘어나고 있다.

그러나 비관세 장벽으로 중국산 수입이 어려운 일본과는 달리 우리나라는 중국의 덤핑수출에 대한 대응수단이 없어 업계의 불만이 커지고 있다. 이런 상황에서 과잉설비를 어느 정도 안고 있는 우리나라의 철강산업은 중국의 과잉설비로 인해 더 많은 구조조정 압력을 받고 있다. 중·장기적으로도 한·중 간 경쟁은 줄곧 이어질 것으로 보이는데 조만간 중국 철강사들의 경쟁력이 우리기업들을 압도할 전망이다.

세계 철강 분석기관인 WSD(World Steel Dynamics)에 따르면 현재 세계 철강사 경쟁력 순위에서 한국 포스코는 2002년부터 1~2위를 유지하고 있는 반면 중국 보산철강은 21위를 차지하고 있다. 대부분 중국 철강사들도 36개 기업 중 하위권을 차지하고 있어 한국과 중국 기업 간 격차는 아직 있다. 제품기술에서는 거의 격차가 없으나 주로 공정기술에서 차이가 크다는 평가다. 그러나 조만간 중국 철강산업은 우리와 동등한 수준에 오르고 경우에 따라서는 우리를 추월할 가능성이 높다. 그 이유는 다음과 같다.

첫째, 중국 철강산업의 최대무기는 '규모의 경제력'이다. 중국 국유자산관리위원회는 철강산업의 공급과잉을 해소하는 한편 경쟁력을 강화하기 위해 초대형 M&A를 추진하고 있다. 2014년 조강생산량 기준 세계 4위 보산철강과 8위 무한철강의 합병을 발표했으며, 세계 3위 하북강철과 6위인 사강집단의 합병도 준비하고 있다. 이 두 건의 합병이 이뤄지면 세계 철강산업은 '빅3' 체제로 재편된다. 조강 생산량 기준 1위인 아르셀로미탈(9,800만 톤)에 버금가는 초대형 중국 철강사 2개가 탄생하는 것이다. 초대형 중국 철강사들은 가격 경쟁력을 지닐 뿐 아니라 세계 철강산업을 좌지우지할 힘까지 보유할 것으로 보인다.

현재 중국 철강회사들 중 대체로 해안가에 자리를 잡고 있는 철강사들은 경쟁력이 있으나, 철광석과 석탄산지 근처에 있는 예전의 철강사들은 경쟁력이 떨어진다는 평가다. 따라서 중국 정부는 대체로 해안가 철강사와 내륙 철강사를 합병하려는 움직임이다. 또한 오래된 설비를 폐기하는 작업도 병행하고 있다. 이러한 구조조정에는 시간이 필요하겠으나 일단 마무리에 성공하면 세계적인 경쟁력을 확보할 수 있을 것이다.

둘째, 철강산업에 대한 국가적 관심과 지원이 한국과 비교할 수 없을 정도로 크다. 또 대학교 철강산업 관련학과의 우수인력 진학도 한국보다 월등하게 많다.

셋째, CISRI(China Iron & Steel Research Institute Group)는 약 3,000명의 직원(연구원 2,000명)과 자산 66억 위안(약 1조 2,000억 원)의 대규모 국책 연구기관으로서 중국 철강산업의 R&D를 강력히 지원하고 있다. 한국에는 이와 같은 대규모 철강 연구기관이 없다.

넷째, 철강기업의 종합적인 기술역량은 기술개발 능력, 네트워크와 M&A역량, 인력수준 등을 고려해 평가하는데 이는 중국에 유리한 측면이 많다. 기술개발 능력만 놓고 보면 한국이 중국보다 낫지만, 중국 철강기업들의 대규모 R&D 투자가 이뤄지고 경험까지 쌓이면 추격속도가 빨라져 일부는 추월에 성공할 것으로 예상된다.

이와 함께 선진기술을 보유한 철강기업의 입장에서 보면 한국보다 중국 기업과 협력할 때 얻는 이점이 많다. 초대형 시장에 대한 접근성이 뛰어나기 때문에 네트워킹 측면에서 중국의 철강기업이 우리보다 비교우위를 지닌다는 얘기다. M&A 역량 측면에서도 중국은 풍부한 자금력을 활용해 뛰어난 기술을 가진 철강회사를 M&A함으로써 기술을 통째로 확보할 수 있다. 마지막으로 인력수준을 살펴보면 현재 한국이 경험과 숙련도에서는 앞서지만 중국은 선진기술 경험이 적은 대신 거대한 인력 풀(pool)을 보유하고 있다. 특히 새로운 경험을 축적할 만한 프로젝트들을 많이 진행하고 있다. 따라서 한국이 인적 자원 측면에서 오랫동안 우위를 유지하기는 쉽지 않다.

중국 철강회사는 빠른 시일 안에 발전하여 우리나라 철강회사를 압도할 전망이다. 중국과 우리나라는 세계시장(특히 동남아시아)을 놓고 치열하게 경쟁할 것이며 시간이 지날수록 우리가 불리해질 가능성이 높다. 나아가 우리나라 내수시장에까지 중국 제품이 잠식해 들어올 것이다. 이렇게 되면 우리나라 철강산업은 경쟁력이 확고한 몇 개 사를 제외하고는 구조조정에 처할 가능성이 높다고 전망된다.

(2) 석유화학산업

우리나라 산업 중 중국의 고도성장으로 인해 가장 혜택을 많이 누린 분야를 꼽으라면 단연 석유화학산업을 들 수 있다. 석유화학산업은 모든 산업에 사용되는 가장 중요한 기초소재 산업인데다 중국의 수요산업 발전이 워낙 빨리 이뤄져 수십 년간 만성적인 공급부족 상황이 이어졌기 때문이다.

석유화학산업도 철강산업과 같이 전형적인 내수위주 산업이다. 따라서 통상 내수가 70% 정도를 차지하고 나머지 30%는 수출된다. 그러나 우리나라 석유화학산업의 경우 수출이 50%, 내수가 50%인 구조로 다른 나라보다 수출이 대단히 많다. 이는 중국특수 때문이다. 수출의 50%는 중국이 차지하고 있으며, 전체 생산량의 25%에 해당하는 물량이다. 한마디로 우리나라 석유화학산업은 중국 때문에 엄청난 돈을 벌었다고 할 수 있다(특히 2000년대).

우리나라 석유화학산업은 1990년대 중반 재벌대기업들의 사업다각화로 인한 과도한 투자로 1990년대 후반부터 과잉설비로 고통을 겪었으며 IMF 위기 이후 심각한 구조조정 압력을 받고 있었다. 이런 상황을 구해준 '천사'가 바로 중국이었다. 이때도 중국은 자급시기를 앞당기기 위해서 어마어마한 규모의 공장증설을 추진했다. 그러나 자급시기는 자꾸 늦어졌다. 공장증설 속도보다 수요증가가 훨씬 빨랐기 때문이었다.

우리나라 석유화학 회사들은 2000년대식의 호황을 다시 한 번 기대하고 있을지 모른다. 그러면 2000년대 호황이 다시 올 수 있을까? 결코 그런 일은 벌어지지 않을 것이다. 우선 수요측면을 보자. 석유화학제품에 대한 수요도 철강산업과 같이 2009년쯤 피크에 도달한 것으로 보인다. 세계 경제의 침체, 중국 경제성장의 둔화 등으로 수요산업의 성장이 대폭 둔화했기 때문이다.

오히려 앞으로는 수요부족 현상을 걱정해야 할지 모른다. 공급측면을 보면 그렇다. 제품별로 자급률 100%에 이르는 시기가 다소 다르겠으나 중국 정부의 산업별 중·장기 계획에 따르면 대체로 2017년~2018년에는 거의 모든 석유화학제품의 자급자족이 가능할 것이다. 그러나 우리 기업들이 예측하는 시기는 중국 정부의 계획보다 다소 늦다. 누구의 예측이 맞을까? 당연히 중국 정부의 계획이 정확하다고 본다.

중국이 석유화학제품의 자급률 100%를 달성하면 우리나라 석유화학산업은 어떻게 될까? 아마도 철강산업보다 훨씬 혹독한 구조조정 압력을 받을 것이다. 우리나라 석유화학산업은 IMF 위기 이후 중국 특수로 인해 할 필요가 없었던 구조조정까지 한꺼번에 진행해야 하는 처지에 놓일 것이기 때문이다.

4) 세계 최고인 전통산업군

전통산업은 대부분 노동집약적이며 큰 기술이 필요하지 않다. 신생 산업국이 가장 먼저 산업화하면서 경쟁력까지 확보하기 쉬운 분야다. 현재 섬유·신발·금속제품(냄비와 주전자 등)·피혁제품 등에서 중국은 1990년 중반 이후 세계 최강의 자리를 유지하고 있다.

중국의 이런 지위는 앞으로도 이어질 전망이다. 물론 임금인상, 환율하락 등으로 가격경쟁력이 급속히 떨어지면서 일부 외자계 기업의 중국탈출 현상도 자주 눈에 띈다. 베트남, 인도네시아, 미얀마 등 후발국의 추격도 갈수록 거세지고 있다. 그럼에도 이는 부분적인 현상에 지나지 않는다. 이들 국가가 중국을 대체하거나 넘어서기는 어려울 것으로 보인다. 다음과 같은 이유 때문이다.

첫째, 중국의 규모의 경제다. 전통산업의 경쟁력은 대부분 가격경쟁력에 의해 좌우된다. 가격경쟁력은 결국 '규모의 경제'가 가장 중요하다. '규모의 경제' 측면에서 중국을 능가할 나라는 당분간 없다. 가능성이 있는 유일한 국가는 인도인데, 이 나라의 제조업 발전가능성은 좀더 지켜봐야 한다. 중국의 전통산업 생산공장에 가서 어마어마한 설비규모를 본 사람은 전통산업 분야에서 중국의 최강자 지위는 어느 나라도 넘볼 수 없을 것이라는 사실을 쉽게 인정할 수 있다.

둘째, 후발국의 역량이 중국에 비해 크게 부족하다. 시장규모나 생산기반 등에서 이들은 중국의 상대가 아니다. 우선 14억 인구를 가진 시장과 경쟁할 수 없다. 아울러 생산기지 역할을 하기 위해서는 관련인프라와 산업생태계를 구축해야 한다. 후발국들은 이런 요소가 아주 부족한 상태다. 후발국들은 관련인프라와 산업생태계를 독자적으로 구축할 자금과 인력도 거의 갖추고 있지 못하다. 중국을 대체할 후발국이 존재하지 않는 한 전통산업의 최강자는 중국일 수밖에 없다.

셋째, 중국 전통산업의 가격경쟁력 저하현상은 주로 동부지역에서 나타나고 있는 반면, 그에 비해 낙후한 서부지역에서는 가격경쟁력 저하현상이 일어나지 않고 있다. 따라서 중국 정부는 전통산업의 생산기지를 동부에서 서부지역으로, 그것도 아주 대규모로 이전하고 있다.

5) 격차가 있지만 급속히 추격해오는 산업:
조선 · 자동차 · 부품 · 소재 · 장비

(1) 조선산업
조선산업은 자동차산업과 같이 협력업체의 부품을 조립하는 조립가공산업에 속해 있어 조립업체의 부품업체 조직능력이 중요하다. 그러나 조선산업은 선박과 엔진의 기술주기가 빨리 변하지 않고 라이 선스 등의 방식으로 기술이 공개돼 있다는 점이 특징이다. 따라서 명시적 기술에 대한 접근이 용이하기 때문에 후발주자들이 비교적 쉽게 산업화하면서 추격에 나설 수 있다. 또한 부품 수가 적고 안전성이 자동차보다 엄격하지 않기 때문에 자동차산업에 비해 아주 정치한 조직능력이 필요 없다. 그러나 현장에서 축적한 건조경험이 대단히 중요하다. 아울러 단기간에 현장의 암묵지가 쌓이지 않기 때문에 후발국의 경쟁력 확보에는 비교적 오랜 기간이 필요한 편이다.

중국 정부는 전폭적인 지원을 벌이며 조선산업을 육성해왔다. 특히 최근 4~5년간 3천여 개의 중국 조선업체가 300여 개로 줄어드는 등 구조조정을 강력하게 추진해 질적인 측면에서 중국 조선산업의 부상이 〈표 4-6〉과 같이 두드러지게 나타나고 있다.

현재 중국은 벌크선 등 저부가가치 선박 위주로 경쟁력을 확보하고 있으며 고부가가치선인 대형 컨테이너선과 LNG선에서는 우리나라 조선사와 격차가 있다. 그러나 중국 조선사들은 대형 컨테이너선뿐 아니라 우리나라가 독보적인 경쟁력을 보유한 LNG선 분야에서도 추격의 고삐를 죄고 있는 상황이다. 중국은 첫 LNG선을 2004년 수주해 2008년 인도했으며, 첫 수출분도 2011년에 수주해서 2015년 1월 인도했다. 이런 실적에 힘입어 후동중화조선은 LNG선 건조능력을 현재 4척에서 2018년 8척으로 증가시킬 계획이다.

향후 중국 조선산업의 발전은 현재 추진 중인 국영조선사들의 구조조정에 달려 있다. 궁극적으로는 중국의 조선산업이 우리나라를 능가할 가능성이 높다고 보인다. 그 이유를 살펴보면 다음과 같다.

첫째, 우리나라 조선산업의 고령화가 급격히 진행되고 있다. 우리

<표 4-6> 글로벌 조선소 수주잔량 Top 10

(2015년 4월 기준)

조선소	척수	CGT(가치환산톤)
대우조선해양 옥포조선소	127척	809만
삼성중공업 거제조선소	93척	511만
현대중공업 울산조선소	94척	465만
현대삼호중공업	85척	365만
현대미포조선	139척	314만
후동중화(중국)	53척	253만
상하이외고교(중국)	66척	220만
장수뉴양즈강(중국)	90척	201만
성동조선해양	76척	200만
한진중공업 수빅조선소(필리핀)	39척	175만

자료: 클락슨 리서치

나라 조선산업에 종사하는 기능직의 평균연령이 50세에 육박하는 것으로 알려지고 있다. 우리나라 조선산업이 일본을 추월하기 시작한 결정적인 이유도 일본 조선산업의 고령화였다.

2004년 수주해 2008년 인도했으며, 첫 수출분도 2011년에 수주해서 2015년 1월 인도했다. 이런 실적에 힘입어 후동중화조선은 LNG선 건조능력을 현재 4척에서 2018년 8척으로 증가시킬 계획이다.

향후 중국 조선산업의 발전은 현재 추진 중인 국영조선사들의 구조조정에 달려 있다. 궁극적으로는 중국의 조선산업이 우리나라를 능가할 가능성이 높다고 보인다. 그 이유를 살펴보면 다음과 같다.

첫째, 우리나라 조선산업의 고령화가 급격히 진행되고 있다. 우리나라 조선산업에 종사하는 기능직의 평균연령이 50세에 육박하는 것으로 알려지고 있다. 우리나라 조선산업이 일본을 추월하기 시작한 결정적인 이유도 일본 조선산업의 고령화였다.

둘째, 가격경쟁력에서 중국을 당할 수 없다. 우리나라 조선 3사가 해양구조물 분야로 진출하려고 하는 이유도 경제부진에 따른 수요감소뿐 아니라 가격경쟁력의 한계 때문이다.

셋째, 우리나라 조선산업은 가격경쟁력을 극복할 수 있는 정도의 기술적 비교우위를 가지고 있지 못하다. 우리가 확보한 비교우위 요소는 결국 현장경험에 의한 암묵지와 공정상의 효율성 확보 정도다. 이는 중국도 시간이 지나면 확보할 수 있는 요소다.

(2) 자동차산업

중국의 조립완성품 분야 중 IT산업이 가장 빨리 세계 최강자로 부상할 가능성이 있는 반면에 자동차산업은 가장 느리게 선진국과의 격차를 줄일 것이다. 자동차산업은 산업화하기도 어렵지만 경쟁력을 확보하기는 더욱 어렵다.

우선 부품 수가 2~3만 개에 이른다. 표준화한 부품도 거의 없다. 모든 부품 가운데 하나라도 품질에 이상이 있으면 안 된다. 더구나 내구성 등에서 일정수준을 반드시 넘어야 한다. 같은 회사 제품이라도 모델이 다르면 부품도 따로 만들어야 한다. 같은 플랫폼에서 제작하는 자동차도 그렇다. 따라서 조립 대기업과 부품 협력기업 간 밀접한 상호교류와 협력이 필요한, 가장 폐쇄적인 네트워크를 가진 대표적인 산업이 자동차산업이다.

이런 네트워크를 만들고 일정수준 이상 유지하는 데는 오랜 기간이 걸릴 수밖에 없어 개방적인 IT산업과는 그 구조가 무척 다르다. 더욱이 조립 대기업뿐 아니라 부품업체들의 현장기술도 오랜 기간 누적된 암묵지에 의존한다. 이런 여러 요소들이 모여 혁신을 이루다 보니 발전에는 왕도가 따로 없다. 이런 이유로 우리나라를 제외하고 자동차의 산업화와 경쟁력 확보에 성공한 나라는 모두 선진국이다. 때문에 한국 자동차산업은 다른 산업과는 달리 중국과 격차를 유지하고 있어 아직 여유가 있는 편이다.

전문가들은 중국의 자동차기술이 선진국에 비해 15~20년 뒤진 것으로 평가한다. 특히 엔진과 변속기 등 기존 내연기관 관련 기술수준은 조립분야보다 더 열악한 것으로 평가받는다. 그러나 다음과 같은 이유로 우리가 중국에 비해 절대적 비교-우위를 차지하고 있다고 평가할 수 없다.

첫째, 중국 자동차산업의 경쟁력이 생각보다 빨리 높아지고 있다. 최근 중국 자동차시장의 동향을 살펴보면 2011년 이후 성장세가 추세적으로 둔화하고 있으나 지역별로 큰 차이를 보이고 있다고 요약할 수 있다. 대기오염 문제와 더불어 교통난이 심각해지면서 대도시를 중심으로 자동차 보유를 억제하는 제도가 확산하고 있다.

현재 상하이, 베이징 등 7대 도시에서는 자동차 번호판 경매, 추첨 등을 통해 보유대수를 제한하고 있으며 앞으로 이 제도를 도입할 대도시들은 많이 늘어날 것으로 보인다. 따라서 중국 자동차시장은 대도시보다 중소도시 및 농촌을 중심으로 수요가 빠르게 늘어날 수밖에 없다. 또 이들 지역 소비자가 선호하는 차종을 중심으로 판매가 증가하고 있다. 즉, 2015년 들어 전체 자동차판매는 부진을 면치 못

지표	추이		
품질지수 (차량 100대당 문제발생 건수)	834건 (2000년)	→	155건 (2013년)
안전도 (C-NCAP 검사 시 별 5개 비율)	8.3% (2006년)	→	92.5% (2014년)
기술수준 (세계 최고수준 대비)	33.8% (2005년)	→	37.5% (2013년)

자료: 조철(2015), 산업연구원.

했으나 SUV(*Sport Utility Vehicle*: 스포츠 실용차)의 판매는 급증했다. SUV 부문에서 돌풍을 일으키는 주역은 중국 토종기업들이다. 중국 SUV 판매 상위 10개사 중 중국 현지 브랜드는 6개에 이른다. 그러나 한국 브랜드는 하나도 없다. 중국 토종기업들이 국내 자동차시장의 수요를 정확하게 파악하고 이에 적합한 SUV를 개발해 판매하는 등 시장을 주도하고 있기 때문이다. 또한 중국 토종기업 SUV의 품질과 안전도는 크게 개선된 반면 가격은 2배 이상 차이가 난다(현대 투산: 15만 위안 이상, 중국 로컬업체: 6~7만 위안).

중국 토종기업들이 전체 시장을 주도하지 못하지만 적어도 중국의 내수시장에서만큼은 부문별로 두각을 나타내기 시작했다는 얘기다. 이런 현상은 점차 확산할 전망이다. 아직 기술수준은 선진국 기업과 격차가 있어 세계시장으로의 수출은 한계가 있지만 중국 내수시장에서는 토종기업들이 자국의 이점을 살릴 수 있기 때문이다.

둘째, 중국 자동차시장의 급성장과 정부지원을 들 수 있다. 전 세계에서 중국 시장이 가장 규모도 클 뿐 아니라 수요증가도 가장 빠를 것으로 예상된다. 현재 경제성장과 낮은 수준의 자동차 보유대수를

<표 4-8> 한·중·일 자동차 보유대수 (2013년 기준)

구분	한국	일본	중국
보유대수	1,940만	7,661만	11,951만
인구 1,000명당 보유대수	386.3	602.6	86.3

감안할 때 향후 중국의 자동차 생산·소비는 상당한 수준의 고성장을 지속할 전망이다.

현재 인구 수준에서 인구 1,000명 당 300대만 된다고 하더라도 중국의 자동차 보유대수는 4억대를 초과한다. 그렇다면 단순 대체수요만 하더라도 자동차 3,000~4,000만 대에 이를 것이다. 이처럼 어마어마한 수요가 전부 외국계 합자기업과 해외기업만의 몫일 수는 없다. 중국 정부가 그를 앉아서 지켜보고만 있지 않을 것이다. 자국산업 보호를 위한 중국 정부의 노력은 전 세계가 다 알고 있다. 최근 전기차 배터리 규제 등에서 우리나라 업체들도 수차례 당한 바 있다.

외국기업들이 이에 적극적인 대응을 하기 어려운 이유는 중국이 가장 큰 시장을 갖고 있기 때문이다. 이런 상황에서 중국 토종기업은 자국의 어마어마한 수요와 중국 정부의 전폭적인 지원에 힘입어 성장할 수밖에 없다. 중국은 조만간 승용차 부문에서 소형차를 독자적으로 개발할 것이다. 소형차를 독자개발한 이후 중국 토종기업들의 발전속도는 매우 빨라질 것이다. 6

중국 정부는 디스플레이 산업 발전을 위해 중국 디스플레이 수요 기업에 중국산 디스플레이 사용을 강제했듯이 자국산 자동차 사용 압박에도 나설 것이다. 이런 상황이 닥치면 어느 나라가 가장 타격을

BYD가 출시한 순수 전기차 친(秦) EV300

받을까? 아마도 브랜드 가치가 독일, 일본, 미국에 비해 떨어지는 한국 자동차가 먼저 타격을 받을 가능성이 크다.

셋째, 중국 정부는 전기자동차 등 신에너지 자동차를 대대적으로 육성하고 있어 향후 세계 자동차산업의 경쟁구도가 완전히 바뀌면 우리에게 큰 위협이 닥칠 수 있다. 중국 정부는 다음과 같은 이유로 전기자동차 등 신에너지 자동차를 시급히 육성하는 데 총력을 기울이고 있다. 중국의 내연기관 자동차의 기술수준이 선진국과 격차가 커서 단시일에 따라잡기 어려우며, 대도시의 대기오염을 더 이상 방치하기 어렵다.

또한 신에너지 자동차는 발전 초기단계이기 때문에 노력 여하에 따라 중국도 얼마든지 선두로 나설 수 있다는 점도 작용했다. 아울러 자국이 신에너지 자동차의 세계 최대 수요지라는 점, 전지모터 등 기반산업이 존재하며 게다가 희유금석과 희토류 등 풍부한 부존자원 등을 보유했다는 점을 모두 감안한 판단이다. 향후 중국의 친환경 자동차 정책과 동향을 좀더 지켜봐야 하겠지만 예전보다 성공가능성이 훨씬 높아진 것은 사실이다. 따라서 우리에겐 적잖은 위협이다.

사실 중국 BYD는 2015년 61,772대의 전기차를 팔아 미국의 테슬라(50,557대)를 제치고 세계 판매량 선두를 기록했다. 전기차 부문만큼은 BYD의 기술력이 테슬라 수준과 동일하다는 평가를 받고 있다. 전기차의 핵심부품인 배터리도 100% 자급하고 있으며 매년 수억 위안을 새로운 배터리 개발이나 성능향상에 투자하고 있다. 세계 최대의 수요, 정부의 대대적인 지원과 BYD와 같은 기업 등의 열정이 결합한 중국 전기차 산업의 성장은 대단한 위협이다.

6) 부품 · 소재 · 장비산업

최근 최종재에 사용되는 중국산 중간재(부품·소재)의 증가현상을 가리키는 '차이나 인사이드'(*China Inside*)가 급속히 확산하고 있다. 중국 진출 초기에 모든 부품을 해외에서 수입해 조립, 생산하던 기업들이 경쟁이 심화한 2000년대 중반부터는 중국산 중간재 채택을 본격화하고 있다. 중국에 진출한 우리 기업을 보더라도 현지에서 조달하는 중간재 비중이 지속적으로 증가하고 있다. 이에 따라 중국의 수입부품 비중은 1990년 중반 60% 수준에서 2015년 현재 약 35%로 대폭 줄었다. 이런 추세는 계속 이어질 것이다.

그러나 부품·소재·장비 분야에서는 일부 규모의 경제가 작용하는 범용품목 또는 단순조립 품목을 제외하고는 일본은 물론이고 한국과도 아직 격차가 크다. 이 분야에서 중국의 발전속도는 조립완성품 분야보다 훨씬 더디게 진행될 전망이다. 그 이유는 다음과 같다.

첫째, 중국은 현재 요소투입형 성장에서 총요소 생산성 성장으로 전환하려는 초기단계다. 일부 소수 대기업이 독자적인 혁신을 시작한 상황으로, 선진국 사례를 볼 때 부품·소재·장비를 주로 생산하는 중소·중견기업에까지 이러한 혁신이 확산되려면 상당한 시간이 걸릴 것이다.

둘째, 혁신역량을 가진 중국 대기업은 부품·소재·장비 분야에 전념할 가능성이 별로 없다. 중국 산업의 경쟁력은 조립완성품에 있다. 이 분야에서 계속 돈을 벌 기회가 많아 굳이 힘든 길을 가야 할 이유가 없다.

셋째, 중국의 조립 대기업은 독자기술을 개발한 경험이 없거나, 역사가 일천해 부품·소재·장비 협력업체의 혁신을 지원할 역량이 거의 없다.

넷째, 산업별로 세계 최고수준의 부품·소재·장비 다국적기업들이 이미 중국에 진출해 경쟁하고 있어 중국 토종기업이 끼어들 여지가 별로 없다. 조립분야의 중국 토종대기업과 부품·소재·장비 분야의 다국적기업 간의 협력관계가 긴밀해 중국 기업의 발전여지도 많지 않다.

필자는 4년 전《한·중·일 경제 삼국지 1》을 집필하기 전 중국 부품업체들을 줄곧 살폈으며 2015년 하반기에 그 현장을 다시 한 번 둘러볼 기회가 있었다. 4년의 격차를 두고 현장을 관찰한 결과는 '부품·소재·장비 분야는 아직 우리나라와 격차가 있다'와 4년 전 생각보다 훨씬 빨리 발전하고 있다'고 정리할 수 있다.

분명한 사실은 향후 한·중·일 분업구조에서 우리는 중국에 부품

· 소재 · 장비를 팔아야 한다는 점이다. 우리가 조립완성품 분야를
중심으로 발전할 때 일본이 우리에게 부품 · 소재 · 장비를 팔아 우리
보다 많은 부가가치를 창출했듯이 우리는 중국을 상대로 이런 역할
을 해야 한다.

만약 우리가 중국에 부품 · 소재 · 장비를 팔 수 없다면 조립완성품
은 중국에 밀리면서 대중국 무역수지가 지금과는 반대로 대규모 적
자를 기록할 수 있다. 그러면서 우리 경제는 상당히 어려운 상황에
처할 것이다. 물론 이를 위해서는 부품 · 소재 · 장비분야에서 경쟁
우위를 차지한 일본, 독일 등 선진국과의 격차를 극복해야 한다. 자
세한 내용은 제8장 "한국 경제의 시스템적 한계 2: 늙고 활기 없는
경제" 편에서 다루기로 한다.

2. 중국, 제조업 강국으로 부상할 것으로 전망

중국의 제조업은 1990년 초기만 해도 세계 제조업 비중의 3%(금액
기준)에 지나지 않았으나 현재는 거의 25%를 차지하고 있다. 에어
컨의 80%, 스마트폰의 70%, 컴퓨터의 75%, 신발의 60%를 공급
하고 있다. 중국은 '세계의 공장' 역할을 하고 있으며 이를 대체할 나
라도 없다.

그러면서 중국은 '세계의 공장'을 뛰어 넘어 제조업 강국으로의 부
상을 꿈꾸고 있는데 이의 실현 가능성은 확실하다고 보인다. 그 이유
를 정리하면 다음과 같다.

1) 규모의 경제

앞에서 반복해서 지적한 중국 시장의 어마어마한 규모다. 양적으로 크게 증가하고 있을 뿐 아니라 질적으로도 발전하고 있어 중국 시장의 양적, 질적 성장이 중국산업의 경쟁력을 대폭 증가시킬 것이다.

중국 시장은 향후 미국 시장규모를 뛰어넘을 것으로 예상될 정도로 성장속도가 빠르다. 아울러 소비계층 중 가장 핵심적인 역할을 담당할 중산층의 증가는 가히 폭발적이라고 할 수 있다. 이런 중국 시장의 성장은 두 가지 측면에서 중국 제조업 경쟁력을 제고시킬 것이다.

첫째, 중국 제조업 자체의 경쟁력을 결정적으로 강화시킬 것이다. 과학기반형 산업과 전문가 공급자형 산업군을 제외한 대부분 산업군의 핵심경쟁력은 '규모의 경제'에서 나온다. 철강·석유화학·조선·스마트폰·디스플레이 등 대부분의 산업이 얼마 지나지 않아 경쟁력을 확보한 것은 자국시장의 '규모의 경제' 덕분이었다. 앞으로도 이런 '규모의 경제'라는 장점은 더욱 크게 발휘될 것으로 보인다.

둘째, 전 세계 최고 수준의 다국적기업들이 모두 중국에 R&D, 생산 및 마케팅 조직을 두고 있다. 규모와 성장성이 세계 최고인 중국 시장이 어느 시장보다 중요하기 때문이다. 이러한 외자계 다국적기업은 그 자체가 중국 제조업의 일부분일 뿐 아니라 중국 토종기업들의 경쟁력 제고에도 많은 도움을 주고 있다. 중국이 시장을 내주는 대신 기술 등 필요한 것을 쉽게 얻을 수 있기 때문이다. 실제로 중국은 이와 같은 교환전략에 매우 능하다.

아울러 중국 시장의 질적 수준이 대폭 높아지면서 중국 제조업의 경쟁력 제고에 매우 긍정적인 역할을 하고 있다. 이런 경향은 향후 더 강화될 것이다. 즉, 중국 소비자들의 수준이 크게 높아지고 취향이 다양해지면서 까다로워지고 있다. 또한 지역별, 소비계층별로 급격히 분화하고 있다. 이런 소비 수준의 향상이 SNS 확산과 결합하면서 제품에 대한 냉정한 평가가 실시간으로 이뤄지는 현상이 중국에서 일어나고 있다. 기업 입장에서는 중국이 세계 어떤 시장보다 까다로운 시장, 대단히 경쟁적인 시장으로 변하고 있다는 얘기다. 이런 흐름은 중국 제조업의 경쟁력 강화를 매우 강력하게 촉진하는 동인으로 작용하고 있다.

2) 혁신을 선도하는 민간기업의 확산

예전에 중국 제품은 우선 '짝퉁'과 모조품을 떠오르게 할 정도로 싸구려의 대명사였다. 그리고 중국 제조업의 위상도 다국적기업의 하청기지 정도에 불과했다. 따라서 중국이 단순한 세계의 제조기지 역할에서 벗어나 제조강국으로 발전하기 위해서는 선진국 기업이나 다국적기업 수준의 품질과 기술경쟁력을 갖춰야 한다. 이를 위해서는 앞에서 설명한 바와 같이 혁신을 추진할 수 있는 기업군이 존재해야 한다. 아울러 이런 기업들이 선구자로서 같은 산업 또는 타 산업에 혁신을 확산할 수 있어야 한다.

앞에서 상론했듯이 현재 중국 제조업은 초기단계를 거쳐 혁신기업들의 확산속도가 빨라지고 있는 단계라고 평가할 수 있다. 중국 민간기업들의 이런 혁신은 IT분야를 중심으로 빠르게 확산하고 있으며 다른 분야에 영향을 미치기 시작하고 있다. 즉, IT분야를 중심으로 혁신적인 기업들의 창업이 폭발적으로 일어나며, 많은 기업들이 세계적인 기업으로 성장하고 있다. 이미 우리나라의 수준은 넘어섰다는 평가다. 과학기술 기반도 그 수준이 예상보다 훨씬 빨리 발전하고 있으며 재료 등 일부 분야에서는 세계 최고 수준으로 들어서고 있다. 10년 후 중국 제조업은 우리를 뛰어넘어 지금과는 전혀 다른 위상을 차지할 것이다.

3) 가격경쟁력 유지: 전통산업 고수 가능

최근 몇 년 동안 중국 근로자 임금이 거의 2배 이상 올라가는 등 기업의 비용이 증가하면서 중국에서 동남아시아로 공장을 이전하는 기업이 늘고 있다. 중국 제조업의 가격경쟁력이 떨어지면서 전통산업 등 저비용을 유지해야 하는 산업은 경쟁력을 잃고 있는 것으로 생각하는 사람들이 많다. 그러나 결코 그렇지 않다.

중국 제조업의 무서운 요소 중 하나는 막강한 가격경쟁력을 유지하고 있다는 점이다. 실제로 중국의 전 세계 섬유수출 비중은 2011년 42.6%에서 2013년 43.1%로 증가하고 있다. [7] 중국이 가격경쟁력을 유지하고 있으며, 앞으로도 계속 그럴 수 있는 이유는 우선 가격을 낮출 수 있는 여지가 아직 많다는 것이다. 동부지역을 벗어나 서부지역으로 갈수록 값싼 노동력을 구할 수 있으며 중국 기업의 자동화 수준은 극히 초기단계이므로 얼마든지 가격을 낮출 수 있는 여지가 있다. 또한 중국은 다른 개도국은 따라올 수 없는, 무엇이든 구할 수 있는 공급망 체계와 인프라를 갖추고 있다.

4) 아시아 제조기지의 허브역할 강화

아시아는 전 세계의 제조기지(Asia Factory)로 발전해 가고 있다. 1990년대 세계 제조업에서 아시아가 차지하는 비중은 25.6%에 지나지 않았으나 2013년에는 46.5%를 차지하는 등 50%에 육박하고 있다. 아시아가 전 세계 제조기지가 되는 핵심요인은 중국에 있다.

　최근 삼성, 마이크로소프트, 토요타 등 전 세계 다국적기업들은 제조기지를 크게 1+1 전략으로 운영하는 경향이 있다(특히 일본과 한국). 중국 내수용 공장과 그 외 지역 수출용 동남아시아 공장이라는 형태다. 이에 따라 중국과 동남아시아가 광범위한 공급망 네트워크(supply chain)를 형성하고 있다. 아울러 이 공급망 네트워크의 중심역할을 중국이 하고 있다.

　일본-한국-중국-동남아시아로 이어지는 아시아 제조기지는 앞으로도 더욱 서로 긴밀하게 연결돼 발전할 전망이며, 이 아시아 제조기지에서 중국의 허브(hub) 위상은 누구도 침범할 수 없을 정도로 더욱 견고해질 것이다.

5) 중국 정부의 체계적이고 지속적인 지원

후발산업국이 자국산업을 발전시키기 위해서는 정부의 체계적이고 일관적이며 또 지속적인 지원이 뒷받침돼야 한다. 일본, 한국, 대만 등 후발국으로서 특정산업을 세계 최고수준으로 육성한 나라의 성장 배경에는 모두 훌륭한 기업인의 열정과 함께 각국 정부의 체계적이고 일관된 지원이 있었다. 이런 관점에서 볼 때 중국 정부의 지원체계는 훌륭하다고 평가할 수 있다. 산업발전을 위한 중·장기 계획은 꿈도 꾸지 못하는 최근의 우리 상황에서는 매우 부럽다.

중국은 5년, 10년, 20년, 30년 단위의 중·장기 계획을 시행하고 있다. 우리에게 많이 알려진 '제조업 2025 계획'도 그 중 하나다. 중국 정부의 목표는 명확하다. 지금부터 10년 후인 2025년에는 한국을 추월하고, 2035년에는 독일과 일본을, 30년 뒤인 2045년에는 미국을 뛰어넘어 세계 최고의 제조강국이 되겠다는 것이다. 이를 위해 민간기업, 국영기업, 대학, 연구소, 은행 등 모든 경제주체들로 하여금 이 방향으로 힘을 모으게 하는 것이 중국 정부의 중·장기 계획의 목적이다.

이 계획은 결코 수월하게 일별하고 넘어갈 수 없는 내용을 담고 있다. 사회주의 체제의 흔적이 남아 있긴 하지만 그 점은 대수롭지 않다. 많은 분석과 토론을 거쳐 대다수 참여주체의 공감대가 그 안에 진하게 녹아있다는 점을 결코 간과할 수 없다. 따라서 지금까지 산업별 중·장기 계획의 목표대비 달성률은 매우 높다.

지금 중국은 30년 후 세계 최고 제조업 강국으로 발돋움하기 위해 힘을 모아 차근차근 목표를 달성해가고 있다. 계획의 실행체계는 견고하고 경제주체들의 활동은 왕성하다. 일정한 추세를 이루고 있어 대단하기도 하다. 중국의 성장을 주도하는 제조업의 상당영역이 우리나라 주력산업과 대부분 겹치는 상황이다. 그에 대한 우리의 대비가 없다면 장차 일어날 상황은 어떨까. 두려움이 아니라면 도대체 뭐라 할 수 있을까.

제5장

'잃어버린 20년'의 일본 경제, 극복할 수 있을까?

1. 일본 경제와 한국

한국만큼 일본을 우습게 아는 나라도 없다. 삼국시대부터 선진문물을 건네줬다는 자부심과 함께 일제의 침략으로 우리 역사상 가장 치욕적인 식민지 시절을 증오로 바라보는 두 시각이 있다. 스포츠 경기에서도 유독 일본과 맞붙기라도 하면 온 국민이 하나가 되어 시원하게 이겨주기를 바라는 것도 비슷한 맥락이다.

전 세계적으로 서로 가깝게 붙어 있는 나라들 치고 사이가 좋은 경우는 별로 없다. 독일-프랑스, 미국-캐나다와 멕시코, 일본-중국, 중국-베트남, 그리고 저 멀리 모로코-알제리까지 지리적으로 인접하거나 가까운 나라들은 원수처럼 지내거나 원수지간은 아니더라도 서로 경원(敬遠)하는 경우가 많다.

그러면서도 서로 가깝기 때문에 어쩔 수 없이 정치·경제·문화적

교류가 일어나기도 한다. 원거리에 있는 나라보다 가깝게 있어 빈번하게 접촉하기 마련인데, 돈이 걸린 경제적 교류는 특히 그렇다. 우리나라도 1960년대 이후의 발전과정에서 일본과 경제적으로 떼려야 뗄 수 없는 관계를 유지하고 있다. 1960년대 경제개발에 눈을 뜰 무렵 우리가 가진 것이라곤 넘쳐나는 값싼 노동력뿐이었다. 그러다 보니 자본·기계·부품·소재 그리고 기술까지 수입해 낮은 인건비를 주고 조립하는 단순한 산업부터 출발했다. 그런 요소를 제공할 수 있었던 일본의 산업계는 이때 큰 영향력을 미치기 시작했다.

가까운 곳에 일본이 없었다면 우리나라는 어떻게 산업화를 펼칠 수 있었을까? 아마도 훨씬 어려운 과정을 겪었을 것이다. '기러기식 성장이론'1대로 우리는 그저 일본을 열심히 따라했다. TV, 냉장고 등 가전·반도체·디스플레이·조선·자동차·기계 등 모든 산업에서 일본만 따라하면 그야말로 '만사 오케이'였다.

뭇 기러기들이 선두의 대장(隊長) 기러기를 따라 날듯이, 1980~1990년대 재벌총수들의 신년구상은 거의 대부분 일본에서 이뤄졌다. 일본의 협력기업이나 자신이 속한 산업의 대기업 새해 방침을 알아보기 위해서였다. 1960년대 이래 '대일 역조(逆調) 현상 고착화', '부품·소재·장비의 대일 의존도 심화'란 말을 지금까지 반복하는 것도 한·일 간의 이런 경제·산업구조 때문이다.

그러나 2000년대에 접어들면서 한·일 관계가 변하기 시작했다. 일본과 치열하게 경쟁하면서 일본을 추월하는 분야가 나타나기 시작했다. 자본, 기술과 부품·소재·장비의 의존도 또한 감소했다. 더욱이 중국 경제가 비약적으로 발전하면서 우리 산업에서 중국과의 관계가 상대적으로 더 중요해지기 시작했으며, 지금은 비교할 수 없을 정도에 이르렀다.

이런 요인들 때문에 일본 경제와의 관계는 급격하게 중요성을 잃어갔다. 조금 과장하면, 중국과의 최근 상황을 견줄 때 일본과의 관계는 아무것도 아닌 정도까지 왜소해졌다. 특히 2008년 경제위기에 이은 동일본 대지진 이후 일본 경제와 산업의 위상이 급속도로 떨어지면서 일본을 얕잡아 보는 사람까지 생겼다. 그리고 독도 문제, 일본국 위안부 피해자 문제 등 정치적 문제로 한·일 간 갈등이 깊어지면서 한·일 경제관계는 더욱 소원해졌다.

과연 우리는 일본 경제·산업과의 관계를 그다지 신경 쓰지 않아도 좋을까? 대답은 물론 "그렇지 않다"다. 우리에게 일본은 여전히 중요한 파트너다. 그들의 경제·산업은 우리에게 여전히 중요하다. 유감스럽지만 우리는 일본으로부터 배울 게 아직도 적지 않다.

우선 일본의 '잃어버린 20년'의 경험은 우리에게 매우 소중하다. 우리나라가 일본과 같은 장기침체를 겪지 않으려면 일본을 반면교사로 삼아야 한다. 그러기 위해서는 일본의 '잃어버린 20년'의 원인과 대책을 분야별로 철저히 연구해야 한다.

그리고 일본 제조업의 아날로그 기술은 아직도 세계 최고다. 특히 첨단부품·소재·장비 분야는 더욱 그렇다. 우리나라는 대부분의 산업기술을 일본으로부터 배웠으며, 지금도 많은 우리 중소기업들이 일본의 은퇴 엔지니어에게서 기술과 노하우를 전수받고 있다.

또한 우리는 여전히 일본 기업, 특히 부품·소재·장비 분야의 기업을 적극 유치해 생산기지 역량을 강화할 필요가 있다. 아울러 중국과의 관계를 고려해서라도 일본과 일정수준 협력관계를 유지할 필요가 있다. 사실 중국 사람들은 마음속으로 우리나라를 자신에게 조공을 바쳤던 나라 중 하나로 기억하고 있다. 향후 중국 시장규모가 세계 최대로 커지면서 중국이 제조업 강대국의 위상을 차지할 때 아주 강대해진 힘의 소유자로 변한 중국과 우리의 관계는 매우 거북할 것이다. 힘으로써 모든 것을 마음대로 하고자 하는 점에서는 중국이 미국보다 정도가 훨씬 더 심할 수 있기 때문이다. 이럴 경우 중국을 독자적으로 상대하기보다 일본과 함께 공동대응하면 그 압력을 많이 줄일 수 있을 것이다.

2. 일본의 '잃어버린 20년'의 원인과 전개과정

1) '잃어버린 20년': 20년간 추락한 일본

일본 경제는 1980년대 최고의 전성기를 누렸다. 일본 제품은 전 세계를 휩쓸었고, 수출로 돈을 번 일본은 해외자산을 쇼핑하듯이 사들였다. 일본 때문에 미국의 자존심이 엄청나게 구겨졌던 시절이었다. "냉전은 끝났고 승자는 일본이었다"(The Cold War is over and Japan won)라는 자조 섞인 비판과 반성이 미국 정·관계, 언론과 경제계를 뒤덮었다. 미국은 급기야 정부 차원의 각종 위원회를 구성해 경쟁력을 근본부터 다지려는 노력을 대대적으로 실행하기도 했다.

　이런 일본의 위상이 추락하기 시작한 것은 1990년 무렵이다. 당시

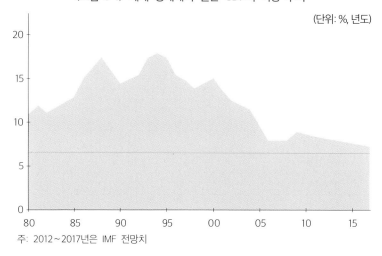

〈그림 5-1〉 세계 경제에서 일본 GDP의 비중 추이

(단위: %, 년도)

주: 2012~2017년은 IMF 전망치

버블붕괴를 계기로 일본의 위상이 우선 곤두박질치기 시작했다. 이 상징후를 일시적인 경기순환의 문제로 치부한 것이 재앙을 불러왔다. 일본 경제는 〈그림 5-1〉에서 보는 것처럼 1990년대 초반부터 20년이 넘게 계속 떨어지기만 했다.[2] '추락했다'란 표현이 맞을 정도로 일본 경제의 하강은 극적이었다. 경제·산업·사회 모든 분야에서 일본의 위상이 바닥을 짐작조차 할 수 없을 정도로 줄곧 떨어졌다.

가계소비와 기업의 설비투자 역시 부진을 면치 못했다. 2010년 GDP의 60%를 차지하는 가계소비는 279조 엔으로 1997년 수준(280조 엔)까지 후퇴했으며 2010년 민간기업의 설비투자는 62조 엔으로 1991년의 94조 엔에 비해 32조 엔이나 줄었다.

세계 무역에서 일본의 비중도 1984년 최고치인 8.1%를 찍은 뒤 2011년에는 4.6%까지 하락했다. 1인당 GDP는 1993년 3위에서

<표 5-1> 일본 주요 제품의 세계 수출시장 점유율 변화

(단위: %)

상품	1995년(A)	2000년(B)	점유율 변화(A-B)
TV	47.3	9.9	- 37.3
라디오	48.4	15.1	- 33.3
음향기기	78.4	46.2	- 32.2
악기	51.7	33.3	- 18.5
선박 및 해상플랜트	32.9	15.1	- 17.7
통신기기	30.4	20.0	- 10.3
철강금속	15.0	6.6	- 8.4
전자관 및 반도체	22.1	15.1	- 7.0
컴퓨터	18.0	12.3	- 5.8
의료기기	12.1	6.6	- 5.5
기계장비	14.7	10.0	- 4.7
화학제품	6.0	4.7	- 1.3

자료: UN Comtrade

2008년 23위, IMD 국제경쟁력 순위는 2009년 17위에서 2010년 27위, '포춘 500대 기업' 수는 1995년 149개에서 2011년 68개 등으로 경제·산업의 성과를 나타내는 모든 지표가 하락했다.

무엇보다 일본인들을 우울하고 불안하게 하는 것은 제조업(특히 조립분야)의 경쟁력이 지속적으로 약화되고 있다는 점이다. <표 5-1>에서 보는 바와 같이 거의 대부분의 산업에서 세계시장 점유율이 대폭 줄어들고 있다.

일본 제조업 전반이 구조적 문제를 지니고 있어 경쟁력이 약해졌던 것이다. 일본 제조업의 문제는 <표 5-2>에 요약돼 있다. 1990년대 이후 일본 제조업은 글로벌화, 디지털화, 신흥시장의 부상 등 세

<표 5-2> 일본 제조업의 4대 맹점

구분	주요 현상	문제점	사 례
볼륨 경시 (고부가가치화)	• 선진시장 중시 • 신흥시장 경시	• 부가가치 중시 • 고가격	• 신흥시장에서 한국 기업에 패배
갈라파고스화	• 국내시장 중시 • 해외시장 경시	• 독자적 기준 • 글로벌 전개의 한계	• 휴대전화
모노즈쿠리 편중 (only one 추구)	• 인테그럴 중시 • 모듈 경시	• 과잉품질, 고가격 • 볼륨에 한계	• 자동차, 소재·부품 편중
이노베이션 딜레마	• 품질 중시 • 가격 경시	• 과잉품질, 고가격 • 개발자 이익 축소	• 메모리반도체, 액정TV

계적인 추세에 순응하기보다 독자적인 시스템을 고수하며 고집까지 부렸다. 그 결과는 미국, 한국 등에 견줘 경쟁력이 급속히 떨어지고 말았다는 점이었다.

일본은 내부개혁에도 실패했다. 1년도 지나지 않아 바뀌는 정권마다 고령화나 산업경쟁력 약화 같은 문제를 개선하기 위한 정책을 많이 쏟아냈다. 그러나 본질에는 한 걸음도 다가가지 못했다. 정치개혁 실패와 국민을 결집시켜 미래를 향하도록 하는 리더십의 부재로 일본인들의 미래관도 어둡게 변해갔다.

그리고 장기간의 경기침체는 사회구성원들을 고통스럽게 하고 자신감을 잃게 만들었다. 특히 일본 젊은이들의 삶에 대한 자신감과 의지가 크게 꺾였다. 2005년 미우라 아츠시(三浦展)의 《하류사회: 새로운 계층집단의 출현》이 출판된 이후 하류(下流)3는 '잃어버린 20년'으로 인한 일본 사회의 변화, 특히 일본 청년층의 변화를 이해하는 가장 중요한 키워드의 하나로 떠올랐다.

일본의 '잃어버린 20년'의 원인과 전개과정이 우리에게 중요한 이

일본 대중문화에 나타난
청년층의 하류사회

위: 영화 〈백 엔의 사랑〉

아래: 도쿄TV 닛케이 스페셜,
〈가이아의 새벽: 우리가 일하지
않는 이유〉

유는 우리나라가 일본처럼 장기불황을 겪을 가능성이 있다는 점 때문이다. 우리나라가 일본의 전철을 밟지 않기 위해서 먼저 해야 할 것이 있다. 바로 일본의 사례를 통해 정답을 얻어내야 하는 일이다.

2) '잃어버린 20년'의 원인

일본의 '잃어버린 20년'의 원인을 요약하면 〈표 5-3〉과 같다. 가장 근본적인 원인은 만성적인 수요부족 때문이다. 소비나 투자와 같은 수요부족이 과거 20년간 줄곧 이어졌다. 특히 기업의 투자부족이 결정적이었다. 먼저 일본 기업의 설비투자 추이를 들여다보자.

2000년대 초반의 IT 버블기를 제외하고는 기업의 설비투자가 지속적으로 감소하고 있으며 1990년대 후반부터 신규투자가 기존의 설비를 유지하는 감가상각 수준에도 미치지 못할 정도로 쪼그라들었다. 이와 같은 수요부족의 근본원인은 고령화와 기업생산성 저하에 따른 자본수익률 감소이며, 고비용구조도 수요부족에 기여했다고 평가된다. 4

공급측면에서 살펴보면, 기업의 혁신부족과 유통업 등 서비스산업이나 IT를 제외한 다른 제조업에 대한 IT투자 부족으로 인한 1995년 이후 생산성의 급속한 저하가 결정적인 원인이다. 이와 함께 노동자 수의 감소와 노동시간의 감소가 동시에 일어났고 비정규직의 급격한 증가로 인해 노동의 질이 떨어졌다.

그런데 수요와 공급측면의 원인들은 일본에서만 발생한 게 아닌데 왜 유독 일본만 장기침체를 겪기에 이르렀을까? 일본 장기침체의 원

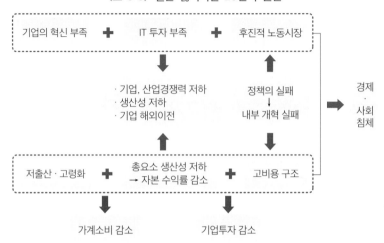
〈표 5-3〉 일본 잃어버린 20년의 원인

인은 일시적인 불황 때문이 아니라 장기적이고 구조적이다. 이런 구조적인 요인들을 개선하기 위해서는 기득권층의 저항을 극복할 수 있는 정치적 리더십과 함께 이를 실행할 수 있는 시스템(관료조직 및 기업의 지배구조 등)이 갖춰져 있어야 한다. 그러나 불행하게도 일본은 이런 시스템을 철저하게 작동하지 못했다.

 '잃어버린 20년'의 초기 10년은 낙관적 사고로 구조적 원인을 개선할 생각조차 품지 못했다. 후기 10년은 개선방안을 알면서도 이를 추진할 시스템이 작동하지 못했던 것이다. 이제부터 보다 구체적으로 일본 '잃어버린 20년'의 원인을 살펴보도록 하자.

3) 저출산 · 고령화 : 가장 근본적인 원인

인구의 변화는 국가의 흥망성쇠에 가장 큰 영향을 미치는 메가 (*mega*) 변수다. 국가 경제의 근본적인 변화는 경기변동 같은 일시적 요인보다는 인구구조 같은 구조적 요인에 의한 경우가 많다. 그리고 일본 경제변동의 가장 큰 요인도 바로 인구변화였다.

일본 경제의 정체는 총 인구의 감소 때문이 아니라 16∼64세의 생산가능 인구, 즉 현역세대의 감소 때문이다. 총 인구 감소 이상의 속도로 생산가능 인구가 감소하는 것이 문제였다. 일본의 인구구조가 인구 보너스(*demographic bonus* : 생산가능 인구, 즉 현역세대가 증가하는 상태) 상황에서 인구 오너스(*demographic onus* : 생산가능 인구가 감소하기 시작해 고령자가 급증하는 시대)로 전환함에 따라 경제가 구조적으로 침체하는 시대로 접어들었다.[5]

일본은 전후 베이비붐 세대인 단카이(團塊)[6] 세대의 생활양식과 이들이 나이가 들어감에 따른 생산가능 인구의 변동이 경제성과를 좌우했다. 먼저 단카이 세대가 생산가능 인구로 진입했던 1960년대 초반부터 10여 년간 고도성장기에 진입하는 이른바 '인구 보너스'를 맞았다. 이 시기 일본 경제는 수요와 공급이 모두 증가했으며, 특히 고용이 급증했다.

단카이 세대 이후 출생률이 감소하는 듯하다가 1965∼1974년경에는 신생아가 다시 증가했다. 단카이 세대의 자식들인 '단카이 주니어'들이 대거 탄생한 것이다. 1980년대에 들어 단카이 주니어들이 15세를 넘어서자 생산가능 인구가 다시 늘기 시작했고, 일본 경제는 최고의 호황기를 구가했다.

그러나 1996년부터 상황은 완전히 달라져 이 무렵부터 생산가능
인구가 줄어드는 '인구 오너스' 시대로 접어들었다. 소비가 이때를
정점으로 감소하기 시작했다. 자동차뿐 아니라 서적, 잡지, 주류의
판매량, 화물수송량, 수도사용량 등도 마찬가지 모습을 보였다. 인
구감소는 '취업자 감소 → 소득저하 → 소비시장 침체 → 투자위축'으
로 이어졌다.

저출산·고령화는 경제의 공급측면인 생산 및 R&D 활동도 연쇄
적으로 위축시켜 일본 경제를 쇠퇴시키는 한편 사회 전반의 활력을
떨어뜨리는 원인으로도 작용했다. 생산현장의 인력이 부족해 아예
사라진 산업도 있으며, 생산인력의 고령화로 생산성과 경쟁력이 연
쇄적으로 저하되기도 했다. 실제로 금형, 주물 등의 뿌리산업에서는
생산인력과 연구인력이 부족해 공장이나 연구소가 문을 닫는 일이
벌어지고 있다.

그러나 일본은 다른 나라와는 달리 저출산·고령화 문제에 광범위
한 정책실패가 지속적으로 발생했다. 우선 인구문제를 중요하게 생
각하지 않았을 뿐 아니라 오히려 낙관까지 했다. 1990년 6월 일본 후
생성은 인구동태 통계를 발표하였는데, 전년인 1989년의 합계 특수
출생률[7]이 1.57로 일본 사회에 충격을 주었다. 그러나 인구감소가
경제성장을 저해할 수 있다는 경고는 버블 전성기였던 1990년 당시
에는 소용이 전혀 없었다. 귀를 기울이는 정치가나 정책담당자는 거
의 없었다. [8]

인구문제에 대한 낙관론도 이에 한몫했다. 일본 정부의 인구추계

에 있어서도 여성의 만혼 경향은 향후 시정될 것이라는 사회학자들의 주장을 중시한 나머지 이후 출생률이 개선될 것으로 봤다. 현실과는 아주 동떨어진 낙관이었다. 버블붕괴 이후에는 총리가 거의 1년마다 바뀜에 따라 인구문제와 같은 초장기 대책은 아무런 관심도 받지 못했다. 그에 따라 저출산·고령화 현상은 깊어져만 갔다.

4) 제조업의 쇠퇴 : 혁신의 실패와 해외진출 가속화

(1) 혁신 미흡으로 제조업 생산성의 지속적 저하

제조업은 일본 경제성장의 원동력이었다. 그러나 1990년대 접어들면서 일본 제조업이 혁신의 미흡으로 경쟁력 저하(특히 조립완성품 분야)의 문제에 직면했다. 일본 경제 또한 침체기에 접어들었다. 일본의 경우 GDP 대비 제조업 비중이 20% 수준으로 독일과 비슷한 수준이었지만, 독일과 달리 세계 수출시장 점유율이 1990년대 이후 지속적으로 하락했다. 독일은 세계 수출시장 점유율을 10% 전후로 유지하고 있다. 그에 비해 일본은 1993년에 10%대로 정점에 도달한 이후 2010년에는 4%대로 떨어졌다. 이는 일본 제조업이 혁신의 미흡으로 생산성을 지속적으로 잃었기 때문이다.

일본의 1인당 GDP 성장률은 1975～1990년 평균 3.9%였으나 잃어버린 20년이 시작된 1990년부터 2007년까지는 1.1%로 낮아졌다. 20년 동안 2.8% 포인트 낮아진 요인을 살펴보면 노동생산성 저하가 1.8% 포인트, 노동시간 감소가 1.1% 포인트를 기여했다. 1990년 이후 일본의 낮아진 GDP 성장률의 약 64%는 노동생산성 감소 때문

이다. 문제 자체가 장기적이며 구조적 요인에 의한 것임을 알 수 있는 대목이다. 9

공급측면에서 일본 경제 장기침체의 가장 결정적인 원인은 총요소 생산성(*total factor productivity*)의 저하다. 국가경제가 장기적으로 성장하기 위해서 가장 중요한 요소가 바로 혁신에 의한 생산성 향상이라고 할 수 있다. 일본의 생산성 저하원인을 보다 구체적으로 살펴보면 다음과 같다.

첫째, 일본의 산업 전반에 걸쳐서 1990년대 이후 세계적으로 진행된 정보화, 디지털화 흐름에 대한 대비가 미흡했다. 따라서 일본은 서비스산업과 제조업 등 IT투자가 필요한 산업에서 미국 등 다른 나라에 비해 투자가 저조했다.

둘째, 일본은 제조혁신에만 신경 썼을 뿐 경영혁신에는 무관심했다. 즉, 일본 대기업들은 공장에서 제조공정을 개선하는 작업만큼 마케팅이나 인사, 관리 등 경영부문에서 생산성을 개선하지 못했다. 일본 기업들의 기술은 세계 1위지만 이를 관리하고 결정하는 경영부문은 매우 후진적이다. 화합을 중시하는 일본의 기업문화가 혁신을 어렵게 만들기 때문이다. 10

셋째, 일본 산업의 역동성이 떨어져 원활한 신진대사가 이뤄지지 않았다. 거시경제의 총요소 생산성(TFP)의 상승은 ① 생산기술 향상이나 비용절감과 같이 기업이나 공장 내에서 일어나는 '내부효과', ②TFP가 높은 기업·공장이 늘어나고 낮은 기업·공장이 감소하는 '재분배효과', ③TFP가 높은 기업·공장의 개업·개설에 의한 '진입효과', ④TFP가 낮은 기업·공장의 폐업·폐쇄로 인한 '퇴출효과'

등에 의해 일어난다.

일본 제조기업들의 TFP에 대한 기여도를 보면 1980년대까지는 내부효과가 TFP 상승의 원천이었다. 그러나 1990년대 이후에는 급격하게 저하되는 것을 알 수 있다. 또한 퇴출효과도 마이너스였고 1995년 이후에는 그 정도가 커졌다. 일본 기업들의 내부혁신이 전체적으로 줄어들면서 TFP가 높은 기업은 해외로 나가고 부실기업 처리의 지연으로 TFP가 낮은 기업의 퇴출은 미흡했다. 이로써 산업 전체적으로 생산성 저하가 급격히 이뤄졌다.

넷째, 서비스산업 등 비제조업과 중소기업의 생산성이 미국, EU 국가들에 비해 현저히 낮다. 비제조업의 생산성은 이들 국가의 절반 정도에 불과하다. 그리고 1990년 이후 대규모 그룹기업의 생산성은 상승했지만 중소기업의 생산성은 하강했다. 특히 R&D 투자가 적거나 글로벌화에 미진한 내수기업일수록 생산성이 떨어졌다. 일본 산업의 지속적인 생산성 저하 원인은 우리에게 시사하는 바가 크다.

(2) 제조업(조립완성품 분야)의 경쟁력 약화

일본 제조업은 1980년대 최고 전성기를 지나 1990년대 중반 이후부터 조립완성품 분야가 쇠퇴기를 맞게 된다.11 그럼에도 산업패러다임 변화에 효과적으로 대응하지 못하고 기업 내부혁신에 실패함으로써 한국 등 신흥국에 추격을 허용하고 말았다. 특히 IT산업의 몰락은 전 세계 누구도 예상할 수 없을 정도로 극적이었다. TV와 냉장고 등 가전제품, 반도체와 디스플레이 등 부품·소재·장비를 제외한 모든 IT제품, 선박과 철강 및 석유화학 등 자동차 분야를 제외한 거의 모든 조립완성품 분야에서 한국에 추격을 허용했다. 심지어는 2008년 경제위기 이후 일본 제조업의 상징이며 세계 최고의 경쟁력을 자랑하는 토요타 자동차의 추락도 지켜봤다.

일본의 자동차, 기계·장비 등 일부 분야를 제외한 대부분 조립완성품 분야의 경쟁력은 이처럼 약해져 한국 등 후발국에 이미 추월당했거나 앞으로 추월당할 것으로 전망된다. 그 이유는 다음과 같다.

첫째, 앞서 살펴본 바와 같이 1990년대 이후 일본 기업들의 생산성 저하가 급격히 이뤄졌다. 반면 한국기업들은 IMF 외환위기 이후 뼈를 깎는 높은 강도의 구조조정과 R&D, 생산성 혁신을 추진하면서 생산성을 3배 이상 개선시켰다.

둘째, 일본 기업들은 1990년대 이후 글로벌화, 디지털화, 신흥시장의 부상 등 세계적인 추세에 순응하기보다 독자적인 시스템에 매몰되어 고집을 부린 결과 미국, 한국 등에 비해 경쟁력이 급속히 약화되고 말았다.

셋째, 일본의 입지여건 악화다. 엔고, 높은 법인세, 환경·노동규제, 미흡한 FTA 체결 등 일본 사회의 고비용 구조가 일본 기업에게는 다른 동아시아 국가들에 비해 상당히 불리하게 작용했다.

넷째, 새로운 성장제품 및 산업창출에 실패했다. 일본 기업혁신의 초점은 공정혁신에 있었으나 새로운 제품을 만드는 제품혁신에는 매우 소홀했다. 이에 따라 신흥국 제품과의 차별화에 실패했다.

다섯째, 내수부진이다. 생산가능 인구의 감소 등 고령화의 진전은 일본 국내 소비의 축소를 초래해 국내시장 의존도가 높은 일본 기업의 경쟁력을 악화시켰다.

여섯째, 일본 기업의 의사결정시스템(*governance system*)도 경쟁력을 약화시키는 요인으로 작용했다. 일본 기업의 CEO는 대부분 고용사장으로서 임기가 평균 4년 정도다. 따라서 장기적인 회사발전 문제를 등한시하는 한편 단기적인 문제에 집중한다. 이 때문에 규모가 큰 투자결정을 신속하게 하지 못함으로써 투자시기를 놓치는 실수를 자주 범했다.

(3) 입지경쟁력 약화에 따른 해외진출의 가속화

일본은 1990년 버블붕괴 이후 입지경쟁력이 나빠지면서 기업의 해외이전이 시작됐다. 2000년대 들어서면서 그 속도는 더 빨라졌고 2008년 경제위기 이후에는 가속도가 붙고 있다. 경제산업성 조사에 따르면 일본 기업의 69%가 해외이전을 희망하고 있다고 한다. 이제 대부분의 일본 기업들은 자국 내에서 제조활동을 하기에는 한계에 와 있다고 생각하기 때문이다. 이른바 '6중고(重苦)'로 일컬어지는 엔고, 높은 법인세, 환경·노동 규제, 미흡한 FTA 체결 지연, 전력수급 불안과 함께 고령화에 따른 내수부진 등으로 입지경쟁력이 급속히 나빠짐으로써 일본 기업들의 해외진출이 많아지고 있다. 게다가 동일본 대지진, 태국 홍수 등으로 인한 공급망 네트워크 훼손 등이 더해지면서 기업들의 해외진출이 가속화하고 있다.

일본 기업들은 과거에도 수차례 엔고시절에 조립완성품 공장과 이에 따른 일부 부품·소재업체가 마케팅 또는 비용절감을 위해 중국·태국 등지에 진출했다. 그러나 당시의 해외진출은 일본 제조업의 본질적인 구조변화를 의미하지 않았다. 더욱이 제조업 공동화를 걱정할 수준도 아니었다. 그러나 입지경쟁력이 현저히 약화한 최근에는 전혀 다른 양상을 보이고 있다. 수출기업에 한정되지 않고 내수기업에까지 확대되는 등 산업 전반에 해외이전 현상이 나타나고 있다. 과거에는 조립업체 중심이었으나 지금은 부품·소재업체로 범위가 넓어지고 있다. 그리고 노동집약적 산업이 아닌 R&D, 마케팅 등 본사의 핵심기능 이전이 활발해지고 있다. 중소·중견기업도 해외진출을 적극 추진하고 있다.

이런 변화는 일본 제조업의 본질적인 구조변화를 의미한다. 이에 따라 일본에서는 제조업 공동화 문제를 어떻게 다룰 것인가가 큰 과제로 떠오르고 있다. 공동화 문제는 생산과 수출은 물론 고용, 기술, 산업구조 등 일본 경제 전반에 지대한 영향을 미칠 것이기 때문이다.

(4) 해외진출은 '심층의 현지화'로 진전[12]

해외로 진출한 일본 기업은 비용(cost), 물류, 관세, 환리스크 등을 감안해 현지조달을 확대하려는 움직임을 보이고 있다. 일본으로부터 수입하던 소재·부품·장비를 현지에 진출한 일본 기업이나 현지기업에서 구입하는 방식으로 교체하는 것이다. 이 현상을 '심층의 현지화'라고 한다. 지금까지처럼 일본으로부터 부품·소재·장비를 수입해서는 경쟁력을 유지할 수 없기 때문에 해외진출한 일본 기업들은 중간재 현지조달로 비용을 낮추는 체제를 구축해야 현지시장을 개척할 수 있다.

이럴 경우 기존의 약 70%에 이르렀던 일본 내 부가가치분은 20~30% 정도로 낮아질 것으로 추정된다.[13] 2008년 경제위기 이후 일본

도레이 첨단소재의 구미 공장

제조업의 큰 구조변화에 해당하는 현상이다. 즉, 리먼 쇼크 이전 수출주도의 일본 경제가 더 이상 설 곳을 잃었으며, '심층의 현지화'로 일본 내 부가가치분이 현저히 감소했다는 얘기다.

　그러나 '심층의 현지화'를 추진하더라도 현지조달이 쉽지 않은 분야를 조사해 보면 금속·화학소재와 정밀기계가 많다는 점이 눈에 띈다. 예를 들면 범용철강의 경우 현지조달이 가능하나 특수강은 현지에서 조달할 수 없다. 화학소재도 마찬가지 상황이며 정밀기계도 현지조달이 어렵다. 따라서 일본 기업이 해외로 진출해서 '심층의 현지화'를 한다 해도 일본에 부가가치가 남을 수 있는 분야는 첨단소재와 정밀기계뿐일 가능성이 많다.

　이와 같이 해외진출과 '심층의 현지화'가 진행된 일본은 2011년 무역수지도 적자로 전환된 이후 고착화 흐름을 보이고 있다. 고용도 감소하는 등 제조업 공동화에 따른 부정적인 영향이 크게 나타나고 있다. 문제는 이런 현상이 시간 차이를 두고 우리에게도 닥칠 것으로 보인다는 점이다.

5) 전반적인 경제 · 사회 개혁의 실패 : 정치적 리더십의 부재[14]

(1) 정치적 리더십의 부재

독일도 일본처럼 저출산·고령화 현상과 조립완성품 분야의 쇠퇴 같은 상황을 경험했으나 경제·사회개혁을 추진해 지속적인 경제발전을 이룩할 수 있었다. 일본은 반대로 전반적인 경제·사회개혁을 추진하지 못한 정책실패가 1990년대 이후 전반적 흐름을 좌우했다. 이런 정책 실패 또한 일본의 '잃어버린 20년'의 주요 원인 중 하나로 꼽힌다. 일본이 1990년대 이후 전반적인 경제·사회개혁을 추진하지 못한 정책실패의 원인은 무엇인가?

그 본질은 정치리더십의 부재에 있다. 경제정책 수립과 집행에서 강한 리더십이 나타나 장기적인 비전을 가지고 정책을 추진할 수 있는 시스템이 있어야 경제는 흐름을 유지하고 성장할 수 있다. 그러나 불행하게도 근래 일본의 정치·관료시스템에는 이런 여건이 갖춰지지 못했다. 1990년대 이후 일본의 정치적 리더십은 상당히 약했다고 볼 수 있다. 수상의 재임기간이 대체로 1년 전후에 불과한 상황이어서 장기적으로 책임감을 가지고 정책을 추진할 수 있는 처지가 아니었다.

대체로 1980년대 중반까지는 일본에서 정치적 리더십이 발휘되던 시대였다. 1948년에 집권한 요시다 총리 이후 1980년대 중반 집권한 나카소네 총리까지는 대체로 재임기간이 4~5년 정도였다. 게다가 그중에는 식견이 뛰어난 사람들이 많았다. 그러나 그 이후에는 총리의 역량이 부족한 경우가 많았다. 아울러 재임기간도 단기에 그쳤기 때문에 정책실패가 잦아졌다고 볼 수 있다.

　관료시스템도 장기적인 관점에서 정책을 추진할 수 있는 체계가 아니다. 관료조직은 대개 횡적으로 분할돼 있기 때문에 각 부처가 자신들의 이익을 중시하는 정책을 구사하기 쉽다. 또한 독자적으로 의사결정을 하기 때문에 국가의 전체적인 관점에서 정책을 만들어 추진하는 리더십을 발휘할 수 없다. 관료의 임기가 대체로 1~2년 정도이기 때문에 장기적인 관점에서 정책을 추진하는 것도 어렵다. 짧은 재임기간 동안 무엇을 할 것인가를 생각할 경우 역시 단기에 성과가 나오는 정책에 치중할 수밖에 없는 것이 일본 관료조직의 현실이다.

　이런 문제점은 정치·관료조직에만 그치지 않는다. 일본의 기업도 비슷하다. 일본의 고용경영자의 임기는 대체로 2~4년 정도이기 때문에 과감한 의사결정을 할 수 없다. 게다가 선배나 직원들의 눈치도 봐야 하기 때문에 리더십을 발휘해 장기적인 관점에서 경영을 하기란 여간 어렵지 않다. 이런 점에서는 일본의 기업조직도 관료제와 비슷하다. 결국 일본의 실패는 본질적으로 리더십의 문제다.

(2) 정치리더의 단명이 '정책 미루기'를 만연시켜[15]

일반적으로 정책에는 비용 선행형과 비용 후행형이 있다. 비용 선행형 정책이란 비용이 먼저 발생하고 정책실행에 의한 효과는 나중에 나타나는 정책들을 말한다. 예를 들면 부실채권 처리, 사회보장제도 개혁, 증세 등이 비용 선행형 정책에 속한다. 그 동안 일본 정부가 미뤄 온 정책의 대부분은 여기에 속한다. 부실채권 정리정책의 경우는 세금을 사용하기 때문에 국민들로부터 불평을 들어야 하는 비용이 선행한 후에, 부실채권 처리가 진행돼 경제가 회복하는 성과는 나중에 나타난다.

비용 후행형 정책은 효과가 먼저 나타나고 비용은 나중에 발생하는 경우를 말한다. 예를 들면 경기대책 등이 이에 속한다. 경기가 나빠져 재정지출이나 감세를 하게 되면 경기는 일시적으로 좋아져 이익을 먼저 얻을 수 있다. 그러나 재정적자는 증대하므로 비용은 나중에 발생한다.

국민의 입장에서는 비용 선행형이든, 후행형이든 비용보다 이익이 많은 정책을 추진하기 원한다. 얻을 수 있는 이익보다 비용이 많은 정책은 경원하기 마련이다. 그러나 실제 일본의 의사결정과정에서는 비용 선행형일지라도 이후에 얻는 이익이 비용보다 많음에도 불구하고 정권에 따라 정책이 미루어지는 경우가 많았다. 정권기반이 취약해 장기집권이 어렵다고 생각할 경우에는 부실채권 처리를 위한 공적자금 투입에 머뭇거린다. 정권으로서 져야 하는 책임 때문이다. 아울러 경제가 회복으로 돌아설 때는 정권을 잡고 있지 않기 때문에 성과를 자신의 공적으로 삼을 수가 없다. 이런 정권의 입장으로서는 비용 선행형 정책을 미루고자 하는 강한 인센티브(유인)가 작용한다. 따라서 정권의 입장에서는 오히려 비용 후행형 정책을 추진하는 것에 강한 유혹을 받을 가능성이 많다. 재정투입으로 인기를 얻으면 비용이 현재화하기 전에 정권기반을 강화할 수 있을지도 모른다는 기대가 있기 때문이다.

이 관점에서 보면 1990년대 이후 일본의 정책 미루기, 나아가서는 정책실패의 메커니즘을 어느 정도 이해할 수 있을 것이다. 먼저 일본의 정책실패 사례 대부분은 비용 선행형 정책이라는 것이다. 추진해야 할 정책의 대부분이 부실채권 처리를 위한 공적자금 투입처럼 기득권자가 강하게 반발하는 비용 선행형이어서 그 효과는 사후적으로 발생하기 때문이다.

또 1990년대 이후의 정권은 대부분 정권기반이 취약해 단명으로 끝난 경우가 많다는 점도 생각해야 한다. 자신의 정권이 단기로 끝나는 것을 알고 있다면 비용 선행형 정책을 미루고 경기대책과 같은 비용 후행형 정책을 취하기 쉽다는 것이다.

6) 우리나라, 일본의 '잃어버린 20년' 가능성은?

우리나라 상황은 안타깝게도 일본과 상당히 유사하게 펼쳐지고 있다. 따라서 우리도 그 뒤를 좇아 일본의 '잃어버린 20년' 초기단계로 이미 들어서는 게 아닌가라는 우려가 일고 있다. 일본의 '잃어버린 20년'의 원인으로 앞에서 지적한 ① 저출산·고령화, ② 제조업의 혁신부족과 생산성 저하, ③ 주력산업 쇠퇴기 진입, ④ 고비용 사회, ⑤ 정치적 리더십 부재와 정책실패 등이 우리나라에도 고루 나타나고 있어서다. 이들은 모두 최근 들어 우리나라에서 가시화하고 있거나, 적어도 조짐을 보이고 있다.

〈표 5-4〉에서 보는 바와 같이 일본이 고성장에서 저성장 단계로 접어든 시기는 1990년대 초다. 그에 비해 우리나라가 저성장 단계로 진입한 때는 2008년 경제위기를 제외하면 2010년대 이후라고 판단할 수 있다. 우리나라 경제의 모습은 이처럼 대략 일본과 약 20년의

(단위: %)

구분	1981~ 1985년	1986~ 1990년	1991~ 1995년	1996~ 2000년	2001~ 2005년	2006~ 2010년	2011년	2012년
일본	4.3	5.5	0.8	1.2	1.6	1.0	-0.7	2.2
한국	9.4	10.0	7.4	7.7	7.3	3.3	3.6	2.1

주: 연평균 경제성장률 기준
자료: IMF, Global Insight

격차를 두고 그 뒤를 따라가고 있다고 본다. 나라 경제구조에 가장 크게 영향을 미치는 인구구조와 산업구조 및 발전정도가 약 20년의 격차를 두고 일본을 따라가고 있기 때문이다. 자세한 내용은 한국 편에서 살펴보기로 한다.

3. 일본 제조업의 힘

1) 현저히 약화된 제조업 기지로서의 역할

한국, 중국, 일본은 세계 경제에서 가장 중요한 제조업 생산기지의 역할을 하고 있으며 주력산업의 구성 또한 유사하다. 따라서 한 · 중 · 일 3국의 산업은 서로 경쟁적이면서도 보완적이다. 만약 세 나라 중 한 나라의 산업이 강해지거나 약해지면 이로 인해 다른 두 나라가 받는 영향도 대단히 커진다.

지금 일본에서는 이런 현상이 중국과는 정반대 방향으로 일어나고 있다. 1990년 버블붕괴 이후 일본은 입지경쟁력이 서서히 약화하면서 기업의 해외이전이 시작됐다. 속도는 매우 완만했다. 그러나 2000년대 중반을 지나면서부터는 그 속도가 빨라졌으며 2008년 경제위기 이후 가속도가 붙고 있다.

이른바 '6중고'로 일컬어지는 엔고, 높은 법인세와 인건비 부담, 급격한 환경·노동 규제, FTA 체결 지연, 전력수급 불안과 함께 고령화에 따른 내수부진 등으로 입지경쟁력이 급속히 약화된 것이다. 이 같은 여건에서 2011년 3월 발생한 동일본 대지진은 경제 전반과 산업에 크나큰 충격을 안겼다. 지진규모가 9.0으로 일본 역사상 가장 컸던 데다 쓰나미까지 겹쳐 사상 최고의 피해가 발생했다.

우리가 주목해야 할 것은 대지진이 장기적으로 일본 경제·산업구조에 변화를 몰고 올 가능성이 크다는 점이다. 지진공포, 방사능피해, 전력부족 등으로 일본인의 의식과 가치관에 큰 변화의 조짐이 엿보이고 있다. 특히 후지산(富士山) 분화 등 가까운 장래에 또 다른 초대형 대지진이 발생할 수 있다는 우려와 공포심이 사회전반에 확산하고 있다. 도쿄대학 지질연구소는 향후 10년 안에 고베(神戶) 대지진과 유사한 도심직하형(都心直下型) 지진이 수도권 주변에서 발생할 수 있음을 경고한 바 있다.

일본 경제·산업의 미래 전망에 있어서 고령화의 본격적인 진전과 함께 대지진이 결정적인 변수로 작용할 수 있다. 고령화는 과거부터 계속 이어진 문제지만 동일본 대지진은 새로운 문제다. 대지진으로 인한 리스크의 증가가 일본 경제와 산업에 미치는 부정적 영향은 생각보다 클 것으로 보인다. 특히 제조기지로서의 역할은 더욱 약해질 전망이다. 과거와는 비교도 안 될 만큼 본격화할 제조업 공동화는 고용감소와 무역수지 적자확대에 따른 경상수지 적자로도 이어질 수 있다. 이는 경제위기로까지 번질 수 있는 정말 파괴력이 큰 사안이다. 이제부터 이 문제를 보다 심층적으로 살펴보자.

최근 여러 일본 기업인들을 만나본 결과가 그렇다. 본거지를 해외로 옮기는 방안을 심각하게 고려하고 있으며 기업경영에서 '장기플랜'이란 용어가 사라지고 있음이 느껴진다. 이는 그만큼 일본에서 사업하기가 어려워진 것은 물론, 또한 지진에 대한 공포로 일본에서는 장기적인 시각에서 계획을 세우기 힘들어졌음을 의미한다.

실제 최근 들어 일본 기업의 해외진출이 급증하고 있으며, 이들의 69%가 해외진출의 필요성을 절감하고 있다. 일본 기업들이 자국을 떠나려는 움직임은 기존의 입지경쟁력 약화와 함께 ① 내수부진, ② 서플라이 체인 재구축, ③ 전력공급 불안정 등 리스크의 증대, ④ 대지진 공포, ⑤ 엔고가 작용하기 때문이다. 이 가운데 엔고 문제는 다시 엔저로 전환될 수 있는 가변적인 사안이므로 논의에서는 제외한다.

(1) 내수부진

일본은 고령화의 진전, 가계소득 정체, 소비성향 저하, 미래에 대한 불안 등의 악순환이 반복되면서 오랫동안 내수침체를 겪고 있다. 소비성향이 강한 베이비붐 세대의 은퇴, 청년층의 소비저하 등이 복합적으로 작용하면서 발생한 내수부진 문제는 매우 구조적이어서 계속 심화될 가능성이 크다. 이 점이 일본 기업을 괴롭히는 가장 큰 문제다. 아울러 기업이 일본을 떠나게 만드는 가장 큰 요인 중 하나다.

(2) 서플라이 체인 재구축

동일본 지역은 자동차, 전자, 기계산업의 부품·소재의 집적지였다. 그러나 대지진으로 '적기생산방식'(Just in time), '집중조달 및 온리 원'(Only one) 등 일본 특유의 공급시스템이 약점으로 부각되면서 서플라이 체인을 재구축하는 문제가 심각하게 대두되고 있다. 예를 들어 대지진으로 일본 르네사스 일렉트로닉의 마이콘(시스템반도체) 공장 한 곳이 조업을 중단하면서 자동차, 휴대폰, 에어컨 등 관련업계에 총체적 타격을 입혔다. 토요타의 50% 감산, NTT도코모의 새로운 휴대폰 모델 판매의 연기, 미쓰비시전기의 냉장고 감산, 히타치제작소의 엘리베이터 납기연장 등이 그것이다. 이처럼 일본의 공급시스템은 기본적으로 피라미드 구조로 알려졌으나 실제로는 다이아몬드 구조였다. 하위의 특정 부품업체가 한 곳이라도 라인을 멈추면 완성품업체도 가동을 중단한다.

따라서 일본 기업들은 하나에 집중함으로써 발생하는 리스크와 분산에 따른 비용을 조화시키는 방향으로 공급망 네트워크를 재구축하고 있다. 공급선의 복선화 또는 생산거점의 분산화를 통해 일부 부품 공급망이 끊기더라도 조업을 지속할 수 있는 구조를 만드는 것이다.

단기적으로는 적정 재고를 확보하거나 대체 공급선을 확보하는 방안이 강구될 것이며, 중장기적으로는 생산거점을 전국으로 분산하면서 복선화 또는 해외이전을 추진할 전망이다. 그러나 단기적으로 일본 내에서 해결이 가능하겠지만, 지진의 공포 때문에 궁극적으로는 해외진출이 불가피해 보인다.

(3) 전력 리스크 증대

후쿠시마 원자력발전소 사고로 원전(原電)의 재가동이 쉽지 않을 전망이다. 아베 정권은 원자력발전소 재가동을 검토한다고 했으나, 방사능 피해로 치유할 수 없는 상처를 받은 국민들의 마음을 되돌리기는 힘들어 보인다. 지금까지 일본은 원자력발전이 전체 전력공급의 약 30%를 차지했다. 이를 석유나 가스발전 같은 형태로 전환해야 한다. 일본 전력수요는 가정용이 20%이고, 기업과 산업부문이 80%를 차지하고 있다.

이렇게 되면 일본 산업계는 전력공급 불안과 가격상승 문제에 노출될 수밖에 없다. 전기요금 상승도 문제지만 전력공급의 불안정이 더 큰 문제다. 산업에 따라서는 공급제한이 치명적인 생산의 제약요인으로 작용하기 때문이다. 예를 들어 소재산업은 전력을 많이 사용하는 대표적인 분야다. 생산비 중 전기요금 비중이 타 산업에 비해 상대적으로 클 뿐 아니라, 전력공급이 불안정해지면 생산차질은 물론 품질에서도 문제가 발생할 수 있다. 이런 이유로 해외생산에 가장 소극적이던 부품·소재업체들조차 최근에는 적극적인 자세로 돌아섰다.

지금까지 일본 기업의 해외진출 원인을 살펴보았다. 이제부터는 최근 일본 기업의 해외진출이 과거와 다른 점과 그 파급효과를 보기로 하자. 과거 일본은 기업의 해외진출로 제조업 공동화(空洞化)를 우려했으나 공동화 현상은 실제 일어나지 않았다. 비용절감과 해외시장 확대의 차원에서 진행된 일부 현상에 그쳤을 뿐이다. 그러나 대지진 이후 일본 기업의 해외진출 패턴은 과거와는 크게 다를 것으로

〈표 5-5〉 전력 문제로 인한 일본 제조업체의 해외이전 사례

기업명	이전 대상	이전 계획
일본전산	소형모터 시험설비	시가현 모터시험설비 해외이전 검토
호야	광학렌즈	중국 산둥성 공장신설 결정
미쓰이금속	스마트폰 PCB	말레이시아 공장신설 결정
소프트뱅크	데이터센터	경남 김해 데이터센터 개소(2011.12)

보인다.

첫째, 일부 기업이 아닌 산업 전반에 걸쳐 일어나고 있으며, 수출기업에 그치지 않고 범위가 내수기업으로까지 확산하고 있다.

둘째, 과거에는 조립업체 중심이었으나 지금은 부품·소재업체까지 가세하고 있으며, 특히 일본 산업의 핵심이라 할 수 있는 소재기업까지 이전을 적극 희망하고 있다. 전력부족의 장기화와 공급망 네트워크 리스크 분산 등을 이유로 과거에는 움직이지 않던 소재기업마저 들썩거리고 있다. 2012년 도레이, 스미토모화학, 아사히카세이 등 일본 부품·소재업체의 한국 투자증가가 이를 증명하고 있다.

셋째, 과거의 노동집약적 산업에 국한하지 않고 R&D, 마케팅 등 본사의 핵심기능 이전이 활발해지고 있다.

넷째, 중소·중견기업이 해외진출을 적극 추진하고 있다. 중소기업 단독으로는 자금과 노하우 등에 한계가 있어 소기업 집적지(集積地) 차원에서 공동으로 진출하는 방안을 추진하고 있다. 이를 일본 지자체와 중앙정부, 종합상사, 해외서비스 전문기업 등이 지원하고 있다. 범위는 교토시, 군마(群馬)현, 하마마쓰(浜松)시, 도쿄 오타(大田)구 지구, 가쓰시카(葛飾)구 등 전국에 걸쳐 있으며 계속 확산

하는 추세다.

다섯째, 진출선이 다양해지고 있다. 그동안 일본 기업의 해외투자처는 중국, 인도, 태국에 집중되었다. 그러나 최근에는 노동집약적 산업은 인도네시아와 베트남으로, 기술집약적 산업은 한국과 대만 등으로 나뉘는 추세다. 특히 대만으로 가는 일본 기업이 크게 늘고 있다. 이처럼 기업의 해외진출이 과거와 달리 전 산업에 걸쳐 있고 핵심기업까지 포함되다 보니, 일본 내부에서 해외진출을 보는 시각도 바뀌고 있다. 내수시장의 감소와 고령화 등으로 기업하기 어려운 상황이 추세적이라는 점이 이를 더 부추기고 있다. 일본을 고집하다가 공멸하기보다 환경변화에 대한 대응으로 해외에서 기회를 모색하는 게 낫다는 견해가 설득력을 얻고 있다.

'하산론'(下山論)이 번지는 것도 이런 배경에서다. 2011년 이츠키 히로유키(五木寛之)가 쓴《하산의 사상》이 일본에서 베스트셀러에 오르면서 수출주도형 성장, 즉 '무역입국론'을 비판하는 의견이 '하산론'이란 이름으로 등장했다.

하산론자들은 일본이 풍부한 자산과 인프라를 보유한 선진국이기 때문에 성장에만 집착할 필요가 없으며, 기존의 수출주도형 성장은 신흥국과의 경쟁에 따른 임금하락을 유발할 뿐 고용창출 효과가 떨어진다고 비판한다. 대신 해외투자 확대를 통해 무역적자를 초과하는 경상수지 흑자를 실현하면서 그 소득을 의료, 복지, 교육에 집중적으로 투자해 내수산업을 육성하자는 이른바 '투자입국론'을 주장하고 있다.

그간 일본 정부는 산업공동화 우려로 제조업의 해외이전을 최대한 억제한다는 입장이었으나, 여기서 한발 물러나 투자를 통한 성장모델을 모색하고 있다. 이러한 입장변화는 소득수지 흑자를 통해 경상수지 흑자를 유지하려는 것으로 풀이된다.

2011년 일본은 31년 만에 무역수지 적자를 기록하면서 수출강국의 신화가 깨졌다. 그 이후 일본은 무역수지 적자가 계속 이어지고 있으며 또한 고착화하는 흐름까지 나타났다. 이 경우 앞으로 무역수지 적자를 소득흑자로 메워 경상수지 흑자를 유지하는 것이 일본의 입장에서는 대단히 중요해진다. 투자입국으로의 전환이 불가피한 이유가 바로 여기에 있다. 만약 일본이 경상수지마저 적자로 돌아서면 어떨까?

정부부채가 GDP 대비 255% 수준인 상태에서 경상수지 적자가 고착화하면 일본은 스페인, 포르투갈과 같은 위기에 직면할 것이다. 이 점이 일본 정부가 무역입국에서 투자입국으로의 전환 등 경상수지 흑자유지를 위해 적극적인 대책을 강구하는 매우 절실한 이유다.

2) 일본 제조업의 진정한 힘

경제침체에 따른 일본의 위상저하는 지난 20년 동안 지속적으로 나타난 구조적인 현상이다. 최근에는 그 임계점(臨界点)을 지나 가속화하고 있다는 판단이 나온다. 게다가 일본 대지진이 결정타를 가했다. 일본이 이런 기조를 바꾸는 것은 불가능할지도 모른다. 그러나 일본의 제조업 기술(특히 아날로그 기술)은 세계 최고수준이며 일본만 잘 하는 분야가 많다.

도쿄대학의 모노즈쿠리 경영연구센터는 일본 제조업의 장점을 제조현장을 통합하는 조직능력에서 찾는다. 여기서 '통합'이란 제조현장에서의 팀워크, 정보공유, 업무호흡, 미세조정, 까다로운 고객응대, 장인정신과 같이 정량화하기 어려운 요소들을 조화롭게 종합하는 것을 말한다. 일본 기업들은 상호 긴밀한 협력으로 이런 '통합'을 이룩하는 조직능력이 다른 나라 기업보다 탁월하다는 것이다.

다소 추상적이고 어려운 말이다. 원래 '아키텍처(architecture) 이론'은 일본 전자산업의 쇠퇴원인을 밝히기 위해 등장했으나 이제는 산업경쟁력 혹은 한 나라의 경쟁력을 분석하기 위한 최적의 설명도구이다. 모노즈쿠리 경영센터는 일본 제조업의 강점을 정말 일목요연하게 잘 설명했다.

일본은 이 같은 강점으로 한때 세계의 정상에 올랐다. 그 대표적인 사례가 자동차산업이다. 자동차산업은 조립 대기업과 중소·중견기업 간의 긴밀한 협력으로 2~3만 개에 달하는 부품과 소재를 생산·조립하는 분야다. 따라서 일정수준 이상의 품질을 유지하기 위해서는 대기업과 1차, 2차, 3차로 내려가는 부품 및 소재업체 간 상호협력 관계를 구축해 제품기획, R&D, 양산단계 등에서 일사불란하게 움직여야 한다. 이런 관계는 자동차기업이 존재하는 한 지속된다.

그래서 자동차산업에서의 혁신은 IT산업처럼 큰 변화가 짧은 기간 안에 일어나지 않는다. 장기간에 걸쳐 작은 개선을 끊임없이 축적해야 중장기적으로 다른 기업과 차별되는 경쟁력을 확보할 수 있다. 이 과정에서 조립 대기업과 부품·소재업체 간 상호학습에 의한 혁신의 확산과 증폭이 대단히 중요하다. 자동차산업을 들여다보면, 일본 기업이 잘하는 요소들이 전부 들어 있음을 알 수 있다.

① 산업의 패러다임이 잘 변하지 않고, ② 순발력에 의한 단기간의 혁신보다는 장기간에 걸친 끊임없는 개선을 통한 혁신이 중요하며, ③ 기업 간 협력이 경쟁력을 좌우하며, ④ 장기간에 걸쳐 축적한 현장 노하우가 중요하다는 점이다. 조립완성품 분야 중 일본 자동차산업이 가장 늦게까지 경쟁력을 유지할 것이라고 전망하는 이유이다.

따라서 일본 제조업의 강점은 아래의 두 가지로 요약할 수 있다. 아날로그 기술(①, ②, ④번 요소)과 신뢰에 바탕을 둔 기업들이 서로 협력을 통해 이루는 혁신(③번)이라는 점이다. 이런 강점은 일본이 '잃어버린 20년'을 겪으면서도 세계 경제 3위를 유지할 수 있었던 근원적인 힘이다.

한편 이런 장점들을 고루 갖춘 또 다른 분야가 있다. 기계산업을 포함해 부품·소재·장비, 특히 높은 정밀도를 요구하는 소재 및 장비분야다. 일본의 주간 경제지 〈이코노미스트〉는 동일본 대지진, 엔고, 태국홍수 등 각종 악재에도 불구하고 괄목할 만한 성과를 내는 50개 기업을 소개하는 특집기사를 게재했다. 이들 기업 중 대부분이 고도의 기술력을 장착한 부품·소재·장비기업들이었다. 개요는 〈표 5-6〉과 같다.

일본은 부품·소재·장비, 특히 첨단소재 및 정밀기기 분야에서 세계시장을 장악하고 있다. 비록 IT산업 등 조립완성품에서는 점유율이 지속적으로 감소하는 등 경쟁력을 잃고 있지만 부품·소재·장비분야는 난공불락이다.

예를 들어 반도체, 디스플레이만 보더라도 조립완성품 분야에서 일본의 쇠퇴는 한국 및 중국의 부상과 너무도 대조적이다. 그러나 관련 핵심 제조장비와 부품·소재는 대부분 일본이 공급한다. 일본 부품소재 중 세계시장에 전량을 공급하는 제품들은 〈표 5-7〉과 같다.

세계시장의 절반 이상을 차지하는 품목은 수없이 많다. '잃어버린 20년' 동안 일본 산업을 굳건하게 지켜온 분야가 바로 부품·소재·장비분야의 강소(强小), 강중(强中) 기업군이다. 2000년대 들어서면서 소니, 파나소닉, 샤프 같은 종합 전자회사들이 몰락했으나 부품·소재·장비관련 강소, 강중기업들이 일본의 수출과 성장을 견인했다. 전 세계적으로 전자부품과 전자소재는 거의 대부분 일본 기업

〈표 5-6〉 일본의 50대 유력기업 중 부품·소재·장비 기업

구분	기업명	특징
엔고현상에도 거듭나는 유력 소재기업	도레이	과거 최고 영업이익 1,100억 엔. 50년 전부터 아시아시장 전개
	스미토모화학	범용품을 싱가포르, 사우디아라비아에서 생산, 농업화학 1등 기업으로 신흥국시장으로 판로 확대
한국의 성장에 연동하는 기업	대일본 스크린 제조	웨이퍼 세정장치: 세계 최정상급 유기EL 도포장치를 한국에 출하
	도쿄일렉트론	반도체 제조장치: 세계 2위
검사와 계측에서 빛나는 일본기술	호리바제작소	엔진계측기: 세계 점유율 80%
	일본전자	전자현미경: 세계 1위
신흥국의 고도성장으로 성장하는 기업	오쿠마	다기능형 수치제어 공작기계(MC) 대기업, MC와 공작기계용 수치제어(NC) 선반: 국내외 호조
	화낙	NC장치: 세계 1위
스마트폰·태블릿PC 보급으로 늘어나는 부품	아사히화성	스마트폰용 전자컴퍼스: 세계 최대기업. 리튬이온전지용 세퍼레이터: 세계 점유율 50%
	미쓰이금속	스마트폰용 고기능 동박: 세계 점유율 80%

이 장악하고 있다.

2000년대 들어 일본 산업계에 나타난 새로운 흐름이 하나 있다. 바로 교토 기업군단이다. 대부분 전자산업 분야의 부품·소재·장비업체들로 이뤄졌다. 교세라(종합전자부품), 무라타제작소(세라믹 콘덴서 세계 1위), 호리바제작소(분석, 측정기기), 일본전지(자동차용 전지 등), 삼코(부품 제조장치 등) 등이 대표적이다. 다른 대형업체보

〈표 5-7〉 일본 부품·소재 중 세계시장에 전량을 공급하는 제품

용도	제품명	기 업
자동차 부품·소재	드라이브 레코더	로지텍, 파이어스타, Route-R
	인버터 모듈	미쓰비시전기
	콘덴서	니혼케이콤, 히구치전기
	자동차용 차세대 2차 전지	파나소닉EV에너지, 오토모티브에너지 서플라이, 블루에너지
	수정진동자	일본전파공업, 세이코인스톨전자디바이스, 타마디바이스, 교세라
	플라스틱 광파이버 (POF)	미쓰비시레이온, 아사히카세이, 도레이
가전제품 부품·소재	유리기판(청판)	아사히글라스
	편광판 보호필름 (TAC필름)	후지필름, 코니카필름
	편광판 보호필름 (보상기능부착)	코니카미놀타
	반사시트(백색)	日榮化工, 도레이
휴대전화 부품·소재	NFC	소니와 NXP 세미컨덕터 공동개발
OA 기품 부품·소재	LED 프린트헤드	후지제록스, 코덴시, 교세라
통신 네트워크 부품·소재	광통신용 렌즈 (유리비구면렌즈)	파나소닉, 아사히글라스, 올림푸스전기

자료: 일본 경제산업성, 《2012 경제백서》. 일본 후지키메라종합연구소의 '2007년도 산업기술 조사사업'을 참고해 한국무역협회에서 재구성

교토 기업군단 중 하나인 호리바제작소의 본사

다 월등한 실적을 보이고 있다. 일본의 강점으로 무장한 강소·강중 기업들, 즉 '일본식 히든 챔피언'이다. 일본 경제와 산업의 핵심역량으로 그 수는 무려 1,500~2,000개에 이를 것으로 추정한다. 이들 기업의 특징을 요약하면 다음과 같다.

• 핵심역량: 차별적인 핵심기술 보유
• 사업전략: 세계시장 공략, 니치톱(niche-top) 전략 구사(특수시장에서 압도적 우위 확보), 고객밀착 지원, 철저한 내재화를 통한 독보적 경쟁력 확보, 신성장 영역에서 발 빠르게 대응
• 조직문화: 장기적 관점의 개발관리와 실패를 용인하는 조직문화, 개방형 혁신(open innovation), 벤처문화의 유지와 과감한 의사결정, 핵심인재의 활용 및 파격 인사제도 운영, 탄력적인 조직 및 협력적 노사문화 등

4. 재기를 위한 처절한 몸부림: 아베노믹스, 성공할까?

1) 아베노믹스의 개요[16]

아베노믹스(*Abenomics*)는 2012년 12월 집권한 자민당의 아베 신조 총리가 제시한 경제정책 패키지(*package*)를 말한다. 일본 경제가 직면해온 장기간의 디플레이션, 경기침체 등 흐름에서 일본인들에게 쌓였던 부정적이며 소극적인 인식과 태도를 개선해 지속가능한 경제성장 추구를 목표로 하고 있다.

2013년 1월 중의원에서 발표한 소신표명 연설에서 아베는 아베노믹스의 주요내용을 "3개의 화살"이라고 했다. ① 대담한 금융완화 정책, ② 유연한 재정정책, ③ 신성장전략이다. 전체 흐름을 요약하자면 이렇다. 우선 첫째 화살인 대담한 금융완화와 둘째 화살인 재정투입 확대로 먼저 물가를 상승시키고 소비를 확대시킨다. 이어 그 효과가 기업의 성과로 이어지도록 셋째 화살인 각종 성장전략(일본 재흥전략)을 추진해 가계소득 증대, 실업감소, 투자증대를 실현한다. 이로써 전체 일본 경제를 성장의 선순환 구조로 만들어 나가겠다는 것이다.

이런 아베노믹스의 핵심과제는 먼저 물가상승률을 '2년 이내 2%'로 올려 일본 경제를 디플레이션 체질로부터 탈피시키겠다는 것이다. 따라서 그 키워드는 '디플레이션으로부터 탈피'라고 적을 수 있다. 아베 정권이 디플레이션으로부터의 탈출을 경제정책의 최대과제로 삼은 이유는 명확하다. 디플레이션이 과거 10년 이상 일본 경

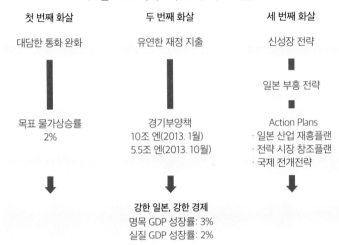

〈그림 5-2〉아베노믹스 세 개의 화살

첫 번째 화살	두 번째 화살	세 번째 화살
대담한 통화 완화	유연한 재정 지출	신성장 전략

일본 부흥 전략

| 목표 물가상승률
2% | 경기부양책
10조 엔(2013. 1월)
5.5조 엔(2013. 10월) | Action Plans
· 일본 산업 재흥플랜
· 전략 시장 창조플랜
· 국제 전개전략 |

강한 일본, 강한 경제
명목 GDP 성장률: 3%
실질 GDP 성장률: 2%

자료 : The Government of Japan(www.japan.go.jp)

제를 괴롭힌 진범이었으며, 과거 어느 정권도 디플레이션으로부터의 탈출에 성공하지 못했기 때문이다. 지금까지의 역대 정권들이 정권초기에 디플레이션 탈피, 일본경제 회생을 위해 수많은 정책들을 쏟아냈지만 그 효과는 미미했다.

아베노믹스의 구체적인 내용을 살필 때 우선 눈에 띄는 대목이 '대담한 금융완화'다. 아베노믹스는 대폭의 금융완화로 2년 이내에 2%의 인플레이션 구현을 목표로 잡은 점이 가장 중요한 내용이다. 지금까지 일본 경제는 디플레이션이 이어졌기 때문에 향후에도 이 상황이 지속하리라 내다볼 수 있다. 적어도 시장은 그렇게 예상했다. 이런 시장의 예상과 기대를 바꾸겠다는 것이 아베노믹스의 우선적 목표다.

이를 실현하기 위해 일본은행이 추진하는 대담한 금융완화 정책의 내용은 한마디로 장기국채와 위험자산을 대량으로 매입해 양적 완화를 실시하겠다는 것이다. 시장의 예상을 뛰어넘는 대담한 정책이었다. 장기국채 매입확대를 통해 금리상승을 억제하고, 풍부한 자금공급으로 리스크 자산운용이나 대출을 증대시키며, 예상물가상승률 인상을 유도하고, 엔저를 통해 수출이나 생산을 확대시키겠다는 목적이다.

둘째 화살인 유연한 재정지출은 2013년 1월 10조엔 규모의 경기부양정책을 수립한데 이어 2013년 12월에는 5.5조엔 상당의 추가 부양책을 추진하는 모습으로 나타났다. 2개의 화살은 모두 수요측면을 자극해 경제활성화를 꾀한다는 대책이다.

그러나 일본 경제가 디플레이션 구조를 근본적으로 시정해 지속적인 성장궤도에 진입하기 위해서는 2개의 화살만으로는 부족하다. 금융완화 효과가 소멸하거나 재정적자로 지속적인 경기대책이 어려워지면 아베노믹스의 효과는 한정적일 수밖에 없기 때문이다. 따라서 금융완화와 유연한 재정으로 일본 경제가 회생기미를 보이는 동안에 별도의 조치가 있어야 한다. 따라서 민간투자를 활성화하는 데 실효성이 있는 제3의 화살 '성장전략'을 성공적으로 추진할 수 있을지가 최대의 관건이다.

제1, 제2의 화살이 수요측면을 자극해 수요와 공급의 차이를 줄임으로써 일본 경제를 디플레이션으로부터 탈출시키는 것이 목적이라면, 제3의 화살인 성장전략은 경제의 성장여력을 높이기 위해 공급측면을 자극하겠다는 내용이다. 즉, 노동투입, 자본투입, 생산성 향상으로 잠재성장력을 높이려는 것이다. 따라서 공급측면인 기업의 수익성 개선이 주요 목표다. 공급측면 대책(성장전략) → 기업수익 개선 → 고용증대·임금상승으로 가계소득 증가 → 소비증가 → 기업의 투자자극 → 공급측면 강화를 목표로 한다는 것이다.

즉, 성장전략을 추진해 성장의 선순환 구조를 만들어 향후 10년간 평균 명목 GDP 성장률 3%, 실질 GDP 성장률 2%, 그리고 10년 후에는 1인당 명목국민총소득(GNI)을 150만 엔 이상으로 증가시키겠다는 것을 목표로 하고 있다.

아베 정권은 이를 위해 3가지 대책, '일본 산업재흥 플랜', '전략시장 창조 플랜', '국제 전개전략'을 제시하고 있다. 즉, 일본 산업의 경쟁력을 강화하고 국내시장과 해외시장에서 새로운 수요를 창출하려는 전략이다.

각 전략의 개요를 보면, '일본 산업재흥 플랜'은 산업경쟁력 강화를 위해 "세계에서 제일 기업이 활동하기 좋은 환경"을 만들겠다는 것이다. '전략시장 창조 플랜'은 고령화·전력리스크 증대 등의 환경변화에 대응해 의료·에너지·인프라 등의 분야에서 일본 국내에 새로운 산업을 창출하겠다는 전략이다. '국제 전개전략'은 해외시장 개척은 물론 세계 경제성장의 과실을 선제적으로 거둬들이겠다는 것이다.

아베노믹스 성장전략의 관건은 '전략시장 창조 플랜'이다. 즉, 전자산업 경쟁력 약화 등으로 인해 수요가 축소된 일본 산업에 새로운 산업을 일으키겠다는 전략이다. 주요 내용은 건강관련 산업, 에너지·환경관련 산업, 인프라 산업을 부흥시키면서 해외투자를 불러들여 새로운 수요를 창출한다는 전략이다.

이런 전략은 일본 기업들이 비교우위를 가진 산업을 살려 한국이나 중국 등과와 경쟁을 회피하겠다는 의도로도 비친다. 특히 에너지·환경관련 산업은 일본이 비교 우위를 가진 자동차산업에다 에너지·환경관련 신기술을 접목시켜 일본만의 우위를 확보하겠다는 전략이다.

아베노믹스의 성장전략에서 또 하나 주목할 전략은 해외 통상전략이다. 아베노믹스가 통상전략을 강조하는 배경에는 2가지 이유가 있다. 우선은 그 동안 품질우위를 무기로 선진국시장 공략에 주력한 전략의 변경을 의미한다. 즉, 향후 성장이 기대되는 신흥국시장을 적극적으로 공략하는 전략으로의 변경을 의미한다.

또 하나는 그동안 열세였던 FTA를 적극적으로 추진하겠다는 의미다. 일본은 그 동안 지역 간 통상규범인 FTA보다는 세계적 무역규범인 WTO를 중시하는 전략을 추진해 왔으나 향후에는 FTA를 적극 추진하겠다는 뜻이다.

FTA에서 한국보다 열세인 점을 감안하고 신흥국과의 무역을 강화하기 위해서는 FTA가 더 적합한 전략이라는 판단이다. 통상전략을 추진함에 있어서 항상 걸림돌로 작용해왔던 농산물 분야의 관세를 과감하게 인하하면서까지 TPP(Trans-Pacific Partnership)[17]에 적극적인 것도 바로 이러한 이유다. 2020년까지 아시아태평양지역에서 자국 주도의 비즈니스 룰을 만들겠다는 것이 최근 일본이 TPP에 적극적으로 나서는 배경이다.

2) 아베노믹스, 성공할까?

아베노믹스의 내용(특히 금융완화 정책)을 보면 극단적인 대책이 들어 있다는 것을 알 수 있다. 20년 넘게 겪은 장기침체의 고통을 이제 끝내야겠다는 일본 국민 전체의 처절한 염원을 담고자 했기 때문이다. 즉, 1980년대와 같은 일본의 화려한 부상을 다시 이루고자 하는 절박한 심정을 반영했다는 얘기다. 그러나 일본인들의 간절한 희망에도 불구하고 아베노믹스는 결국 실패할 가능성이 큰 것으로 전망한다. 그 이유를 살펴보면 다음과 같다.

첫째, 아베노믹스의 '세 개의 화살'은 금융완화 및 재정지출, 성장전략 등 지금까지 해온 정책의 재탕에 지나지 않는다. 예전과 다른 것은 그 규모가 훨씬 커졌으며 세 가지를 동시에 실행한다는 점이다. 그런 의미에서 종전의 정책들을 보다 확대, 심화한 것이라 볼 수 있다.[18]

아베노믹스가 성공하려면 '잃어버린 20년'의 근본적인 원인을 치유할 수 있는 구조개혁을 해야 하나 그런 내용은 거의 담겨져 있지 않다. 기존에 실시했던 재정, 금융정책을 규모만 대폭 늘린 뒤 동시에 이를 추진한다고 실패했던 정책들이 성공할 수는 없는 것이다.

둘째, 아베노믹스가 성공하려면, 엔화가치 절하와 수출증가, 물가상승, 기업의 수익증가, 임금상승, 소비증가, 투자증가 등의 현상이 뒷받침해야 한다. 그러나 〈표 5-8〉에서 보는 바와 같이 아베노믹스 시행이 거의 4년에 이르고 있음에도 기업의 수익증가 이외에는 당초 기대했던 결과가 거의 나타나지 않았다. 기업의 수익증가도 엔화

(단위: %)

지표	2011년	2012년	2013년	2014년	2015년
경제성장률	-0.7	1.7	1.4	-0.03	0.5
소비증가율	-	2.3	1.7	-0.9	-1.2
임금증가율	1.2	1.4	1.5	1.8	1.9
물가상승률	-	0.0	0.4	2.7	0.8
수출(백만 US$)	-	801,334	719,229	694,270	625,219

자료: kotra

가치 절하에 따른 것이어서 거의 무의미하다.

셋째, 아베노믹스의 '세 개의 화살' 모두 한계에 처했다고 평가된다. 첫째 화살인 금융완화 정책의 목표는 물가상승률이 2%가 될 때까지 금융을 완화하며, 엔화가치 절하 → 수출증대 → 기업수익 증가 → 임금상승 → 투자증가의 틀을 만들겠다는 내용이다. 그러나 엔화가치가 다소 절하하고 수출 대기업의 수익만 다소 증가했을 뿐이다. 다른 경제적 효과는 발생하지 않고 있다. 이제는 매입할 장기국채도 마땅치 않으며, 마이너스 금리도 효과보다는 부작용이 큰 상태이므로 추가로 도입할 수단이 거의 없는 상태이다.

둘째 화살인 유연한 재정지출도 더 이상 추진할 수 없는 정책이다. 두말할 필요도 없이 재정적자 때문이다. 그리고 재정적자 문제가 아니더라도 그 효력이 매우 한정적이라는 사실은 1990년대 이후 공공투자 정책을 통해 입증된 바 있다.

아울러 셋째 화살인 성장전략도 철강·화학 등 일부 산업의 구조조정에는 다소 성과가 있으나 성장전략의 정책 슬로건인 "자신감을 회복해 기대에서 행동으로의 변화"가 나타났다고 하기에는 매우 미흡하다고 평가된다. 일본 산업재흥 플랜도 일본의 '6중고'를 치유하기엔 턱없이 미흡해 성과가 거의 없는 수준이다. 전략시장 창조플랜도 에너지·건강관련 산업을 신성장산업으로 육성하는 것은 바람직하나 일본의 기존 주력산업을 대체하기에는 규모가 너무나 작다. 국제 전개전략도 트럼프 정부가 TPP 탈퇴를 선언하는 등 거의 성과를 올리지 못했다.

다만, 앞서 소개한 것처럼 일본이 최근 제4차 산업혁명에 열심인 점은 눈여겨볼 만하다. 바람직한 움직임이라고 평가할 수 있는 대목이다. 조금 더 상황의 진전을 지켜봐야겠지만, 이 역시 큰 대세를 바꿀 수 있을 정도는 아닌 것으로 전망된다.

넷째, 일본 사회는 근본적으로 내부개혁이 불가능하다고 보일 때가 많다. 우선 일본은 기득권층이 너무나 강력하게 국가를 지배하고 있다는 점이 눈에 띈다. 일본의 자민당, 대를 이어 하는 국회의원, 강력한 관료집단, 대기업집단, 정부주도의 금융시스템이 긴밀히 연계된 구조다. 제2차 세계대전 이후 이들이 기득권층으로서 일본을 지배하고 있다. 아베 또한 외할아버지, 아버지가 모두 정치인으로 일본을 대표하는 기득권층이다.

이런 강력한 기득권층이 있는 한 이들의 이익에 크게 반하는 어떠한 내부개혁도 펼치기 어렵다. 따라서 1990년대 버블붕괴 후 수없이 많은 정책이 나왔지만 거의 유사한 정책의 연속선상에 있다는 평가다. 그마저 이제 거의 종점에 다가가고 있다는 느낌을 준다.

그럼에도 현재 아베 내각에 대한 일본 국민의 지지도가 높다. 그렇다면 과연 아베가 잘 해서 지지하는 것이라고 봐야 할까? 결코 아니다. 일본 국민들은 일본 보수세력인 우익을 대변하는 아베 등 자민당을 대체할 수 있는 대안세력이 없다고 생각하기 때문에 어쩔 수 없이 그들을 지지한다고 볼 수 있다.

3) 재정적자로 위기에 처할 가능성[19]

일본의 2012년도 일반회계 세출총액은 90.3조 엔이지만 특별회계 세출총액은 394조 엔이다. 두 회계의 중복부분을 제외한 연결베이스의 세출총액은 229조 엔이다. 이 중 국채비가 37%를 차지하는 최대 항목이다. 사회보장비 28.2%를 훨씬 초과하고 있다.

또한 연결로 세입을 보면 국채발행이 48.2%로 일본재정은 약 절반을 국채발행으로 충당하고 있다. 또한 신규 국채발행액을 보면 아베 정권이 들어서면서 급증하고 있다. 고이즈미 정권은 30조 엔이었으나 아베 정권은 50조 엔으로 팽창했다. 대단히 비정상적인 상태다. 다른 나라가 이런 상황에 처했으면 벌써 난리가 났을 것이다.

일본은 그리스, 스페인, 포르투갈보다 재정적자 규모가 훨씬 큰데도 불구하고 왜 그들처럼 국채 폭락사태와 금융위기가 일어나지 않는 것일까? 다음과 같은 이유 때문이다.

첫째, 금융자산을 많이 가진 고령자들이 젊은 사람들과 달리 리스크를 싫어하기 때문에 해외투자를 하지 않는다. 또 국내에서도 투자할 곳이 마땅치 않기 때문에 이들은 수익률이 낮아도 국채를 산다. 아울러 경상흑자에다 가계금융자산이 1,600조 엔에 이르기 때문에 국채를 일본 국내에서 소화할 수 있다.

둘째, 10년 만기 국채수익률(장기금리)이 아직 1% 미만에서 안정적으로 움직이기 때문이다. 만약 장기금리가 급등하면 재정부담이 가중되므로 재정건전화를 서둘러야 하지만 아직은 견딜 만하다는 것이 그 배경이다. 그러나 비정상적인 상황이 결코 영원히 지속될 수는 없다.

장기금리가 저금리 수준을 지속할 것인가도 문제다. 일본은 약 1,600조 엔에 이르는 가계의 금융자산을 기반으로 국채의 90% 이상을 국내에서 소화하기 때문에 국채가 폭락할 가능성이 적다고 생각하는 듯하다. 일본의 장기금리가 낮은 것은 지금까지 일본 경제가 디플레이션으로 인해 투자처를 잃은 자금이 수익률이 낮지만 안전자산인 국채를 매입하기 때문이다. 게다가 일본은 세계 최대 채권국이다. 따라서 아직까지 일본의 국가신인도 또한 높은 것은 사실이다.

그러나 재정적자와 경상적자가 겹쳤을 때가 문제다. 이때는 문제가 불거질 수밖에 없다. 그리스, 이탈리아, 스페인 등이 그렇다. 미국만 예외다. 미국도 재정적자, 경상적자지만 성장률도 높고 해외로부터 자금이 지속적으로 들어오기 때문에 문제가 되지 않는 것이다.

일본은 경상수지가 적자로 돌아서고 국내저축보다 채무잔고가 많아지면 그리스, 이탈리아, 스페인과 같은 위기에 직면할 가능성이 있다. 석유가격이 배럴당 평균 100달러 수준에서 40달러로 떨어지면서 일본의 경상수지가 적자로 전환하는 시기가 늦어지고 있다. 그러나 2011년부터 무역적자 국가로 전락한 후 경상수지 흑자도 줄고 있다.

만약 일본의 경상수지마저 적자로 돌아선다면 일본의 국채불안은 본격화할 것이다. 고령자들이 국채를 살 능력이 없어지면 외국에서 자금이 들어와야 하지만 아마 미국처럼 되기는 어려울 것이다. 그런 상황에 이르면 일본 국채의 신용은 하락하고 장기금리가 상승하면서 국채가격과 엔화가치 또한 폭락하는 등 경제위기가 도래할 가능성이 크다. 이제 일본의 재정문제는 일본 국내문제를 넘어 국제 금융시장의 리스크요인으로 부상하고 있다.

4) 일본은 장기정체에서 장기쇠퇴의 길로 갈 듯

일본은 지금까지 살펴본 바와 같이 1990년 초반부터 20년이 넘는 기간동안 장기침체를 겪었다. 그에 따라 이를 반전시키려는 총체적인 노력의 결정판인 아베노믹스를 시행하고 있다. 그러나 아베노믹스 또한 새로운 내부개혁이 아닌 기존정책의 확대, 심화에 지나지 않아 조만간 한계에 봉착할 것이다.

따라서 일본은 장기쇠퇴의 길을 걸을 것으로 전망된다. 현재 일본의 제조업 기술역량이 최고수준이며 첨단부품·소재·장비분야는 세계 어느 나라도 넘볼 수 없는 경지라고 하지만 대세를 거스를 수 있는 정도는 아니다.

현재 일본은 절대인구가 줄고 있으며 감소규모도 점차 커지고 있다. 더욱이 초고령사회로 이미 진입한 상태다. 대세가 한 번 방향을 잡으면 이를 바꾸는 것은 대단히 어려운 일이다. 일본은 1990년대 이 같은 대세가 하방으로 자리를 잡았으며 이제 아베노믹스로 이를 만회코자 한다. 그러나 그 안에 담긴 내용이 턱없이 미흡해서 대세를 바꾸기에는 역부족이다.

결국 하방으로 향하는 일본의 대세는 더욱 견고해질 뿐이다. 이렇게 되면 동북아시아의 힘의 구도는 중국으로 급격히 기울 것이다. 일본은 경제규모 2위 지위를 중국에 넘겨주고 3위로 물러났다. 그러나 현재 GDP 규모는 중국의 40%에 훨씬 못 미치는 수준으로 쪼그라들었다. 이미 저울의 추는 중국으로 확실히 기울어졌고 그 격차는 향후 더욱 벌어질 것이다. '한·중·일 경제 삼국지: 누가 이길까'가 지난 1권의 책 제목이다. 그로써 제기한 물음의 답은 '중국이 확실히 이겼다'이다.

제 6 장

기로에 선 한국 경제

재도약 또는 영원한 추락

1. 추락의 징후: 성장과 분배, 모두 뚜렷한 실패

우리나라는 지난 50년간 세계적으로 유례를 찾아보기 힘든 정도의 초고속성장을 이뤄냈다. 그리고 민주화와 함께 대부분의 국민이 고루 잘사는 분배의 형평성도 동시에 달성했다. 전 세계적으로 개도국 중 경제성장, 공정한 소득분배와 함께 민주화를 한꺼번에 이룬 나라는 거의 없다. 전 세계에서 이런 우리나라의 성과를 "한강의 기적"이라고 칭찬하는 이유다.

그러나 우리나라는 최근 정치, 경제, 사회, 교육 등 모든 분야에서 뚜렷한 한계를 보이고 있다. 더 이상 발전할 수 없는 한계에 처한 것이다. 지난 반세기 동안 눈부신 발전을 해온 원동력이 더 이상 작동하지 않는 단계에 와 있다.

특히 한국의 경제시스템은 새로운 길을 가지 않으면 안 되는 상황까지 몰리고 있다. 한 나라 경제가 제대로 작동하려면 지속적인 성장이 이어지면서도 성장의 과실이 고루 나누어지는 분배의 보장이 따라야 한다. 즉, 성장과 분배가 성공적으로 이뤄져야 한다는 얘기다. 그럼에도 최근 한국 경제는 성장과 분배가 모두 제대로 이루어지지 않는 실패의 모습을 뚜렷하게 보이고 있다.

1) 성장의 한계 : 지속적인 경제성장 불투명

우리나라는 이대로 가면 일본식 장기침체의 길로 간다. 그로써 선진국의 문턱에 발을 내딛지 못한 채 깊고 어두운 추락의 길로 들어설 가능성이 높아 보인다. 우선 잠재성장률이 지속적으로 낮아지고 있으며, 2008년 경제위기 이후 증가율의 감소폭이 커지고 있다. 이런 추세대로 가면 2020년대 중반 이후 1%대로 진입할 가능성이 높다. 노동투입은 2016년 이후 생산가능 인구의 감소로 마이너스 요인으로 전환할 전망이다. 자본투입도 기존 주력산업의 성숙기 진입과 새로운 성장동력의 부재로 정체된 상태이다. 또 2008년 경제위기 이후 총요소 생산성의 증가율은 가파르게 떨어지고 있어 매우 걱정스럽다. 이러한 현상은 당연한 결과다. 우리나라 경제의 역동성이 현저히 떨어지고 창조적 파괴에 의한 혁신이 더 이상 일어나기 힘든 구조이기 때문이다.

그리고 우리나라의 유일한 성장동력인 주력산업의 경쟁력이 추세적으로 약화하는 조짐을 보이고 있다. 우리나라 주력산업이 절정기를 지나 쇠퇴기에 접어든 반면, 우리나라와 주력산업이 유사한 중국은 경쟁력이 급격히 증가하고 있다.

중국은 IT산업을 중심으로 우리나라를 추월하고 있으며 한국이 중국에 비해 절대적인 비교우위를 확보한 메모리반도체 분야를 제외한 모든 분야에서 5~10년 내 우리를 뛰어넘을 것으로 전망된다. 중국에 대한 비교우위 요소를 확보하지 못하면, 우리나라 산업 및 경제가 급격히 무너지는 상황에 직면할 것이다.

그러면 우리나라가 기존 주력산업을 대체할 수 있는 새로운 성장동력을 창출할 조짐은 있는가? 불행하게도 그런 조짐은 전혀 나타나고 있지 않다. 왜냐하면 기존 경제시스템으로는 새로운 성장동력 창출이 불가능하기 때문이다.

아울러 성장원천 중 가장 중요한 인재양성은 어떤가? 이 또한 희망을 가질 수 없는 대목이다. 우리나라 인력양성시스템(교육시스템 포함)은 추격형 성장전략에 맞춰져 있다. 남의 것을 빨리 모방하는 데 적합한 평균수준의 인재를 양산하는 시스템이다. 이러한 인력양성 시스템으로는 새로운 성장동력 창출뿐 아니라 중국에 대한 비교우위 요소도 확보할 수 없다.

2) 분배측면의 한계 : 양극화 및 소득불평등 심화

우리나라는 공평한 소득분배를 달성한 개도국 중 가장 모범적이었다. 그런데 IMF 외환위기 이후 양극화가 급격히 이뤄지면서 소득불평등이 심화되고 고착화됐다. 우리나라는 세계에서 소득분배가 가장 공평하게 이뤄진 나라에서 소득불평등이 큰 나라 중 하나로 빠르게 전락하고 말았다.

소득상위계층 10%가 약 50%의 소득을 차지한다. 상위 10%의 소득과 하위 10% 소득격차는 10. 1배(OECD 국가 34개국 가운데 23위)에 달해 OECD 회원국 평균 9. 6배보다 높다. 자산격차는 소득격차보다 더 커서 전체가구의 상위 10%가 전체자산의 60%를 차지하고 있다.[1]

이런 불평등 심화현상은 IMF 위기 이후 대기업집단과 여타 부문의 격차가 더 벌어지는 양극화가 깊어지면서 고착화하고 말았다. 경제성장에 따른 과실배분이 대기업집단 위주로 쏠리는 현상이 시간이 갈수록 심화하고 있다. 노동시장이 대기업 정규직, 대기업 비정규직, 중소기업 정규직, 중소기업 비정규직으로 나뉘어져 대기업과 중소기업 그리고 정규직과 비정규직의 위치에 따라 임금수준이 큰 차이를 드러낸다.

고용노동부에 따르면 대기업 정규직 근로자의 임금총액을 100으로 봤을 때 대기업 비정규직 근로자 임금은 65, 중소기업 정규직은 49. 7, 중소기업 비정규직은 35에 불과하다. 자영업자는 월평균 170만 원 정도 번다고 하니 중소기업의 정규직보다 못하다. 이렇다보니 우리나라 국민은 성장의 혜택을 누리는 10% 정도의 1등 국민과, 성장의 낙수효과를 전혀 누리지 못하는 대다수 2등 국민으로 나눠지고 말았다.

이와 같이 현재 한국 경제시스템은 대기업집단(은행 등 금융권 포함)과 관련이 있는 사람들은 잘살고 중소기업 종업원이나 자영업자들을 포함한 절대다수 국민들은 못살게 되는 등 소득분배 시스템에 큰 결함을 가지고 있다.

3) 시민의식(시대정신)의 부재와 '사회적 자본'의 고갈

요즘 '우리나라에 시민의식이 있나?'하고 자문하는 경우가 많아졌다. '내 권리를 주장하면서도 내가 속한 사회와 국가의 이익을 동시에 고려할 수 있는 사고', '남의 이익도 배려하는 마음' 정도로 시민의식을 정의한다면, 우리나라 국민들 대다수가 선진 시민의식을 가지고 있다고 보기 힘들다.

선진국들이 지금의 모습을 갖추기까지는 수백 년이 걸렸다. 경제적 부(富)가 쌓이면서 중산층이 형성되고, 자신의 권리에 대한 자각과 함께 지역사회와 나라에 기여하고자 하는 의식이 고양되면서 민주사회로 발전했다. 선진국이 되기 위해서는 경제성장을 통한 물질적인 부의 축적도 중요하지만 시민의식과 같은 정신적인 토양도 함께 다져져야 한다. 우리나라는 불과 50년이라는 짧은 기간동안 대단히 압축적인 성장을 해왔다. 그러다 보니 물질적 성장속도를 정신이 따라가지 못하는 실정이다.

주변에는 '나와 내 가족만 중요할 뿐 남은 어찌되든, 어떤 불편을 겪든 전혀 상관없다'는 사람들이 너무도 많다. '내게 조금이라도 피해가 되는 일은 털끝만큼도 용납할 수 없다'는 풍조가 만연하다. 사적인 이익을 위해 대로를 점거해 불법시위를 벌이는가 하면 운전하다 차창 밖으로 아무렇지도 않게 담배꽁초를 버린다. '노쇼(no-show)'를 하고도 오히려 큰소리치고 지하철이나 엘리베이터 문이 열리면

남들이 내리기도 전에 먼저 밀고 들어간다. 식당에서 아이들이 뛰어다니고 시끄럽게 해도 이를 제지하거나 밖으로 데리고 나가는 부모를 찾아보기 힘들다. 권리의식만 높아졌을 뿐 공공의 이익은 고사하고 공중도덕이나 타인에 대한 최소한의 배려조차 찾아보기 힘들다.

그러나 여기서 그치지 않는다. 그저 단순히 불편만 감수하면 그만이라는 차원을 훌쩍 넘어선다. 고(高)고도미사일 방어체계(THAAD·사드)의 한국배치 등을 둘러싼 첨예한 대립이 우선 그렇다. 회사가 어떻게 되든 상관하지 않는 현대자동차 노조도 마찬가지다. 조선업 노조의 행태도 그를 꼭 닮았다. 원자력발전소와 나라를 지키는 무기와 같이 국민안전과 직결된 분야의 비리 등 '나만 이익을 보면 회사나 국가가 어떻게 되든 상관없다'는 식의 사례는 너무나 많다.

과거의 우리나라 국민은 이렇지 않았다. 우리나라는 5천 년 역사 동안 수많은 위기에 직면했지만 특유의 응집력과 공동체 정신으로 극복했다. 가까이는 IMF 외환위기 당시에 금 모으기 운동을 전개해 외국의 찬사를 받은 바 있다. 그러나 최근에는 이런 건전한 시민정신과 공동체의식은 송두리째 사라진 듯하다.

프랜시스 후쿠야마(Francis Fukuyama) 교수는 선진국이 되는 나라와 그렇지 못한 나라의 차이는 비슷한 물적 조건을 가진 나라 중 '사회적 자본'의 존재유무에 따라 갈린다고 설파했다. 사회적 자본이란 사람들이 공동의 목표를 효율적으로 달성하도록 만드는 상호신뢰와 협력, 소통 네트워크를 일컫는다. 2 평소 경쟁하며 사익을 추구하다가도 공동의 목표를 위해서는 양보하며 협동하는 능력이다.

우리나라가 선진국 문턱에 이르기까지 수많은 위기를 극복하는 데 이러한 사회적 자본(시민 공동체의식)이 크게 기여했다. 그러나 이제는 거의 다 무너져 내린 느낌이다. 지금 한국사회는 불신과 불통, 반목과 갈등의 연속이다. 스위스 국제경영개발원(IMD)이 발표한 2016년 국가경쟁력지수를 보면 한국의 사회적 결속점수는 최근 4년새 8.04에서 4.17로 반 토막 났다.3 우리나라 국민들의 응집력이 현저히 낮아진 것이다. 이런 시민의식, 공동체의식과 응집력 수준으로는 앞으로 닥쳐올 경제위기를 극복하고 사회를 개혁해 새로운 발전을 도모하기 힘들 것이다.

4) '정치적 리더십'의 부재

경제대국이며 제조업 강국이라는 유사한 길을 걸어온 독일과 일본의 운명이 결정적으로 달라지기 시작한 이유는 정치적 리더십의 차이였다. 독일이 국가발전의 한계에 봉착했을 때 슈뢰더(Gerhard Schroder) 전 총리는 정권을 잃으면서도 정치적 리더십을 발휘해 하르츠개혁을 이뤄내면서 지속적인 발전의 토대를 닦았다.

반면 일본은 1990년대 초반 이후 나라가 무너져 내리는데도 이를 막기 위한 경제·사회적 개혁을 추진할 정치적 리더십을 발휘한 집단이 없었다. 일본이 '잃어버린 20년'을 겪을 수밖에 없었던 결정적인 이유다.

우리나라는 일본과 독일 중 어떤 길을 가게 될까? 현재로서는 안타깝게도 일본의 길을 걸을 것으로 보인다. 앞에서 일본의 '잃어버린 20년'의 원인으로 지목한 정치적 리더십의 문제가 그대로 나타난다.

정치적 리더십은 특정의 개인 몇 명을 대상으로 하는 개념이 아니다. 우리나라의 경우 적어도 대통령, 국회 등 정치시스템과 행정부(중앙 및 지방)를 망라하는 포괄적인 개념이다.

현재 우리나라 상황에서 정치적 리더십을 기대하는 국민은 많지 않을 것이다. 세계 경제사를 보면 한 나라의 경제·사회를 규율하는 제도와 패러다임은 대략 20~30년이 지나면 국내외 환경의 변화로 효용가치가 떨어지고 한계를 드러낸다. 이때 국가발전을 지속하려면 새로운 제도와 패러다임으로 전환하기 위한 결단과 행동, 즉 경제·사회 개혁이 뒤따라야 한다.

그러나 개혁에는 상당한 저항이 따른다. 이해관계자 또는 기득권세력의 반발이다. 우리나라 의료와 교육서비스 분야의 제도개혁이 이해관계자나 기득권세력의 반대에 막혀 번번이 실패한 것이 대표적인 예이다. 하물며 경제·사회 전반에 걸친 총체적인 개혁을 추진한다면 그 저항이 얼마나 클 것인가는 쉽게 상상할 수 있다. 이런 저항을 정치적 리더십으로 극복하면서 적기에 개혁을 하면 그 나라와 사회는 새롭게 도약할 수 있다. 그렇지 못한다면 그 결과는 끝을 짐작키 어려운 쇠퇴와 전락이다. 이런 면에서 선순환에 성공한 대표적인 나라가 독일과 미국이다. 그 반대의 사례는 바로 일본이다.

현재 우리나라는 경제·사회시스템을 전면적으로 개편해 선진국으로 힘차게 도약하느냐 아니면 중국의 주변국으로 추락하느냐의 기로에 서 있다. 과거 어떤 시기보다 정치적 리더십이 절실히 필요한 때다. 그런데 안타깝게도 아직 훌륭한 정치적 리더십이 나타나지 않고 있다. 우리나라가 목전에 닥친 개혁의 시기를 놓친다면 새로운 경제위기에 봉착하거나 일본의 '잃어버린 20년' 같은 장기 저성장 기조에 붙들려 사회가 장기간 침체하는 운명에 빠질 것이다.

2. 한국 경제, 위기에 처할 가능성

1) 일본식 장기침체 진입

현재 우리나라는 안타깝게도 이미 일본의 '잃어버린 20년'과 같은 장기침체의 초기단계로 진입했다고 보인다. 일본의 '잃어버린 20년'의 원인으로 지적된 것들이 우리나라에도 모두 해당되며, 최근 가시화하고 있다. 우리나라는 2011년 이후 저성장단계로 접어들었으며 최근에는 2%대 성장에서 벗어나지 못하고 있다. 대략 일본과 약 20년의 격차를 두고 따라가고 있으며, 향후 장기침체의 정도는 일본보다 더 심할 것이고, 국민들이 겪을 고통도 더 클 것으로 보인다. 항목별로 간략히 살펴보면 다음과 같다.

먼저 저출산·고령화 문제다. 일본과 20년 격차를 두고 고령화를 따라가는 중이다. 지금 일본 사회의 무기력한 모습이 약 10년 후 우리에게도 닥친다는 얘기다. 무엇보다 이런 고령화 흐름에서는 일정 수준 이상의 경제성장을 기대하기 어렵다.

둘째, 우리는 유일한 성장동력인 제조업 조립완성품 분야에서 경쟁력을 급속히 잃어가고 있다. 산업발전 단계상 일본과 우리가 약 20년, 우리와 중국도 약 20년의 격차가 있다. 일본이 조립완성품 분야의 정점에 있던 때가 1990년대 초반이었으며, 거기서 내려오기 시작한 때는 1990년대 후반, 즉 생산가능 인구가 감소하기 시작한 1996년경이다.

일본 조립완성품 분야의 쇠퇴는 전기·전자산업에서부터 나타났다. 1990년대 중반 시작된 전기·전자산업의 약화현상은 20년이 채 지나지 않은 현 시점에서 조립완성품 분야의 대대적인 사업조정 등 구조조정을 불가피하게 만들었다. 조선·철강·석유화학 등 대부분의 제조업 분야에서도 시차를 두고 경쟁력이 약해졌다.

조립완성품 분야의 경쟁우위는 유럽에서 미국, 일본을 거쳐 한국으로 이전했듯이 산업별로 편차는 있겠지만 급속도로 중국으로 옮겨가고 있다. 특히 중국의 추월이 거센 분야는 IT산업이다. 중국 IT산업의 거센 추격은 이미 현실에서 나타난다. 컴퓨터·생활가전·디스플레이에 이어 최근에는 특히 중국 스마트폰 기업의 위세가 갈수록 커지고 있다.

또 중국의 도전이 다른 산업으로까지 점차 확산하고 있다. 우리나라의 조립완성품 분야는 조만간 성숙기에서 쇠퇴기로 접어든다. 결국 우리는 일본과 유사한 경로를 밟을 전망이다. 중국 제조업의 경쟁력 상승은 한국 기업에는 세계시장 점유율 하락, 매출 및 수익률 하락, 국내 조립공장의 해외이전을 야기할 가능성이 크다.

비교우위를 확보한 중국 기업이 자국시장을 평정한 후 해외로 진출할 경우 우리 기업들은 이에 대응할 경쟁력을 확보하고 시장개척이 쉬운 지역으로 이전해야 할 것이다. 이렇게 되면 국내 일자리는 그만큼 줄어들고 해당품목의 수출감소와 한국 경제의 GDP 감소라는 3중 충격이 불가피하다. 불행하게도 이런 상황은 이미 발생하고 있다.

대표적으로는 스마트폰을 꼽을 수 있다. 한국 기업이 만드는 제품의 해외생산 비중이 2010년 15.9%에서 현재 약 80%까지 상승했는데, 이는 삼성전자 등이 주력 공장을 베트남, 중국 등지로 옮겼기 때문이다. 삼성전자가 스마트폰 분야에서 애플을 제치고 세계 1위를 차지했지만 스마트폰 수출액은 계속 줄어드는 셈이다.

문제는 이런 현상이 더욱 가속화하면서 확산할 공산이 크다는 점이다. 이런 패턴이 반복되는 지금의 일본처럼 우리나라도 제조기지 공동화 현상을 걱정해야 할 판이다. 부산 사상공단의 신발클러스터가 중국의 급부상으로 거의 흔적조차 남지 않았는데, 제2, 제3의 '사상공단 사태'가 벌어지지 말라는 보장이 없다.

셋째, 고비용 구조에 따라 입지경쟁력이 약화되고 있다. 일본처럼 우리도 이미 고비용 사회에 진입했다. 최근에는 가속도까지 붙고 있는데 입지경쟁력 또한 지속적으로 약화되고 있다. 일본의 입지경쟁력을 약화시킨 것 중 하나는 노동시간의 단축과 노동시장에 대한 규제였다. 그런데 2014년 세계경제포럼(WEF)의 국제경쟁력 비교에 따르면 우리나라의 노동시장 효율성이 144개국 중 86위로 평가될 정도로 노동시장 효율성이 매우 낮은 반면, 임금은 경쟁국에 비해 오히려 높다.

최근 국회에서 논의 중인 사안 중에도 근로시간 단축, 통상임금 범위 확대, 정년연장, 사내 하도급 사용규제, 정리해고 요건강화 같은 노동관련 규제가 늘고 있다. 환경관련 규제도 우리나라의 입지경쟁력을 약화시키는 요인 중 하나다. 생산기술연구원에 따르면 우리나라의 환경보호 지출비용(2010년 기준)은 5조 6,363억 원으로, 독일(12조 6,621억 원)을 제외하고 영국(3조 6,482억 원), 스페인(3조 2,652억 원), 네덜란드(1조 9,102억 원)보다 많다. 최근에는 배출권 거래제, 화학물질 등록 및 평가법, 화학물질 관리법, 환경오염 피해 배상 책임 및 구제에 관한 법률 등으로 인해 기업부담이 늘고 있다.

기업의 경쟁력과 혁신을 가로막는 복잡한 토지규제도 입지경쟁력을 약화시키고 있다. 복지요구가 증가할수록 기업의 세금부담도 늘어날 수밖에 없다. 더욱이 이러한 조치들이 전체적으로 기업에 얼마나 부담을 주는지, 전체적인 부담을 기업이 감내할 수 있는지를 종합적으로 조사·분석하는 곳이 국내 어디에도 없다.

현재 우리 기업들의 해외이전 상황은 어느 정도일까. 제조업의 해외투자가 본격화한 시기는 1980년대 말부터지만 규모가 급증한 시점은 대기업의 사업장이 본격적으로 해외로 이전한 2000년대 이후부터다. 2013년 제조업의 해외투자액은 9,521억 달러로 2000년의 5.9배였다. 또한 대한상공회의소에 따르면 2003~2012년 중 국내 기업의 해외 직접투자는 연평균 17.2% 증가한 반면 국내투자는 4% 늘어나는 데 그쳐 해외투자가 국내투자의 4배에 달했다.

2000년대 제조업 해외투자의 대부분은 수출 대기업의 조립완성품 분야였으나 글로벌화 흐름에 맞춰 생산, 판매의 현지화도 이뤄지고 있다. 물론 임금상승, 높은 땅값, 노사갈등, 환경 및 수도권 규제, 내수정체 등으로 입지경쟁력이 약화돼 국내 생산으로는 수출 가격경쟁력을 유지하기 어려운 요인이 그에 크게 작용하고 있다.

넷째, 일본이 겪었던 '심층의 현지화' 현상이 우리 기업에도 나타날 것이다. 국내 전자업체들은 조립완성품의 약 90%를 해외에서 생산하는 것으로 추정된다. 자동차업계도 현재 계획 중인 해외공장 설립이 마무리되면 이 비중이 거의 60%에 육박할 전망이다. 현재 우리 제조업의 해외투자는 대기업과 이에 동반한 1차 부품업체들이 진출하는 단계여서 일본처럼 '심층의 현지화'가 본격화한 수준은 아니다. 핵심부품·소재 등 대부분의 중간재는 국내에서 수출된다.

그러나 시간이 흐를수록 '심층의 현지화'가 벌어질 전망이다. 이렇게 되면 우리 부품·소재업체들의 해외진출도 가시화할 것이다. 이어 현지에 진출한 대기업 조립공장은 해외에 진출한 한국 기업이나 현지기업으로부터 조달을 늘릴 수밖에 없다. 그러면 중간재 수출이 감소하고, 나아가 무역수지 흑자기조가 흔들려 일본처럼 무역적자가 고착화하는 것은 명약관화다. 게다가 일본보다 상황이 더 나빠질 수 있다.

일본은 '심층의 현지화'가 진행되더라도 자국에 남는 부가가치 비중이 20~30% 정도이며, 그 대상은 주로 첨단소재·장비다. 하지만 우리나라는 첨단소재·장비의 경쟁력이 일본보다 훨씬 낮기 때문에 국내에 남는 부가가치는 거의 없을 것으로 보인다.

우리나라가 저출산·고령화 현상이 본격화하는 2017년 이후 내수 정체 내지 감소가 펼쳐지고 입지경쟁력 약화와 함께 원화강세 기조가 이어진다면 지금의 일본처럼 수출 대기업뿐 아니라 내수 대기업, 중소·중견기업, 부품·소재·장비기업까지 해외로 이전하는 상황이 올 가능성이 크다. 세계화의 진전으로 우리 기업의 해외진출이 불가피하다고 하지만, 그럼에도 국내 사업장은 적어도 현상유지 또는 국내에 최소한의 부가가치를 남길 수 있도록 해야 한다. 제조업 공동화 현상은 국가적으로도 재앙에 가깝다.

다섯째, 일본과 같이 만성적인 수요부족에 시달리고 있으며 고령사회로 본격적으로 진입하는 2017년 이후 이 문제는 더욱 깊어질 것이다. 우리나라 민간소비의 연평균 증가율이 1991~1995년 8.1%, 1996~2000년 3.6%, 2001~2005년 3.7%, 2006~2010년 3.1%, 2011~2013년 2.3%로 지속적으로 감소하고 있다. 2009년 이후 이런 추세가 줄곧 가속화하고 있다.

기업의 설비투자 감소는 가계소비보다 상황이 더욱 심각하다. 2008년 글로벌 경제위기 기간을 제외하면 1996년 이후 1%대의 증가율을 보일 만큼 새로운 설비투자가 거의 이뤄지지 않고 있다. 그나마 제조업은 미미하게 양의 증가율을 유지하고 있지만 건설업과 서비스업은 외환위기 이후 투자가 계속 뒷걸음질 치고 있다.

일본처럼 우리나라도 가계소비가 감소하고 있지만, 설비투자 감소추이는 일본보다 먼저 시작해 상황이 더욱 열악하다. 경제협력개발기구(OECD)에 따르면 우리나라의 GDP 갭(*gap*), 즉 잠재GDP와 실질GDP의 격차는 2009년 -2.8%, 2010년 -0.7%, 2011년 -1.2%, 2012년 -3.1%, 2013년 -4.4%다. 2009년 '마이너스권'으로 진입한 이후 최근까지 점차 그 폭이 커지고 있다. 이를 방치한다면 그 폭은 더욱 늘어날 것이다.

여섯째, 우리나라도 경제·사회개혁을 위해서는 정치적 리더십이 필요한데, 현재 정치적 리더십이 없어 광범위한 정책실패가 발생하고 있다. 현재 5년 단임의 대통령제 하에서는 장기개혁 과제를 추진하기 어렵다. 또 대통령 선거과정의 지나친 경쟁으로 전시성 정책이 범람해 장기적 안목으로 입안한 정책대안들을 제시하기 어려운 구조이다.

또한 국민의 정치·경제적 요구를 정확히 반영하지 못하고, 기득권 세력 간의 정권잡기 경쟁에만 몰두하는 현재의 국회 구조 하에서 국회가 주도해 리더십을 발휘하며 경제·사회개혁을 주도하는 일도 불가능하다. 그러면 정부주도 하에 구조개혁을 추진할 수 있을까? 국회가 대부분의 권한을 가지고 있을 뿐 아니라, 현재 정부시스템과 공무원 사기를 고려할 때 이마저도 불가능하다. 결론적으로 현 상황에서는 어떤 주체도 정치적 리더십을 발휘해 한국을 발전시켜 나갈 경제, 사회개혁을 추진할 수 없다.

따라서 현재 한국 경제와 사회에 필요한 구조개혁을 펼치기 위해서는 헌법 개정을 포함한 정치개혁이 먼저 이뤄져야 한다. 조만간 정치개혁을 성사시키지 못한다면 한국 경제와 사회는 다음과 같은 이유로 일본보다 훨씬 참담한 상황에 직면할 수 있다.

먼저 경제규모와 위상 차이 때문이다. 일본의 '잃어버린 20년'이 나타나기 직전과 최근의 경제위상을 비교해 보면 일본 경제가 곤두박질쳤음을 알 수 있다. 세계에서 일본 GDP가 차지하는 비중이 1994년의 18.1%에서 최근에는 8% 초반까지 하락했으며, 세계 무역비중도 1984년의 최고치인 8.1%에서 2011년에는 4.6%까지 줄어들었다. 1인당 GDP도 1993년 3위에서 2011년 23위로 떨어졌다.

하지만 일본은 아직도 세계 3위의 경제대국으로 모든 면에서 우리를 훨씬 앞서 있다. 경제규모는 약 5배, 인구는 2.6배, 1인당 GDP는 약 2배다. 세계 1위 품목도 230개로 우리의 3배 수준이며 미국 경제전문지 〈포춘〉(Fortune)이 선정한 500대 기업의 일본 기업 수도 우리의 5배가 넘는다. 우리의 경제적 위상을 감안하면, 장기간의 경제침체는 우리를 일본보다 훨씬 어려운 상황에 빠뜨릴 것이다.

일본에 비해 우리는 산업기반이 여전히 취약하고 확고한 비교우위가 있는 산업도 적다. 일본 제조업의 경쟁력이 약해져 신흥국의 추격을 허용한 것은 오직 조립완성품 분야뿐이다. 완성차는 아직도 세계 최고의 경쟁력을 보유하고 있다. 일본 제조업의 기술력, 특히 아날로그 기술은 여전히 세계 최강이며, 1,500여 개의 강소·강중기업(히든 챔피언)들은 부품·소재·장비분야에서 아직까지 확고한 비교우위를 확보하고 있다. 이것이 앞으로도 지속될 일본 제조업의 핵심 역량이다.

우리나라 조립완성품 분야가 일본을 압도하고 있을 때도 핵심 부품·소재·장비는 여전히 일본에 의존하는 등 아직까지 일본과의 격차를 줄이지 못하고 있다. 또한 일본 조립업체들도 세계 최고수준의 기술력으로 신흥국과 차별화된 사업을 추진할 역량을 보유하고 있다. 따라서 일본은 대다수 업체가 해외로 나가더라도 최소한의 산업기반과 부가가치는 국내에 유지될 전망이다.

반면 우리나라는 일본처럼 기술력도 높지 않고 저변도 넓지 않다. 우리의 유일한 성장동력은 소수 대기업이 생산하는 조립완성품인데 이 역시 중국에 추격을 당해 일본 기업처럼 될 가능성이 매우 높다. 그런데 우리는 이를 대체할 새로운 성장동력이 없으며, 앞으로도 그럴 것이다. 인재와 돈이 대기업으로만 편중된 왜곡된 생산요소시장 하에서는 새 성장동력을 만들어낼 수 없기 때문이다. 우리가 일본보다 여러 가지 면에서 훨씬 큰 어려움에 봉착할 수 있다는 말이다.

그리고 최근 북한의 핵실험과 장거리 미사일 발사 등 군사적 도발이 걱정스러운 수준까지 치닫고 있다. 우리나라 안보를 진지하게 걱정해야 하는 단계까지 온 것이다. 우리나라가 일본의 '잃어버린 20년'의 뒤를 그대로 밟아가는 상황에서 이러한 안보불안과 이로 인한 혼란은 우리 경제와 사회에 큰 부담을 안겨 줄 것이다.

2) 단기적으로 경제위기에 처할 가능성

한국 경제는 1980년과 1997년에, 약 20년의 주기로 두 번의 큰 위기를 겪었다. 우리나라는 위기를 겪기 전에 위기를 예방하기 위한 선제적 개혁을 한 번도 하지 못했다. 두 번 모두 위기를 겪고 난 후 대대적인 경제·사회개혁을 시간에 쫓기면서 해치웠다.

이제 우리나라는 외환위기 후 약 20년이 지난 현재 다시 한 번 경제위기에 처할 가능성이 매우 높아 보인다. 왜냐하면 한국은 이번에도 지난 위기 때처럼 위기예방을 위한 선제적 개혁에 실패했기 때문이다.

앞의 6장 1절에서 상술한 바와 같이 한 나라의 경제·사회제도와 패러다임은 일정기간(20~30년)이 지나면 국내외 환경변화로 효용가치가 떨어지고 한계를 보이기 때문에 기득권 세력의 저항을 극복하고 적기에 개혁을 해낼 정치적 리더십이 중요하다. 그러나 현재 우리나라는 개혁추진은 고사하고 이른바 '최순실 사태'로 나라가 혼란에 빠져있으며, 앞으로도 상당기간 혼란이 이어질 것으로 보인다. 따라서 우리나라는 주력산업의 경쟁력약화 등으로 경제적 펀더멘탈 (*fundamental*)이 대폭 약해져 있으며, 이를 극복하기 위한 경제·사회개혁에 실패한 상황이다.

이러한 상황에서 소규모 개방경제인 우리나라는 외부의 충격이 가해지면 바로 경제위기에 처할 수 있다. 그런데 현재 세계 경제의 흐름을 보면 한국 경제는 거의 무방비 상태에서 상당한 충격을 받을 가능성이 매우 높다.

(1) 우리 경제에 충격을 줄 가능성이 있는 세계 경제 변수

첫째로 가능성이 큰 변수는 중국이다. 중국 편에서 밝힌 바와 같이 중국의 부실한 투자와 과도한 부채는 한 번은 해결하고 넘어가야 할 문제다. 과도한 부채로 인한 경고성 위기의 조짐들이 2015년 하반기부터 간헐적으로 나타나기 시작했다. 2015년 7월 주식시장 폭락, 2015년 하반기부터 2016년 초반까지 급속도로 진행된 외화유출, 2016년 연초의 주식시장 폭락 등이 그것이다.

그러나 중국 정부는 이러한 경고성 위기의 조짐들을 근본적으로 해결하는 대신 돈을 풀어 문제를 덮으려 했다. 이 과정에서 중국 핵심지도층 간 경제정책 노선을 두고 갈등이 빚어졌던 것으로 추정된다. 중국의 과도한 부채와 국영기업과 은행에 누적된 부실문제를 근본적으로 해결하기 위해서는 이익을 내지 못하는 국영기업을 퇴출시키면서 과잉시설에 시달리는 산업의 구조조정을 과감하게 추진해야 한다. 아울러 국영기업의 과도한 부채를 단계적으로 감축하는 실효성 있는 중·장기 대책을 수립해 강력히 시행해 나가야 한다.

이러한 과정에서 안정적인 경제성장 기조를 해치지 않는 범위에서 전체 투자수준을 점진적으로 낮춰 나가야 한다. 이러한 경제 전체의 구조조정 절차는 필연적으로 고통을 수반할 수밖에 없으며 강력한 저항이 뒤따르기 마련이다. 기간도 장기간 소요될 것이다.

중국 정부는 2015년 상반기까지는 경제구조 개혁의 기조와 원칙을 크게 해치지 않고 지켜왔던 것으로 평가된다. 그러나 2015년 하반기 대규모의 외화유출과 2016년 초기 증시폭락을 겪으면서 정책기조를 전환한 것으로 추정된다. 수단과 방법을 가리지 않고 위기의 전조현상을 덮어버리기로 결정한 것 같다.

그 결과 대규모 자금을 시장에 풀기 시작했다. 돈이 시장에 유입되면서 경제는 2016년 2/4분기 들어 안정되기 시작했다. 그러나 경제 전반에 걸쳐 아주 좋지 않은 징조인 버블이 쌓이면서 투기의 조짐 또한 나타나기 시작했다.

시중에 돈은 엄청나게 풀렸는데 세계 경제는 침체했다. 중국 주요 산업은 공급과잉이면서 이익을 내지 못했다. 따라서 마구 풀렸던 돈은 실물부문에 투자되지 못한 채 여기저기를 떠돌아다니기 시작했다. 중국 1선 도시 주택가격이 약 50% 폭등하는가 하면, 구리와 대두, 심지어는 돼지고기에까지 투기세력이 몰렸다. 이러한 버블과 투기는 항상 끝이 있기 마련이다. 언제가 끝인지는 아무도 모르지만, 거의 막바지까지 다다른 느낌이 든다. 중국의 정치일정을 감안하면 2017년 12월 이후부터 위험해질 수 있다고 조심스럽게 전망해 본다.

시진핑 정부는 2017년 11월 19차 공산당대회 후 제 2기 체제를 출범시키면서 집권 2라운드에 들어선다. 제 2기 체제가 출범하기 전까지는 중국 시진핑 정부는 중국 경제상황을 좋은 모습으로 유지코자 할 것이다. 그런데 제 2기 체제가 출범하면 '돈으로 유지하는 상황'은 종료될 가능성이 크다. 대외여건도 중국에게 불리하게 만들어지고 있다.

세계 경제의 침체추세는 이어지고 있으며, 2017년 1월 출범한 미국 트럼프 정부는 막대한 대미 흑자국인 중국을 향해 보호무역 조치를 공언하고 있다. 더욱이 미국 연준은 2008년 이후 지속돼온 신용 확장 정책을 정상화하려는 중이다. 신용확장 기조에서 축소 기조로 전환하려는 것이다.

신용확장 기조에서 축소 기조로의 전환과정에서 세계 경제는 항상 발작했다. 특히 신흥국은 이 과정에서 큰 타격을 입곤 했다. 미국 경제상황이 예상보다 호조를 보여 미국 연준의 금리인상 스케줄이 빨라진다면 신흥국에 대한 충격이 훨씬 더 클 수 있다.

중국도 예외일 수 없다. 그뿐 아니라 중국은 신흥국 중 가장 큰 타격을 입을 가능성이 있다. 대규모 외화유출이 다시 재개될 수 있으며 경제성장률이 뚝 떨어지는 경착륙에 처할 수도 있다. 더 나아가 확률은 낮지만 금융시스템의 혼란을 겪을 수도 있다. 확실한 것은 중국이 어떠한 형태로든 과도한 부채와 누적된 버블에 대한 비용을 치러야 한다는 것이다. 그 시기가 점점 다가오고 있는 것은 분명하며, 중국 경제가 '위기'에 못 미치는 '어려운 상황'에 처하기만 해도 우리나라는 위기상황에 봉착할 수 있다.

둘째, 미국 연준의 금리인상 등 신용축소 기조로의 전환과 트럼프 정부로 인한 보호무역주의 강화 등 불확실성 증가를 들 수 있다. 우선 미국의 금리인상은 신흥국인 우리나라에게도 큰 영향을 미칠 것이다.

우리는 상당한 규모의 외환보유고와 일정규모 이상의 경상수지 흑자를 유지하고 있어 1997년과 같은 외환위기에 처할 가능성은 매우 낮다. 그러나 2016년 말 기준 1,300조 원이 넘는 가계부채는 미국의 금리인상 때 우리 경제에 상당한 부담으로 다가올 것이며, 경우에 따라 금융시스템의 혼란을 겪을 가능성도 배제하기 어렵다.

우리나라 가계부채는 다음과 같은 이유로 안심할 수 있는 단계를 지나 위험한 단계로 가고 있다고 판단한다. 우선 총량의 증가가 너무 빠르다. 매년 10% 이상 증가하고 있다. 2017년에는 1,500조 원에 이를 전망이다. 박근혜 정부에서 내수경기를 살리기 위해 주택대출 규제를 완화한 이후 가계부채 증가폭이 더욱 커졌다. 여기에 기업부채도 커지고 있다. 최근 경기가 좋지 않아 영업이익으로 이자조차 갚지 못하는 기업이 증가하고 있으며, 기업의 수익성 악화는 전국적인 현상으로 2018년에는 더욱 나빠질 전망이다. 이렇게 되면 기업부채도 큰 폭으로 증가해 가계문제를 증폭시킬 것이다.

그리고 2012년 이후 가계부채 증가율이 경제성장률을 웃돌고 있으며 시간이 지날수록 그 폭이 커지고 있다. 더욱이 가계부채는 질적으로 나빠지고 있어 위험해지고 있다. 실질 가계소득이 정체 내지 감소하는 기간이 길어지면서 저소득층이나 자영업자를 중심으로 생계형 대출이 늘어났고, 이자를 갚지 못해 연체하거나 신용카드로 '돌려 막기'를 하는 사람들이 증가하고 있다. 최근 장기간 경기침체, 소비부진, 전세나 월세부담 등이 겹치면서 마이너스 대출, 카드론, 현금서비스 등 생계형 대출이 급속히 증가하고 있다. 이러한 현상은 점차 소득 하위층에서 상위층으로 전이하고 있다.

정부에서는 우리나라 가계부채 수준은 안전하다고 주장한다. 소득 상위 20% 가구가 가계부채의 약 50%를 보유하고 있어 부채를 갚을 능력이 있다고 볼 수 있기 때문이라는 맥락에서다. 그러나 이들 가구의 대부분 자산이 부동산 형태라는 점을 간과한 주장이다. 이들이 빚을 갚기 위해 주택형태의 자산을 매각하면 부동산 가격은 하락할 위험이 있기 때문이다. 따라서 정부의 주장도 설득력을 얻을 수 있는 단계는 지나간 것 같다. 우리나라는 가계부채 문제 이외에도 미국의 신용축소 시기에 어떤 돌발변수가 발생할지 모르는 불확실성을 안고 있어 불안하다는 점도 염두에 둬야 하는 상황이다.

셋째, 대외적인 문제는 아니지만 '최순실 사태'로 인한 한국사회의 혼란도 우리나라 경제의 위기가능성을 높이고 있다. 이 사태는 우리나라 역사상 처음 있는 사건으로 향후 어떻게 펼쳐질지 아무도 모를 정도다. 우리나라 앞날의 불확실성을 크게 높이는 요인임에는 분명하다. 또한 이에 따라 대통령과 행정부가 역할을 제대로 할 수 없는 국정공백 상태가 상당기간 이어질 것이다. 더욱이 대부분의 대기업집단이 이 사건과 연루돼 있어 재벌총수들이 국회나 검찰에 직접 불려 다니고 있다. 이 때문에 급박한 상황에서 유일한 성장동력인 대기업집단 또한 정상적인 경영활동을 하지 못할 것이다.

최순실 사태가 일어나기 전에도 한국 경제는 정부재정 확대로 근근이 버텨갈 정도로 좋지 못한 상황이었다. 이런 상황에서 대외적 충격이 우리 경제에 가해지면 아무런 조치도 취하지 못한 채 속수무책으로 당할 가능성이 제법 크다.

이런 모든 상황을 종합해 보면 우리나라는 2017년 하반기부터 2018년 사이에 경제위기를 겪을 가능성이 매우 높아 보인다. 최악의 경우 '블랙스완(*black swan*)'에 가까운 위기에 처할 가능성도 배제할 수 없다. 정말 걱정스럽다.

제 7 장

한국 경제의 시스템적 한계 1

대기업집단 중심 성장시대의 종언

1. 한국 경제와 대기업 중심 체제와의 불가분성

우리나라 경제시스템과 자주 비교하던 나라가 대만이다. 우리나라
와 대만은 아주 유사한 점이 많다. 우선 개도국에서 산업화와 민주화
를 동시에 성공한 점이 같다. 또 세계적으로 매우 드물게 비슷한 시
기에 토지개혁을 성공시켰다는 공통점이 있다. 공산주의와 대치하
며 분단과정에 놓였다는 점도 같다.

  그러나 경제시스템은 극과 극이라고 할 정도로 아주 다르다. 우리
나라는 대기업집단을 중심으로 한 성장시스템이며, 대만은 중소·
중견기업이 경제시스템의 중심에 있다. 두 나라가 거의 비슷한 시기
에 산업화를 시작했으나 그 철학과 접근방법은 완전히 다르다. 한국
과 대만의 경제시스템 가운데 어느 것이 더 우월한가를 두고 논쟁도
있었다. 1980년대에는 국제적으로 관심을 끄는 이슈였다.

대만이 중소·중견기업 위주의 성장전략을 채택한 철학적 바탕은 쑨원(孫文)의 삼민주의(三民主義)다. 민족(民族), 민권(民權), 민생(民生)을 강조한다. 여기서 민생은 모든 국민의 경제적 행복을 추구해야 한다는 게 큰 취지다. 따라서 지주계급과 대기업에 의한 독점적 폐해를 배제하는 등 경제적 평등을 강조한 사상이다. 대만은 산업화 초기 이 삼민주의 철학에 따라 토지개혁과 함께 중소·중견기업 중심의 성장전략을 수립해 추진했다. 지금도 대만경제와 산업의 중심은 중소·중견기업들로 짜여 있다.

반면 우리나라는 그와 정반대의 길을 걸어왔다. 1970년대 초반 철강, 조선, 전기·전자, 섬유, 화학, 기계 등 특정산업의 우선적 성장과 소수의 특정 대기업을 중심으로 하는 다소 극단적인 불균형 성장전략을 선택했다. 그 근본적인 이유는 산업화에 필요한 자금 등 자원의 절대적인 부족에 있었다. 또 북한과의 경쟁을 의식해 빠른 시일 내에 산업화를 이뤄야 했기 때문이다.

또한 우리나라는 소수 대기업이 필요한 기술, 부품, 장비를 수입해 값싼 노동력을 동원해 각 요소를 조립한 뒤 수출하는 전략을 취했다. 대만과는 다른, 제조업의 가치사슬상 조립완성품 위주의 성장방식이었다. 이러한 대기업-조립완성품 위주의 성장전략은 이후 부품과 소재국산화 전략에 따른 중소기업의 육성과 발전을 부른다. 그러나 중소기업은 조립완성품을 생산하는 대기업의 하청기업으로 성장할 수밖에 없는 구조였다. 따라서 우리나라 중소·중견기업은 정책적으로 대기업보다 최우선적으로 다뤄진 적이 없다.

노무현 정부 초기에 중소기업을 잠깐 정책의 최우선 순위에 둔 적이 있으나 대기업 중심 성장의 불가피성을 인정하고 대기업-중소기업 동반성장론으로 방향을 다시 틀고 말았다. 우리나라의 주력산업은 대부분 큰 기업이 정점에 선 조립가공산업이다. 조립완성품을 생산하는 분업구조의 가장 높은 꼭짓점에 대기업이 서서 핵심적 역할을 수행하는 구조다. 중소·중견기업은 이러한 분업시스템에서 1차, 2차, 3차 협력업체의 일원이자 부품과 소재 공급자로서 조연(助演) 역할을 수행할 수밖에 없다. 따라서 중소·중견기업 중 대기업집단의 영향력에서 벗어난 기업의 비중은 약 30% 수준이다. 또 대부분이 영세한 규모의 기업이다.

우리나라에서 중소·중견기업으로 성공하기 위해서는 조립완성품을 생산하는 대기업의 협력업체가 되는 것이 필수적이다. 대기업의 성장과 함께 중소·중견기업 협력업체도 함께 성장한 점은 사실이다. 그러나 대기업에 완전히 종속하여 세계시장에서 독자적으로 성장하는 데는 근본적으로 한계를 가지고 있다.

대만의 중소·중견기업들은 특정 대기업에 종속된 경우가 거의 없다. 글로벌 네트워크의 직접 당사자라는 자격으로 대기업과 함께 일을 추진한다. 따라서 우리나라 중소·중견기업보다 훨씬 국제화돼 있으며 매우 독립적이다.

반면 우리나라 중소·중견기업들은 글로벌 네트워크의 직접 당사자로 참여한 경험이 거의 전무하다. 조립완성품을 만드는 대기업만이 그런 역할을 한다. 중소·중견기업들은 대기업이 시키는 대로 부품, 소재를 공급하기만 하면 그만이다. 그리고 대기업의 허락이 없으면 어떠한 것도 할 수 없을 정도로 종속적이다. 일정규모 이상 성장도 어려우며 다른 조립업체에 납품하기는 더욱 어렵다. 또한 정부는 대기업을 육성하기 위해 경쟁을 제한하고 시장을 조성하며, 자원을 몰아주는 각종 특혜를 제공했다.

따라서 우리나라 상품시장과 생산요소시장은 대기업이 독·과점의 형태로 지배하고 있다. 기업에 대한 정부의 인센티브 시스템도 대기업이 영위하는 산업과 사업 위주로 짜여 있다. 그리고 우리나라는 1970년대 이후 대기업 위주의 성장전략에 따라 금융·노동·교육시스템 등을 그에 부합토록 만들었다. 우리나라 은행은 대기업이 영위하는 사업에 필요한 자금을 조달하는 일이 주된 역할이었으므로 독자적인 발전을 꾀할 수 없었다. 아울러 노동·교육시스템도 대기업에 필요한 인력을 공급하고 교육하는 방향으로 설계되었다. 사회적인 역량의 모든 요소를 대기업집단 중심의 성장시스템을 지원하는 방향으로 짰다는 얘기다. 이는 IMF 외환위기와 이명박 정부를 지나면서 더욱 공고해져 갔다.

2. 대기업 체제의 성과와 국민경제적 기여

1) 추격형 산업화 전략의 성공으로 글로벌 경쟁력을 갖춘 유일한 기업군

우리나라는 개도국 중 산업화에 성공하면서 제조업 조립분야에서 세계 최고의 위치까지 도달한 유일한 국가다. 대만은 산업화에는 성공했으나 세계 최고까지는 가지 못했다. 현재의 모든 산업은 19세기 말~20세기 초 유럽에서 2차 산업혁명을 통해 생겨났다. 이런 상황에서 산업 자체를 발명한 유럽계 국가들과 일본을 추월해 반도체 D램, 디스플레이, TV 등 가전, 2차 전지, 스마트폰, 조선(LNG선), 자동차(소형차) 등 제조업 조립분야에서 세계 최고에 오른 한국의 성적은 대단하다. 불가능한 일을 이뤄냈다는 점에서 충분히 자랑할 만한 일이다.

우리나라는 이런 성과를 바탕으로 무역규모 1조 달러를 세계 9번째로 달성했으며 수출규모 7위 수준을 유지하는 등 세계 12위의 국가로 도약했다. 우리나라는 이러한 성과를 대기업집단 중심의 성장 시스템으로 이룩했다.

한국의 대기업집단은 오너를 정점으로 수십 개 회사가 서로 순환출자를 통해 하나의 조직처럼 운영된다. 세계적으로 유례를 찾아볼 수 없는 매우 독특한 지배구조를 가지고 있다. 대기업집단은 오너의 빠르고 과감한 결정(투자 등)과 자원을 집중할 수 있는 등의 장점을 최대한 활용했다. 모방과 학습을 통해 선진국의 경험과 기술을 추격해 압축성장에 성공하면서 세계 최고수준에 도달했다.

이와 같이 대기업집단이 영위하는 제조업 조립완성품 분야는 우리나라가 세계 최고수준에 도달한 유일한 분야이다. 미국 등 선진국 국민들 대다수는 1990년대 초반까지만 해도 대한민국의 이미지를 암울하게 떠올렸다. 한국전쟁, 민주화 투쟁과 최루탄이 난무하는 도심 등이 주조를 이뤘다. 후진적이라는 인상에 부정적 인식이 대부분이었다.

그러나 삼성, 현대자동차, LG전자 등 우리나라 대기업 제품들이 세계 최고수준에 도달하면서 우리나라 이미지는 완전히 바뀐다. 삼성의 갤럭시 폰(Galaxy Phone)과 TV, LG의 냉장고, 현대자동차의 소형차가 세계 1등에 오르면서 전 세계 시장을 덮었다. 선풍적인 인기에 한국 상품이 팔려 나가면서 "선진국보다 더 뛰어난 첨단기술제품을 만들 수 있는 훌륭한 나라"라는 이미지가 자리를 대신했다. 선진적이라는 인상에 밝고 긍정적인 이미지였다. 아주 화려한 변신이었다.

2) 우리나라의 유일한 성장동력

대기업집단의 성장과 발전은 바로 대한민국의 성장과 발전으로 이어졌다. 대기업의 매출과 영업이익이 늘면, 고용도 늘었다. 중소기업의 매출과 영업이익 증가가 뒤를 이었으며 중소기업의 고용도 늘었다. 관련 서비스산업도 성장하고 이에 따라 고용도 창출됐다.

고용이 증가해 임금도 꾸준히 상승하면서 국내소비와 기업의 투자 또한 지속적으로 증가했다. 대기업이 대한민국 성장의 유일한 견인차 역할을 하였다. 이런 선순환의 흐름은 IMF 외환위기 전까지는 순조롭게 이어졌다. 대기업의 역할은 매우 결정적이었다.

이처럼 대기업집단은 한국에서 생산, 수출, 투자 등 거의 모든 부문에서 약 2/3의 비중을 차지하는 등 유일한 성장동력으로 작용했다. 우리나라 주력산업 구조의 최고정점에 우뚝 버티고 서서 하위구조를 끌고 가는 역할이었고, 그 점에서는 다른 어떤 주체도 자리를 대체할 수 없는 존재였다.

이러한 대기업집단의 역할을 잘 파악할 수 있는 곳이 국가산업단지다. 최근 구미, 울산, 거제, 창원 등 국가산업단지를 가보면 공단 내 공장이 비어있는 곳이 많음을 볼 수 있다. 대부분의 중소기업 사장, 근로자 및 인근의 자영업자들은 "못 살겠다"며 걱정을 토로한다. 특히 대우조선, 삼성중공업 등 조선소가 많은 거제도의 한숨소리는 크기만 하다.

대우조선이 망하기 일보 직전이어서 그렇다. 삼성중공업도 수주

울산 국가산업단지

절벽에 시달리다 보니 수천 개에 달하는 협력업체(특히 대우조선)들이 거의 폐업직전에 가 있다. 약 2만 명의 대우조선 및 협력업체 직원들도 해고위기에 처해 있다. 그에 따라 인근의 식당, 호텔 등 관련 서비스산업도 비슷한 처지다. 이런 상황이 이어지면 거제지역 전체가 황폐해질 수밖에 없다. 구미, 울산, 창원도 거제보다는 다소 나은 상황이기는 하나 비슷한 처지다.

이런 상황이 벌어지는 이유는 간단하다. 산업단지의 최상위에 대기업 조립업체가 있고 대기업을 중심으로 부품업체, 용역업체들이 포진해 있기 때문이다. 그리고 산업단지 배후도시는 대기업, 협력업체들의 근로자, 가족들의 생활경제에 의존하는 형태로 산업단지에 종속해 있다. 대부분의 배후도시는 독자적인 자생력이 거의 없다. 만약 거제에 조선산업단지가 없다면 조그만 어촌마을 정도에 지나지 않을 것이다.

개별산업, 산업단지 및 지역의 가장 높은 지점에 서서 해당산업, 산업단지 및 지역, 나아가 우리나라를 끌고 가는 유일한 성장동력의 대기업집단은 따라서 우리 경제의 절대적 존재다. 특히 삼성전자가 이끌고 있는 IT분야와 현대자동차가 중심인 자동차분야의 의존도가 매우 높다.

그렇지만 유일하게 힘이 집중하는 곳인 만큼 이곳이 흔들릴 때의 상황은 매우 위험하다. 유일한 성장동력인 만큼 그에 따르는 리스크가 크다는 얘기다. 만약 대기업의 경쟁력이 전반적으로 약화하면 이는 곧 우리나라 전체의 문제로 쉽게 비화(飛火)한다. 특히 삼성전자와 현대자동차가 흔들리면 우리나라는 곧장 위기에 진입할 수 있다.

아직 삼성전자와 현대자동차는 버티고 있으나 다른 대기업집단들은 대부분 경쟁력 저하의 현상을 뚜렷이 보이고 있다.

3. 대기업 중심 시스템의 부작용과 폐해

1) 한국 경제의 역동성을 심하게 훼손

노벨경제학상 수상자인 에드먼드 펠프스는 그의 역작인 《대번영의 조건》에서 1820년부터 1870년 사이 영국과 미국, 프랑스, 독일이 차례로 겪었던 근대 경제의 한 현상에 주목했다. 인류 역사를 통틀어 가장 경이로운 발전을 이룬 이유를 눈여겨본 것이다. 그는 그 이유를 다음과 같이 제시하고 있다.[1]

책에서 펠프스는 "유럽의 근대경제는 내생적 혁신을 만들어 내는 체제였기 때문이며, 오직 자생적인 창조성을 발휘하고 창조성을 혁신으로 전환시키는, 즉 '자생적 혁신'이 이뤄지는 경제를 만든 국가만이 급격하고 지속적인 성장궤도에 오를 수 있다"고 역설했다. 그는 또 이 시기는 규제가 없는 자유로운 환경이 보장되는 가운데 창조적 파괴를 할 수 있는 기업인들이 활발히 기업활동을 펼쳐 돈을 버는 매우 역동적인 사회였다고 지적했다.

우리는 여기에서 국가경제가 지속적으로 성장하기 위한 가장 중요한 요소가 무엇인지를 잘 알 수 있다. 그것은 바로 '자생적 혁신을 만들어 내는 체제'다. 또 이를 구성하는 가장 중요한 요소는 바로 '창조적 파괴를 통한 혁신', '도전을 두려워하지 않는 기업가 정신으로 무장된 기업인', '누구나 자유로운 가운데 기업활동을 할 수 있으며 공정한 경쟁이 보장되는 역동적인 생태계'인 것이다.

시장경제에서 가장 중요한 요소 중 하나가 바로 역동적인 사회(생태계)다. 한국 경제가 역동적이기 위해서는 우선 ① 창조적 파괴를 통한 혁신을 할 줄 알면서 세계시장을 상대로 사업을 할 수 있는 기업인들이 많아야 하며, ② 이들이 활발히 창업을 하면서, ③ 혁신적인 기업들이 중소→ 중견→ 대기업으로 성장해 세계적인 기업으로까지 발전하는 사례들이 많이 나오는 생태계를 만들어야 한다.

이 관점에서 보면 우리나라 경제는 전혀 역동적이지 않다. 한국 경제는 중소기업 → 중견기업 → 대기업 → 대기업집단으로 성장하는 사례가 극히 드물다. 거의 없다고 해도 무방할 정도다. 우리 경제는 1960년대부터 대기업 중심으로 고도성장을 이룩한 이래 1980년대 이후에는 새로운 대기업집단이 출현하지 못하고 있다. 즉, 1980년대 대기업집단이 고착화된 채 지금까지 거의 그래도 이어지고 있는 것이다. 1980년대 이후 민영화기업 2개(KT, KT&G)와 외국계기업 3개(한국GM, S-Oil, 삼성테스코)를 제외하고 대기업집단으로 새로 진입한 사례는 네이버가 유일하다.

반면 기존의 대기업집단들은 IMF 외환위기 이후 양적·질적 발전을 지속하고 있어 기존의 대기업집단 중심의 경제구조가 더욱 견고해지고 있다. 상호출자제한집단 소속 기업 수가 2002년 728개에서 2012년 1,831개로 늘었으며 GDP 대비 30대 기업집단의 총자산 비율도 1986년 56.6%에서 2012년 106.5%로 약 2배 늘었다. 이처럼 유독 우리나라만 새로운 대기업집단이 출현하지 못한다는 것은 역동성 측면에 근본적인 문제가 있다는 뜻이다.

또한 우리나라에서는 중소기업이 중견기업을 거쳐 대기업으로 성장하지도 못하고 있다. 2003년 당시 중소기업 중에서 2011년 현재 중견기업으로 성장한 기업은 678개로 전체 중소기업의 0.2%에 불과하다. 더욱 놀라운 사실은 2003년 당시 중소기업 중 2011년 현재 대기업으로 성장한 기업은 33개인데, 이 중 상호출자제한집단 소속 기업 19개, 외국인 기업 1개를 제외하면 중소기업에서 독자적으로 성장한 대기업은 13개에 불과하다.

아울러 2003년 당시 중견기업 중 2011년 현재 대기업(상호출자제한집단)으로 성장한 기업은 58개인데, 이 중 2003년 상호출자제한집단 소속 기업(39개)과 외국인 투자기업(8개)[2]을 제외한 독립적 대기업은 11개뿐(기업집단은 5개[3])이다. 이 중 STX와 하이닉스는 기존 대기업집단인 쌍용과 현대에서 비롯한 셈이니, 순수하게 중견기업에서 대기업으로 성장한 기업집단은 3개뿐이다. 더욱이 우리나라는 중소·중견기업의 성장 또한 용이하지 않은 구조이다.

우리나라 중소·중견기업의 성장과정을 분석하면 〈표 7-1〉에서 보는 바와 같이 다수의 정체구간이 있다는 점을 확인할 수 있다. 매출액별 기업들의 분포를 분석한 결과 1,000억 원 수준에서 성장정체 현상이 뚜렷하고, 2,000억 원 전후로 한계에 직면하고 있어 매출 2,000억을 넘어서는 기업 수는 매우 적어 중소기업에서 대기업으로 성장하기가 매우 어려운 구조적 한계를 가지고 있음을 알 수 있다.

독일의 헤르만 지몬(Hermann Simon)이 제시한 강소·강중기업의

<표 7-1> 매출액 구간별 정체 현황(제조업 기준)

정체구간		기업체 수 변화(2007년 기준)	
1구간	1,000억 원 이후	800억~1,000억 원	260개
		1,000억~1,200억 원	137개
2구간	2,000억 원 이후	1,800억~2,000억 원	70개
		2,000억~2,200억 원	33개
3구간	9,000억 원 이후	8,000억~9,000억 원	13개
		9,000억~1조 원	5개

자료: 기업은행 경제연구소(2009.12)

기준에 따라 우리나라 기업들을 분석해 본 결과 10~20개 정도의 기업만이 이 조건을 충족하는 것으로 나타났다. 그리고 기술혁신형 벤처기업 창업의 양과 질, 산업별로 진입하는 기업의 수, 대학생의 취업성향 등을 감안하면 우리나라 기업가정신 및 역동성은 문제가 될 정도로 낮다. 주목할 만한 기술혁신형 벤처기업의 창업이 현저하게 줄었다. 우리나라는 김대중 정부 시절, 벤처기업 육성정책을 추진하면서 수많은 기술혁신형 벤처기업 창업이 활발히 이루어지는 것을 경험했다. 이때는 대학교수, 대기업 연구원, 대학교 졸업생, 대기업 퇴직임원 등 많은 사람들이 너도나도 벤처기업을 창업해 노다지를 캐는 꿈을 꾸었다. 이른바 미국 서부시대의 골드러시(*gold rush*)와 같은 벤처 붐이 일어났다.

이제는 1990년대 말 일어났던 벤처 붐과 같은 역동성은커녕 '창업하면 망하니까 무조건 하면 안 된다'는 분위기가 만연해 있다. 특히 요즘 청년들이 최고로 선호하는 직업 및 직장은 공무원, 대기업, 공기업 등이다. 우리나라 청년들은 도전적이거나 진취적이지 못하고 매우 안정지향적이며 보수적인 성향을 보이고 있다. 우리나라의 미래를 생각하면 매우 걱정스러운 현상이라고 생각한다.

우리나라 경제와 사회의 역동성이 현저히 낮아진 가장 근본적인 원인은 대기업집단 때문이다. 대기업집단이 상품시장과 생산요소시장(특히 인력과 자금)에서 독·과점 지위를 활용해 우리나라 경제와 산업을 거의 완전히 지배하고 있어 여타 부문(특히 중소·중견기업)이 발전할 수 있는 여지가 거의 없다.

따라서 현재 우리나라 경제는 기존의 유일한 성장동력인 대기업집단이 영위하는 제조업의 조립분야를 제외하고 새로운 성장동력이 창출될 가능성이 거의 없다. 기존의 성장동력인 대기업집단 위주의 경제시스템이 너무나 견고해서 이에 맞서서 성장할 수 있는 역량을 가진 주체들이 존재할 수 없기 때문이다. 거대한 나무 밑에는 다른 식물들이 자랄 수 없다. 거대한 나무 밑에는 햇볕이 들지 못하기 때문이다.

2) 경제의 독·과점화에 따른 경쟁 제약 및 지배력 남용 폐해

우리나라 산업은 거의 모든 산업이 2~3개 대기업집단의 독·과점 상태로 고착화되었으며 인력과 자금 등 생산요소시장도 대기업이 장악하고 있어 공정한 경쟁이 이루어지지 않고 있다. 또한 대기업집단은 상품시장과 생산요소시장 등에서 경제적 지배력을 이용해 그들의 이익을 최대화하기 위한 힘의 남용사례가 점점 많아지고 있어 다른 부문의 성장을 가로막는 등 부작용이 크다.

우선 상품시장을 살펴보면 우리나라 거의 대부분의 상품시장은 2~3개 대기업집단의 독·과점 상태다. 자동차의 경우 현대자동차, 기아자동차에 의한 사실상 독점상태다. GM과 르노자동차는 외국계 기업이며 규모와 시장점유율로 볼 때 현대, 기아와 비교할 수 없을 정도로 미미하다. 반도체는 삼성과 하이닉스, 조선의 경우는 현대중공업과 대우조선 및 삼성중공업, 설탕은 제일제당과 대한제당, 일관제철은 POSCO와 현대제철이 장악했다. 석유화학제품과 석유제품 등도 대부분 독·과점 상태로 굳어져 있다.

산업의 경쟁력과 규모의 경제를 확보하기 위해 이러한 산업구조가 형성했으나 국내 대부분의 상품시장에서는 쉽게 담합이 이루어질 수밖에 없는 구조여서 경쟁이 제한적이다. 국내시장에서 외국기업과 경쟁하고 있으나 국내시장의 폐쇄성으로 인해 그 효과는 제한적이며 새로운 기업이 각 산업별로 진입할 여지도 거의 없다. 새로이 생겨나는 산업분야 또는 기존 중소기업이 영위하는 분야도 대기업집단이 자회사를 설립해 같은 분야에 진입할 경우 이 산업에 종사하는 중소·중견기업들은 도태될 수밖에 없다.

2002년부터 2012년까지 10년 동안 대기업집단 자회사가 약 1,100개 증가했다는 사실은 대기업집단이 자회사를 통해 거의 모든 산업분야를 장악했음을 알려주는 증거다. IMF 외환위기 이후 이러한 현상이 현저히 증가했다. 사실상 우리나라에서 대기업집단과 경쟁해서 이길 수 있는 주체가 있을까? 결코 없다. 대기업집단의 자회사는 사업에 필요한 인력과 자금 등 모든 자원을 대기업집단으로부터 조달받는다. 가장 우수한 인력과 무제한의 돈을 쓸 수 있는 대기업집단의 자회사와 경쟁해서 중소기업, 중견기업이 이길 수 있겠는가? 불가능한 일이다. 애초부터 어린이와 어른의 경쟁이며, 승부는 출발지점에서 이미 결판난 것이나 마찬가지다. 매우 불공정한 경쟁일 수밖에 없다.

우리나라 경제시스템 상 새로운 성장동력이 창출되지 못하는 가장 근본적인 원인은 바로 생산요소시장이다. 우리나라 인력, 자금시장은 대기업이 의도하지 않았다 하더라도 사실상 그들이 장악하고 있다. 인력시장에서는 최고의 인재들이 대기업에 들어가기 위해 안달이다. '삼성고시', '현대고시'란 말이 이런 풍조를 반영하고 있다. 반면 대기업 이외 부문(특히 중소·중견기업)의 경우 최고의 인재는 차치하고 우수인력 확보도 여의치 않다. IMF 외환위기 이후 이러한 현상은 더욱 심화됐다.

우선 임금수준의 격차가 크다. 중소·중견기업의 임금수준은 대기업의 약 50% 수준이다. 그런데 우수인력이 중소·중견기업에 가지 않는 이유는 비단 경제적인 면만은 아니다. 실제 우리 부모들은 자녀가 중소기업에 취업하려고 하면 '조금 더 놀더라도' 대기업에 취업하는 게 낫다고 생각하는 편이다. 이러한 사회풍조에서 중소·중견기업이 우수한 R&D, 마케팅 인력을 확보하기도 어렵지만 천신만고 끝에 인력을 확보하더라도 5년 넘게 장기근무토록 하기는 더욱 어렵다. 거의 대부분 5년 안에 대기업 경력직으로 이직하고 만다. 우수인력이 중소·중견기업을 한때 잠깐 거쳐가는 곳 정도로 생각하는 직업관 내지 취업풍토를 깨뜨리지 못하면 우리 중소·중견기업이 새로운 성장동력으로 성장하는 것은 결코 불가능하다.

인력문제보다 정도는 덜하지만 자금시장 사정도 마찬가지다. 신용도가 높은 대기업은 좋은 조건의 자금을 골라 쓸 수 있다. 반면 신용도가 낮은 중소·중견기업은 이자가 높은 자금마저도 필요한 액수를 적기에 확보하기조차 쉽지 않다. 신용도가 낮은 중소기업이 은행권으로부터 자금을 융자받는 일이 어렵기는 다른 나라도 마찬가지지만, 우리나라는 금융산업이 낙후해 있다 보니 그 정도가 심하다.

우리나라 제도권 금융기관들은 중소기업 자체 또는 중소기업이 영위하는 사업분야, 대기업이 하지 않는 새로운 분야를 제대로 평가할 능력이 아직 낮다. 그래서 대출을 해줄 때 담보를 요구하고, 그것도 주로 부동산 담보가 대부분이다. 아무리 기술이 좋고 사업성이 좋아도 담보가 없으면 융자받기가 어렵다. 이러한 관행은 IMF 사태 이전이나 이후나 별로 달라지지 않았다. IMF 이전에는 담보가 필요 없는 '대마불사'(大馬不死)의 대기업에 주로 돈을 빌려주었고, IMF 이후에는 주택담보대출에 집중했다. 사업성을 평가할 필요가 없는 너무나 쉽고도 안정적인 사업을 해온 것이다.

우리나라 금융산업의 관행이나 사업행태가 이렇다 보니 두 분야에 자금이 제대로 공급되지 않아 문제다. 하나는 중소·중견기업 중 기술과 사업성이 뛰어난 기업이고, 또 다른 하나는 원전건설 또는 플랜트수주 등 해외의 대규모 프로젝트다. 특히 기술이 뛰어난 초기단계의 중소기업에 대한 자금공급은 거의 경색수준이다.

우리나라는 미국·독일·일본과 같이 기술만 가진 벤처기업에 투자 혹은 융자해 주는 금융기관이 턱없이 부족하며 금융관행조차 아직 부실하고 서툴다. 그러나 실물경제와 산업에 대한 자금공급은 금융권의 가장 중요한 역할 중 하나다. 물론 은행 등 제도권 금융에서 기술성 평가를 하고 이를 근거로 담보 없이 대출해 주는 것은 전통적으로 보수적인 은행업과 맞지 않다. 이렇다 보니 많은 꿈을 가진 벤처기업들이 자금을 찾아 헤매다 흔적도 없이 스러져가는 것이다.

기술혁신형 중소·중견기업이 세계시장을 무대로 활동하는 데 필요한 자금을 어떤 행태로든 공급받지 못한다면 이들의 성장정체 현상은 계속될 것이다. 인력, 자금시장에서 중소·중견기업들이 줄곧 소외된다면 우리나라의 새로운 성장동력 주체는 결코 싹틀 수 없다. 여타 부문도 마찬가지다.

미국 경제는 새로운 지식과 기술로 무장한 혁신적인 기업이 끊임없이 창업하고 이들 기업들이 기존의 대기업들을 극복해 대기업으로 성장하는 사례가 상시적으로 나타나는 역동적인 시스템을 가지고 있다. 이러한 역동성의 근본요인은 공정한 기회가 보장되는 인력과 자금시장에 있다. 특히 미국의 금융산업은 산업에 필요한 자금을 풍부하게 제공해 주는 시스템이 너무나 완벽하게 갖춰져 있다. 경쟁력 있는 지식과 기술이 있으면 누구나 필요한 자금을 제공받을 수 있다. 이러한 미국의 경쟁력 있는 금융시스템이 미국을 혁신적이고 역동적으로 만드는 근본적인 동력이다. 미국 금융시스템에 대해서는 10장 2절에서 다룰 예정이다.

우리나라는 미국과 같은 금융시스템은 꿈꿀 수 없지만 적어도 산업을 역동적으로 만드는 데 필요한 최소한의 자금을 제공할 수 있는 금융시스템을 만들지 못하면 새로운 성장동력 창출은 불가능하다. 그리고 우리나라 대기업집단은 경쟁을 제한할 뿐 아니라 우리나라 경제·산업에 대한 지배력을 이용해 산업발전을 저해하고 새로운 성장동력 창출을 어렵게 한다. 이에 대해 자세히 살펴보기로 한다.

3) 대기업집단의 수직적 통합과 내부거래로 산업발전 저해

우리나라 대기업집단은 발생하는 이익을 가능한 한 내재화하며 극대화하려는 경향이 크다. 이를 위해 대기업집단은 수직적 통합과 내부거래를 활용한다. 기업 입장에서 보면 이익을 극대화하려는 노력은 당연하다. 그러나 국가경제 관점에서 보면 매우 부정적인 영향을 미친다. 우리나라 대기업집단은 우리 경제와 산업에 대한 절대적인 영향력과 힘을 가지고 있어 새로운 경쟁력 있는 기업과 성장동력 창출을 가로막기 때문이다. 우선 대기업집단이 이익을 내재화하며 극대화하는 여러 가지 행태와 함께 국민경제와 산업에 끼치는 폐해에 주목할 필요가 있다.

(1) 산업 자체 발전에 저해

대기업집단의 수직적 통합과 내부거래가 산업 자체의 발전을 가로막는 걸림돌로 작용하는 사례가 있다. 그 대표적인 산업이 소프트웨어산업과 물류산업이다. 우리나라 대기업집단이 공통으로 보유하는 회사가 있다. 전산(소프트웨어), 물류, 건설회사다. 또 하나 추가하면 금융산업이다. 이 분야는 금산분리 원칙 때문에 증권과 보험회사만 가지고 있다.

　대기업집단은 내부에 있는 기업 안에서 광범위한 내부거래를 한다. 소프트웨어 부문을 보면 모든 대기업집단은 그룹의 디지털 소프트웨어(전산)를 담당하는 회사를 가지고 있다. 삼성SDS, SK C&C 등이 좋은 예다. 우리나라 소프트웨어산업은 민간부문(거의 대부분 대기업집단)의 수요 2/3와 정부부문(공공부문 포함) 수요 1/3로 구성된다. 이처럼 우리나라 소프트웨어산업은 대기업집단 수요가 절대적으로 많다.

그러나 대기업집단은 계열사들의 소프트웨어 관련 일은 그룹 내 전산회사에 모두 몰아준다. 그러면 그 전산회사는 자신이 하는 일을 제외한 대부분의 일을 중소기업에 하청을 준다. 계열사가 그룹 내 전산회사에 100의 금액으로 일을 맡겼다면 중소 하청기업에는 아마 70 이하로 하청을 줄 것이다. 하청을 받은 중소기업은 건설회사 하청과 마찬가지로 투입된 시간과 인력에 근거해 돈을 받는다. 그 중소기업이 기술혁신을 통해 아주 우수한 첨단 소프트웨어를 개발했어도 그 결과에 상응한 보상은 없다.

이렇다면 우리나라 소프트웨어산업은 건설산업과 업태가 거의 똑같은 형태로 주저앉는다. 소프트웨어산업의 중소기업 사장 입장에서는 비용(주로 인건비)을 줄여야 이익이 나는 형편이니 가능한 한 장시간 근무시키고 봉급을 적게 줄 수밖에 없다. 지금은 공공부문의 소프트웨어 입찰에 대기업집단과 매출액 9,000억 원 이상 대기업의 참여를 금지하고 있지만 몇 년 전만 해도 이러한 제한이 없었다.

대기업에 대한 규제가 없었을 때는 거의 대부분의 공공부문 소프트웨어사업은 대기업집단 소속 전산회사들이 따냈으며, 실제 일은 중소기업들이 하청의 형태로 했다. 그 구조는 대기업 그룹 내의 일과 대동소이하다.

이런 생태계에서는 소프트웨어산업에서 공정한 경쟁이 일어날 수 없다. 또한 기술혁신도 발생할 수 없다. 그저 중소기업에 종사하는 소프트웨어 인력의 낮은 연봉과 밤샘근무만 있을 뿐이다. 이렇다 보니 대학교 소프트웨어학과에 우수한 인재가 갈 이유가 없어 우리나라 공과대학 학과 중 소프트웨어학과는 가장 비인기학과로 전락하고 말았다.

공공부문의 소프트웨어 입찰에 대기업 참여가 금지된 이후에도 상황변화는 거의 없다. 이러한 산업구조와 생태계로는 정부가 아무리 소프트웨어산업 발전을 위해 돈을 쏟아 부어도 아무런 효과가 없을 것이다.

제4차 산업혁명에서 가장 중요한 플랫폼(*platform*) 산업과 기술이 바로 소프트웨어산업과 기술이다. 우리나라가 제4차 산업혁명을 대비하기 위해 시급히 해야 할 과제는 달리 있다. "AI(인공지능) 육성이다", "IOT(사물인터넷) 육성이다" 하면서 몇 년간 몇조 원의 돈을 쏟아 붓기만 할 일이 아니다. 소프트웨어산업 발전 자체를 저해하는 생태계를 근본적으로, 반드시 바꿔야 하는 것이다.

물류산업도 소프트웨어산업과 크게 다르지 않다. 우리나라 거의 대부분의 대기업집단은 물류담당 자회사를 보유하고 있다. 삼성전자, 현대자동차, LG전자 등 그룹 내 자회사의 국내외 수송은 전부 그룹 내 물류 자회사에게 몰아준다. 물류산업도 경쟁이 상당히 제한돼 있으며 우리나라 물동량의 상당 분을 대기업집단이 차지하고 있다. 따라서 세계적인 규모의 물류기업이 우리나라에서 탄생한다는 것은 구조적으로 불가능하다.

우리나라 물류산업의 구조는 대기업집단의 물류회사와 아주 영세한 중소 물류회사로 양극화된 형태다. 그렇다고 대기업집단의 물류 자회사 중 세계적인 규모로 발전 가능한 기업이 생겨날 수 있을까? 이것도 불가능하다. 한 대규모집단의 물량이 다른 대규모 집단의 물류 자회사로 갈 수 없기 때문이다. 이런 산업구조에서 정부가 추진하는 물류산업 육성은 '앙꼬 없는 찐빵'에 비유할 수 있는 것이다.

(2) 새로운 성장동력의 창출 저해 (특히 중소·중견기업 부문 발전 저해)

우리나라 주력산업이 성장하는 과정에서 대기업집단이 중소·중견기업(특히 협력업체)의 발전에 크게 기여한 점은 사실이다. 그러나 중소·중견기업이 일정수준 성장한 이후부터는 이들 중소·중견기업이 세계적인 수준으로 성장하는 데 가장 큰 장애요인으로 작용하고 있다.

우리나라에서 중소·중견기업이 돈을 벌 수 있는 가장 빠른 지름길은 조립 대기업의 협력업체가 되는 길이다. 지금도 이 방식은 유효하다. 사실 우리나라 중소·중견기업 중 매출이 일정규모 이상 되는 기업들은 대부분 조립 대기업의 1차 협력업체들이다. 중소·중견기업 중 완전히 대기업집단의 영향력을 받지 않는 기업은 극히 적다고 할 수 있다. 따라서 우리나라 중소·중견기업 부문은 대기업집단에 종속돼 있다고 해도 과언이 아니다.

우리나라 중소·중견기업 중 세계시장에서 경쟁력을 가지고 있는 기업, 즉 헤르만 지몬이 말하는 '히든 챔피언'은 10~20개 내외인 것으로 추정한다. 〈표 7-2〉에서 보는 바와 같이 우리나라는 중견기업이 아주 적다보니 기업분포가 극심한 첨탑형 구조를 보이고 있다. 중견기업의 비중이 독일, 일본에 비해 크게 낮아 우리나라의 성장동력 역할을 하지 못하는 것이다.

우리나라는 소수 대기업의 비중이 상대적으로 매우 높은 양극화구조다. 독일이 가장 이상적인 피라미드형인데, 고용·매출 비중도 중

〈표 7-2〉 사업체 규모별 업체 수, 고용, 매출액 비중 (제조업 기준)

(단위: %)

구분	한국	일본	독일
업체 수 비중	0.1 / 0.2 / 99.8	0.2 / 1.1 / 98.7	1.2 / 8.2 / 90.5
고용 비중	12.6 / 7.4 / 80	12.4 / 17.3 / 70.3	27.7 / 28.7 / 43.6
매출액 비중	43.6 / 17.7 / 38.7	25.3 / 26.8 / 47.9	39.8 / 28.9 / 31.3

자료: 지식경제부(현 산업자원통상부)
주: 일본(2006): 중소기업 4~299명, 중견기업 300~999명, 대기업 1,000명 이상
   독일(2005): 중소기업 1~249명, 중견기업 250~999명, 대기업 1,000명 이상

소·중견·대기업별로 균형이 잡혀 있다. 즉, 성장동력 창출에서 중소·중견기업도 대기업 못지않다는 것을 보여 준다. 어떤 환경에도 흔들리지 않고 지속적인 성장이 가능한 아주 안정적인 구조다. 우리나라가 지향해야 할 구조인 것이다.

독일이 이러한 지속가능한 성장이 가능한 경제구조를 갖춘 것은 이른바 '히든 챔피언'인 중소·중견기업이 약 2,000개 존재함으로써 이들이 대기업 못지않은 국가 성장동력의 역할을 하고 있기 때문이며 일본도 1,500개 내외의 '히든 챔피언'이 있다.

그러면 왜 우리나라는 독일식 '히든챔피언'인 중소·중견기업이 추세적으로 증가하지 못한 채 10~20개 내외에 머무르는 것인가? 다시 말해서 왜 우리나라 중소·중견기업은 대기업과 같은 성장동력의 역할을 할 수 없는가? 그것은 현재 각 산업별로 조립 대기업이 최정점에 있어 절대적인 영향력을 행사하는 구조이기 때문이다.

우선, 앞에서 지적한 바와 같이 우리나라 생산요소시장이 대기업 중심으로 왜곡돼 있어 중소·중견기업에 우수한 인재가 가지 않으며 필요한 자금이 충분히 공급되지 못하고 있다. 둘째, 거의 대두분의 조립 대기업들은 핵심적이고 부가가치가 높은 부품·소재를 내재화하는 전략을 채택하고 있어 대기업 자회사가 아닌 협력업체는 핵심부품과 소재가 아닌 범용부품·소재를 주로 공급한다. 범용부품과 소재로는 세계시장에서 통하는 기업으로 성장하기는 불가능하다.

삼성전자와 애플은 스마트폰 시장의 최강자 1, 2위 기업이지만 이 둘의 경영전략은 완전히 다르다. 애플은 플랫폼 설계나 관리와 같은 자사의 핵심역량을 제외한 대부분을 협력업체들을 통해 조달받는다.

심지어 스마트폰 조립도 폭스콘이라는 대만업체에 위탁해 생산한다. 반면 삼성전자는 이와 달리 거의 대부분의 핵심부품과 조립을 삼성 전자, 삼성SDI, 삼성전기로 내재화시켰다.

현대자동차도 마찬가지 전략이다. 협력업체가 단품을 현대모비스에 납품하면, 현대모비스가 이를 모듈형태로 조립해 현대자동차에 납품하는 구조다. 이런 구조에서 단품을 생산하는 협력업체가 세계 시장에서 통하는 기업으로 성장하는 것은 불가능하다.

셋째, 우리나라 조립 대기업들은 협력업체들이 일정규모(매출규모 1,000억~2,000억 원) 이상으로 성장하는 것을 바라지 않는 것으로 추정된다. 그 이유는 분명하다. 협력업체들이 자사의 방침대로 잘 따르기를 바라며, 그로써 관리하기 좋은 상태로 유지하기를 원하기 때문이다. 따라서 우리나라 조립 대기업 협력업체들이 현재의 산업 생태계 하에서 일정규모 이상 성장하는 것은 불가능하다.

또한 조립 대기업들은 협력업체들이 자사 이외의 다른 조립업체에 납품하는 것을 허용하지 않는다. 공식적으로는 제한이 없다고 하나 현실적으로는 어렵다는 것이 업계의 정설이다. 외국 조립업체에 대해서도 마찬가지다.

그리고 조립대기업들은 협력업체 영업이익률을 4~5%, 순이익률은 3% 내외로 통제하고 있다. 대기업에 납품하는 협력업체들의 연간 재무제표를 보면, 모든 협력업체들의 영업이익률과 순이익률은 똑같다. 이는 재무제표를 들여다보지 않고서도 알 수 있는 사실이다. 또 특정 협력업체가 R&D 또는 생산성 혁신을 통해 이익을 늘리면 그 다음해 바로 5%~3% 수준으로 돌아간다. 이러한 이익률로는

R&D 또는 해외마케팅 투자가 불가능하다.

협력업체가 추가성장을 하려면 R&D 및 해외마케팅을 위한 투자를 해야 하는데 기존 대기업 납품으로 거둔 이익으로는 불가능하니 돈을 빌려서 투자해야 한다. 이러한 결단은 만약 실패할 경우 회사가 망하게 되는 큰 모험에 해당한다.

어떤 협력업체가 이런 모험을 하겠는가? 1,000억~2,000억 매출과 3~5% 이익이 보장되는 비교적 안정적인 경영에 만족하며 지내는 게 최선일 것이다. 더 나아가 조립 대기업들은 협력업체 경영상황을 거의 완벽하게 통제하고 있다. 협력업체는 사장에서부터 일반 종업원의 임금수준 등 모든 경영현황을 조립업체에 보고하도록 돼 있다. 조립업체 대비 협력업체 근로자 임금수준이 거의 대부분 50~60% 수준이라는 사실이 우연은 아닌 것이다.

넷째, 협력업체에 대한 광범위한 불공정행위(이른바 甲질) 또한 중소·중견기업의 발전을 저해한다. 불합리한 납품단가 인하, 기술탈취, 혁신으로 인한 이익증가분의 불인정, 납품대금 지급지연 등 광범위한 형태의 불공정행위가 이뤄지고 있다. 그럼에도 이런 불공정행위는 세상에 별로 알려지지 않고 있다. 협력업체가 아무리 억울하더라도 쉬쉬하면서 비밀로 하는 것은 이런 불공정행위를 공개하는 순간 조립업체에 대한 납품은 포기해야 하기 때문이다. 회사가 망하는 것을 각오하고 이를 밝히려고 하는 협력업체는 없을 것이다.

이런 불공정행위가 벌어지는 근본원인은 '협력업체는 우리 때문에 먹고 사니까'라며 협력업체를 낮춰 보는 인식이 팽배한 대기업집단의 저급한 기업문화 때문이라고 생각한다. 과거에 비해 다소 나아졌

대기업집단이 진출하지 못한 인터넷, 게임산업에서 대기업으로 성장한 기업

으나 미국, 독일, 일본 등 선진국과 비교해 보면 아직 개선해야 할 여지가 아주 많다.

그러면 협력업체가 아닌 독립 중소·중견기업들이 발전할 수 있는 생태계는 만들어져 있을까? 결코 그렇지 않다. 앞에서 살펴본 바와 같이 대기업집단은 이른바 '돈 되는 사업'이 보이면 앞 다퉈 자회사를 설립해 이 분야에 진입했다. 이 과정에서 수없이 많은 중소기업이 망했다. 이렇다 보니 대기업이 진출하지 못한 특수분야를 제외한 우리나라 거의 모든 산업은 대기업집단이 장악하고 있다. 우리나라에서 대기업집단이 진출하지 못한 인터넷과 게임산업의 네이버, 카카오, 엔씨소프트 등만이 대기업으로 성장한 극소수의 업체들이라고 생각한다.

4) 가계소득 불균형 심화와 양극화 현상의 근본원인

IMF 외환위기 이후 한국 경제의 변화 중 가장 부정적인 측면은 양극화에서 비롯된 가계(임금) 소득의 불균형 심화와 이로 인한 중산층의 감소와 빈곤층의 증가다. IMF 외환위기 이전에는 대기업 성장 → 중

소기업 성장 → 국가 경제 성장 → 고용증가 → 국민 임금소득 증가 → 자영업 소득증가와 같은 선순환 구조가 형성되었다. 대기업 중심 성장시스템을 통해 공정한 분배가 이뤄졌다는 얘기다.

그러나 IMF 위기 이후에는 이러한 선순환 구조가 깨지고 말았다. 대기업 중심 성장시스템이 공정한 분배를 보장하지 못하고 오히려 불평등을 심화시키는 방향으로 작용하면서 시간이 지날수록 그 강도마저 세졌다고 평가할 수 있다.

IMF 위기 이후 대기업들은 R&D, 생산성 혁신을 통해 선진국 수준으로 도약한 반면 중소·중견기업과 서비스 부문은 그렇지 못해 격차가 커졌는데, 이러한 생산성 격차를 감안하더라도 대기업과 여타 부문과의 소득격차는 너무 과도하다고 판단된다.

이는 대기업집단의 상품시장, 생산요소시장에서의 독과점적 지위, 중소·중견기업에 대한 절대적인 영향력과 강성 대기업노조 등이 복합적으로 작용한 결과다. 이에 대해서는 9장에서 보다 상세히 살펴보도록 한다.

4. 대기업 중심 시스템시대의 종언

1) 대기업 중심 체제와 국가경제의 선순환 종료

우리나라 경제에 대한 대기업집단 시스템의 기여와 함께 부작용, 폐해를 살펴봤다. IMF 외환위기 이전에는 대기업집단 시스템과 국가의 이익은 상당부분 일치했다. 다시 말하면 대기업집단이 성장하고 발전할 때 나라경제도 성장하고 고용도 증가하면서 가계소득도 함께 증가하는 등 선순환이 일어났다.

그러나 IMF 외환위기 이후에는 이러한 선순환이 무너지기 시작했다. 국가의 이익과 대기업집단의 이익이 상반되는 경우가 많아지기 시작한 것이다. 대기업집단은 성장과 발전의 흐름을 이어가지만 그 외의 경제주체는 그렇지 못한 양극화 현상이 발생했으며, 시간이 지날수록 그 격차는 급격히 커져만 갔다. 경제성장에 따른 과실배분이 공평하게 이뤄지지 못하고 대기업집단과 관련된 주체들에게만 혜택이 몰려 소득분배의 불균형이 심화했다. 결국 중산층이 감소하는 아주 좋지 않은 현상이 구조적으로 고착하는 상황에 이르렀다.

그리고 2008년 경제위기 이후에는 성장측면에서도 문제가 발생하기 시작했다. 즉, 우리나라 주력산업의 경쟁력이 추세적으로 약해지기 시작했다. 그럼에도 새로운 성장동력이 나타날 조짐은 당연히 전혀 보이지 않았으며 이를 창출하려는 노력도 없었다.

사실 IMF 외환위기 이후 대기업집단 중심 시스템을 개선하려는 체계적 노력이 절실히 필요했으나, 우리나라 정치시스템과 고착화한 강력한 기득권 세력 등으로 말미암아 새로운 성장전략 수립이 어려웠다. 새 경제시스템을 수립하려는 의지도 없었으며, 어쩌면 역량마저 없었다고 평가할 수 있다.

따라서 현재는 대기업집단이 한국 경제에 미치는 부정적 영향과 폐해가 긍정적인 영향과 국민적 기여를 초과하는 변곡점을 지난 것으로 추정된다. 대기업 중심 성장전략이 그 수명을 다했다는 얘기다. 사실 적어도 10년 전에는 대대적인 수정이 가해져야 했다. 늦은 감이 있지만 이제라도 새로운 성장전략을 중심으로 한 새로운 경제시스템을 정립해야 한다.

2) 대기업 중심 체제 종언의 실체적 의미

첫째, 대기업 중심 체제의 지속적인 성장가능성이 지극히 불투명하여 앞으로 이를 대체할 수 있는 대안적 성장시스템이 필요하다. 30대 기업집단을 기준으로 향후 지속성장할 가능성을 진단한 결과 사실상 5~6개 대기업집단 외에는 5~10년 내 생존할 가능성이 불투명한 것으로 알려지고 있기 때문이다.

둘째, 산업구조 측면에서 볼 때 우리나라 주력산업의 경쟁력이 중국의 부상과 함께 약화되고 있어 우리나라 주력산업의 골격을 이루는 이른바 '중후장대형' 장치·조립산업 시대가 막을 내리고 있다. 이와 함께 중후장대형 장치·조립산업을 영위하기에 적합한 우리나라 대기업 체제의 유효성도 약화되고 있다. 따라서 향후 우리나라 산업구조는 중후장대형 장치·조립 위주에서 벗어나야 하며 대기업 중심 체제에서도 탈피하여야 한다.

셋째, 제4차 산업혁명 등 새로운 글로벌 트렌드에 부응하기 위해서는 창조적·파괴적 혁신이 활발한 성장시스템이 절실히 필요하다. 그런데 우리나라 대기업집단은 기업규모가 클 뿐 아니라 현재 사업구조와 운영시스템에 고착화되어 내부적으로 혁신을 유발하는 유인이 매우 미흡하다.

더욱이 우리나라 대기업 중심 체제는 우수인재와 자금을 거의 독점하고 우리나라 경제와 산업을 장악하고 있어 외부 혁신자원의 혁신유인 또한 약화하고 고갈시킴으로써 우리나라 전체의 창조적·파괴적 혁신을 근본적으로 훼손시키고 있다.

넷째, 대기업 중심 체제는 시장진입과 퇴출이 자유롭고 사업기회가 끊임없이 창출되는 역동적 경쟁질서를 결정적으로 방해하는 역할을 하고 있다. 즉 기존의 대기업 중심 체제는 '새로운 피'가 생성되기 어려운 '동맥경화증 혈관' 역할을 하고 있다. 따라서 '마르지 않는 샘'과 같은 역동성을 확보하기 위해서 현재의 대기업 중심 체제는 새로운 경제시스템으로 대체되어야 한다.

다섯째, 대기업 중심 체제의 핵심요소인 오너경영 시스템도 시대적으로 소명을 다하지 않았나 생각한다. 그동안 오너경영 시스템은 단점보다 장점이 많았다. 투자에 대한 신속하고 선제적 결정은 일본 산업을 추월하여 세계 최고수준에 도달하는 데 큰 역할을 하였다. 즉, 우리나라 경제시스템의 비교우위 요소 중 하나였다. 그러나 그동안 대기업의 잘못된 투자의사 결정사례 중 대부분은 객관적 상황과 과학적 전망을 무시한 오너의 주관적 선호에 따른 독단적 의사결정 때문인 경우가 많았다. 앞으로는 장점보다는 단점이 훨씬 많아질 것으로 전망된다. 향후 날로 복잡다단해지는 글로벌 경영환경에서는 상속오너의 결정권에만 의존하는 지배구조는 취약하고 위험하다. 더욱이 창업자에서 2세, 3세로 넘어가면서 더욱 위험해질 확률이 높다. 따라서 우리나라 대기업도 상속오너의 영향력을 대폭 축소하고 과학적이고 객관적인 인텔리전스시스템(*intelligence system*)에 입각한 의사결정시스템으로 대체해야 한다.

제 8 장

한국 경제의 시스템적 한계 2

늙고 활기 없는 경제

1. 성장잠재력의 추세적 하락 → 한국 경제, 성장 위기

현재 한국 경제는 '성장 위기'의 모습을 확연하게 보여주고 있다. 한국 경제의 장기성장률 추이를 살펴보면 한국 경제가 추세적으로 하락하고 있음을 알 수 있다. 서울대 김세직 교수는 "한국 경제는 1960년에서 1990년대 초·중반까지 7% 이상의 고도성장을 지속적으로 유지해 왔다. 그러나 1990년대 중·후반부터는 거의 20년에 걸쳐 한국 경제 장기성장률이 매 5년마다 1%씩 지속적으로 추락해 왔다. 그리고 그 결과 현재 2%대를 통과하는 것으로 보인다. 이 추세가 지속되면 수년 내에 0%대 성장까지 추락할 가능성도 배제할 수 없다"고 경고한다.

한 나라의 경제추세는 한 번 정해지면 쉽게 바꾸기 어렵다. 우리나라 경제성장률은 1990년 후반 이후 하방으로 방향을 잡은 후 지금

<표 8-1> 국내 잠재성장률 추이

(단위: %)

기간	1991~1995년	1996~2000년	2001~2005년	2006~2010년	2011~2015년
잠재성장률	7.3	5.6	4.7	3.9	3.2

자료: 현대경제연구원 자체 추정.

<표 8-2> 국내 잠재성장률 전망

(단위:%)

기간		2016~2020년	2021~2025년	2026~2030년
잠재 성장률	기본 시나리오	2.7	2.3	2.0
	낙관적 시나리오	3.2	2.9	2.7
	비관적 시나리오	2.4	2.1	1.8

자료 : 현대경제연구원 자체 추정.

까지 계속되고 있으며 최근 하방속도가 다소 빨라졌다고 추정된다.

　잠재성장률도 유사하다. 우리나라 잠재성장률은 〈표 8-1〉에서 보는 바와 같이 1990년대 초 7.3%였으나 1996~2000년 IMF 외환위기를 거치는 동안 5.6%, 글로벌 경제위기로 3.2%까지 내려왔으며, 2016년 이후에는 2%대로 낮아질 것으로 추정된다.[1]

　향후 한국 경제의 잠재성장률 전망도 상당히 비관적이다. 현대경제연구원이 추정한 기본 시나리오는 〈표 8-2〉에서 보는 바와 같이 2016~2020년 기간 중 2.7%, 2021~2025년 2.3%, 2026~2030년 2.0%로 하락할 전망이다. 국내 경제상황이 현재와 같이 이어진다면 조만간 잠재성장률 2%대 진입은 물론이고 2020년대 중반 이후 잠재성장률 1% 진입도 배제할 수 없는 상황이다.[2]

　잠재성장률의 추세적 하락에 대한 요인별 기여도는 〈표 8-3〉과

<表 8-3> 잠재성장률 요인분해

(단위 - 잠재성장률: %, 기여도: %p)

기간	잠재 성장률	기여도		
		노동	자본	총요소 생산성
1971~1975년	11.6	2.1	8.0	1.4
1976~1980년	8.4	1.5	5.3	1.6
1981~1985년	9.0	1.2	4.7	3.1
1986~1990년	9.2	1.3	4.7	3.1
1991~1995년	7.3	1.0	4.0	2.4
1996~2000년	5.6	0.5	2.7	2.4
2001~2005년	4.7	0.2	2.0	2.5
2006~2010년	3.9	0.1	1.7	2.2
2011~2015년	3.2	0.1	1.5	1.5

자료 : 현대경제연구원 자체 추정.

같다. 노동의 기여도가 1970년대 초반 2.1에서 2011~2015년 기간
동안 0.1로 급격히 줄었으며 자본의 기여도 또한 8.0에서 1.5로 급
격히 줄었다. 총요소 생산성도 2000년대 중반 이후 그 기여도가 감
소해 2011~2015년 기간동안 1.5% 수준으로 쪼그라들었다.

 이런 기조는 앞으로도 더욱 견조하게 이어질 전망이다. 저출산·
고령화의 진전으로 2017년 들어 생산가능 인구가 줄기 시작하면 노
동요소의 투입에 의한 성장은 제약요인으로 작용할 것이다. 우리나
라의 주력산업이 성숙단계를 훨씬 지나고 있으며 이를 대체할 차세
대 산업이 나타나고 있지 않아 자본요소의 기여도도 기대할 수 없다.
이런 상황에서 잠재성장률 하락을 막을 수 있는 것은 총요소 생산성
의 상승뿐인데, 그럴 가능성은 거의 없다고 판단한다. 대기업의 추

격형 모방기술이 한계에 달하고 있으며, 추가적인 혁신을 위해서는 IT와의 융합 및 선도형 R&D혁신 등이 필요하지만 그를 이룰 가능성도 매우 낮다.

더욱이 우리나라 총요소 생산성 증대를 위해서는 대표적인 저생산성 분야인 중소·중견기업과 서비스산업의 대대적인 혁신이 필수적이나 현재 한국 경제의 생산요소시장 등의 생태계를 고려할 때 그 가능성 또한 없다고 보인다.

이와 같이 한국 경제의 장기·잠재성장률이 추세적으로 하락하는 것은 한국 경제가 더 이상 성장할 수 없는 구조적이며 근본적인 한계를 가지고 있다는 점을 명백하게 보여준다. 현 상태가 줄곧 이어진다면 결국 성장률이 0% 또는 마이너스를 향할 수 있다는 애기다. 그래서 "한국 경제는 위기다"라는 단언이 가능한 상황이다.

한국 경제의 장기성장률 추세선의 하락을 막기 위한 노력은 김대중 정부 이후 새로운 성장전략을 수립하는 등 체계적이고 지속적으로 이뤄져야 했다. 그러나 그러한 노력과 고민은 거의 없었으며, 있었다고 해도 단편적이고 분산적이어서 모두 실패했다. 한국 경제 '성장 위기'의 구조적인 원인을 살펴볼 필요도 있다. 새로운 성장전략을 수립하려면 한국 경제시스템 상 성장측면이 지닌 구조적인 문제점을 알아야 하기 때문이다.

2. 유일한 성장동력, 주력산업의 추세적 약화

지금까지 우리나라를 먹여 살려온 유일한 성장동력은 소수 대기업이 영위하는 주력산업이다. 즉, 수출의 90% 이상을 차지하는 반도체, 자동차, 디스플레이, 스마트폰, 석유화학, 석유제품(정유), 조선, 철강, 기계산업 등이다. 그러나 이들은 대개 제조업의 가치사슬의 흐름에서 볼 때 부품·소재·장비가 아닌 조립완성품이다.

앞서 제4장 '제조업 강국으로 부상하는 중국' 편에서 자세히 살펴보았듯이 우리는 메모리반도체 분야를 제외한 주력산업의 경쟁력이 중국에 비해 확연히 약해지는 모습을 보이고 있다. 제조업의 가치사슬은 조립 → 부품 → 소재·장비(특히 첨단·정밀분야) 순으로 산업화하기 어렵고 경쟁력 확보는 그보다 한층 더 어렵다. 따라서 조립완성품 분야는 상대적으로 산업화하기도 쉽고 그만큼 진입장벽도 낮다. 조립완성품 분야의 경쟁력은 역사적으로 유럽 → 미국 → 일본 → 한국으로 이전했다가 이제는 흐름이 중국으로 넘어가고 있다.

우리는 중국 편에서 이미 산업별 현황을 자세히 살폈다. 유럽, 미국, 일본 등 선진국들은 후발국에게 조립완성품 분야를 넘기면서 기술력이 높고 부가가치가 큰 분야인 부품, 소재, 장비(특히 첨단소재, 장비), 엔지니어링, 소프트웨어, 나아가 서비스산업 등 새로운 성장동력을 확보하면서 지속적인 성장을 이뤄냈다. 즉, 선진국들은 보다 창조적인 파괴를 통해 역동적으로 혁신할 수 있도록 자국의 경제시스템을 재편해 혁신주도형 성장을 완성시킴으로써 새로운 성장동력을 창출해 낸 것이다.

그러나 우리는 그러지 못했다. 중국이 추격해 오기 전 혁신주도형 성장시스템 구축을 서둘러 완성시켜야 했음에도 어설프고 부분적이며, 산발적으로 그를 추진하다 보니 실패하고 말았다. 산업발전 단계를 볼 때 일본과 우리가 약 20년, 우리와 중국이 약 20년의 격차가 있다는 판단이 일반적이다. 일본이 조립완성품 분야의 정점에 있었던 시기가 1990년대 초·중반이었으며, 정점에서 내려오기 시작한 때는 1990년대 후반, 즉 생산가능 인구가 감소하기 시작한 1996년 이후로 본다.

소니, 마쓰시타(현재의 파나소닉), 토요타, 닛산 등 일본 기업들이 1980년대 후반에서 1990년대 초반 정상에 있을 때까지 일본을 꺾을 나라는 없었다. 영원히 최강자의 자리에 있을 것으로 보였다. 그러나 제아무리 좋은 꽃이라도 일단 피어난 뒤에는 지는 때를 반드시 맞이하는 법이다. 당시 일본 제조업의 완성품 분야는 이미 쇠퇴기에 접어들었다. 그 단초는 전기·전자분야에서부터 나타났다. 1990년대 중반 시작된 일본 전기·전자산업의 약화현상은 그로부터 20년이 채 지나지 않은 현 시점의 상황은 심각하다. 조립완성품 분야를 중심으로 대폭적인 사업조정 등 구조조정을 시도하면서 새로운 비즈니스 패러다임 모색에 골몰하고 있다.

전기·전자산업에 비해 약 10년의 시차는 있겠지만, 일본 자동차산업도 쇠퇴기에 접어든 것으로 보인다. 물론 이 산업은 일본이 가장 잘 하는 분야이기 때문에 가장 오래 경쟁력을 유지할 것이고, 비록 경쟁력이 약해지더라도 속도는 매우 완만할 것이다. 토요타, 닛산, 혼다 등 자체 브랜드는 계속 유지하겠으나 '진짜' 일본에서 생산하는 자동차는 이미 줄기 시작했다. 특히 일본의 고비용 구조로 인해 생산 공장의 탈출이 가속화하면서 생산량 감소세는 이미 대세를 이루고 말았다. 최근 토요타가 일본 생산규모를 적어도 4백만 대는 유지하겠다고 약속한 것도 사정이 그만큼 어렵다는 사실을 얘기할 뿐이다.

약 20년 후인 현재 우리나라가 일본의 전철을 밟아 나가고 있다. 우리나라 주력산업인 IT산업에서부터 중국 기업에게 밀리고 있으며, 컴퓨터 → 피처폰 → 가전 → 디스플레이 → 스마트폰 등으로 흐름이 확산하고 있다. 이유는 복잡하지 않다. 제조업의 조립완성품 분야는 기술의 대부분이 이미 알려져 있으며 장비에 체화된 경우가 많고 표준화 수준도 높다. 따라서 후발국이 추격하기 쉽다. 한국은 일본 산업을 모방해 산업화함으로써 그 뒤를 추격했고 뒤이어 중국이 한국을 모방해 추격하고 있다. 그 결과 3국의 주력산업이 거의 유사하며 제조업 조립분야의 경쟁력(주력산업)이 일본 → 한국 → 중국으로 이전했거나 이전할 예정이다.

우리나라 주력산업이 경쟁력을 확보하기 위해서는 R&D 혁신 등을 통해 상품 포트폴리오(portfolio)를 바꾸거나 새로운 분야에 진출해야 한다. 아울러 IT와 융합을 통해 생산성을 대폭 향상시켜야 한다. 그러나 이를 제대로 이룰 가능성은 매우 낮다고 본다. 또한 최근까지 대기업집단이 제시한 미래 성장동력 중 경쟁력이 있다고 평가받는 분야는 전기자동차용 2차 전지가 유일할 정도로 차세대 성장동력 발굴을 위한 노력이 매우 부족하다는 평가다. 더욱이 미국, 독일, 일본 등 선진국 기업들은 물론이고 중국 기업들까지 제4차 산업혁명을 선점하기 위한 노력에 역량을 집중하는 데 반해 우리나라 대기업들은 제 4차 산업혁명에 대한 대비가 걱정스러울 정도로 부족하다고 판단된다. 지금부터는 우리나라 각 주력산업 현황과 전망을 간략히 살펴보기로 한다. 3

1) 가전산업 (TV, 냉장고 등)

현재 TV는 삼성전자, 냉장고는 LG전자가 세계 최고다. 그러나 중국 편에서 살펴본 바와 같이 가전분야는 이미 중국이 세계 최고의 경쟁력을 확보한 것으로 보인다. 중국제품들이 이미 중국 내수시장을 평정했으며, 앞으로는 점차 세계시장을 점령할 것이다. 이렇게 되면 세계시장에서 우리 제품은 중국제품과 당분간 경쟁하다가 시간이 지날수록 점차 중국제품에 밀리게 될 것이다. 우리나라 가전업체들도 일본업체들과 같이 이 분야 매출과 이익의 감소에 당면할 것이다. 최악의 경우 가전분야에서 철수할 수도 있다.

2) 디스플레이 산업

LCD 분야는 이미 중국이 최고의 경쟁력을 확보해 우리를 추월한 상태다. OLED (유기발광다이오드) 와 대형패널 분야는 아직 우리나라가 최고다. 그러나 중국 편에서 자세히 살펴보았듯이 이 분야도 조만간 중국이 우리를 추월할 전망이다.

디스플레이 조립분야의 비교우위가 중국으로 넘어간 뒤에 우리도 일본처럼 BOE 등 중국 조립완성품 업체들에게 부품과 소재 및 장비를 공급할 수 있을까? 답은 뻔하다. 우리의 사정은 일본과 다르다. 결코 우리가 넘볼 수 있는 일이 아니다.

일본은 디스플레이패널 조립분야의 경쟁력이 우리에게 뒤지기 시작해 샤프 등 디스플레이 패널업체들이 망하는 시점에 이르렀어도 디스플레이 산업 자체는 건재했다. 일본의 부품, 소재·장비업체들은 한국 패널업체에게 여전히 자사제품을 공급하고 있기 때문이다.

아마 한국 패널업체들이 벌어들이는 돈보다 이들이 번 돈이 많을지 모른다. 특히 첨단소재·장비업체의 경우 그들의 막강한 기술력으로 인한 독점적 지위로 한국 패널업체들은 이들 업체에 종속적이다. 지금도 이들의 지위는 변함없이 견고하다. 패널업체가 어떤 기업이든 이들의 독점적 지위는 흔들리지 않을 것이다.

우리 디스플레이 산업구조는 안타깝게도 그렇지 못하다. 우리나라 디스플레이산업은 대기업이 만드는 조립완성품만 최고의 경쟁력을 가지고 있을 뿐이기 때문이다. 부품과 소재·장비에서는 전혀 그렇지 못하다. 그나마 패널업체에 부품을 납품하는 1차 협력업체의 경우가 좀 낫다. 이들은 일본 기업에 비해 전반적으로 나은 경쟁력을 확보하고 있다. 그러나 그것도 패널업체(대기업집단)의 자회사가 거의 대부분을 차지하고 있다.

소재는 거의 대부분 일본으로부터 수입할 정도로 낙후한 상황이다. 장비업체의 경우 경쟁력이 있는 업체들이 소수 있으나 일본과 미국 등 메이저(major) 업체들과 비교하면 기술력과 규모(특히 R&D투자) 등에서 매우 영세한 수준이다. 다른 산업도 마찬가지지만 우리나라 디스플레이산업도 패널(조립분야) 부문만 규모가 크고 발전했을 뿐 부품과 소재·장비 등 하위단계는 패널부문에 비해 규모가 매우 작고 경쟁력도 미흡한 전형적인 가분수의 형태다.

산업구조가 이런 모습을 띤 데에는 여러 가지 원인이 있다. 우선 앞에서 상세히 밝힌 바와 같이 대기업집단의 협력업체에 대한 관리 전략이 결정적이다. 가능한 한 이익을 극대화하기 위해 핵심부품·소재는 자회사를 통해 내재화하는 한편 다른 협력업체들은 다양한 방법(영업이익률 4% 내외, 다른 조립업체 납품금지, 일정규모 이상 성장 통제 등)으로 통제해 '말 잘 듣는 적절한 규모'의 협력업체로만 관리했기 때문이다.

만약 우리나라 패널산업이 일본과 같은 전철을 밟는다면 부품·소재·장비업체 중 얼마나 살아남을까? 일본은 디스플레이산업 중 이 분야의 업체들은 건재하며, 앞으로도 마찬가지겠지만 우리나라의 경우 그렇지 못할 가능성이 높아 걱정이다.

3) 스마트폰 산업

스마트폰은 IT산업에서 가장 중요한 분야 중 하나다. 우리나라 삼성전자는 스마트폰(하드웨어)에서 세계최고에 올랐다. 그러나 세계최고 자리에 등극하고 나서 2년 후인 2013년 3분기부터 중국 기업들의 맹렬한 추격을 받았다. 결국 세계시장 점유율이 급격히 하락해 최근에는 20% 초반에서 안정적으로 움직이고 있다.

그러나 난공불락이라고 여겨졌던 삼성 스마트폰 분야가 이제는 흔들리고 있다. 가능성은 낮지만 위기로 이어질 수 있는 상황까지 갈 수도 있다는 우려가 조심스럽게 대두하고 있다. 삼성이 야심차게 출시한 '갤럭시 노트 7'이 전체적으로 문제가 있어 단종하는 사태가 벌어진 것이다. 전문가를 비롯해 누구도 상상하지 못한 일이었다.

애초에 갤럭시 노트 7은 국내외 소비자뿐 아니라 전문가들로부터 역대 최고의 스마트폰으로 평가받는 등 찬사를 받았다. 그런데 스마트폰에 불이 나는 사건이 전 세계적으로 발생했다. "배터리를 전량 교환해 주겠다"는 삼성의 신속한 조치 후 사태는 진정되는 듯했다. 그러나 발화사태가 또 일어나면서 급기야 단종하는 상황에까지 이르고 말았다.

국내외 전문가들은 삼성이 이 사태를 극복할 수 있을 것으로 판단한다. 그러면서도 지금이 매우 심각한 상황이라는 점에는 의견을 같이 한다. 삼성의 스마트폰은 사실상 우리나라 스마트폰 산업 그 자체라고 해도 과언이 아니다. 우리나라 휴대폰 산업영역에는 많은 조립업체들이 있었으나 지금 남아있는 기업은 삼성전자와 LG전자뿐이다. 그러나 LG전자는 메이저그룹에서 군소업체로 전락하고 말았다. 최근에는 스마트폰 부문이 이익을 내지 못한 이후 그 적자폭이 계속 커지고 있는 상황이다. 최근 갤럭시 노트 7 사태를 지켜본 국내외 일부 전문가들은 낙관적 전망을 내놓기도 했다. 그에 쉽게 동의하지 못할 뿐만 아니라 오히려 걱정스럽게 향후의 추이를 살필 수밖에 없는 이유가 있다.

첫째, 스마트폰 시장의 경쟁구도가 바뀌는 가운데 삼성의 입지가 약화하는 상황에서 이런 사태가 벌어졌다는 점이다. 현재 스마트폰 산업은 하드웨어가 모듈화 형태로 진행되면서 동시에 기술표준화가 많이 진척한 상황이다. 따라서 후발기업들이 활발하게 참여함으로 인해 가격경쟁력이 보다 중요해지는 단계다. 이런 경쟁구도에서 중국 기업들의 약진은 아주 당연한 흐름이다. 그에 따라 중국 시장에서 중국 기업인 오포, 비보, 화웨이, 샤오미 등의 점유율 상승이 두드러져 보인다.

중국 스마트폰 시장에서 오포, 샤오미와 같은 신생기업들의 돌풍이 계속 불 것으로 보인다. 그로써 삼성의 중국 시장 내 점유율 하락은 이어질 전망이다. 삼성이 이런 상황을 반전으로 되돌리기 위해서는 중국 기업들의 가격경쟁력을 극복할 수 있는 기술, 품질, 디자인 등으로 승부에 나서야 한다. 그러나 그럴 가능성은 시간이 갈수록 점차 낮아질 것이다.

둘째, 삼성은 중국 기업들이 중・저가 스마트폰을 중심으로 추격을 벌여오는 가운데 애플과는 프리미엄급 스마트폰 시장을 놓고 전쟁을 벌이는 형세에 서 있다. 삼성과 애플 두 업체는 서로 상이한 장・단점을 보유하고 있어 우열을 가리기 힘들지만 종합적으로 보면 애플이 다소 유리하리라는 평가다.

애플은 스마트폰 플랫폼 자체를 보유하고 있어 아이폰(iPhone)에 매우 충성도 높은 고객을 많이 확보하고 있다. 이른바 마니아(mania) 고객이 전체시장의 10~15% 정도 차지하고 있어 매우 안정적이다. 따라서 실수가 발생한다고 해도 고정고객의 이탈은 최소한으로 그칠 가능성이 높다. 더욱이 애플사는 이익도 플랫폼의 운용에 따른 영역에서 창출하고 있어 삼성보다는 훨씬 다양하며 안정적이다. 반면 삼성은 애플에 비해 충성도 높은 고객층을 확보하지 못한 편이다. 따라서 사고가 발생했을 때 고객들이 떠날 확률이 애플보다 높다.

셋째, 삼성이 애플과 중국 기업들에게 협공을 받고 있는 상황에서 삼성제품의 신뢰에 큰 타격을 줄 수 있는 사건이 발생해 뼈아픈 결과를 초래할 가능성이 있다. 갤럭시 노트 7 사태 후 유독 미국과 중국에서 삼성을 비난하는 목소리가 크고 높았다는 사실은 애플과 중국 기업들이 경쟁사인 삼성을 견제하려는 속셈을 보여준다. 사실 삼성 스마트폰의 최대장점은 스마트폰 기기의 완벽에 가까운 품질, 사용자 편리성, 아름다운 디자인 및 안정성에 있다.

이를테면 하드웨어상의 우위라는 얘기다. 노트 7 사태는 이런 명성에 중대한 손상을 입혔다. 브랜드가치 손상은 쉽게 회복할 수 없다. 따라서 삼성은 스마트폰 최대시장인 중국과 미국에서 예전의 시장점유율을 유지하기란 쉽지 않을 전망이다. 그에 따라 20% 수준을 유지하던 시장점유율이 무너져 10% 대로 하락할 수도 있다. 최악의 경우에는 10% 초반까지 떨어질 가능성도 배제할 수 없다.

넷째, 삼성의 비상사태가 이건희 회장 체제에서 이재용 회장 체제로 전환하는 시점에서 발생했다는 점이다. 이건희 회장은 1993년 제2 창업선언을 통해 삼성을 오늘날의 세계 최고기업으로 키워낸 유명한 기업인이다. 삼성이 지향할 가치와 목표를 제시하며 스피드경영과 함께 삼성을 최고로 이끈 시스템의 설계자이자 실천자다.

애플이 스마트폰을 처음 출시했을 때 다른 어떤 기업보다 빠르게 갤럭시 폰을 만들어내면서 위기를 기회로 만들었다. 그런데 지금 삼성은 세계 최고수준의 걸출한 기업인인 이건희 회장이 없는 새로운 지배체제로 이 위기를 극복해야 한다.

이와 같이 우호적이지 못한 환경에 봉착한 삼성이 난관을 돌파한 뒤 예전의 명성을 회복해 지금까지의 지위를 유지하기란 쉽지 않아 보인다. 다행히 갤럭시 노트7 사태를 무사히 넘긴다 해도 현재의 1위 자리를 계속 유지하는 것은 쉬운 과제가 아니다.

노키아가 좋은 예다. 핀란드의 노키아는 절대로 무너질 수 없는 휴대폰시장의 절대강자였다. 그런 노키아가 일시에 무너졌다. 서울대 박상인 교수는 "노키아의 몰락은 창조적 파괴과정이었다"고 분석한다.4 즉, 노키아는 스마트폰의 도래를 예측해 무선인터넷이나 콘텐츠서비스에 대한 잠재적 수요를 자신들의 기존 휴대폰 틀 안에서 점진적 혁신으로 수용하고자 했다. 이에 반해 애플은 기존 휴대폰시장의 판도를 바꾸는 단절적 혁신으로 대응했다. 결국 기존 휴대폰시장에서 막대한 이윤을 올리고 있던 노키아는 애플과 같이 담대한 혁신을 추구할 수 없었다. 뿐만 아니라 스마트폰이 점점 중요해진 2000년대 중반에도 노키아의 초점은 여전히 막대한 이윤을 창출하는 신흥시장에서 중저가 휴대폰을 더 많이 판매하는 데 맞춰져 있었다.

이처럼 기득권을 중시하는 입장은 노키아라는 기업의 차원뿐만 아니라 기업 내부조직 차원에도 스며들고 말았다. 당시 노키아의 스마트폰 조직에서 가장 많은 자원을 가지고 가장 우수한 인력들을 거느린 곳은 심비안폰 부문이었다. 심미안폰 부문은 기득권에 위협이 되는 마에모나 미고와 같은 스마트폰 등 다른 휴대폰을 개발하는 개발팀을 방해했다. 노키아는 R&D에 엄청난 투자를 하고 벤처정신을 살리기 위해 제3의 조직도 만들었지만 결국 노키아 내부기득권 그룹의 벽을 넘을 수는 없었다.

기득권이 큰 기업일수록 그 기업은 더 비대화하고 관료화하기 십상이다. 노키아의 사례는 비대하고 관료화한 기업에서 단절적 혁신이 일어나기가 어려운 이유를 잘 보여준다. 이런 비대하고 관료화한 조직에서는 결국 새로운 것보다 기존의 것을 강화하고 유지하는 데 조직원들의 관심이 더 갈 수밖에 없다.

IT산업은 제품주기가 빠르고, 단절적 혁신(destructive innovation)에 의해 경쟁구도가 급격히 바뀌고 있어 기업들의 부침도 매우 큰 것을 특징으로 하고 있다. IT산업의 단절적 혁신은 대부분 기존의 독점 기업이 아닌 도전기업에 의해 이뤄졌다. PC혁명을 IBM이 아닌 애플과 마이크로소프트가 주도하고, HDTV로의 전환도 소니가 아닌 삼성전자가 선도했으며, 인터넷 검색 역시 마이크로소프트가 아닌 신생기업 구글이 혁신으로 먼저 펼쳐 보인 이유다.

따라서 스마트폰도 창조적 파괴라는 판을 흔드는 기술혁신을 비켜 갈 수 없을 것이다. 또한 기존 스마트폰시장에서 시장지배적 사업자인 애플과 삼성전자도 이런 창조적 파괴를 스스로 만들 수는 없을 것이다.

더욱이 삼성전자는 '빠른 추격자'(fast follower) 역할은 아주 잘하는 데 반해 창조적 혁신의 경험은 없다. 삼성전자의 시스템은 창조적 혁신에 적합하지 않기 때문이다. 따라서 현재 삼성전자의 시스템으로는 스마트폰 부문에서 언젠가 위기에 봉착할 가능성이 있다.

삼성전자의 스마트폰 부문이 어려움에 처하면 삼성전자 자체가 위기에 처할 수 있다. 삼성전자는 3개의 사업부문(스마트폰, 반도체·디스플레이, 가전)을 두고 있는데 이 중 핵심부문은 스마트폰과 반도체

·디스플레이다. 이 양 대들보 중 스마트폰이 위기에 처하면 반도체·디스플레이 부문에 악영향을 미치고, 수직계열화한 삼성SDI(배터리)와 삼성전기(부품)에 결정적인 타격을 준다. 이런 상황이 벌어지면 삼성전자 그룹 전체도 영향을 받을 수밖에 없다. 가능성은 낮지만 최악의 경우 삼성전자로 인해 한국 경제가 흔들릴 수 있는 상황이 올 수도 있다.

4) 반도체

반도체산업은 메모리반도체와 시스템반도체(비메모리)로 나뉜다. 전 세계 반도체시장에서 메모리반도체가 차지하는 비중은 20~30%, 시스템반도체는 전체의 70~80%를 차지한다. 메모리시장은 삼성전자, 하이닉스가 1, 2위로서 전체의 70%를 점유하고 있으며 삼성전자가 절대강자다. 시스템반도체 분야는 인텔, 퀄컴 등 미국이 설계의 70%를 차지하는 절대강자이며, 설계한 반도체를 위탁받아 생산·공급하는 파운드리 부문은 TSMC와 같은 대만회사들이 전체의 70%를 차지하는 절대강자다. 우리나라의 경우 메모리반도체와는 달리 시스템반도체 비중은 10% 미만이다. 상대적으로 매우 낙후해 있다.

　우리나라는 메모리반도체 분야의 절대강자로서의 지위는 적어도 향후 5년 정도는 유지할 전망이다. 메모리반도체 분야의 플랫폼을 확보하고 있기 때문에 어느 나라도 이를 넘보기 어렵기 때문이다.[5] 메모리반도체 분야는 진입장벽이 매우 높고 기술발전이 퍽 빠르기 때문에 후발주자가 진입할 수 없는 대표적인 산업이다. 그러나 이런 메모리반도체 분야도 조만간 기술적 한계에 봉착하리라는 전망이 나온다.

현재 메모리분야의 반도체 미세공정 기술의 수준이 D램의 경우는 20나노, 플래시메모리의 경우에는 10나노 수준이다. 업계에서는 실리콘을 재료로 사용할 때 가능한 미세공정의 한계가 7나노 수준으로 보고 있다.6 따라서 메모리반도체 산업의 혁신은 두 가지 방향으로 이뤄지는 추세다. 첫째는 실리콘 이외의 다른 재료인 산화물, 그래핀 등으로 반도체 재료를 바꿈으로써 한계를 극복하려는 시도다. 둘째는 반도체의 구조를 변화시킴으로써 집적도를 높이는 것이다. 즉, 반도체를 적층구조로 만드는 것이다. 둘째 방법도 궁극적으로는 새로운 재료를 써야 하므로, 메모리반도체 산업의 단절적 혁신은 새로운 재료를 찾는 것이라고 요약할 수 있다.

새 재료발굴을 통한 창조적 혁신으로 메모리반도체 제조가 가능해지면 완전히 새로운 생태계가 눈앞에 펼쳐진다. 즉, 기존 절대강자는 사라지고 창조적 혁신에 성공한 기업이 새로운 절대강자 자리에 오르는 것이다. 삼성전자가 그 창조적 혁신의 주역을 차지한다면 메모리반도체 산업의 절대강자 자리는 더욱 공고해질 것이다. 그러지 못한다면 삼성은 지금까지의 경쟁력을 잃게 될 것이다.

우리나라 반도체산업의 최대 약점은 시스템반도체 분야다. 중국편에서 살펴보았듯이 시스템반도체가 메모리분야보다 시장규모도 클 뿐 아니라 IT 융합 등 제4차 산업혁명의 핵심요소로서 훨씬 중요한 분야다. 그럼에도 우리나라 시스템반도체 산업은 삼성전자를 제외하고는 거의 없다고 해도 지나치지 않을 정도다. 현재의 산업생태계가 이어진다면 앞으로도 발전할 가능성은 거의 없다고 판단한다.

이 산업은 설계를 전문으로 하는 팹리스(Fabless), 생산을 전문으로 하는 파운드리(Foundry) 및 설계·생산기능을 모두 갖춘 IDM (Integrated Device Manufacturer) 등으로 짜여 있다. 또 디자인·설계·생산 등 가치사슬이 나뉘어져 있어 벤처형 지식기업 창업이 가능한 2.5차 산업이라는 점이 특징이다.

우리나라는 경쟁국에 비해 시스템반도체, 장비기업의 숫자나 규모, 기술축적, 인력확보 면에서 매우 취약하다. 팹리스는 휴대폰 모뎀칩업체인 퀄컴 등 미국 기업이 압도적이며, 우리나라 기업은 약 120개 정도 있으나 비교할 수 없을 정도로 영세하다.

대만의 미디어텍은 2014년 기준 매출 70.3억 달러로 세계 3위이며, 중국의 하이실리콘도 32.2억 달러로 8위다. 그에 비해 우리나라 팹리스 1위 기업인 실리콘웍스는 3.3억 달러로 37위다. 그리고 2013년 기준 중국 상위 20개 팹리스 매출은 70억 달러 규모로, 한국 팹리스 전체매출(27억 달러)의 4배 이상이다. 한국 팹리스 산업의 영세성과 낙후 정도를 단적으로 보여주고 있다.

파운드리는 TSMC(세계 1위)가 전체 파운드리 시장의 50% 이상을 차지하는 등 대만 기업이 주도하고 있다. 우리 동부하이텍 매출액은 TSMC의 1/20 수준에 그치고 있다. 반도체 장비는 미국, 일본, 유럽이 시장을 과점하고 있으며, 국내기업은 110여 개이나 세계 1위 업체인 미국 AMAT사 등 메이저 기업에 비해 매우 영세하며 기술격차도 크다. 그 원인이 궁금해진다. 몇 가지 간추리면 다음과 같다.

첫째, 우리나라 반도체산업은 메모리반도체 위주로 발전을 추구

〈그림 8-1〉 반도체산업 가치사슬 및 우리 기업 분포

제품개발 절차 | Design | Manufacturing | Packaging | Testing

기업 유형

종합 반도체 회사 (삼성전자, 하이닉스 등)

Fabless[1] | Foundry[2] | 조립[3] | 검사[4]

반도체 제조 장비[5] | 반도체 재료[6]

1) 실리콘웍스, 엠텍비전 등 120개 사　2) 동부하이텍 등
3) 앰코코리아, 하나마이크론 등 5개 사　4) 아이테스트, 네패스 등 10개 사
5) 세메스, 주성엔지니어링 등 111개 사　6) 실트론, 동진세미켐 등 34개 사

하면서 모든 자원을 이 분야에 집중했다. 특히 모든 우수한 인력이 수십 년간 메모리 분야에 몰리다 보니 우수한 인재들이 시스템반도체 분야에 갈 여력이 없었다. 최근에는 좀 나아졌지만 삼성전자 내에서도 메모리분야가 핵심 중의 핵심인 데 반해 시스템반도체 부서는 각광을 받지 못하는 '아웃사이드'인 것으로 알려져 있다.

둘째, 산업생태계 측면에서 보면 팹리스-파운드리-수요기업 간 유기적인 협력이 거의 이루어지지 않는 구조적 문제점을 안고 있다. 현대자동차, LG전자 등 글로벌 수요업체는 국내 중소·중견 팹리스 기업과의 공동 제품기획 및 R&D에 매우 소극적이다. 아울러 검증된 해외 팹리스만 절대적으로 선호한다. 심지어 세계 최고수준인 삼성전자와도 공동 R&D 및 제품구매 등 협력이 전무하다. 삼성전자와 라이벌인 LG전자가 삼성제품을 구매할 수 없다는 것은 이해할 수 있다. 그러나 시스템반도체의 최대 수요자인 현대자동차가 삼성전자 제품을 구매하지 않고 거의 대부분을 수입한다는 점은 이해하기 어렵다.

기업의 구매전략은 민간기업의 고유한 권한이다. 그럼에도 현대·기아자동차그룹은 한국 자동차산업 자체이기도 하므로 한국의 시스템반도체 산업 발전을 위해 이런 행태를 보이는 일은 바람직하지 않다. 대기업 상호 간에도 협력이 이뤄지지 않는 생태계에서 우리나라 팹리스, 파운드리업체들의 발전을 기대할 수는 없다.

셋째, 산업생태계의 또 다른 구조적 문제는 우리나라 중소·중견 팹리스업체 거의 대부분이 대기업(특히 삼성전자)의 하청기업이라는 점이다. 세계시장에서 활동하는 업체는 거의 없는 실정이다. 이렇다 보니 우리나라 모든 산업에 만연한 대기업-협력업체의 문제점을 그대로 다 가지고 있다. 이런 상황에서 우리나라 팹리스업체들은 기술 축적 등 역량강화를 위한 발전을 도모할 수 없다. 그저 대기업이 시키는 일을 열심히 하는 틀에 안주할 수밖에 없다. 장비기업의 경우도 크게 다르지 않다. 국산장비를 외산장비의 가격협상 수단으로 활용하는 수요기업의 구매관행과 인식 등으로 세계 최고수준으로 발전하는 것은 거의 불가능하다.

넷째, 보다 근본적인 문제점을 지적한다면 인력양성과 공급측면이다. 우리나라 시스템반도체의 핵심인력을 양성하고 공급하는 전반적인 시스템이 문제다. 일단 양적으로 보면 연간 국내 공급능력은 약 2,000명인 데 반해 수요는 이보다 훨씬 많은 4,000∼5,000명에 달한다.

부족인력의 대부분은 석·박사 인력이어서 고급인력 확보에 특히 애로를 겪고 있다. 우수인력은 거의 대부분 삼성전자 등 대기업으로 몰리고, 중소·중견기업은 우수인력 확보가 거의 불가능하다. 질적인 측면으로도 역시 문제를 안고 있다. 우리나라 공과대학 중 이 분야 세계 최고수준의 교수를 확보한 대학이 과연 몇이나 있을까? 거의 없다고 봐야 한다. 이와 같은 산업생태계와 인력양성시스템으로 시스템반도체 산업 발전을 기대하는 것은 무리다. 그저 우리나라 산업계 전체와 무관한, 태평양에 홀로 떠있는 무인도 같은 존재인 삼성전자나 잘 하길 바랄 뿐이다.

5) 자동차산업

우리나라는 IT산업과 자동차산업의 의존도가 매우 높다. 즉, 삼성전자와 현대·기아자동차의 상호 의존도가 높다. 우리나라 제조업 중 IT산업과 자동차산업이 차지하는 비중은 약 50%에 달한다. 자동차산업이 우리나라 산업 및 경제에 미치는 영향이 그만큼 크다는 얘기기도 하다. 아울러 한국 자동차산업은 세계적으로 우리가 내세울 수 있는 큰 자랑거리 중 하나다.

전 세계적으로 자동차산업을 독자기술로 영위하는 나라는 우리나라를 제외하고는 전부 선진국이다. 우리나라 자동차산업이 성공한 이유는 정세영, 김선홍 회장과 같은 선구자들의 열정과 운이 크게 작용했기 때문이라고 생각한다. 특히 현대자동차는 행운이 많이 따랐다.

현대자동차는 무리하게 포니를 개발하고 나서 적자에 시달리는 등 상당히 어려운 상황이었다. 사실 포니는 국산차가 아니다. 영국에서 디자인과 개념설계를 했고 대부분 부품은 수입했기 때문이다. 품질도 열악한 수준이었다. 그런데 현대자동차에 천운이 따랐다. 그 당시 미국 자동차시장에서는 일본 자동차회사들이 맹활약하고 있었다. 이때 미국 정부는 자국 Big 3 자동차회사들로부터 압력을 받아 일본으로 하여금 수출 자율규제를 시행하게 했다.

수출 자율규제란 수출국이 연간 일정수준 이상 수출을 자율적으로 억제하는 것이다. 이때 양국 간 수출규제의 기준을 금액이 아닌 수량으로 정함에 따라 일본은 가능한 한 미국에 고급차 위주로 수출하는 전략을 취한다. 이런 상황에서 미국 자동차시장에는 난리가 났다. 갑자기 소형차를 공급받을 수 없었기 때문이다. 이때 대안으로 등장한 것이 한국의 포니였다.

현대자동차가 하루아침에 돈벼락을 맞은 것이다. 1980년대 후반 한 해에 포니 수출이 100만대를 넘은 적이 있던 것으로 기억한다. 현대자동차는 이때 번 돈으로 마북연구소를 설립해, 국내 최초개발 베타엔진을 장착한 '엘란트라'를 내놓는다. 이후 현대자동차는 소나타, 그랜저 등 후속차량을 내놓으며 승승장구한다. 이와 같이 현대자동차의 발전에는 행운이 많이 따랐다. 그러나 이제는 현대자동차의 앞날이 그리 순탄치 않아 보인다. 그 이유는 향후 세 가지 측면의 위험에 노출될 가능성이 있기 때문이다.

첫째는 중국 편에서 살펴보았듯이 중국 자동차산업의 위협이다. 중국 토종기업들이 전망했던 것보다 훨씬 빨리 추격해오고 있다. 현대·기아자동차 품질의 70~80% 수준인 데 반해 가격은 40% 수준이다. 따라서 현대·기아자동차의 중국 시장 점유율이 떨어지고 있다. 일시적인 현상인지 추세적인 현상인지는 조금 더 지켜봐야 하겠지만 추세적일 가능성이 더 높아 보인다.

최근 중국은 소형트럭을 중심으로 한국시장을 잠식하고 있다. 국내 중국자동차 판매장을 방문한 국내소비자 중 80~90%는 그 자리에서 계약을 한다고 한다. 깜짝 놀랄 정도로 싼 가격 때문이다. 국내산자동차 가격의 40% 정도인데 품질도 괜찮아 보인다는 것이다.

더욱이 걱정스러운 것은 고고도미사일 방어체계인 사드(THAAD)의 국내 배치와 관련이 있는 한·중 간 갈등에 따라 부정적인 영향이 자동차분야에 미치고 있다는 사실이다. 최근 중국 자동차시장에서 중국소비자들이 한국산 자동차구매를 꺼린다고 한다. 사드로 인해 한국에 대한 부정적인 이미지가 커진 것이다.

최근 시장조사 자료에 따르면 중국 창안자동차의 시장점유율이 현대·기아자동차 점유율을 추월했다고 한다. 중국 토종자동차가 처음으로 중국 내 한국자동차 점유율을 뛰어넘었다. IT분야에 이어 자동차까지 추월이 확산하고 있는 것이다. 중국산 자동차에 밀리기 시작하면 이를 반전시키기는 매우 어렵다. 허베이(河北), 충칭(重慶) 공장 등 현대자동차가 증설계획을 확정한 상황에서 중국 시장점유율 하락은 매우 좋지 않은 현상이다.

둘째 위험은 현대자동차그룹의 미래형 자동차 대비가 매우 미흡하다는 것이다. 앞으로 산업의 변화가 가장 드라마틱(dramatic) 하게 전개될 것으로 예상되는 분야가 바로 자동차산업이다. 제4차 산업혁명에 가장 영향을 많이 받는 분야 중 하나이기도 하다.

전문가들은 향후 미래자동차는 다음 세 가지 형태를 띨 것으로 전망한다. 전기자동차 등 그린자동차(green car), 자율주행자동차와 커넥트카(connect car) 가 그것이다. 커넥트카는 자동차에 사물인터넷,

인공지능 등을 장착해 자동차 안에서 음악을 듣고, 영화도 보며, 사무와 집안일도 할 수 있도록 만든 차라고 할 수 있다. 세 종류의 미래 자동차가 따로 또는 복합적인 형태로 출시되고 있다. 연구단계를 거쳐 상용화하기 시작했다. 구글 등 IT기업들과 폭스바겐 등 기존 자동차기업들 간의 생존을 건 경쟁이 펼쳐지고 있다.

구글은 자체 개발한 자율주행자동차용 소프트웨어 '안드로이드 오토'(Android Auto)를 36개 완성차 기업의 모델에 공급하는 한편 이미 6년 전부터 자율주행자동차를 자체개발 중이다. 지난 2014년 5월에 이미 테스트차량을 출시하기도 했다. 구글은 2018년 최초의 로봇자동차 판매가 가능할 것으로 예견하고 있다.

미국 투자은행 모건 스탠리(Morgan Stanley)는 최근 연구조사에서 자동차산업이 일반적으로 예상하는 수준보다 훨씬 더 빨리 강력한 전환기를 맞을 수 있다고 전망하면서, 기존 완성차 기업들은 전환기에 대비한 모든 조치를 취해야 할 것을 강조했다.

독일 등 기존 자동차업계에서도 미래자동차에 대한 대비가 활발하게 이루어지고 있다. 독일 자동차업계는 향후 몇 년간 무인자동차와 스마트형 서비스가 제공되는 커넥트카 개발에 120억 유로를 투자할 계획이다. 독일정부 역시 이러한 독일 자동차업계를 지원하기 위한 계획을 발표한 바 있다. 즉, 독일교통부는 자동주행시스템 시행을 위해 최대속도 허용기준을 기존의 10km/h에서 130km/h으로 늘리는 등 제도개선을 추진하겠다고 밝혔다.

그리고 미래 자동차산업과 관련해 주목할 현상 중 하나가 공유경제의 일환인 '카셰어링(car sharing: 차량공유)'의 폭풍성장이다. '카셰어링'이란 자동차 한 대를 시간단위로 여러 사람이 나눠 쓰는 개념이다. 주로 가까운 곳에 있는 차량을 스마트폰 앱을 통해 검색해 빌린 후 반납하는 식으로 이뤄진다. 미국, 독일 등 선진국은 물론이고 중국에서도 카셰어링이 폭발적으로 늘고 있다. 기존 자동차회사들로서는 매우 중대한 도전에 직면한 것이다. 차량공유가 늘수록 차 판매가 급격히 감소할 가능성이 크기 때문이다.

GM 등 기존 자동차업계는 대응에 열심이다. GM은 최근 미국 샌프란시스코에 있는 차량공유 서비스기업이자 개인차량 공유서비스 제공업체인 우버(Uber)의 경쟁사 리프트(Lyft)에 5억 달러(약 5,800억 원)에 이르는 과감한 투자계획을 발표했다. 토요타자동차도 2016년 10월 자산운용회사 스팍스(Sparx) 그룹 등과 공동으로 설립한 펀드를 통해 미국 카셰어링 회사인 겟어라운드(Getaround)에 1,000만 달러(약 120억 원)를 출자했다. 이와 같이 기존 자동차회사뿐 아니라 IT업체들은 미래자동차에 대한 극적인 변화에 대비해 경쟁력을 확보하기 위한 선제적인 투자에 적극적이다. 따라서 폭스바겐, 토요타 등 자동차산업 선도기업들은 이러한 세계적 흐름을 반영해 R&D투자를 2000년 중반 이후 대폭 증가시키고 있다.

그러나 현대자동차의 R&D 투자증가율은 이러한 흐름을 전혀 반영하지 못하고 있다. 따라서 글로벌 기업과의 격차는 더욱 커질 수 있다. 미래자동차의 세계적 흐름에 적절하게 대비하지 못한다는 점은 대단히 우려스럽다. 물론 현대자동차 그룹이 지금까지 세계 자동차산업에서 선도적인 역할을 한 적이 없고 후발자로서 모방을 통해 추격하는 것에 익숙한 시스템이기는 하나, 후발자 나름의 미래자동

차에 대한 대비와 이에 따른 중·장기 투자계획이 있어야 한다. 전기
자동차와 같은 분야는 중국에 비해서도 그 수준이 떨어진다는 평가
를 받아 걱정이다.

셋째 리스크는 국내시장의 정체 및 감소가 예상되는 가운데 수입
차의 도전이 강력해 현대·기아차의 국내시장 판매감소와 점유율 하
락이 예상된다는 점이다. 우리나라는 저출산·고령화 등으로 2017
년부터 생산가능 인구가 감소할 전망이며 2011년부터 2%대의 저성
장 기조가 이어지는 등 자동차 내수시장은 정체 내지 감소할 것으로
예상된다.

더욱이 최근 수입차들은 우수한 품질경쟁력을 갖추었으며, 현대
·기아차 동급 차량에 비해 가격도 그다지 비싸지 않아 국내시장 점
유율이 대폭 상승하고 있다. 2016년 3분기에 현대·기아자동차 점
유율이 60%대 미만으로 떨어지는 사태까지 이른 이유다. 국내시장
에서 독점적 지위를 오랜 기간 향유해온 현대자동차로서는 사실상
당황스러운 상황이다. 조금 더 상황을 지켜봐야겠지만 이러한 추세
는 이어질 전망이다. 이와 같이 현대·기아자동차가 직면한 장·단
기 리스크로 인해 우리나라 자동차산업은 향후 어려움에 처할 가능
성이 높아가고 있다.

6) 석유화학산업과 정유산업

석유화학산업과 정유산업 모두 우리나라의 대표적인 주력산업이다.
두 산업 모두 중·장기적으로는 경쟁력이 약해질 전망이며, 경우에

따라서는 대규모 구조조정에 직면할 가능성도 높다고 판단된다.

(1) 석유화학산업

우리나라 석유화학산업은 단·중기적으로는 경쟁가능한 수준을 유지할 수 있으리라 본다. 저유가 상태가 이어지고 있어 우리나라 석유화학의 근간인 원유부산물 나프타와 경쟁관계에 있는 에탄올, 석탄기반 석유화학시설에 대한 원가경쟁력을 유지할 수 있기 때문이다.

유가는 단·중기적으로 셰일오일(*shale oil*)의 탄력적인 공급과 석유수요의 감소로 인해 배럴당 70달러를 넘어서기는 어려운 구조다. 유가가 오르면 채산성이 나빠 중단됐던 미국산 셰일 원유설비가 다시 가동되는 데에다, 현재 전 세계적으로 사상 최고수준의 원유재고가 있기 때문이다.

설령 유가가 70달러를 넘더라도 국내 유화업계는 나프타의 대체연료인 액화석유가스(LPG)를 투입해 에틸렌을 생산할 수 있는 기술을 갖췄다. 둘 중 더 저렴한 원료를 쓰는 식으로 원가인상을 최대한 억제할 수 있다는 것이다.

중국의 석탄기반 설비가 최근 석탄가격의 급등으로 경쟁력을 잃으면서 중국의 석유화학 자급계획도 차질을 빚고 있다. 중국이 환경문제로 석탄생산량을 줄이는 구조조정을 시작하면서 석탄생산이 줄고 가격이 급등한 것이다.

석탄화학의 채산성이 나빠지자 중국의 석탄화학 신규투자가 중단·연기된 상태다. 이런 여러 가지를 감안할 때 한국유화업계는 단·중기적으로 유리한 환경에 놓여있다고 볼 수 있다. 그러나 중·장기적으로 볼 때 한국 석유화학산업은 다음과 같은 근본적인 한계를 가지고 있다.

첫째, 우리나라 나프타 기반시설은 셰일오일, 중동 에탄 및 중국 석탄 등 저원가 원료기반 시설에 대하여 원가격차를 극복하는 것은 불가능하므로 태생적으로 경쟁력이 떨어진다. 따라서 장기적으로는 전 세계적으로 저원가 원료를 쓰는 설비가 증가하면서 원가경쟁력에서 떨어지는 나프타 기반시설은 축소될 수밖에 없다.

둘째, 중국 석유화학산업의 자급률이 상승할수록 우리나라 전체 공급규모의 25%를 차지하는 중국 시장에 대한 수출이 줄면 우리 석유화학산업은 심각한 상황에 직면할 수 있다.

셋째, 현재 원유시장의 저유가 기조가 언젠가는 고유가 상황으로 바뀔 것이다. 고유가 상황에서 우리나라 유화산업은 원가격차의 확대로 경쟁력을 상실하게 될 것으로 보인다. 따라서 우리나라 석유화학산업은 이러한 근본적인 한계를 극복하기 위한 노력이 없다면 생존을 위협받는 상황까지 갈 가능성도 배제할 수 없다.

(2) 정유산업

우리나라는 석유가 한 방울도 나지 않는 나라에서 석유를 수입해 정제한 뒤 이를 수출하면서 산업화했다. 한 해 수출규모가 1위였던 적도 있었다. 정말 대단한 일이다. 게다가 우리나라 석유정제 경쟁력은 세계 최고수준이다.

그러나 최근 세계 수출시장에서 중국제품과 경쟁하면서 우리나라 정유산업이 긴장하고 있다. 정유산업은 대규모 장치산업으로 규모의 경제가 경쟁력을 결정하며 설비운용 기술은 그다지 어려운 수준이 아니다. 그렇다면 규모 면에서 중국을 이길 나라는 없다. 그 동안 우리나라 정유제품이 중국산보다 경쟁력을 가질 수 있었던 것은 품질이 큰 역할을 했기 때문이다. 그러나 이제 그런 우위는 점차 약해지고 있다. 중국이 심각한 대기오염 때문에 정유제품의 품질기준을 한국과 똑같은 수준으로 강화했기 때문이다.

최근 세계시장에서 중국제품과 경쟁하면서 우리나라 정유업계는 정제마진 하락에 따른 수익률 악화에 시달리고 있으며, 수출물량 감소와 함께 국내시장 점유율 하락의 위협에 직면해 있다.

7) EPCI 산업

EPCI(*engineering · procurement · construction · installation*) 산업이란 고객이 요구하는 구조물을 지정한 지역에 설계, 시공, 설치하는 산업 전체를 일컫는다. 일반건설, 건축, 조선, 해양플랜트, 화학, 정유플랜트, 발전설비 등의 산업들이 이 범주에 들어간다. 이 산업은 주문자 중심의 맞춤제작을 지향하면서 설계, 구매, 제작(또는 건설), 설치 등 전문분야별로 분업화한 틀을 갖췄다. 주문자 맞춤제작 정도가 낮은 일반건설과 조선 분야부터 그 정도가 매우 높은 해양플랜트까지 스펙트럼이 매우 넓다.

EPCI산업은 고부가가치 산업이며 첨단기술과 노하우가 필요한 분야다. 특히 수백 년 이상 축적한 현장경험과 데이터가 결정적인 역할을 하며, 해양플랜트의 경우 더욱 그렇다. 해양구조물은 어떤 바다에서 시추활동을 할지에 따라 위치의 특성을 철저하게 반영할 수밖에 없는데, 이를 사이트 의존성(site dependency)이라고 부른다. 7

바다 속 구조를 완전히 파악해야 플랜트 설계 자체가 가능하다. 이러한 개념설계를 할 수 있는 엔지니어링업체는 수백 년 경험을 쌓은 유럽, 미국의 기업들이다. 건설, 건축, 플랜트 등 다른 분야도 마찬가지다. 우리나라가 잘 하는 유일한 분야는 시공분야뿐이다. 조선산업은 크루즈선박을 제외한 대형컨테이너, LNG선 등 고부가가치 선박의 설계, 시공까지 경쟁력을 확보한 유일한 분야다. 선박설계는 사실 표준화돼 있어 조선산업의 핵심경쟁력은 결국 시공에서 갈린다.

건설분야도 일반건설이 아닌 대형 및 특수분야의 경우 개념설계 능력은 아직도 유럽, 미국 기업들에게 의존하고 있다. 예를 들면 코엑스몰 리모델링의 개념설계도 우리나라 대형 건축설계회사의 역량으로 가능하지 않아서 이 분야에서 오랜 경험을 쌓은 미국 설계회사가 맡아 했다. 우리나라 업체는 상세 설계를 하는 데 그쳤다. 이러한 EPCI산업의 전반적인 이해를 바탕으로 삼아 우리 조선산업부터 살펴보기로 한다.

현재 우리나라 조선산업은 세계 최고의 경쟁력을 확보하고 있다. 우리나라는 2000년대 초반 세계 1위로 올라선 후 10년 이상 독주체제를 지속하고 있다. 전반적인 기술수준은 일본이 높을지 모르나, 일본 조선산업은 주문자 중심의 마인드가 매우 부족하다. 반면 한국 조선산업은 주문자 요구에 신속하게 대응하면서 효율적인 공법을 개발해서 가격과 품질경쟁력을 지닌 배를 제작해 공급하고 있다. 중국이 추격하고 있으나 아직 벌크선 등 저부가가치 선박 단계에 머무르고 있는 데다 아직 납기를 맞추지 못하는 등 수요자 요구에 대응하는 시스템 정립까지 시간이 좀더 필요할 것으로 보인다.

그럼에도 현재 우리나라 조선산업은 위기에 처해 있다. 조선·해양산업은 2008년 경제위기 전까지 약 10년 동안 전대미문의 호황을 누렸다. 세계 경제가 호황인 이유도 있었지만 중국이 세계 경제 분업 구조의 한 구성원으로 편입되면서 엄청난 특수가 일어났기 때문이다. 중국이 세계의 제조공장 역할을 하면서 석유, 구리, 곡물 등 원자재와 중간재가 중국으로 들어가서 조립·가공을 거친 뒤 전 세계로 다시 퍼져 나가는 가치사슬 구조가 만들어졌기 때문이다. 조선·해운산업의 대형특수가 발생한 것이다.

그러나 2008년 경제위기 이후 세계 경제가 불황으로 바뀌고 중국도 투자보다는 국내소비 촉진으로 전략을 수정하면서 조선·해운산업의 호황은 버블이 깨지며 엄청난 불황으로 반전해 버렸다. 우리 조선업체들은 선박 건조수요가 급감하자 그 극복방안으로 해양플랜트 쪽으로 눈을 돌리기 시작했다. 처음에는 비중이 작았지만 2012년부터 국내 조선사 3사 매출의 50% 이상을 해양플랜트가 차지했다.

조선 3사는 처음에는 자신의 주특기인 해양플랜트의 시공분야만 주로 맡아왔으나 시간이 지나면서 욕심을 내기 시작했다. 조선 3사는 EPCI 모든 과정을 맡는 턴키(*turn key*) 방식으로 석유 메이저들과 해양플랜트사업 계약을 체결한다. 그것도 조선 3사 간 제 살 깎아먹기식 경쟁을 거친 후 저가에 수주하는 무모한 짓이었다.

해양플랜트 사업은 워낙 리스크가 크기 때문에 분야별로 전문화된 기업끼리 위험을 나누어 분담하는 것이 관례다. 그럼에도 시공 이외에는 경험이 전혀 없었던 3사가 이를 턴키방식으로 전체 책임을 지는 행위는 나방이 불에 뛰어드는 것과 같다고 볼 수 있기 때문이다.

개념설계 역량이 없는 조선 3사가 수주한 해양플랜트 사업을 기간 내 마치는 것은 근본적으로 불가능했다. 조그만 건설프로젝트도 설계변경을 하게 마련인데, 깊은 바다 속에 해양구조물을 설치하는 사업은 더 많은 설계변경을 할 수밖에 없다. 이때마다 설계 전문회사에 의존하는 방식으로 기간 내 설치까지 마치는 것은 시작부터 불가능했다.

이런 상황에 유가가 급락하는 사태까지 닥쳤다. 우리나라 조선업계는 말 그대로 설상가상인 상황에 직면하고 말았다. 저가수주에 어마어마한 규모의 지체상금, 유가급락에 따른 수주급감과 기존 수주물량 취소 등 상상하기 어려운 최악의 상황에 처하고 만 것이다.

우리나라 조선 3사가 위기에 처한 경위를 간략히 말하자면 위와 같이 정리할 수 있다. 다음에 우리가 살필 대목은 앞으로의 상황이다. 우리나라 조선산업과 플랜트(해양플랜트 포함) 산업의 중·장기 전망이다.

한국 조선산업의 세계 최고지위는 당분간 유지될 것으로 예상한다. 세계에서 조선산업을 유지하는 나라는 한국, 중국, 일본이다. 다른 나라가 이 구도를 깨고 진입하기 어렵다. 또한 당분간 중국이 우리나라를 추월하기도 쉽지 않다. 다만 장기적으로 볼 때 한국이 일본을 추월했듯 중국이 우리를 추월할 가능성이 높다고 본다. 그러나 중국이 세계 최고로 올라선다고 해도 한·중·일 3국 과점체제로 짜인 현재의 세계 조선산업 구도는 이어질 전망이다.

현재 논란으로 떠오른 우리 조선산업 구조조정은 어떤 원칙으로 진행하는 것이 바람직한가? 우선 우리나라 조선산업의 설비가 과잉상태인가의 판단이 가장 중요하다. 결론부터 말하자면 과잉상태라는 평가다. 모든 산업이 호황, 불황을 순차적으로 거치게 마련이다. 하지만 조선산업은 앞에서 지적했듯이 어마어마한 규모의 중국 특수를 겪으면서 한·중·일 모두 과잉설비 상태다. 특히 중국과 우리나라의 과잉규모가 크다고 본다.

향후 불황이 종료된 후 다시 호황기에 진입한다 해도 2008년 호황기 수준에는 한참 미치지 못할 것이다. 따라서 조선산업 구조조정은 과잉설비를 축소하는 작업이 우선적으로 이뤄져야 한다. 그럼 설비를 어떻게 감축해야 하나?

감축에 대한 기본원칙은 조선 3사뿐 아니라 우리나라 조선산업 전체의 경쟁력을 제고하는 방안으로 이뤄져야 한다. 조선 3사 모두 채권단과 정부지원 없이 생존할 수 있다면 각 조선업체가 알아서 할 문제지만 한 개 업체라도 그럴 수 없다면 경쟁력 있는 업체를 중심으로 한 M&A를 통해 경쟁력 없는 부분부터 감축하는 방식으로 추진해야 한다. 정부지원을 받는 업체와 자생력을 가진 업체가 균등하게 설비를 감축하는 방안은 공평하지 않을 뿐 아니라 조선산업 전체의 경쟁력을 해치는 방안이어서 지양해야 한다.

해양플랜트 등 플랜트산업의 중·장기 전망은 어떨까? 결론부터 먼저 말하면 그다지 밝지 않다. 중·장기적으로 중국보다도 뒤떨어질 전망이라 걱정이다. 중국 EPCI산업은 2000년대 중반 이후 세계시장에서 급부상하고 있다. 중국 EPCI 기업들의 해외수주는 2003년

177억 달러에서 2013년 1,716억 달러(한국은 652억 달러)로 최근 10년간 약 19배 증가했다.8 엔지니어링 글로벌 TOP 10 기업에 중국 기업 5개사가 진입했다.

　중국은 글로벌 선도업체에 비해 설계역량, 사업관리 역량 및 자체 영업능력은 뒤떨어지나 자금력, 기술력, 원가경쟁력 등은 위협적이라는 평가를 받는다. 중국 EPCI산업은 정부의 막강한 지원을 기반으로 역량을 착실하게 축적하면서 세계시장에서 사업기회를 넓혀가고 있어 중·장기적으로 세계시장의 강자로 부상할 전망이다. 이에 비해 우리나라는 현재의 생태계 때문에 선진국 수준으로 발전할 수 없는 한계를 가지고 있다.

　첫째, 우리나라가 선진국 수준으로 발전하기 위해 가장 필요한 역량은 프로젝트 전체를 설계할 수 있는 개념설계 능력인데, 우리나라 대학교는 개념설계 역량을 갖춘 인재를 양성해 낼 수 있는 인프라를 갖추지 못했다. 기업에서도 시공 중심으로 업무를 하고 있어 개념설계 역량확보는 엄두도 못 내는 실정이다. 우리나라에는 개념설계 역량을 갖춘 인재를 키워낼 수 있는 인프라가 없다는 얘기다.

　둘째, 현재 우리나라 금융산업의 경쟁력 수준으로는 EPCI산업 발전을 기대하기 어렵다. EPCI산업 속성상 EPCI업체는 프로젝트 파이낸싱(*project financing*) 능력, 즉 대규모 사업을 추진하는 데 필요한 막대한 규모의 자금을 확보하는 능력이 가장 중요한 기업역량 중 하나다. 그러나 우리나라 금융산업은 낙후해 있어 고도의 위험이 수반되는 프로젝트 파이낸싱 능력이 없다. 이러한 우리나라 금융산업의 한계로 말미암아 EPCI 업체들은 선진국뿐 아니라 중국에 비해서도 사업을 수주하는 데 결정적인 어려움을 겪고 있는 실정이다. 앞으로 개선 가능성도 매우 낮다.

3. 늙고 활력 없는 경제: 새로운 성장동력 창출 불가능

지금까지 한국 경제의 유일한 성장동력인 대기업집단의 제조업 조립 분야에서 경쟁력이 약화하는 등 쇠퇴의 조짐을 뚜렷이 보이는 모습을 살펴보았다. 우리나라 주력산업은 대부분 대규모 장치산업이며 지금까지 선제적인 대규모 투자를 하고, 선진국을 모방하고 추격하며 표준화한 공정기술의 경쟁력을 확보하면서 세계 최고수준에 이르렀다.

그러나 우리나라 주력산업의 비교우위는 후방국인 중국에게 노출되는 등 최근 들어 빛을 잃어가고 있다. 이제 대규모 장치산업, 표준화한 기술, 모방 등으로는 더 이상 발전할 수 없는 한계에 도달한 것이다. 중국 다음에는 인도가 추격하고 있다. 더 이상 버틸 재간이 없다. 이런 상황이 계속되면 우리나라 경제는 성장은커녕 추락하고 말 것이다.

한국 경제가 이를 극복하고 지속적인 경제성장을 이룩하려면 기존의 성장동력 자체를 리모델링하는 것도 중요하지만 이를 대체할 수 있는 새로운 성장동력을 창출할 수 있어야 한다. 그러나 새로운 성장동력은 나타날 조짐마저 전혀 보이지 않고 있다. 새 성장동력을 창출할 수 있는 시스템과 생태계가 만들어져 있지 않기 때문이다.

더욱이 우리나라는 2025년경에는 초고령화 사회로 접어든다. 새로운 성장동력이 나타나려면 경쟁이 치열하게 이뤄지는 가운데 창조성을 가진 기업가가 주도하는 혁신이 경제전반에 걸쳐 활발하게 펼쳐져야 한다. 아울러 혁신적 기업의 창업과 성장이 막힘없이 벌어지는 경제의 역동성도 확보해야 한다.

즉, '경쟁', '창조적 파괴를 수반한 혁신', '역동성'이 시스템적으로 갖춰져야 한다는 말이다. 그러나 우리나라 경제는 이러한 요소들이 제도적으로나 생태계적으로 막혀 있어 대기업집단 이외의 경제주체가 새로운 성장동력으로 부상하기 어려운 구조다.

1) 저출산 · 고령화로 소비위축 및 성장 정체

우리는 앞에서 일본의 '잃어버린 20년'의 가장 근본적인 원인이 저출산·고령화이며, 특히 고령화 현상이 일본의 장기침체의 수요와 공급측면의 결정적인 원인이었음을 자세히 살펴봤다. 그런데 우리 인구구조는 일본보다 20년 격차를 두고 쫓아가고 있으며, 일본이 겪고 있는 상황보다 훨씬 암담한 상황에 처할 가능성이 크다.

우리나라 출산율은 최근 10년간 1.1~1.3명 수준을 벗어나지 못하고 있다. 출산율을 지금처럼 1.2명으로 유지한다면 2018년부터 한 해 출생아 수가 30만 명대로 떨어질 것이다. 1970년대 초반까지는 해마다 100만 명, 1990년대만 해도 한 해 70만~80만 명이 태어났다. 불과 40년 만에 30% 수준으로 줄어든 것이다. 경제를 이끌어 갈 생산가능 인구는 2016년 3,740만 명으로 정점을 찍은 뒤 2017년부터 감소세로 돌아선다. 총 인구는 2030년 5,216만 명에서 계속 줄어 2060년엔 4,396만 명에 이르리라 전망한다.[9]

이런 속도라면 수백 년 후에는 한국인이 지구상에서 없어질 것이라고 한다. 아주 먼 미래까지 갈 필요도 없이 당장 10년 후가 걱정이다. 인구전문가인 서울대 조영태 교수의 추계에 따르면 2020년 4년제 대학교 50여 곳이 통·폐합될 전망이며, 남성 20%, 여성 10%가 평생 독신으로 지낼 것이라고 한다.

2022년에는 군 병력이 52만 명 이하로 줄고 2027년에는 20~25세 남자들의 31%가 군대에 가 있어야 한다. 2025년까지 중학생 수가 급감해 580여 곳의 중학교가 폐교해야 하며, 이에 따라 교사도 1만 명 이상 줄여야 한다는 것이다. 이와 같이 우리나라에 닥쳐올 저출산에 따른 분야별 충격이 엄청나다.

그러나 저출산보다 더 심각한 문제는 급속한 고령화다. 65세 이상 인구를 생산가능 인구로 나눈 고령화율을 보면 2010년 기준 일본은 36%, 한국은 16%다. 2010년의 한국은 일본의 1990년(17%)과 비슷한 수준이다. 일본은 1990년대 중반 고령사회로 접어들면서 저성장사회에 진입했다.

우리나라도 2010년대 중반 일본과 같이 고령사회로 들어서면서 비슷한 현상을 겪을 것이다. 일본은 고령인구가 전체 인구의 20% 이상인 초고령사회가 2005년에 이미 시작됐다. 우리는 고령사회 진입 후 10년도 채 지나지 않은 2025년경에 진입할 것으로 보이는데, 이는 선진국은 물론 전 세계적으로도 가장 빠른 속도다.

지금 일본 사회의 무기력한 모습이 약 10년 후 우리에게도 닥칠 전

망인데, 무엇보다 이런 고령화 속도에서는 일정수준 이상의 경제성
장을 기대하기 어려울 뿐 아니라 다양한 사회적, 경제적 문제도 함께
나타난다. 내수침체에 따른 만성적인 유효수요 부족, 노동력의 부
족, 사회의 보수화, 노인복지 수요의 폭증에 따른 재정적자 확대 등
이다. 저출산·고령화에 대한 근본적인 대책이 없다면 모든 내수활
성화 방안은 전혀 효과를 거두지 못할 것이다.

강력한 폭발력을 지닌 시한폭탄의 시침은 째깍거리면서 정해진 폭
발시점을 향해 움직이고 있지만 우리는 너무나 태평하다. 정부는
2005년 이후 제3차 저출산·고령화 대책을 수립해 시행하고 있으나
아무런 효과를 거두지 못하고 있다. 한마디로 실패다.

현상에 비해 대책이 너무 지엽적이며 미온적이다. 저출산·고령
화 대책은 대표적인 비용 선행형 정책이어서 현행 한국의 5년 단임제
정부가 인구정책과 같은 장기정책에 관심을 기울이기 어렵기 때문이
다. 하루빨리 대대적이고 체계적인 저출산·고령화 대책을 마련해
정권과 관계없이 장기적으로 추진해야 한다.

2) 창조적 파괴를 수반한 혁신의 부재

(1) 모방적 혁신의 한계 직면

우리나라는 지난 50년간 후발 추격국가로서 선진국에서 이미 개발한
표준화한 기술을 도입해 모방과 학습을 하면서 단계를 뛰어넘거나
새로운 단축경로를 창출하는 방식으로 우리 것으로 만들었다. 그 과
정에서 생산공정을 최대한 효율화하면서 최고수준의 경쟁력을 확보

했다.

자원과 시간이 부족한 후발국이 취할 수 있는 최선의 전략이다. 그러나 이런 모방적 혁신으로는 더 이상 발전할 수 없는 한계를 맞은 점도 우리의 엄중한 현실이다. 우리나라 산업이 선진국과 중국 등 후발국에 낀 샌드위치와도 같은 상황이다. 후발국의 추격을 극복하고 선진국을 추월하기 위해서는 선진국이 하지 못하는 무언가를 창조해야 한다. 창조하지 못하면 적어도 선진국 수준의 기본역량을 확보해야만 한다.

일본이 1980년대 구미 선진국을 이길 수 있었던 이유도 미국 등 기존의 선진국을 뛰어넘는 독창적인 것을 세계 최초로 만들었기 때문이다. 전자부문에서 소니가 디스플레이, 비디오기기, '워크맨'과 같은 개인용 오디오기기를 발명하는가 하면 자동차산업에서는 린 시스템(lean system)과 같은 새로운 생산방식을 만들어 내면서 대량생산 시스템을 창조한 미국을 이길 수 있었던 것이다.

이제 우리나라가 지속적인 경제성장을 하기 위해 구축해야 할 가장 중요한 토대는 경제와 사회가 창조적 혁신을 할 수 있는 시스템과 환경이다. 이 둘을 만들어야 우리는 쇠락과 소멸을 피하며 발전과 번영을 꾀할 수 있다.

현재 우리나라는 경제·산업·사회 전체시스템이 모방을 하는 데 적합하게 짜여 있다. 우리나라 교육은 평균수준의 인재를 양산하고, 그들이 주입식 교육으로 훈련을 받아 빠른 모방을 할 수 있도록 만들어져 있다.

우리나라 연구기관과 기업도 마찬가지다. 선진국을 모방하고 따라가는 데 역량과 조직이 맞춰져 있다. 사회적 인센티브도 '빨리빨리' 순발력 있게 일을 해치우는 사람에게 유리하다. 사회 곳곳에 만연한 순환보직제의 맥락이 보여주듯이 제너럴리스트(*generalist*)는 우대하지만, 한 분야에서 우직하게 평생을 보낸 장인들은 높이 쳐주지 않는다. 우리 사회 전반의 균일한 흐름이라고 해도 좋다. 그러나 이제 우리나라는 모방에 의한 '후발자적 시스템'을 탈피해야 한다. 창조적 혁신을 해낼 수 있는 '선도자적 시스템'으로 대전환의 거대한 기류를 만들어내야 한다.

(2) 국가혁신시스템의 총체적 부실

한 나라의 경제가 지속적으로 성장하려면 반드시 주목해야 하는 영역이 있다. 앞에서도 소개했듯이 '창조적 파괴에 의한 혁신'이다. 이를 사회의 동력에 얹어 끊임없이 펼쳐가야 한다. 창조적 파괴에 의한 혁신을 이루기 위해서는 해결해야 할 선결조건이 있다. 그 토대, 즉 국가 R&D 혁신시스템의 구축이다. 달리 말하자면 국가혁신시스템의 핵심은 R&D 혁신시스템이다.

국가혁신시스템은 〈그림 8-2〉에서 보는 것처럼 새로운 지식의 창출, 확산 및 활용과 관련된 일련의 하부시스템으로 구성되어 있다. 지식과 인력을 창출하는 교육·연구시스템, 이를 활용하는 기업·산업시스템, 이를 가이드하고 지원하는 정치시스템으로 구성되어 있다. 외부환경으로는 금융, 지적재산권을 포괄하는 인프라와 세제 등 구체적인 조건을 주는 프레임워크 조건이 주요 구성요소이다. 하지만 핵심은 기업이 혁신과정을 통해 시장수요를 만족시키고 새로운 부가가치를 창출하는 것이다. 기업 이외의 주체로는 대학, 공공 및 민간 연구기관, R&D 정책을 총괄하는 정부, 그리고 기타 공공기관과 산업별 단체 같은 중간조직이 있다. 기업을 중심으로 한 이들 기관은 지식을 창출, 확산 및 사용하는 과정에서 서로 상호작용하면서 혁신을 창출한다.

이러한 혁신시스템은 각국의 특수성을 반영하는 경제시스템에 의해 직·간접적인 영향을 받는데 거시경제 정책, 상품시장 및 생산요소시장의 여건 및 통신 인프라 등이 그것이다.

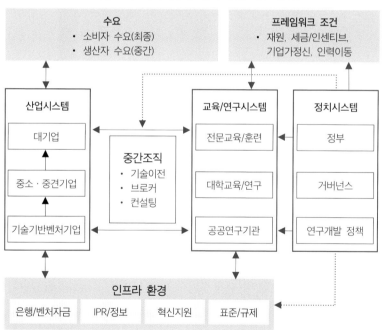

〈그림 8-2〉 국가혁신시스템과 구성 하부시스템

자료 : Kuhlmann & Arnold(2001)

국가혁신시스템이 제대로 작동하기 위해서는 무엇보다도 기업들의 혁신역량(특히 R&D 혁신역량)이 우수해야 하며 그 이외 주체인 대학교, 연구소 등 주체의 혁신역량 또한 중요하다. 그리고 이들 혁신주체 간 상호작용과 공동학습이 원활하게 이뤄져 혁신의 원천인 각종 지식이 선순환하며 누적되면 해당국가의 노동생산성과 경쟁력은 장기적으로 향상돼 고용창출과 경제성장에 기여하는 것이다.

그러나 우리나라 국가혁신시스템은 5년 단임제의 정부가 바뀔 때마다 별다른 고민 없이 전시행정적으로 수정을 거듭했다. 이제는 거의 개악의 수준으로까지 내달았다. 그로써 더 이상 혁신의 기제가 작동하지 못하는 단계에 이르렀다고 판단한다. 따라서 먼저 우리 국가혁신시스템의 총체적 부실상태를 살펴보는 일이 필요하다.

우선 우리나라 기업의 혁신역량을 R&D투자 추이로써 들여다보자. 기업의 R&D투자 추이는 미래를 위해 얼마나 대비하고 있는가를 파악할 수 있는 중요한 잣대다. 지금 소개하는 내용은 KAIST 기술경영전문대학원 김갑수 교수가 우리나라 500대 개별기업의 R&D투자 추이를 추적해 연구한 결과다. 우리나라 기업, 산업별 미래에 대한 투자 및 대비를 한눈에 파악할 수 있는 소중한 내용이다. 10

(3) 우리나라 대기업 및 산업 R&D 역량

2013년 우리나라 국내 총 R&D투자는 59조 3,009억 원으로 세계 6위 수준이며, GDP 대비 연구개발비 비중은 4.15%로 세계 1위다. 이 중 기업의 연구개발비는 46조 5,599억 원으로 최근 10년(2004~2013년) 간 연평균 11.8% 이상 증가했다.

R&D투자는 꾸준히 증가하고 있고, GDP 대비 R&D투자 비중도 세계 1위 수준임에도 주력산업 경쟁력 향상은 뚜렷하지 않고, 오히려 중국 등 후발국과의 경쟁에서 뒤지는 불안한 상황을 보이는 괴리현상이 나타나는 이유는 무엇일까?

그 배경에는 우리나라 산업 R&D투자 급증이 삼성전자와 같은 개별기업 투자증가에 기인해 벌어지는 현상에 있다. 이른바 'King-kong effect' 때문이다. 우리나라 산업 R&D는 소수기업, 특정분야 위주로 이뤄지는 특징이 있다. 극도의 양극화 현상이라고 할 수 있다. 사실상 삼성전자를 제외하고는 글로벌 경쟁을 견뎌낼 수 있는 수준의 R&D투자를 하는 기업이 없기 때문이다.

첫째, 기업규모를 종업원 수 기준으로 나눌 때 1,000인 이상(초대기업), 300~999인(대기업: 사실상 중견기업), 100~299인(규모가 큰 중소기업), 99인 이하(중소기업)으로 분류할 수 있다. 2012년 기준 1,000인 이상 기업의 R&D투자는 28조 8,170억 원으로 전체(43조 2,230억 원)의 66.7%로 우리나라 산업 R&D의 대부분을 차지하고 있다. 300~999인 기업이 3조 3,163억 원(7.7%), 100~299인 기업이 3조 5,902억 원(8.3%), 99인 이하 기업이 7조 4,993억 원(17.3%)을 점하고 있다.

여기서 1,000인 이상 기업만 투자증대가 매우 큰 반면, 나머지 기업군은 거의 그 자리에 머물고 있다. 대기업집단에 속한 초대기업군과 나머지 기업과의 격차가 더욱 벌어지는 이유다. 여기서 다른 나라와 달리 우리나라에서만 볼 수 있는 특이한 현상은 중견기업 층(300~999인, 100~299인 기업)의 R&D투자가 가장 취약하다는 것이다.

〈표 8-4〉 매출액 5,000억 이상 대기업의 R&D투자 비율분포 (2013년)

구분	기업수	R&D 투자 비율별 기업 수							
		없음	1% 미만	1~2%	2~3%	3~5%	5~10%	10~20%	20% 이상
제조업	282	45	130	29	20	29	22	6	1
비제조업	255	148	75	12	5	0	9	4	2
합계	537	45	131	30	22	32	27	16	21

가장 규모가 작은 기업군보다 중견기업 층 기업군 R&D투자가 훨씬 적다는 것을 알 수 있다. 이는 중견기업군이 틀을 벗고 대기업으로 성장할 가능성이 거의 없다는 점을 말해주는 현상이기도 하다. 우리 나라 경제와 산업 및 기업이 일정수준 이상 성장할 수 없는, 그로써 정체와 답보를 면할 수 없는 점을 단적으로 보여주고 있다.

둘째, 매출액 5,000억 원 이상 대기업(537개 사)의 매출액 대비 R&D투자 비율을 살펴보면 〈표 8-4〉와 같다. R&D투자를 전혀 하지 않는 기업은 193개 사(35.9%)에 달하며 R&D 1% 미만 투자기업도 205개 사(38.2%)로 두 기업군을 합하면 74.1%에 달한다. 이 조사결과로 볼 때 그동안 정부가 발표한 대기업의 높은 R&D투자 증가율 추이는 허울에 지나지 않았음을 알 수 있다.

셋째, 그럼 최상위 대기업의 R&D투자는 안심할 수 있는 수준인가? 삼성전자를 제외하고는 그렇지 못하다. 2013년 실적기준으로 R&D투자 1조 원을 웃도는 기업은 삼성전자를 비롯해 LG전자, 현대자동차, 삼성디스플레이, LG디스플레이, 기아자동차, SK하이닉스 등 총 7개 사가 있다. 〈표 8-5〉에서 보는 바와 같이 삼성전자를 제외하면, R&D투자 1조 원 이상 대기업들이 여타 대기업들보다

<표 8-5> R&D투자 1조 원 이상 기업의 추이 (2000~2013년)

(단위: 억 원)

기업명	2000	2005	2006	2007	2008	2009	2010	2011	2012	2013
삼성전자	20,193	54,097	55,783	59,425	69,007	72,721	93,755	102,887	118,924	147,804
LG전자	3,726	12,730	11,100	11,344	17,528	18,876	24,799	29,615	31,649	35,480
현대차	5,314	10,022	10,472	10,642	11,766	12,777	13,665	14,452	16,316	18,490
삼성디스플레이	-	-	-	-	-	-	-	-	9,383	17,170
LG디스플레이	467	3,617	4,361	4,144	5,011	7,743	11,172	13,140	13,727	16,747
기아차	2,891	5,857	5,881	5,971	7,481	7,155	8,873	9,922	10,270	12,415
SK하이닉스	6,939	3,037	4,016	4,995	6,998	6,728	7,902	8,337	9,382	11,444

R&D투자 증가율이 낮다는 것을 알 수 있다. 특히 IT융합 등으로 세계 기술경쟁이 격화된 2008년 이후 추이를 보면 더욱 분명해진다.

종업원 1,000명 이상 대기업의 R&D투자 총액(추가통계기준)은 2000년의 7조 4,093억 원에서 2012년에 28조 8,170억 원으로 약 3.9배 증가했다. 같은 기간 중 삼성전자는 2조 193억 원에서 11조 8,924억으로 약 5.9배 늘었다. 이 기간 전년도에 비해 적게 투자한 해가 없이 매년 증가해 왔으며, 증가율도 가장 높다.

반면 LG전자는 2004년부터 '1조 원 클럽'에 진입했으나 2000년대 중반(2006~2007년)에는 과거보다 R&D투자가 적어지는 등 후퇴하는 모습을 보였다. 그 여파가 스마트폰 경쟁에서의 낙오로 나오지 않았느냐는 추정이 가능하다.

현대자동차도 같은 기간 약 3배 금액을 늘렸지만 대기업 평균증가율 3.9배보다는 퍽 낮았다. 이는 자동차산업이 국내 산업기술 개발 역량의 비중을 구조적으로 축소한다는 의미로 비친다. 아울러 세계 경쟁에서 곧 뒤처질지도 모른다는 위험성을 내포하고 있다. 최상위에 있는 우리 대기업들의 R&D투자 증가율이 높지 않다는 점은 글로벌기업과 비교할 때 더욱 두드러진다.

〈표 8-6〉 세계 주요 기업 R&D투자 추이

(단위: 2003~2009년은 백만 파운드, 2010년부터는 백만 유로)

기업명	2003	2004	2005	2006	2007	2008	2009	2010	2011	2012
VOLKSWAGEN	2,948	2,948	2,800	2,857	3,616	5,729	5,144	6,258	7,203	9,515
삼성전자	2,467	2,467	3,169	3,140	3,260	3,851	4,007	6,181	6,858	8,345
MICROSOFT	3,221	3,221	3,835	3,638	4,101	6,267	5,396	6,741	7,583	7,891
INTEL	2,489	2,489	2,997	3,001	2,891	3,980	3,501	4,902	6,453	7,691
TOYOTA MOTORS	3,838	3,838	3,727	3,485	4,006	7,357	6,014	6,667	7,754	7,071
GENERAL MOTORS	3,386	3,386	3,903	3,372	4,069	5,564	3,758	5,190	6,279	5,584
GOOGLE	206	206	349	628	1,065	1,943	1,761	2,804	3,989	4,997
HONDA MOTOR	2,378	2,378	2,308	2,189	2,482	4,511	3,746	4,259	5,169	4,906
SIEMENS	3,584	3,584	3,542	3,385	2,472	3,708	3,805	4,241	4,278	4,572
CISCO SYSTEMS	1,663	1,663	1,935	2,078	2,260	3,584	3,225	3,931	4,241	4,504
PANASONIC	3,129	3,129	2,787	2,422	2,600	4,255	3,445	4,383	5,173	4,398
IBM	2,950	2,950	3,133	2,900	2,887	4,183	3,061	3,788	4,219	4,194
SONY	2,552	2,552	2,624	2,280	2,446	3,994	3,308	3,971	4,311	4,147
NISSAN MOTOR	1,801	1,801	1,965	1,919	2,090	3,510	3,030	3,543	4,256	4,115
BMW	1,995	1,995	214	2,161	2,309	2,769	2,175	2,773	3,373	3,952
HUAWEI 중국	-	-	-	-	-	-	1,185	1,806	2,907	3,536
FIAT	-	-	906	798	1,279	1,920	1,503	1,936	2,175	3,295
HITACHI	1,975	1,975	1,999	1,737	1,855	3,285	2,771	3,423	4,102	2,989
LG전자	776	776	1,022	917	905	1,261	1,214	2,092	3,154	1,960
ZTE 중국	138	138	141	185	221	436	555	897	1,130	1,171
현대자동차	976	976	1,362	796	1,177	1,210	1,188	1,587	1,387	934

자료: World Company Top 1,000 R&D Investment by UK Government & EU

〈표 8-6〉처럼 삼성전자만 세계적인 기업의 R&D투자 증가와 같은 추세를 드러내며 독일 폭스바겐(Volkswagen)에 이어 세계 2위로 올라선 반면, LG전자와 현대자동차는 화웨이 등 중국 기업에도 뒤처지고 있다. 글로벌 대기업들이 2008년 세계 경제위기 이후 스마트폰 및 제4차 산업혁명에 따른 커다란 기술혁신 물결에 올라타고자 높은 R&D 투자 증가율을 보이는 반면, 한국기업들은 삼성전자를 제외하면 오히려 세계기업과의 격차가 과거보다 점점 더 벌어지는 상황이다. 특히 자동차산업의 경우 2008년 이후 미래자동차 분야에 폭스바겐 등 자동차회사들의 R&D 투자가 급증하는 모습을 보이고 있으나 현대자동차는 중국 기업들에 비해서도 현저히 낮아 걱정스럽다.

국내 차원에서만 보면 R&D투자 1조 원 이상 기업이 증가하고 있다는 긍정적 평가가 가능할지 모른다. 그러나 세계기업과 비교해 보면 그 평가가 정반대로 바뀐다. 이 점이 한국 산업경쟁력 저하의 실상을 보여주는 것으로 평가한다. 최상위의 대기업 실상이 이렇다면 국내산업의 가치사슬에서 하위그룹을 형성하는 기업의 기술경쟁력은 말할 것도 없을 정도로 글로벌기업과의 격차가 크다.

넷째, 제조업 부문의 세부산업별 R&D투자 현황을 살펴보아도 〈표 8-7〉에서 보는 바와 같이 투자는 극단적으로 몇 개 산업에 편중해 있으며, 다른 많은 산업에서는 투자가 매우 빈약하다. 전자부품, 컴퓨터, 영상, 음향 및 통신장비산업이 전체 R&D의 68.4%를 차지하는 등 IT산업이 우리나라 전체 산업 R&D에서 압도적인 비중을 차지하고 있다. 타 산업과 비교 자체를 할 수 없을 정도다. 2위인 자

〈표 8-7〉 매출액 5,000억 원 이상 기업의 세부산업별 R&D투자 (2013년)

(단위: 억 원)

세부산업(24개)	기업수	매출총액	R&D 투자총액	R&D 비율(%)	R&D 비중(%)
식료품	29	343,524	2,289	0.7	0.6
음료	23	87,340	1,458	1.7	0.4
담배	1	25,106	124	0.5	0.03
섬유제품 (의복 제외)	0	0	0	0	0
의복, 의복액세서리 및 모피제품	9	76,626	136	0.2	0.04
가죽, 가방 및 신발	3	23,212	845	3.6	0.2
목재 및 나무제품 (가구 제외)	0	0	0	0	0
펄프, 종이 및 종이제품	7	59,818	110	0.2	0.03
인쇄 및 기록매체 복제업	0	0	0	0	0
코크스, 연탄 및 석유정제품	6	1,446,426	616	0.04	0.17
화합물 및 화학제품 (의약품 제외)	48	1,335,591	12,984	0.97	3.6
의료용 물질 및 의약품	4	29,630	3,357	11.3	0.9
고무 및 플라스틱제품	11	170,043	3,350	2.0	0.9
비금속광물제품	11	128,562	1,199	0.9	0.3
제1차 금속	30	871,687	7,933	0.9	2.2
금속가공제품 (기계 및 가구 제외)	3	24,193	177	0.7	0.05
전자부품, 컴퓨터, 영상, 음향 및 통신장비	35	2,905,353	243,492	8.4	68.4
의료, 정밀, 광학기기 및 시계	1	6,176	681	11.0	0.2
전기장비	11	168,453	5,879	3.5	1.7
기타 기계 및 장비	18	282,444	13,835	4.9	3.9
자동차 및 트레일러	36	1,444,606	50,917	3.5	14.3
기타 운송장비	12	717,011	7,943	1.1	2.2
가구	3	19,184	200	1.0	0.06
기타 제품	0	0	0	0	0
총 합계	282	10,139,115	356,182	3.51%	100

동차산업의 약 5배 수준이다.

두 산업 이외에 의미 있는 R&D투자 규모가 이뤄지는 산업은 기타 기계 및 장비(조선) 산업과 화합물 및 화학제품산업 정도다. 이 중 화학산업은 한국에서 매출액 5,000억 원 이상 대기업 수가 가장 많음에도 불구하고 매출액 대비 R&D투자 비율이 1%에도 못 미치는 0.97%에 불과하다. R&D투자가 거의 없다고 해도 좋은 수준이다. 석유화학산업의 경우 향후 중국 석유화학산업 발전에 대비해 고부가가치 제품으로의 전환이 시급한데도 투자에 나서지 않고 있음을 보여준다.

우리나라 R&D투자는 이처럼 일부 소수 산업에만 편중된 극단적인 불균형 구조임을 알 수 있다. 삼성전자 등 특정기업과 특정산업 중심의 불균형 발전이 타 산업과 다른 기업으로 확산하지 못하고 있음을 여실히 보여준다. 이는 세계적으로 기술융합 및 IT기술의 전 산업 파급추세에도 불구하고 한국 산업 R&D구조는 이 변화에 적극 대응하지 못하고 있다는 점을 말해준다. 극단적인 R&D투자 불균형 구조는 중국 산업이 급성장하는 상황에서 우리산업이 급격히 무너질 수 있는 단점으로 작용할 수도 있어 매우 우려할 만한 대목이다.

다섯째, 비제조업 부문 대기업 투자현황을 살펴보면 〈표 8-8〉에서 보는 바와 같이 제조업보다 그 수준이 훨씬 열악하다. 비제조업의 R&D투자는 '출판·영상·방송 통신 및 정보서비스업', '건설업', '전기·가스·증기 및 수도사업', '전문·과학 및 기술서비스업' 4개 산업에 국한해 일어나고 있다. 비제조업 전체 매출액 대비 R&D투자 비율은 0.61%에 불과하며 4개 산업으로 좁혀도 1.07%에 불과할 정도로 빈약하다. 서비스 부문의 R&D투자가 적은데, 통신산업, 인터넷산업 및 엔지니어링산업이 주종을 이루고 있으며 유통·물류산업 등이 포함된 전통서비스 부문의 R&D투자는 0.12%로 거의 전무한 수준을 보이고 있다.

결론적으로 보면 우리나라 산업 R&D 역량은 삼성전자의 '킹콩 효과'로 인한 착시현상으로 외견상 상당한 발전이 있어온 것으로 보이나, 삼성전자와 삼성전자가 영위하는 분야를 제외하고는 글로벌 기업뿐 아니라 일부 중국 기업에도 미치지 못한다고 평가할 수 있다. 산업 R&D 역량의 이 같은 정체가 최근 우리나라 주력산업의 경쟁력 저하와 함께 중국에게 추월을 허용한 이유이다.

(4) R&D 혁신의 보조주체: 대학, 출연연구소 R&D 역량

국가 R&D시스템에서 기업을 지원하는 또 다른 중요한 주체는 대학교와 국가출연연구소다. 대학교는 국가 R&D시스템에서 연구인력을 양성하는 한편 주로 기초연구의 축적 및 체계화를 실행한다. 지방에서는 지역혁신시스템의 중심적 역할을 담당하는 매우 중요한 지식연구 인프라다.

국가출연연구소는 기초연구를 하는 연구소와 기업(특히 중소기업) R&D를 지원하는 응용·원천연구 중심의 연구소로 나뉜다. 주로 기업과 대학을 연결해 주는 역할을 하고 있어 국가 R&D시스템상의 중요한 한 축을 담당한다.

그런데 대학과 국가출연연구소 모두 제대로 역할을 하지 못하는 것으로 평가받고 있다. 5년 단임의 정부는 단기적 시각으로 산업적 성과를 창출할 수 있는 연구과제에 지원하는 정부 R&D의 역할을 해오면서 대학과 국가출연연구소의 연구 포트폴리오를 기업과 중복되도록 만들었다. 하지만 대학과 국가출연연구소의 장점은 대기업 R&D의 강점과 다르다. 기초연구 및 인력양성 등 단독연구에 강점

〈표 8-8〉 매출액 5,000억 원 이상 기업의 세부산업별 R&D투자: 비제조업

(단위: 억 원, 2013년 기준)

세부 산업	기업수	매출총액	R&D투자총액
농업. 임업 및 어업	1	6,938	0
광업	0	0	0
전기, 가스, 증기 및 수도사업	33	1,569,499	7,427
하수. 폐기물 처리, 원료재생 및 환경복원업	0	0	0
건설업	36	903,024	10,552
서비스 부문	185	4,058,137	21,850
도매 및 소매업	103	2,259,305	2,536
운수업	23	675,039	828
숙박 및 음식점업	8	92,531	0.09
출판, 영상, 방송통신 및 정보서비스업	28	706,912	13,195
금융 및 보험업	0	0	0
부동산업 및 임대업	5	32,852	2
전문, 과학 및 기술 서비스업	12	210,173	4,988
사업시설관리 및 사업지원 서비스업	1	11,601	286
공공행정, 국방 및 사회보장 행정	0	0	0
교육 서비스업	1	7,568	15
보건업 및 사회복지 서비스업	0	0	0
예술, 스포츠 및 여가관련 서비스업	3	49,367	0
협회 및 단체, 수리 및 기타 개인 서비스업	1	12,789	0
총 합계	225	6,537,548	39,830

이 있는 대학과, 실패 가능성이 크지만 파급효과가 큰 기반기술에 대한 집단연구에 강점이 있는 국가출연연구소는 산업현장의 역동성을 따라갈 수 있는 연구를 할 수 없다. 지난 10년간 이런 상황이 지속되면서 대기업 입장에서는 국가출연연구소와 대학에 더 이상이 기대할 것이 없어 연구협력을 해야 하는 인센티브가 없다. 대기업은 굳이 국내에 있는 연구주체와 협력하는 것보다는 해외에 있는 최고의 연구조직과 협력연구를 하는 것이 오히려 합리적인 선택이다.

중소기업 지원도 체계적으로 이루어지지 못하는 실정이다. 정부 R&D(2016년, 19.1조 원)의 13.6%가 중소기업에 투입된다. 하지만 기업수요 등 이슈·상황에 따라 R&D 사업이 신설·조정되어 전체 사업체계의 일관성 및 세부사업 기획의 전략성이 부족하여 뿌려주기식, 백화점식 지원이라는 비판을 받고 있는 실정이다. 기초연구 분야도 연구역량이 축적되어 특정분야에서 세계적인 연구결과가 나타날 가능성은 희박해 보인다. 기본적으로 기초연구비가 부족하고, 연구자 간의 과도한 연구비 격차가 존재할 뿐만 아니라 정부가 지나치게 개입하여 대학 연구현장의 창의성을 고갈시키고 있다.

대학의 R&D 역량이 미흡한 원인은 대학교와 정부 양쪽에서 제공하고 있으며, 국가출연연구소의 미흡한 성과문제는 거의 전적으로 정부책임인 것으로 판단한다. 대학교 구조개혁 문제도 궁극적으로 제도를 만드는 정부에 책임이 있으므로 결국은 정부의 책임이 크다고 생각한다. 창조적 혁신이 활발하게 일어나는 국가혁신시스템의 정립 책임은 궁극적으로 정부에게 있기 때문이다.

대학, 국가출연연구소 등이 연구역량을 축적하지 못한 채 뚜렷한 발전을 보이지 못하는 점도 문제지만 기업, 대학, 국가출연연구소 등 주요 연구주체들의 상호협력, 즉 산·학·연 협력이 유기적으로 이루어지지 않고 있는 상황이 더 큰 문제다.

최근의 연구개발은 규모가 대형화됨에 따라 개발실패로 인한 리스크가 기업의 생존을 좌우할 정도다. 따라서 이질적인 분야 간 융합이 대세를 이루고 있어 연구주체의 단독 연구개발은 생각할 수 없다. 또한 창조적 혁신을 이루려면 기업과 기업, 기업과 대학교, 기업과 연구소, 또는 기업-대학-연구소 간의 상호협력을 통한 지식의 학습과 축적이 가장 기본이다. 이로써 혁신이 더 용이하게 이루어지며, 나아가 그 효과가 훨씬 더 파괴적일 수 있다. 이 점은 이미 실증연구들을 통해 입증된 내용이다.

그럼에도 우리나라 R&D 생태계는 이러한 산·학·연 협력이 다른 나라에 비해 매우 미흡한 수준이다. 최근에는 전 세계 모든 나라가 개방혁신체제(open innovation system)을 지향하면서 기업, 대학교, 연구기관 간 활발한 공동연구를 하는 데 반해 우리나라는 일부 대기업을 제외하고는 거의 폐쇄시스템(closed system) 하에서 움직이고 있다는 평가다.

(5) 정부, 효율적인 국가혁신시스템을 구축할 수 있는 역량 절대 미흡

현재 R&D시스템을 중심으로 하는 국가혁신시스템은 원점에서 다시 설계해서 제도화해야 할 정도로 전면적인 개편이 매우 시급하다. 우리나라 R&D투자는 양적으로 세계 6위 규모이며 GDP 대비 R&D 투자율은 세계 1위이다. 그러나 R&D투자로 인한 성과는 극히 빈약하다. 그동안 R&D투자로 중소·중견기업 역량이 크게 증가하지도 않았으며, 우리나라 선진국 진입의 최대 걸림돌 역할을 하는 대표적인 저생산성 분야의 중소·중견기업과 서비스 분야의 생산성 향상에 기여한 흔적도 없다. 이밖에도 경제성장과 고용창출에 기여한 성과를 찾아보기 힘들다. 이러한 국가 R&D시스템이 유지된다면 정부가 R&D투자를 양적으로 늘린다고 해도 '밑 빠진 독에 물 붓기'식이어서 효과가 거의 없을 것이다. 그저 이해관계자들만의 돈 잔치 이외의 별다른 의미와 효과가 없다.

그 이유를 들여다보지 않을 수 없다. 다른 어떤 것보다 국가 R&D의 전략부재가 대표적인 시스템 실패의 원인이다. 우리나라 정부 R&D는 지향하는 목표가 거의 없을 정도로 애매하다. R&D투자 자체가 목표이지 않나 싶다. 대외적으로는 "R&D역량을 제고해 경제의 효율성, 산업경쟁력 제고를 통해 경제성장, 고용창출, 국민복지를 향상한다"라고 한다. 그러나 실제로는 전혀 그렇게 움직이지 않고 있다.

정부 R&D 정책의 목표와 이를 이루기 위한 단계별 전략이 없는 결정적인 원인은 5년 단임의 정부로 인한 중장기 비전의 실종, 임기 응변식의 급조된 지배구조(governance)의 개편, 급조된 프로그램의 남발과 전임 정권 프로그램의 폐기, 추격형 패러다임에서나 적합한 정부관료의 지나친 간섭의 지속 및 기술 및 정책전문가 집단의 단기적 시각의 조언과 역량축적의 부족에 있다.

하나씩 살펴보자. 먼저 경제성장과 국민복지 향상과 같은 궁극적인 목표하에서 성장동력 창출, 고용창출, 국민건강 증진, 안전향상

등과 같이 세부화하면서 성장정책, 복지정책의 목표와 R&D 정책을 밀접하게 연계시켜야 한다.

하지만 현재 상황은 국가비전의 부재가 바로 경제·산업 비전의 부재로 이어지고 이는 R&D 관련 중장기 비전의 부재로 이어진다. 이런 비전의 부재는 곧 전략의 부재로 이어진다. 국가의 목표를 달성하기 위한 국가 R&D가 효율적으로 집행되기 위해서는 전략적이어야 하는 것은 필수적이다. R&D 자체가 결과가 나오기까지 기간이 오래 걸릴 뿐 아니라 그 결과가 예상했던 만큼 효과를 거두기가 어렵기 때문에 그 시행착오를 조금이라도 줄이기 위해서는 처음부터 계획을 잘 짜야 하는 것이다.

두 번째로 이런 비전과 전략을 수립하고 집행할 수 있는 구조가 없다. 국가 R&D시스템과 정책을 책임질 지배구조는 5년마다 문제에 대한 정확한 진단 없이 붙였다 뗐다 하면서 개악이 되었다. 각 부처에 산재한 각종 R&D 프로그램도 덧칠하고 또 덧칠하여 누더기처럼 된 데가 각 부처 간 공조도 이루어지지 않아 중복 지원되는 경우가 허다하다. 혁신관련 중점 정책방향도 5년마다 '지역균형'하다가, '녹색기술'하다가, 그 다음 '창조경제'를 하는 식으로 전혀 이질적인 개념이 R&D시스템 속에 혼재해 있으니 도대체 정부 R&D 프로그램 전체가 내놓는 결과물이 무엇일까? 슈퍼컴퓨터로도 알아낼 수 없을 정도이다. 지배구조의 잘못된 개편 결과 우리나라 정부 R&D시스템상 컨트롤타워가 없는 것도 이러한 혼란을 일으키는 주요 원인 중 하나이다. 예산부처와 R&D 주관부처가 권한을 어설프게 나눠 갖고 있다. 시너지를 내기는커녕 오히려 혼란을 가중시키는 꼴이다. 개별사업을 담당하는 R&D 부처와 기관들은 R&D 주관부처 심사와 평가를 받은 후 예산부처에 가서 다시 똑같은 절차를 거쳐야 한다. 더구나 두 부처로부터 아주 상이한 평가결과를 받는 사례도 많다보니 당혹스럽기 짝이 없을 뿐 아니라 R&D 정책의 일관성이나 협력을 통한 시너지 극대화는 출발부터 물 건너간 것이나 다름없다.

국가 R&D가 적어도 전략성을 가지려면 적어도 다음과 같은 요소들이 포함되어야 한다. 정부 R&D가 추구해야 할 목표와 목표별 비중을 설정해야 한다. 그리고 이를 담당하는 주체인 대기업, 중소・중견기업, 대학, 국가출연연구소별로 R&D 배분비중을 정해야 하며 기초연구, 응용연구도 우리나라 발전정도, 목표별 비중, 주체별 비중, 산업별 비중 등을 감안하여 비중을 결정해야 한다. 그리고 이를 사업별, 프로그램별, 기관별 기초연구 분야 전체, 응용연구 분야 전체 그리고 우리나라 R&D시스템 전체에 대한 평가체계를 얼마나 자주, 어떤 형태로 정립할 것인가도 주요 요소 중 하나로 포함해야 한다.

세 번째로 정부관료의 지나친 간섭이다. 정부 R&D사업은 1982년에 구 과학기술처의 '특정연구개발사업'이 133억 원의 예산으로 최초 도입된 이래, 미래창조과학부・산업통상자원부를 포함한 21개 부처・청으로 확대되어 전체 예산규모도 2016년 18조 9,000억 원에 이른다. 기술의 융복합화, 과학기술 지식의 활용증가 등으로 다양한 부처의 R&D 참여 및 지방 R&D 확대는 R&D 사업 및 예산의 증가를 필연적으로 가져왔고, 사업의 중복문제 역시 발생했다.

또한 1990년대 이후 각 부처마다 R&D를 수행하게 되면서 수행부처벌로 업무 전문성 확보를 위해 전문기관을 설립했다. 2008년 추진한 '공공기관 선진화계획 (2차)'에 따라 1차 정리가 된 후 현재까지 15개 부처 산하의 전문기관은 18개로 정도로 추산되나, 재단법인·사업단 등 위탁업무기관을 제외하더라도 실질적인 형태를 고려하면 법률개념상 연구관리 전문기관은 29개이다.[11] 전문기관 조직이 이렇게 커진 것은 정부 R&D 예산을 효율적으로 제어할 수 있는 상위통제기구가 약해져 부처별로 R&D 사업을 독립적으로 추진하면서 중간관리시스템이 기형적으로 비대해졌기 때문이다.[12]

요약하면 지난 20년간 우리나라 정부R&D는 선형혁신모델에 따라 투입부분을 지속적으로 확대해 왔으며 외견상 선진국에 근접하는 산출(output)과 활동성과로 인해 국제적 평가에선 매우 우호적인 평가를 받고 있다. 그러나 이런 양적인 성과에도 불구하고 지속적인 혁신성과 창출이 미흡하다는 인식이 정책결정자들 사이에 광범위하게 공유되면서 정부는 효율성 제고라는 명분 아래 법·제도와 예산을 가지고 하향적 관리방식을 지속적으로 도입하였다. 매 정권마다 반복되는 정부 R&D 지배구조 개편, 선정-중간-최종 등 다양한 평가의 도입과 강화, 각종 제도 및 규정의 과도한 도입으로 인한 자율성 저하, 국가출연연구소 미션의 지속적인 변경, 감사원 및 국회의 개입확대 등이 시도된다. 하지만 정부 R&D의 효율성 강화를 위해 시도한 이러한 조치들은 오히려 유사 공공부분의 지속적 확장으로 인한 민간부문의 활력저하, 유인구조 왜곡으로 각 R&D 이해당사자의 사적 이익추구와 관료화로 이어져 오히려 국가 R&D의 역동성과 혁신성을 저해하는 방향으로 귀결되었다고 이해할 수 있다. 마치 교량

건설과 같이 정해진 하향식 기획과 절차적 효율성, 그리고 강화된 감독기능을 통해 정부 R&D의 효율성을 제고하고자 한 것이다. 하지만 이는 R&D가 가진 본질적인 불확실성과 높은 실패 가능성 및 창의적 지식 생산방식에 대한 이해가 부족한 상태에서 성공하기가 어렵다. 이대로라면 미래정부 R&D는 시스템의 근본적인 전환이 없이 각 이해당사자가 개인·조직의 이익을 극대화하면서 결국에는 양적 성과 증가·질적 성과창출 답보 → 혁신성과 저하 → 저성장의 악순환 고리에 고착될 것이다.

3) 역동성 대폭 약화[13]

앞에서 상세히 살펴본 바와 같이 국가 경제가 지속적으로 발전하기 위한 필수적인 요소 중 하나가 역동성이다. 이 역동성을 이루기 위해서는 기업창업이 활발해야 한다. 가장 핵심적인 요소다. 특히 혁신적인 기업의 창업이 중요하다. 그리고 벤처기업 → 중소기업 → 중견기업 → 대기업으로 성장하는 생태계를 확보해야 한다. 물이 한 군데 고이지 않고 쉴 새 없이 흘려내려야 항상 깨끗하고 신선한 물을 얻을 수 있다. 그처럼 혁신기업이 많이 나타나고 성장하면서 경쟁력을 갖춘 새로운 기업 위주로 흐름을 이어가는 경제생태계가 이상적이다.

　미국 경제가 가장 이상적인 형태에 가깝다고 평가된다. 그런데 역동성 측면에서는 우리나라의 경우 미국과는 거의 반대편에 있다고 보인다. 상품시장은 2~3개 기업(거의 대부분 대기업집단)이 과점화고 있을 뿐 아니라 생산요소시장도 대기업집단이 거의 독점하다시피

한다. 따라서 우리나라에서 새로운 혁신기업이 탄생하기도 어려울 뿐 아니라 어렵사리 생겨났다 하더라도 대기업으로까지 성장하기는 거의 불가능하다.

대기업집단 소속 대기업들이 경제와 산업을 완벽하게 장악하는 상태가 고착화되어 다른 새로운 주체들이 어떻게 해볼 여지가 없다. 우리나라 경제와 산업이 이런 상태를 유지하는 한 새로운 성장동력 창출을 통한 지속적인 경제성장, 공평한 소득분배를 통한 중산층 확대는 불가능하다.

4) 새로운 성장동력 창출 조짐 부재

우리나라의 경제를 이끌고 가는 유일한 성장동력은 소수의 대기업집단 기업들이 장악한 제조업 주력산업의 조립완성품 분야다. 앞으로 새로운 성장동력은 어디서 나올지가 궁금해진다. 우리가 새 성장동력을 만들어낼 조짐은 있는지도 묻고 싶다. 그러나 모두 전망이 밝지 않다.

첫째, 새로운 성장동력 창출가능성 유무를 떠나서 중소·중견기업 부문이 대기업처럼 우리 성장동력의 주체로 자리 잡기가 어렵다. 이 문제를 풀지 못하면 지속적인 경제성장도 어려울 뿐 아니라 선진국 진입도 불가능하다. 선진국이 되려면 혁신주도형 성장을 완성해야 하는데 우리 중소·중견기업이 대대적인 혁신을 경험하지 못한 채 저생산성 부문으로 남아있는 한 미완으로 그칠 수밖에 없다.

우리나라는 전 산업에서 중소·중견기업이 아직 한 번도 대대적인 혁신을 경험하지 못했다. IMF 외환위기 이후 우리나라 대기업들이 R&D, 생산성 혁신을 통해 세계 최고수준으로 거듭났지만 중소·중견기업들에까지 확산하지는 못했다.

그 이후 대기업과 중소·중견기업의 격차는 더욱 커져만 갔다. 현재 우리나라 중소·중견기업 중 이른바 '독일식 히든챔피언'에 해당하는 글로벌 경쟁력 보유기업은 10~20개 내외라고 추정한다. 그러나 시간이 지나도 그 숫자가 늘어날 조짐은 없다.

그렇다면 우리 중소·중견기업이 성장하기 어려운 이유는 무엇일까? 크게 3가지 범주로 나눠 살펴볼 수 있다. 첫째는 기업 자체의 혁신역량 부족이다. 혁신역량 중 가장 대표적인 R&D 역량을 보면 대기업의 R&D 집약도는 일본(5.7%) → 한국(5.0%) → 독일(4.4%) → 미국(3.3%) 순으로 세계 최고수준인 반면, 중소기업은 미국(4.1%) → 독일(3.2%) → 일본(2.2%) → 한국(1.2%) 순으로 선진국과 격차가 매우 크다. 혁신역량에서 격차가 벌어지다 보니 생산성 격차 또한 커지고 있다.

그러나 가장 중요한 것은 중소·중견기업에 우수인력이 가지 않는다는 점이다. 거의 구조적이라 해도 좋을 정도다. 1980~1990년대 중소기업의 애로사항 중 절대적인 비중을 차지한 것은 자금부족이었다. 은행 등 제도권 금융의 문턱이 높아 중소기업들은 만성적인 자금부족에 시달렸다. 2000년대 이후부터는 상황이 완전히 바뀌어 이들의 최대애로는 인력확보다. 우수인력의 확보문제가 특히 그렇다. 선진국도 이런 사정은 마찬가지다. 그러나 우리나라는 그 정도가 유독 심하다.

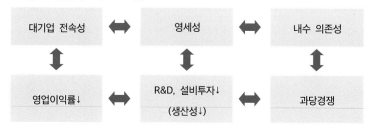

- 중소 · 중견기업의 환경 측면에서 '대기업 전속성-영세성-내수 의존성'이 기업성장에 상호 악순환적 요인으로 작용

우수인력이 중소·중견기업에 가지 않는 이유가 비단 경제적인 면만은 아니다. 7장에서 살펴본 바와 같이 중소기업보다 대기업을 선호하는 사회풍조 때문에 중소·중견기업이 R&D, 마케팅 우수인력을 확보하기도 어렵지만, 어렵게 확보한 인력이 거의 대부분 5년 안에 대기업 경력직으로 이직하고 만다. 우수인력이 중소·중견기업을 한때 잠깐 거쳐가는 곳 정도로 생각하는 직업관 내지 취업풍토를 깨뜨리지 못하면 우리 중소·중견기업이 선진국 기업 수준으로 성장하는 것은 결코 불가능하다.

둘째, 기업경영의 환경적 요인을 살펴보자. 〈그림 8-3〉에서 보는 바와 같이 거래관계가 특정 대기업에 한정될수록 타 기업과 거래가 수월하지 못해 일정수준에 도달하면 한계에 직면한다. 규모가 영세해 해외진출을 위한 최소규모 경제수준에 미달하거나, 대기업 전속성 때문에 내수의존도가 높은 것도 성장을 가로막는 장애요인이다.

셋째, 제도적인 요인도 대기업으로의 성장을 주저하게 만드는 측면이 있다. 우리나라 기업 지원제도는 중소기업에 집중하고 있다.

조세, 자금, R&D 등에서 모두 약 160여 개의 중소기업 지원제도가 있는데 중소기업을 졸업하면 바로 대기업으로 분류되면서 지원이 갑자기 없어진다. 특히 중소기업일 때 면제받는 각종 규제가 급증한다. 대기업이 되는 순간 지원의 대폭삭감 및 규제급증의 이중부담에 맞닥뜨리는 것이다. 당연히 중소기업에 안주하면서 중견기업을 넘어 대기업으로의 성장을 기피하게 만든다. 실제 중소기업의 혜택을 계속 유지하기 위해 기업을 여러 개로 쪼개는 기업분할 사례가 적지 않다.

그리고 중소기업 지원정책의 기조도 중소·중견기업의 성장을 촉진하도록 설계돼 있지 않다. 중소기업 지원을 혁신 지원정책 중심으로 전환하는 것을 모색하고 있으나, 여전히 보호 위주의 백화점식 지원에서 벗어나지 못하고 있다. 대기업과의 양극화를 해소하고 세계적인 '히든 챔피언'을 만들기 위해서는 중소기업 혁신역량 확충을 지원하는 방향으로 정책을 전면 조정할 필요가 있다.

지금까지 우리 중소·중견기업의 성장을 가로막는 요인을 3가지 범주로 나눠 살펴보았다. 이 중에서 인력, 자금 등 대기업 위주의 생산요소시장 왜곡이 가장 심각한 문제로 꼽힌다. 인력과 자금시장에서 중소·중견기업들이 계속 소외된다면 우리나라의 새로운 성장동력 주체는 결코 싹틀 수 없다.

향후 한·중·일 분업구조를 고려할 때 제조업 중 부품·소재·장비분야의 성장동력화가 매우 중요하다. 특히 중국이 조립완성품에서 최고의 경쟁력을 확보할 전망이므로 중국에 첨단부품·소재·장비를 공급할 수 있다면 향후 10~20년의 성장동력 확보가 가능하기 때문이다.

그러나 부품·소재·장비분야를 우리나라 새로운 성장동력으로 삼기 위해서는 독일, 일본의 '히든 챔피언들'과 싸워 이겨야 한다. 쉬운 일이 아니다. 우리나라 부품·소재·장비분야는 양적으로는 성장했지만 아직까지 독일, 일본과의 격차를 줄이지 못하고 있다. 독일, 일본의 '히든 챔피언'들이 100년 이상 축적한 기술과 노하우를 뛰어넘기 위해서는 어떤 형태든 그 이상의 혁신이 필요하다. 하지만 현재 우리나라의 역동성과 혁신수준을 고려할 때 이는 거의 불가능에 가깝다.

새로운 성장동력으로 삼을 수 있는 또 다른 중요한 분야 중 하나는 고부가가치 서비스산업이다. 이는 제조업에 비해 성장동력으로서의 역할은 다소 떨어지는 보조적 역할을 할 수밖에 없으나 고급인력 고용창출을 위해서는 매우 중요한 분야다.

그러나 우리나라 서비스산업은 부동산, 슈퍼마켓, 식당 등 자영업 위주의 저부가가치 서비스 부문의 비중이 절대적으로 높다. 또 구조적인 저생산성 상태가 고착화한 수준이라서 이를 타파해 도약하기 어렵다. 그리고 금융, 교육, 의료, 관광 등 고부가가치 서비스분야는 대부분 규제로 인해 내부혁신이 매우 더디다. 아울러 서비스산업 특성상 해외자본, 인력유치를 기대하기란 더욱 어렵다.

고부가가치 서비스분야가 발전하려면 과감하게 규제를 철폐하고 해당산업에 국내외 인력과 자본이 지속적으로 유입되도록 만들어 경쟁을 촉진시켜야 하는데 이해관계자들의 저항으로 한 발자국도 나가지 못하는 실정이다.

다른 하나는 세계 경제와 산업의 메가트렌드 관점에서 미래의 신성장분야를 대비하는 일이다. 현재 세계 경제와 산업을 완전히 바꿀 수 있는 메가트렌드는 이른바 제4차 산업혁명이라고 일컬어지는 디지털혁명이라고 요약할 수 있다. 앞에서 지적한 바와 같이 우리나라는 디지털혁명에 대한 대비가 너무 미흡하다. 제4차 산업혁명에 대한 구호성 말만 무성하다. 정부 및 기업 차원의 진지한 연구나 이에 대한 국가 차원의 체계적인 중·장기 대응계획이 전혀 없다.

디지털혁명은 혁명이라고 일컬어질 정도로 파괴적 혁신을 수반할 것으로 보이므로 전 세계 경제·산업·사회에 걸쳐 결정적인 영향을 미칠 것이다. 따라서 제4차 산업혁명에 대한 대비는 사물인터넷, 인공지능과 같은 기술적 차원의 투자정도가 아니라 우리나라 교육·사회·산업시스템 자체를 전면 재편하는 차원으로 옮겨져야 한다. 중·장기 계획을 논의해야 한다는 말이다. 그럼에도 이런 제4차 산업혁명의 본질에 대한 고민과 토론은 아무리 찾아보려고 노력해도 눈에 띄지 않는다.

제 9 장

한국 경제의 시스템적 한계 3

양극화 및 불평등 심화

국가경제에서 제일 중요한 것이 모든 국민이 잘 먹고 잘사는 일이다. 아무리 경제성장이 잘 되는 경제시스템을 가지고 있다고 하더라도 성장에 따른 분배가 대다수 국민에게 돌아가지 못하고 특정부문에만 집중된다면, 그 경제시스템은 수정해야 마땅하다.

우리나라에서는 경제성장에 따른 분배가 대다수 국민에게 돌아가지 못하고 대기업집단 중심의 이해관계자들에게만 몰리고 있다. 분배측면의 중대한 하자다. 즉, 한국 경제시스템은 성장측면뿐 아니라 분배측면에서도 시스템적 한계를 보이고 있어서 근본적인 수정이 필요하다. 제도개선을 위해서는 불평등이 심화하는 현상과 그 근본원인을 정확하게 분석하는 일이 필요하다.

1. 양극화 및 불평등 심화의 분기점: IMF 외환위기

우리 경제는 두 번의 큰 위기를 겪었다. 첫 번째는 1980년, 두 번째는 1997년 IMF 외환위기다. 두 번의 위기 후 대대적인 경제·사회개혁이 뒤따랐다. 첫 번째 위기는 1970년대 무리한 중화학공업 육성정책의 후유증, 제2차 석유파동 및 박정희 대통령 서거에 따른 정치적 불안정이 배경이다. 우리나라 사상 처음 마이너스 경제성장(-1.9%)을 기록한다.

그 이후 1980년대 초 당시 정부는 시장경제의 기틀을 튼튼히 하는 경제개혁을 추진한다. 소수 엘리트집단이 추진했던 경제개혁은 이후 재벌대기업, 핵심권력층 등 기득권의 저항으로 실패로 끝나고 만다. 한국 경제는 또 1980년대 말부터 요소투입형 성장의 한계를 보이기 시작했으나 재벌대기업과 정부는 '요소투입형 성장 사업방식'을 더욱 확대하는 '사업다각화'로 대응한다. 그 결과 우리나라는 참담한 IMF 외환위기에 봉착하고 만다.

당시 정부는 IMF와 협력해 대대적인 경제·사회개혁을 추진한다. 이러한 개혁과 함께 혁신주도형 성장정책을 본격 추진한다. 그러나 IMF 외환위기로 인한 경제·사회개혁은 '절반의 성공'으로 평가된다.

대기업집단은 혁신에 성공해 세계 최고수준으로 도약하지만, 중소·중견기업 및 서비스 부문 등 여타 부문은 혁신을 경험하지 못한채 질적 발전을 이루지 못했다. 이로써 혁신에 성공한 대기업집단과 그렇지 못한 여타 부문의 격차가 더욱 벌어지고 말았다.

즉, 대기업집단은 IMF 외환위기 이후 뼈를 깎는 구조조정과 함께 R&D 혁신 및 생산성 혁신을 추진한 결과 2000년대 후반 이후 제조업 조립완성품 부문에서 일본을 추월하면서 세계 최고에 올랐다. 반면 대기업집단을 제외한 중소·중견기업, 서비스산업(특히 금융부문), 대학, 연구소 등 여타 부문은 IMF 외환위기 이전에 비해 양적으로는 성장했지만 질적으로는 크게 달라지지 않았다. 특히 중소·중견기업 부문과 서비스산업은 대대적인 혁신이 일어나지 않아 우리나라의 대표적인 저생산성 부문으로 남아있다.

이와 같이 IMF 외환위기 이후 대기업집단과 여타 부문과의 격차가 한국사회의 양극화 및 소득분배 악화에 따른 불평등을 심화시킨 근본원인이다. 이러한 격차는 시간이 지날수록 커졌으며, IMF 외환위기 전·후의 한국 경제·사회모습을 확연하게 구별되게 만들었다. 이 부분의 전개과정은 눈여겨 살필 필요가 있다.

2. 양극화 심화

1970년대 이후 우리나라 성장전략은 매우 과격한 불균형 성장전략이었다. 향후 그 기조는 줄곧 이어졌다. 따라서 IMF 외환위기 이전에도 대기업, 제조업, 수출부문 위주의 양극화가 존재했다. 그러나 IMF 외환위기 이전의 양극화 현상은 그 정도가 심하지 않았으며 진전속도도 빠르지 않았다. 더욱이 이 시대의 양극화는 부정적인 측면보다는 긍정적인 측면이 더 컸다.

즉, 선도부문인 대기업집단이 영위하는 제조업 주력산업이 여타 부문의 성장과 발전에 기여하면서 우리 경제와 사회 전체를 앞에서 끌고 가는 역할을 했기 때문이다. 대기업 성장 → 고용창출 → 국가 경제 성장 → 중소·중견기업, 자영업 등 여타 부문 성장 → 가계소득 증가 등으로 이어지는 우리 경제·사회 선순환 과정의 핵심 축으로 작용했다. 사실 이 시기에 '양극화'라는 개념 자체가 심도 있게 거론되지 않았다. 그러나 IMF 외환위기 이후 상황이 급반전했다.

IMF 외환위기 이후 대기업집단이 대대적인 혁신을 통해 급속도로 발전하면서 여타 부문과 어느 정도 수준까지 유지되던 격차의 끈이 끊어짐으로써 양극화 현상은 양적·질적으로 그 양상이 완전히 바뀌고 만다. 이와 같은 양극화 현상은 글로벌화의 진전, 신자유주의 풍조의 심화, 대기업 위주 정부정책의 강화 등으로 날개를 달면서 심화·고착화했다. 그 특징을 살펴보면 다음과 같다.

첫째, 대기업집단과 여타 부문과의 격차가 커지면서 그 분야도 다양해졌다. IMF 외환위기 이전에는 제조업과 서비스산업, 대기업과 중소기업 정도의 양극화가 거론됐다. 그러나 IMF 외환위기 이후에는 소득계층, 기업, 산업, 지역 간 등 다양한 분야의 양극화가 펼쳐졌다. 그 중심에는 대기업집단과 여타 부문의 격차가 있다. 예를 들면 기업 간 양극화도 대기업-중소기업 간 양극화에서 대기업집단 소속기업과 여타기업 간 양극화로 확대하였다. 중소기업이라 하더라도 대기업집단 소속이냐 아니냐가 중요하다는 것이다. 지역 간 양극화도 단순하게 수도권과 지방과의 격차가 아니다. 대기업집단 기업들의 본사와 공장이 어느 지역에 어느 정도 분포해 있느냐에 따라 그 양상이 달라진다.

둘째, 양극화도 그 내부의 세분화 과정을 거치면서 격차를 키워갔다. 소득계층간에서도 임금근로자와 자영업자, 그리고 임금근로자 내에서도 대기업 정규직-대기업 비정규직-중소기업 정규직-중소기업 비정규직 순으로 분화하면서 그 격차가 더 커져 중소기업 비정규직의 임금수준은 대기업 정규직의 35% 수준에 지나지 않는다. 기업 간 양극화도 대기업집단 대기업-독립대기업-중견기업(대기업집단 협력업체)-중소기업(대기업집단 협력업체)-독립중소기업으로 분화하면서 대기업집단 관련도가 클수록 성장성과 수익성이 커지는 식이었다.

셋째, IMF 외환위기 전·후 양극화의 양상이 다른 것은 바로 이런 흐름의 효과 차이라고 할 수 있다. IMF 위기 이전 양극화는 긍정적 효과가 컸다. 그러나 IMF 외환위기 이후에는 국가 경제에 미치는 대기업집단의 선순환 효과가 깨지면서 대기업성장과 경제성장의 상관관계를 제외한 고용창출, 중소기업 발전, 가계소득 증가와는 그 연계성이 대폭 약해졌다.

이와 같이 IMF 외환위기 이후 한국 경제와 사회의 양극화 현상이 깊어지고 굳어지면서 우리 사회는 세계에서 불평등이 가장 심해진 나라 중 하나로 변했다. 그 속도는 매우 빨랐다. 불평등이 신속하게 우리 사회 전반을 짓누르는 그림자로 자리를 잡은 것이다.

3. 공평한 소득분배 실패에 따른 불평등 심화

우리는 IMF 외환위기 이전 약 30년 동안 고도성장과 함께 공평한 분배를 실현했다. 산업화가 본격적으로 펼쳐진 1960년대부터 1990년대 중반까지 약 30년 동안 급속한 성장이 이루어지는 가운데 소득분배가 고르게 이루어졌다. 지속적 성장과 분배의 형평성을 동시에 달성했다는 얘기다.

그러나 외환위기 이후 약 20년 동안 불평등은 빠른 속도로 진행됐다. 약 20년 만에 세계에서 가장 평등한 나라 중 하나에서 가장 불평등한 나라로 극적인 변화를 겪은 나라는 우리나라를 제외하고는 거의 없을 것이다. 이와 같이 불평등이 급속도로 진행된 근본원인은 대기업집단 중심의 성장전략에 따른 대기업집단과 여타 집단과의 격차 확대이다. 이 시점에서 우리는 심각한 불평등의 양상과 원인에 주목하지 않을 수 없다.

1) 얼마나 불평등해졌나?

경제적 불평등은 재산 불평등과 소득 불평등으로 나뉜다. 한국도 다른 나라와 마찬가지로 재산 불평등이 소득 불평등보다 심하다. 그러나 한국의 불평등은 주로 소득 불평등에서 오는 것이다. 왜냐하면 가계소득에서 임금소득이 90% 이상을 차지하고 재산소득은 1%에도 못 미치기 때문이다.

한국에서 불평등이 지난 20년 동안 지속적으로 나빠져 온 점은 세계 최상위 소득 데이터베이스(WTID: *World Top Incomes Database*)에 수록된 소득집중도를 통해 알 수 있다. WTID가 제공한 한국 개인소득 집중도의 추이를 보면 상위 10%의 소득이 전체소득에서 차지하는 비중은 1979년 27.0%에서 1995년 29.2%로 2.2% 포인트 증가에 그쳤다.

그러나 1995년 이후 이러한 추세는 완전히 바뀐다. 즉, 전체소득에서 소득계층 상위 10%가 차지하는 비중이 1995년 29.2%에서 2012년 44.9%로 급격히 증가했다. 상위 10%의 비중은 1979년부터 1995년까지 16년 동안에 불과 2.2% 포인트 증가했으나 1995년부터 2012년까지 17년 동안에는 15.7% 포인트가 증가한 것이다. 재산소득을 포함한 개인의 모든 소득을 기준으로 한 경우에 소득 불평등은 노동소득만을 기준으로 한 경우보다 훨씬 심각하며, 이러한 불평등은 1990년대 중반 이후 급격하게 악화했다.

한국의 불평등 상황은 국제기준으로도 심각한 수준이다. 상용근로자의 임금을 기준으로 한 최하위 10% 대비 최상위 10%의 임금비율(배수)을 나타낸 지표에 의하면 한국은 2013년 4.7배로 OECD 33개 회원국 중 미국(5.1배), 이스라엘, 터키에 이어 넷째로 불평등이 심하다. 그러나 모든 기업의 노동자 임금을 기준으로 한 한국노동연구원에 따르면 5.9배이다. 상대적으로 저임금인 소기업의 노동자와 임시직 노동자를 포함한 경우에 비율이 높게 증가한 것이다. 상용근로자 임금을 기준으로 한 OECD 회원국에서는 미국이 가장 불평등한데, 한국의 모든 근로자 임금을 기준으로 한 비율 5.9는 미국보다 훨씬 높은 것이다. 같은 기준이 아닐지라도 우리나라 노동자의 임금

<표 9-1> 가계소득, 기업소득 증가율 변화 추이

	1975~1997년	2000~2010년		
			2000~2006년	2006~2010년
가계소득	8.1	2.4	2.8	1.7
기업소득	8.2	16.4	14.9	18.6

자료: 산업연구원
주: 1) 가계소득은 개인 가처분소득, 기업소득은 법인 가처분소득
2) 기간 중 연평균증가율(실질, %)

불평등은 미국 수준이라고 추정할 수 있다. 우리나라 가계소득 중
90% 이상을 임금소득이 차지하므로 우리나라 전체 불평등 수준은
미국 정도에 이를 정도로 심각한 수준이라고 짐작할 수 있다.

2) 경제성장의 과실, 가계가 아닌 대부분 기업(특히 대기업집단)으로

외환위기 이전에는 <표 9-1>에서 보는 바와 같이 경제가 성장하면서
거두는 과실이 기업과 가계부문에서 거의 같은 비율로 증가했다. 그
러나 외환위기 이후부터는 가계소득으로 분배되는 몫이 지속적으로
줄어든 반면 기업부문의 몫은 급속도로 늘어났다. 2000년대는 우리
나라 주력기업이 자동차, 휴대폰 등 제조업 조립분야에서 세계 최고
에 오르면서 사상 최고의 수익을 거두는 등 승승장구할 때다. 그러나
대기업집단이 사상최고의 수익을 기록하는 성과를 거둔 이면에는 가
계소득과 기업소득 간 심각한 불균형이 존재한다. 즉 , 성장의 과실
대부분을 대기업집단이 가져가고 가계소득으로 분배되지 못했다.[2]
　1975년부터 1997년까지 20년이 넘는 기간동안 가계소득 증가율은

8.1%, 기업소득 증가율은 8.2%로 가계와 기업의 소득이 균등하게 증가했음을 알 수 있다. 이 기간 중 가계와 기업에 나눠진 소득은 매우 안정적이며 공평하다고 볼 수 있다.

그러나 이런 기조는 1997년 이후 급변하고 만다. 2000~2010년 기업소득 증가율은 16.4%에 달하는 반면, 가계소득 증가율은 2.4%로 양자 간 격차가 14% 포인트에 이르렀다. 2000년 이후 기업 소득 증가율은 1975~1997년 기간의 두 배 수준으로 가속화한 반면 가격소득 증가율은 약 1/4 수준으로 급락하고 만다.

이런 가계와 기업 간 성장불균형은 〈표 8-9〉에서 보는 바와 같이 2007년 이후 더욱 두드러지게 나타나, 시간이 지날수록 불균형 정도가 커졌다. 한국 경제의 가계소득과 기업소득 간 불균형은 주요국과 비교해도 이례적일 정도로 심하다고 할 수 있다.

미국과 일본의 경우 이른바 신자유주의 흐름이 강해진 이후 가계소득 대비 기업소득의 비율이 상승 추이를 보이지만, 그 상승폭은 한국 경제에 비해 훨씬 완만하다. 미국이나 일본의 최고치는 상승 이전 기간 평균의 1.5배 내외인 반면, 한국의 2010년 동 비율은 외환위기 이전 평균의 3배를 웃돈다. 그리고 〈그림 9-1〉에서 보는 바와 같이 2000~2010년 기간동안 기업소득과 가계소득 간의 증가율 격차를 국제적으로 비교해도 한국은 OECD 내에서 헝가리에 이어 둘째로 격차가 크다. 가계소득과 기업소득 간 심각한 불균형의 결과 2000년 이후 한국 경제의 가계소득 부진 역시 매우 두드러지게 나타난다. 2000~2010년 기간의 가계소득 증가율은 연평균 2.4%로 경제성장률의 절반 수준에 불과하다. 2000~2010년 한국의 가계소득 부진은

〈그림 9-1〉 OECD 국가의 2000~2010년 간 기업소득/가계소득 비율 변화 비교

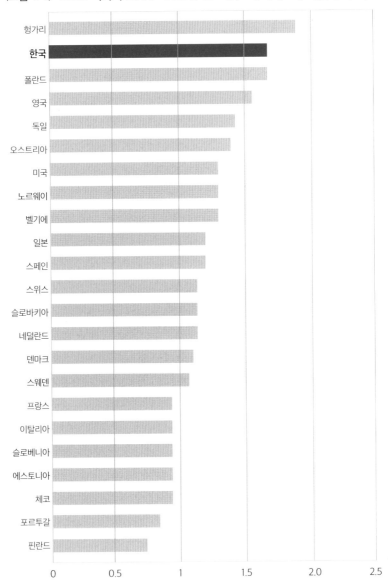

자료: OECD
주: 총(gross) 가처분소득 기준 (OECD 자료는 총 가처분소득 자료만 존재)

<図 9-2> 가계소득 부진(경제성장률-가계소득 증가율 격차)의 국제 비교

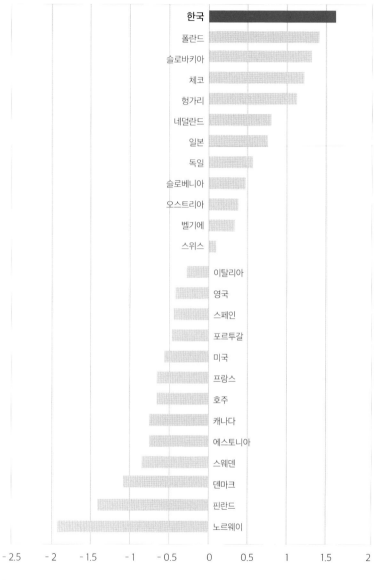

자료: OECD
주: 총(gross) 가처분소득, 연평균 성장률 기준

〈그림 9-2〉에서 보는 바와 같이 OECD 내에서 최고 수준이다.

경제성장의 궁극적인 목적은 대다수 국민이 잘사는 데 있다. 그러나 우리나라 경제는 가계소득 부진의 정도가 세계 최고수준이다. 우리나라 경제시스템은 이제 존재의 의미를 상실한 것이다. 가계소득의 부진은 가계와 기업소득 간 불균형에 기인하며, 특히 대기업집단의 이익증가와 직결돼 있다.

3) 소득 불평등의 원인 : 임금 불평등과 고용 불평등

가계소득의 대부분을 차지하는 임금소득의 계층 간 격차도 심화하고 있다. 임금격차가 커지는 이유는 고용 불평등과 기업 간 불균형 때문이다. 3 즉, 정규직과 비정규직 그리고 대기업과 중소기업, 원청기업과 하청기업 간 임금격차가 갈수록 커진다는 점이 소득 불평등을 악화시키는 절대원인이다.

아울러 자영업자를 살필 필요가 있다. 이들이 소득 불평등을 악화시키는 주요 원인 중 하나라는 점은 우리나라만의 독특한 현상이다. 자영업자는 법률상 사업자로 분류하지만, 현실적으로는 사실상 임금소득자로 간주해도 무방하다. 대부분 소득계층상 가장 낮은 단계에 있다. 그렇다면, 임금소득 격차가 큰 이유를 상세히 살펴보자.

첫째, 정규직과 비정규직의 불평등을 들 수 있다. 비정규직은 외환위기 이후 등장했으며 해고가 거의 불가능한 우리나라 노동시장에서 기업이 낮은 임금을 지급하면서 한편으로는 임의로 해고할 수 있는 대안으로 활용하고 있다. 따라서 비정규직 임금은 전반적으로 정규직의 절반 수준에도 미치지 못한다.

2014년 전체 노동자 중 비정규직은 32%다. 우리나라 노동자 중 약 1/3 정도가 정규직의 절반도 안 되는 임금과 2년 내 해고당하는 고용 불안정에 시달리고 있다. 이처럼 우리나라 임금 불평등과 고용 불평등의 가장 결정적인 요소는 바로 비정규직에 있다. 동일직장에서 동일노동을 한다고 해도 비정규직은 정규직과 같은 대우를 받을 수 없다.

둘째, 임금 불평등의 또 다른 결정적 요인은 기업 간 불균형이다. 우리나라 기업은 삼성전자, 현대자동차, 은행 등 초대형 기업과 일반 대기업, 규모가 큰 중소기업(대개 대기업의 1차 협력업체), 규모가 작은 중소기업(2차, 3차 협력업체) 등으로 나눌 수 있다.

2014년 삼성전자 근로자의 평균연봉은 약 1억 원이며 종업원 300인 이상 전체 대기업 평균연봉은 삼성전자의 57%, 중소기업 평균연봉은 삼성전자의 35% 수준이며 전체 대기업 평균연봉의 60% 수준이다. [4]

셋째 원청기업과 하청기업의 임금격차 또한 크다. 다른 나라와 비교하면 과도하다고 해도 좋은 수준이다. 우리나라 주력산업은 대기업집단이 조립분야를 담당하는 원청기업이며, 이들은 대부분의 부품을 외부 협력업체인 하청기업으로부터 납품받아 최종 조립한다. 하청기업은 대부분 중소기업이며 우리나라 중소기업의 약 2/3가 대기업집단의 영향력 아래에 있어 직·간접적인 하청관계에 종속되어 있다.

장하성 교수의 조사에 따르면 현대자동차의 경우 1차 하청기업 근로자의 임금은 원청기업인 현대자동차의 60%, 2차 하청기업은 1차 하청기업의 60%, 3차 하청기업은 2차 하청기업의 60% 식으로 일정하게 임금격차를 보이고 있다고 한다. 일본 자동차산업의 경우 조립업체와 1차 협력업체간 임금격차가 약 80% 수준이라고 한다. 우리나라의 경우도 외환위기 이전에는 80% 수준이었다.

실제로 우리나라 산업현장에서 관계자들의 이야기를 들어보면 원청업체가 나서서 60% 수준의 임금격차가 유지되도록 관리하고 있을 것이라고 쉽게 추정할 수 있다. 이러한 산업현장 실태는 자동차산업에만 국한하지 않고 전 산업계에 공통된 현상이다. 우리나라 원청업체는 하청업체의 모든 경영정보를 보고하도록 요구하고 있다. 납품가격 산정에 필요한 정보뿐 아니라 훨씬 광범위한 정보를 요구한다.

여기에는 대표이사의 급여뿐 아니라 모든 직원의 급여정보까지 포함된다. 이런 정보를 바탕으로 대기업이 하청업체의 세부적인 사항에까지 경영간섭을 한다는 점을 유추할 수 있다. 실제로 아주 세부적인 내용까지 원청업체의 지도편달이 있다고 한다.

이유는 복잡하지 않다. 원청업체가 하청업체의 생사를 쥐고 있을 정도로 '슈퍼 갑(甲)'인 현실에서 '권한의 절제'가 필요할 정도로 우리나라 산업문화 수준이 높지 않기 때문이다. 반면 선진국의 경우는 원청업체가 슈퍼 갑인 입장은 같으나 하청업체에게 필요한 것 외에는 달리 권한을 행사하지 않을 정도로 산업문화가 성숙한 것이 우리나라와의 차이라고 할 수 있다.

이와 같은 임금 불평등과 고용 불평등 하에서 우리나라 노동시장의 노동자들은 4개 계급으로 분류된다. 대기업 정규직, 대기업 비정규직, 중소기업 정규직, 중소기업 비정규직 근로자가 그것이다. 초대형 기업을 추가하고 중소기업도 다시 규모별로 나눠 덧붙여보면 보다 세부적인 분류가 가능하다. 또 불평등 정도도 보다 세부적으로 나눌 수 있다.

노동부가 발표한 4계급별 임금수준을 보면 대기업 정규직을 100으로 봤을 때 대기업 비정규직은 65, 중소기업 정규직 임금은 49.7, 중소기업 비정규직 임금은 35 수준으로 떨어진다. 여기에 초대형 기업을 추가하면 임금 불평등은 더욱 커진다. 이들 초대형 기업의 임금은 대기업 정규직의 약 2배, 중소기업 정규직의 약 3배 수준이다.

그런데 대기업 정규직과 비정규직 근로자를 합해도 전체 근로자의 20% 이하이다. 즉, 80% 이상의 근로자가 중소기업 정규직과 비정규직에 속한다는 얘기다. 이런 현실 때문에 우리나라는 OECD 회원국 중에서 상용노동자 중 저임금 노동자의 비율이 미국에 이어 둘째다. 우리나라는 2013년 기준 상용근로자 중 24.7%가 저임금 근로자이며, 미국의 25%와 거의 같은 수준이다.[5] 우리나라는 지난 20년 동안 거의 모든 지표에서 미국과 같은 수준의 불평등한 국가가 되고 말았다. 임금격차가 이렇게까지 큰 것이 과연 정당한가?

임금은 생산성을 기반으로 결정되고 사적 계약의 영역이다. 대기업과 중소기업 간 생산성 격차가 크고, 조립대기업이 글로벌 경쟁력을 가지고 있기 때문에 이 정도의 격차를 내는 것은 당연하다고 주장할 수도 있다. 그러나 다음 경우를 보면 이런 주장은 전혀 설득력이 없다는 것을 알 수 있다.

우리나라 자동차산업 생산현장에 가면 동일한 현장에 네 종류의 근무형태가 존재한다. 즉, 조립 대기업의 정규직 근로자, 조립 대기업의 비정규직 근로자, 그리고 조립현장에 파견된 협력업체의 근로자, 그리고 아웃소싱 업무를 수행하는 파견업체 근로자가 동일한 현장에서 근무한다. 형태별로 보면 대기업 정규직, 대기업 비정규직, 중소기업 정규직(하도급업체), 그리고 중소기업 비정규직(파견업체 기간제 근로자)이다.

근무형태별 평균연봉은 대기업 정규직 약 1억 원, 대기업 비정규직 약 6,000만 원, 1차 협력업체 근로자 4,700만 원, 파견직 근로자 약 3,000만 원 수준이다. 동일 생산현장에서 근무하는 근로자들의 임금이 어떻게 2~3배씩 차이가 날 수 있는가? 어느 누구도 이런 상황을 적절한 논거를 들어 설명할 수 없을 것이다. 동일한 생산현장에서 근무하는 하도급업체와 파견업체 근로자들의 심정이 어떨까? 과연 이 나라를 정의롭다고 생각할까? 아마 억장이 무너질 것이다.

여기에 우리나라 자영업자 현황을 추가하면 우리나라의 소득 불평등 상황은 더욱 심각해진다. 한국은 전체 근로자 중 자영업자의 비중은 27.4%로 OECD 34개 회원국 가운데 네 번째로 높다. 그러나 국민소득 계정에서 집계한 자영업자 소득현황을 살펴보면 2014년 자영업자 1인당 월평균 영업잉여는 177만 원인데, 임금노동자 월평균 임금인 295만 원의 60%에 불과한 수준이다.6 전반적으로 자영업자의 소득수준이 중소기업 비정규직보다 못하다는 얘기다. 소득단계의 최하위로서 가장 열악하다. 1997년 외환위기 이후 우리나라 중산층이 추세적으로 감소하는 근본원인 중 하나이다.

외환위기 이후 자영업자가 급증했는데, 임금근로자에서 퇴출한 대부분의 사람들이 생계를 위해 손쉽게 선택한 것이 바로 식당, 슈퍼마켓과 같은 자영업이었다. 우리나라 일반국민의 재산을 보면 집 하나와 약간의 저축이 있는 형태일 것이다. 그래서 대부분의 경우 약간의 저축금에다 집 담보로 대출을 받아 자영업을 시작했다. 외환위기 이후 자영업자가 급증한 것이다. 그런데 10명 중 거의 9명이 5년 내 망하다 보니 한두 차례 사업시작과 실패를 반복하면서 담보로 잡힌 집을 팔아 빚을 갚을 수밖에 없었고, 결국 빈곤층으로 전락했다. 우리는 주변에서 이런 사례를 자주 목격할 수 있다. 지방의 상황은 수도권보다 훨씬 더 열악하다.

현재 우리 경제에서 가장 취약한 부문인 자영업을 해결하지 못하면 '중산층 복원' 또는 '고루 잘사는 사회건설'은 공염불(空念佛)에 지나지 않을 것이다. 그러나 지금까지 자영업 문제가 한 번도 정부정책의 중심에서 다뤄져 본 적이 없다. 성장정책의 중심에는 항상 대기업 집단이 있었고, 자영업자들은 스스로 세력화할 힘이 없었다. 정부의 가장 중요한 역할은 국민을 잘살게 하는 것이다. 다시 한 번 정부역할에 대해 되새겨 볼 때다.

4. 한국 경제의 소득분배 시스템: 구조적 큰 결함

우리나라는 1997년 외환위기 이후 약 20년 동안 소득분배의 불평등이 지속적으로 심화하며 지금까지 내달린 결과 세계에서 가장 불평등한 나라 중 하나가 됐다. 국민총소득에서 가계로 분배된 몫이 지난 20년 동안 줄었으며 가계의 줄어든 몫의 대부분은 대기업집단 소속 대기업들이 가져갔다.

대기업집단과 대기업집단에 가까운 기업에 그 혜택이 많이 돌아간 반면, 이와 관계가 없는 중소기업, 자영업자 등 대다수 국민들에게는 경제성장의 과실이 제대로 분배되지 않았다. 한국 경제의 소득분배 시스템이 구조적인 큰 결함을 드러내며 무너져 버린 것이다. 우리나라 경제가 이렇게 짧은 기간에 세계에서 가장 불평등한 국가로 내려앉은 근본적인 원인은 대기업집단 위주의 성장전략과 이를 근간으로 하는 경제시스템 자체에 있다.

우리나라의 유일한 성장동력인 대기업집단이 외환위기 이후 세계 최고수준에 오르면서 여타 부문과의 격차가 더욱 벌어졌다. 아울러 대기업집단과 중소·중견기업 등 여타 부문의 격차가 커지면서 대기업집단의 독·과점적 지배력과 영향력은 통제할 수 없는 수준으로 커져버렸다.

대기업집단은 한국 경제·사회의 거의 모든 영역을 실제로 장악하고 있다. 외환위기 이후 세계 최고수준의 역량과 국내시장에 대한 독·과점적 지위를 바탕으로 한국사회 전반에 걸쳐 지배력과 영향력을 확대해 나갔으며 불평등을 심화시켰다. 소득분배의 불균형 심화로 중산층은 추세적으로 감소하고 저부가가치 생계형 자영업과 비정규직이 오히려 증가하면서 저소득층이 중산층으로 성장하기 어려운 구조로 고착화하는 추세마저 보인다.

따라서 한국사회는 대다수 국민이 경제성장의 혜택을 보지 못한 채 계층 간 갈등이 심화하는 등 우리 사회의 응집력은 대폭 약해졌다. 불만이 커져가고 있으며 더 이상 인내할 수 없는 임계점에 다가가고 있다. 우리는 국민들이 폭발하기 전에 모든 국민이 잘살 수 있는 경제시스템으로 전면적인 개편을 해야만 하는 상황이다.

제 10 장

새로운 성장전략과 과제

1. 한국 경제·사회시스템의 전면적 재설계를 통한 새로운 성장전략 정립

1) 한국 성장정책 변천과 시사점

(1) IMF 외환위기 이전

박정희 정부 시절에 틀을 갖춘 우리나라 성장전략은 철저히 대기업집단 중심의 불균형 성장전략이었다. 정부가 육성하고자 하는 산업을 먼저 지정해 1~2개 대기업에 온갖 특혜를 집중 지원하면서 그 산업을 육성하는 게 기본골격이다.

IMF 외환위기 이전까지는 다소간의 수정이 있었으나 대기업집단 중심의 불균형 성장전략의 기조에는 변화가 없었다. 오히려 이러한 기조가 경제시스템 전체로 확산하면서 더욱 공고해졌다. 특히 1990

년대 중반 이후 대기업집단은 자신이 영위하는 사업이 경쟁력을 상실하자 그 돌파구로 사업다각화를 무차별적으로 추진하기 시작했다. 이때 정부와 대기업집단은 단단히 유착돼 있어 정부는 관치금융을 통해 대기업집단에 무분별한 대규모 자금대출을 지원해줬다. 이런 무분별한 대규모대출이 IMF 외환위기를 초래한 직접적인 원인이었다. IMF 외환위기는 소수 대기업중심 성장전략의 폐해를 단적으로 드러낸 대표적인 사례다.

(2) 김대중 정부와 IMF 위기이후 개혁

김대중 정부는 IMF 외환위기 이후 IMF와 협의해 광범위한 경제·사회개혁을 추진했다. 개혁대상인 6개 부문 중 핵심은 대기업집단과 은행 등 금융부문의 개혁이었다.

대기업집단 개혁의 경우 부채수준을 대폭 감축하면서 강도 높은 구조조정을 추진했다. 이와 함께 이른바 빅딜(*big deal*)이라는 산업별 구조조정은 산업경쟁력 제고를 목표로 의욕적으로 추진했다. 대기업집단 오너의 전횡을 방지하기 위한 지배구조 개선과 투명성 제고를 위한 제도개선도 광범위하게 시도했다.

금융부문의 개혁은 은행개혁이 핵심인데, 은행의 부실채권 처리 등 구조조정과 함께 M&A를 신속하게 추진하면서 은행의 자율성과 투명성 제고를 위한 다양한 제도개선도 밀어붙였다.

또한 김대중 정부는 성장정책으로 '굴뚝산업-벤처산업, 쌍두마차론'을 제시하면서 기존의 대기업집단과 벤처기업을 동시에 발전시키는 전략을 의욕적으로 추진했다. '쌍두마차론' 정책은 이전 정부에서는 시도하지 않았던 성장정책으로, 대기업집단이 아닌 다른 주체를 새로운 성장동력으로 육성하는 최초의 시도로 평가할 수 있다.

당시 이른바 '벤처 붐'이 일어났다. 사람들이 돈을 버는 신천지를 발견한 것이다. 벤처를 창업하고 코스닥에 상장해서 수백억 원, 수천억 원을 벌어 갑부가 되는 사례를 접한 사람들은 서부 개척시대의 미국인들이 너도 나도 금을 찾으러 서부로 향하듯이 움직였다. 당시 수많은 사람들이 벤처창업을 통해 일확천금을 꿈꿨다.

대학교수, 대기업 연구원, 대기업 임·직원, 대학원생, 언론인, 공무원 등 많은 사람들이 창업했다. 이러한 열풍은 월드컵 4강진출할 때의 열기와 유사할 정도였다. 당시 많은 벤처기업이 창업하고 코스닥 상장, 중견기업으로 성장하는 등 벤처육성 정책은 많은 성과를 올렸다. 이런 성과보다 훨씬 의미 있는 현상은 우리나라 역사상 최초로 대기업 우수인력이 중소·중견기업으로 이동한 역전현상이었다.

우리나라 중소·중견기업이 발전하지 못하는 가장 근본적인 원인 중 하나가 바로 중소·중견기업에 우수인력이 가지 않기 때문이라는 사실은 앞에서 여러 차례 지적한 바 있다. 하지만 이 당시에는 우수인재들이 벤처에 몰리는 현상이 발생했다. 삼성전자의 가장 우수한 연구원들도 상당수가 퇴직한 뒤 벤처를 창업했다. 삼성전자가 우수한 연구인력의 이탈을 걱정할 정도였다.

당시 이러한 벤처정책이 성공했다면 현재 우리나라 경제와 산업의 모습은 아마 상당히 달라졌을 것이다. 앞에서 이미 지적한 우리 경제의 성장 및 분배실패가 발생하지 않았을지도 모른다. 그러나 안타깝게도 벤처정책은 실패하고 만다. 당시 정부의 미숙한 전략, 단시일

내 성과를 내려는 조급함, 일관되고 지속적인 추진미흡 등으로 벤처 육성 정책은 미완성으로 끝난 채 다음 정부로 이어지지도 못했다. 대부분의 벤처정책은 급기야 '폐기'의 운명으로 전락했다.

(3) 노무현 정부의 '동반성장론'

노무현 정부는 '가진 자' 중심의 사회를 지양하고 '소외계층' 중심의 사회를 지향한 최초의 정부다. 이런 국정철학에 따라 노무현 정부의 성장정책도 중소기업의 육성·발전을 목표로 했다. 또 이와 함께 양극화 해소를 위한 균형성장(특히 수도권과 지방)을 화두로 내세웠다.

따라서 정권 초기에는 중소기업을 발전시키기 위한 다양한 정책들을 수립해 추진했다. 대통령이 중소기업 문제를 정기적으로 다루는 회의를 직접 주재하는 등 중소기업 문제를 정부정책의 최우선 순위에 두었다. 노무현 정부 초기에는 상당히 수준 있는 중소기업 육성방안들이 다양하게 논의되는 등 활력이 있었다. 그러나 노무현 정부는 목표를 달성하기 위한 구체적인 방법 및 전략에 대한 무지로 대기업-중소기업 동반성장론으로 큰 흐름의 변질을 불러 참담하게 실패하고 만다.

결국 대기업 중심의 성장을 할 수밖에 없다는 현실을 인정한 채 중소기업의 성장과 발전을 대기업에 도덕적으로 호소하는 형태로 전락하고 말았다. 중소기업을 육성하는 일이 매우 어렵다는 현실을 인지한 뒤, 대통령 임기 5년 내 성과를 내려면 결국 기존의 대기업중심 성장전략을 활용할 수밖에 없다고 판단한 듯하다. 그에 따라 정권의 핵심인사들이 노선을 변경했을 것으로 추정된다.

(4) 이명박 정부, 대기업집단 중심 성장정책으로 회귀

이명박 정부는 '한국 경제를 살리라'는 국민의 기대를 안고 출범했다. 이에 따라 이명박 정부는 집권 초기부터 다양한 성장정책을 쏟아냈다. 그런데 안타깝게도 대기업 출신 대통령의 성향과 전 정부에 대한 부정으로 정권 초기부터 대기업집단 친화적인 성장정책들이 대부분이었다.

정권 초기에 추진한 규제개혁(대기업 공장의 수도권 입지 완화 등), 법인세 감면, 고환율 정책 등은 대기업을 위해 추진한 대표적인 정책들이었다. 노무현 정부 때 의욕적으로 추진했던 중소기업 육성정책들도 동반성장 정책을 제외하고는 후퇴하고 말았다. 또 다시 중소기업 육성정책들은 정부정책의 우선순위에서 밀려나고 만다.

특히 2008년 경제위기 이후에는 경상수지 흑자와 함께 외환보유고 증대가 정책의 최우선 순위에 오르다보니 대기업집단 친화적인 성장정책은 더욱 강화되었다. 따라서 당시 정부는 중소·중견기업 육성, 자영업 지원 등 양극화를 완화하는 정책을 제대로 추진하지 못했다. 이에 따라 이 시기 이후 우리나라는 양극화 현상이 급격히 심화하고 만다.

그리고 이명박 정부를 대표하는 성장정책으로 녹색성장 전략과 4대강 사업을 들 수 있다. 이러한 성장전략은 다소 생뚱맞고 부적절한 정책이라고 평가된다. 녹색성장전략과 4대강 사업 자체가 잘못됐다고 생각하지는 않으나 우리나라 경제와 산업현실을 고려할 때 엉뚱하기도 하고, 바람직한 정책도 아니었다고 평가된다.

우선 녹색성장 전략은 녹색(환경) 부문이 우리나라 성장전략의 대상이 되지도 않을 뿐 아니라 그 규모 또한 우리나라 성장을 유발하기에는 아주 작았다고 할 수 있다. 전 세계 어느 나라도 환경분야를 성장전략 자체로 제시한 적은 결코 없다. 녹색성장은 요란하게 구호로만 떠들다가 거의 흔적도 없이 사라져 버리고 말았다.

4대강 사업은 '대운하 사업'이 모습만 바꾼 것으로 4대강을 정비하고 관리하는 대규모 프로젝트다. 사업 자체가 나쁘다고는 할 수 없으나 이 사업이 국정과 예산편성의 최우선순위가 된 것이 문제였다. 4대강 사업 대신 양극화 현상을 완화하기 위한 복지분야와 새로운 성장동력을 창출하는 분야에 정부자원을 집중하는 것이 바람직했다고 본다. 결국 이명박 정부의 성장정책도 실패로 끝나고 만다.

(5) 박근혜 정부와 창조경제

박근혜 정부가 아직 끝나지 않은 상황에서 이 정부의 성장정책을 평가하기에는 이른 감이 있으나 앞으로 남은 1년 동안 새로운 성장정책이 나올 가능성이 없다고 생각한다. 박근혜 정부가 출범한 때에는 우리나라 경제가 이미 기울기 시작했다. 양극화 현상의 심화로 서민들의 고통이 커지고 있었다. 또 주력산업의 경쟁력 약화가 뚜렷해지며 저성장 기조마저 확연해지면서 지속적인 경제성장에도 적색경보가 켜진 상태였다.

그러나 박근혜 정부는 뚜렷한 성장정책 등 난국을 타개하기 위한 경제정책들을 제시하지 못한 채 우왕좌왕했다. 규제개혁 → 경제 3개년 계획 → 4대 개혁 등으로 6개월 단위로 경제정책을 수정하면서, 그마저도 구호에만 그치고 실제 정책집행은 하지 못한 채 우리나라 경제를 점차 하방으로 몰아넣고 말았다.

그래도 창조경제는 정부출범 이후부터 지금까지 지속적으로 강조하며 추진하고 있으므로 동 정부를 대표하는 성장정책이라고 판단한다. 그러나 창조경제는 개념이 애매모호하며 실체가 없는 대표적인 전시행정이라고 평가된다. 창조국방, 창조금융, 창조기술 정책, 창조중소기업정책 등 기존정책에 '창조'만 붙이기만 한 것이어서 그렇다.

원래 한 나라 경제가 지속적인 번영을 유지하기 위한 중요한 한 축이 바로 '창조적 파괴를 통한 혁신시스템'이다. 그러나 박근혜 정부는 이러한 개념을 이해하지 못한 채 창조경제를 구호로만 추진했다. 창조경제 정책 중 대표적인 것이 각 지자체별로 설립한 창조경제기획단이다. 대기업집단이 한 지자체를 맡아 그 지역 중소기업의 혁신을 지원한다는 발상이다. 삼성-대구, 현대차-광주 등으로 엮여 있다. 정책입안자들이 과연 이러한 기제가 창조경제의 핵심내용이며 현실적으로 작동할 것으로 판단하고 이 정책을 추진했는지 궁금하기 짝이 없다. 따라서 "박근혜 정부의 성장정책은 없었다"라고 평가해도 지나치지 않다.

(6) 성장정책의 실패원인

지금까지 역대 정부의 성장정책을 살폈다. 역대 정부 중 박정희 정부 시절 수립한 대기업집단 중심의 성장정책을 벗어난 새로운 성장정책을 추진한 정부는 거의 없었다. 다만 김대중 정부의 벤처정책은 일부 그 효과를 긍정적으로 평가할 수 있으나 실패로 끝남으로써 의미가 거의 퇴색했다고 해도 지나치지 않다. 그렇다면 20년이 넘는 기간동안 의미 있는 새로운 성장정책과 전략이 없었던 이유와 일부 추진했더라도 실패한 사유를 살펴볼 차례다.

첫째, 각 정부의 모든 성장정책은 대통령 선거전략의 일환으로 만들어졌다. 대통령 후보마다 선거에 대비해 선거대책본부를 출범시킨다. 여기에 속한 몇몇이 모여 선거전략의 일환으로 전시용 성장전략을 단기간에 만들다보니 수준이 떨어지고 즉흥적이다.

균형성장, 녹색성장, 창조경제, 동북아 금융허브 등 그럴듯하게 보이지만 실제는 알맹이가 없는 성장정책들이 쏟아져 나와 이것들이 그대로 새 정부의 금과옥조 같은 공약사항으로 변한다. 또 이것들이 대통령 지시사항으로 내려가 각 부처별 5년간 실행계획으로 구체화된 뒤 분기별로 평가를 받는다. 부진한 부처는 질책을 받는다.

그리고 5년이 지나 새 정부가 들어서면 전 정부에서 추진한 정책들은 지우개로 지우듯이 폐기한다. 또 다른 정책들이 똑같은 방식으로 추진의 대상으로 오른다. 이러한 정책들은 진정한 의미의 성장정책이라고 할 수 없다. 따라서 박정희 정부 이래로 "새로운 성장전략은 없었다"고 평가할 수 있다.

적어도 새로운 성장전략은 경제정책 전체를 관통하는 철학을 근간으로 삼아 10년 정도의 기간을 상정해 추진해야 한다. 세계 경제와 산업의 메가트렌드, 국내경제 현실의 문제점을 고려한 중·장기대책의 패키지와 함께 단계별·기간별 추진계획을 체계적으로 마련해야 한다.

이런 성장전략 패키지는 당연히 국내 모든 전문가집단과 기업이 참여해 만들어야 한다. 또한 이렇게 수립된 중·장기 성장전략 패키지는 정권교체와 관계없이 일관되게 추진해야 한다. 일부 수정이 있을 수 있으나 큰 기조는 꼭 유지해야 한다는 점도 잊지 말아야 한다.

둘째, 우리나라 대통령제는 5년 단임으로 사실상 5년 이상 중·장기계획 수립이 불가능하다. 5년 단임인 대통령제 하에서는 정권을 인수한 후 1년, 마지막 권력 누수기 1년을 제외한 3년 정도가 일할 수 있는 기간이다. 이를 넘어서는 기간의 계획을 수립·추진하기가 사실상 불가능하다. 그런데 성장정책은 성격상 적어도 5~10년 정도를 실행해야 성과를 낼 수 있다. 그래야 명실상부한 중·장기정책이다. 따라서 5년 단임제에서는 중·장기정책이 물리적으로 가능하지 않다. 실질적인 성장정책을 추진할 수 없는 본질적 한계이다.

셋째, 한국 경제와 사회는 이미 대기업중심 구조로 고착화했다. 그 구조를 바꾸는 것은 대단히 어려운 일이다. 40년 넘게 이어져 매우 고착화한 대기업중심 구조를 위한 법령, 제도, 인센티브 시스템, 관련정책 등 우리나라 경제·사회시스템 자체를 통째로 바꾸는 대대적인 개혁수준의 작업이 될 것이다.

경제·사회시스템의 개혁은 기득권층의 강력한 저항이 따르기 마련이다. 일본의 사례에서 보았듯이 기득권층의 저항을 극복하는 일은 거의 불가능에 가까울 정도로 어렵다. 시간이 오래 지나 고착화한 정도가 클수록 더욱 그렇다. 따라서 대기업중심 성장전략을 새로운 성장전략으로 전환하는 일도 대단히 어려울 것으로 전망된다. 이를 추진하기 위해서는 국민들의 광범위한 지지와 강력한 정치적 리더십이 필요하다. 현재 우리나라 현실을 고려할 때 이 또한 실현가능성이 낮다.

2) 해결의 실마리: 한국 경제 · 사회시스템의 전면적 재설계

경제시스템을 새로 설계해 혁신을 이루려면 목표가 우선 정확하고 뚜렷해야 한다. 따라서 우리나라 경제가 성장과 분배 측면에서 총체적으로 실패한 근본원인을 알아야 한다. 정확한 원인을 알아야 올바른 해결책을 제시할 수 있기 때문이다.

기존의 한국 경제를 떠받쳐온 핵심골조는 대기업집단 위주의 성장시스템이다. 이것이 우리나라의 기존 성장전략이며 지금까지 다소 수정이 있었으나 그 골격은 그대로 유지하고 있다. 따라서 기존 한국 경제시스템과 대기업집단은 불가분의 관계다. 즉, 대기업집단 체제는 기존 경제시스템의 가장 복판에 있는 핵심 중의 핵심요소다.

현재 한국 경제시스템은 대기업집단 중심의 성장전략을 마련한 후 교육 · 금융 · 노동 등 관련시스템을 그에 부합하게 정립하는 식으로 만들어졌다. IMF 외환위기 이후 이런 틀은 더욱 공고해졌다. 따라서 해결의 실마리, 혁신의 단초를 잡는 일의 목표는 뚜렷하다. 한국 경제시스템의 전면적 재설계는 대기업집단이 중심에 있는 기존의 성장전략을 대대적으로 바꾸는 것에 최대 역점을 둬야 한다.

이를 위해 먼저 우리 사회의 광범위한 인식의 공유가 이뤄져야 한다. 대기업집단 중심의 성장시스템이 더 이상 지속적인 성장과 공평한 분배가 가능하지 않은 한계에 도달했다는 인식의 공유다. 최근 대기업집단의 경쟁력 저하와 함께 폐해가 많이 거론되면서 대기업집단 중심 체제에 대한 회의감이 확산하고 있어 다행이다.

그러나 이 부문의 근본적인 개혁을 추진하기에는 턱없이 부족하다. 더욱이 최근에는 현실에 기반을 둔 정확한 인식 없이 '××성장전략', '△△성장전략' 등 공허한 구호성 대책들이 난무하고 있어 혼란을 가중시키고 있다. 따라서 우리는 새로운 성장시스템을 빠른 시일 안에 다시 설계해서 관련제도와 정책들을 이에 부합하게 바꿔야 한다. 즉, 새로운 성장시스템을 지지하는 교육·금융·노동시스템을 새로 만들어야 하고 관련법령, 정책, 예산 등의 개편도 신속하게 추진해야 한다. 또한 새로운 경제시스템을 정립하기 위한 경제·사회 개혁에도 나서야 한다. 개혁의 순항(順航)을 뒷받침하는 정치적 리더십이 등장할 수 있도록 정치적 개혁을 함께 서둘러야 한다.

지난 10년을 허송세월했기 때문에 시간이 얼마 남지 않았다. 우리나라가 일본 수준의 초고령사회로 접어드는 2025년 이전까지 새로운 성장전략에 기반을 둔 경제시스템을 정립해 새로운 성장동력을 창출하지 못하면 우리는 선진국 진입의 기회를 영원히 갖지 못할 가능성이 크다.

더욱이 중국은 적어도 30년 이상 용이 하늘을 날아가는 기세로 발전해 나갈 것으로 전망된다. 과거 역사의 경험으로 볼 때 중국이 강하고 우리가 약할 때 대부분의 경우 우리나라는 큰 어려움에 처했다. 중국의 한 개 성(省) 규모에도 못 미치는 우리나라가 중국을 극복할 수 있는 비교우위 요소를 확보하지 못하면 중국의 눈치를 살펴야 하는 주변국으로 전락하고 말 것이다. 따라서 앞으로 10년이 우리의 마지막 기회일 것이다.

3) 새로운 성장전략의 목표

한국 경제의 목표는 대한민국의 모든 국민이 희망을 가지고 잘살 수 있는 나라를 만드는 데 있어야 한다. 세상을 경략(經略)해 백성을 잘살게 한다는 경세제민(經世濟民)의 '경제'(經濟)라는 말뜻을 충실히 실천에 옮겨야 한다. 나라 안팎으로 위기가 깊어지는 이 상황에서 이제는 그런 명분과 실천을 일치시키는 수밖에 우리에게는 다른 길이 있을 수 없다.

이를 위해 우리 경제시스템을 장기적으로 지속할 수 있는 성장의 토대에 올라서도록 하면서 성장에 따른 과실도 모든 국민에게 공평하게 나누어지도록 설계해야 한다. 즉, 지속가능한 성장시스템 구축과 함께 양질의 고용창출과 부문 간(특히 대기업집단과 여타 부문) 격차해소를 통한 소득증대로 국민 삶의 질이 지속적으로 높아지는 시스템을 구축해야 한다.

4) 새로운 성장전략의 기본방향

지속가능한 성장과 공평한 분배라는 목표를 이루기 위한 성장전략은 어떠해야 하는가? 첫째, 새로운 성장동력을 창출해 우리나라 경제의 맥박을 다원화하는 데 총력을 기울여야 한다. 기존 성장전략과 이에 기반을 둔 이제까지의 한국 경제시스템이 지닌 가장 치명적인 약점은 경제의 성장동력이 하나였다는 점이다. 즉, 대기업집단만이 우리나라의 유일한 성장동력이었다는 얘기다.

우리나라 경제의 성장과 분배가 대기업집단을 중심으로 시작해서 다시 그들에게 돌아가 마침표를 찍었다는 말이다. 그런 구조에서는 성장과 분배 모두 대기업집단에 의지할 수밖에 없다. 이 시스템의 초기 단계에서는 대기업집단의 성장이 국가 경제 성장, 고 창출, 가계소득 증대 등으로 이어지는 선순환을 창출했다. 그러나 외환위기 이후 대기업집단의 성장·발전이 여타 부문의 성장·발전보다 빨라지면서 양 부문 간의 격차가 커졌다. 대기업집단의 지배력과 영향력이 확대되고 글로벌화까지 가세하면서 이들은 점차 막강한 힘을 자제하지 못할 정도로 강해졌다.

결국 분배가 대기업집단 중심으로 이뤄져 양극화만 깊어졌다. 게다가 대기업집단은 중국의 부상에 따라 주력산업 분야의 경쟁력을 잃으면서 성장측면에서의 기여도 대폭 줄어들었다. 따라서 한국 경제의 새로운 성장전략과 경제시스템은 새로운 성장동력을 창출해 내야만 현재의 성장과 분배측면의 실패를 근본적으로 극복해 낼 수 있다.

이는 우리나라 미래의 위상을 가를 큰 기로(岐路)다. 인구고령화가 큰 흐름으로 닥치는 향후 10년 내에 이런 새 성장동력을 확보하느냐 못하느냐는 어쩌면 우리의 사활(死活)까지 걸어야 하는 문제일 수 있다. 선진국 문턱으로의 진입 여부, 전통적인 강대국 중국의 부상에 따라 그를 이끌 수 있는 창의적이며 힘이 있는 이웃으로 남느냐 아니면 저들의 주변국으로 전락하느냐 또한 이 기로에서 모두 갈린다는 이야기다.

둘째, 새로운 성장동력의 분야는 제조업과 서비스산업 모두 그 대상일 수 있으나 제조업을 주력으로 삼고, 서비스산업은 보조적 역할을 해야 할 것이다. 우리나라는 1960년대 경제개발을 시작한 이래 지금까지 50년이 넘게 제조업 위주의 투자를 해왔다. 그 결과 제조업 전반에 걸쳐 기반을 갖춘 전 세계에서 몇 안 되는 국가로 발전했다. 우리의 최고 강점은 전 제조업에 걸친 튼튼한 제조기반이다. 따라서 우리의 새로운 성장동력도 최우선적으로 제조업에서 찾아야 한다. 물론 서비스산업의 중요성을 폄하할 생각은 추호도 없다.

다만 성장동력은 하늘에서 갑자기 떨어지지 않으며 오랜 기간의 투자와 경험이 필요하다. 이런 점에서 우리에게 서비스산업은 제조업보다 훨씬 많은 시간과 돈이 필요하다. 결국 새로운 성장동력은 제조업이 주된 역할을 하고 서비스산업은 보조적인 역할을 하는 방식으로 구성할 수밖에 없다.

제조업과 서비스산업을 불문하고 새로운 성장동력 대상 중 가장 중요한 부문은 중소·중견기업이다. 세계 어느 나라도 대기업의 경쟁력만 가지고 선진국으로 도약하지 못했다. 앞으로 우리는 중소·중견기업을 성장동력의 근간으로 성장시키는 데 사활을 걸어야 한다. 독일, 일본의 히든 챔피언과 같은 글로벌 경쟁력을 가진 중소·중견기업을 적어도 500개 이상 키워내야 한다. 우리나라 경제의 총요소 생산성을 일정수준 이상 높이고 고용을 창출하면서 양극화 해소를 통한 공평한 소득분배를 위해 중소·중견기업의 성장동력화는 반드시 필요하다. 절체절명(絕體絕命)의 과제라고 해도 좋다.

분야별로는 부품·소재·장비분야의 발전이 쉽지는 않지만 기회와 가능성이 있다. 그간 산업화 과정에서 축적한 역량이 있기 때문에 집중적인 투자가 이뤄진다면 세계시장의 일정영역에서 경쟁력을 확보할 수 있을 것이다. 우리 조립완성품 분야가 일본의 부품·소재·장비를 공급받아 경쟁력을 키우면서 발전했듯이, 향후 중국의 조립완성품 발전에 우리도 일본과 같은 역할을 할 수 있어야 한다. 이 전략이 성공한다면 우리는 적어도 10~20년 동안 새로운 성장동력을 확보할 수 있을 것으로 기대된다.

내수시장 활성화 및 고부가가치 서비스산업 육성 또한 반드시 추진해야 할 과제이다. 새로운 성장동력으로는 보조적 위치라고는 하나 고용창출을 위해서는 가장 중요한 분야다. 그러나 이해관계자의 기득권 보호요소가 개입하면서 저항이 클 수 있는 분야여서 이를 극복하려면 규제개혁이 이뤄져야 한다. 이 과정에서 국내외 기업의 대대적인 투자가 수반되어야 한다.

이와 동시에 우리나라 대표적인 저생산성 분야이며 저소득층인 자영업부문에 대한 구조개혁, 경쟁력 강화와 함께 소득증대 방안을 강도 높게 추진해야 한다. 가장 소외된 계층으로, 양극화 해소 및 총요소 생산성 향상을 위해 매우 중요한 분야이기 때문이다.

셋째, 새로운 성장동력을 창출해 그 동력과 활력이 대기업집단에 머물지 않고 다원화하며 강력하게 펼쳐지기 위해서는 새 성장동력이 자생적으로 창출될 수 있는 생태계와 경제시스템을 조성해야 한다. 이를 위해 반드시 확보해야 할 요소는 '우리 경제의 역동성 제고'와 '창조적 파괴를 수반하는 혁신시스템 구축'이다.

창조적 혁신이 경제·산업 전반에 걸쳐 활발히 이뤄지는 가운데 혁신적 기업이 세계적인 대기업으로 아무런 장애 없이 성장해 나갈 수 있는 생태계와 경제시스템을 정립해야 한다. 여기서 가장 중요한 것이 우수한 인재와 돈이 새로운 성장동력(특히 중소·중견기업)으로 원활하게 흘러들어 가는 생태계 조성과 제도 마련이다. 시급히 해결해야 하는 과제다. 아울러 새로운 성장동력의 발전을 저해하는 요소들도 제도적으로 과감하게 제거해야 한다.

넷째, 새로운 성장전략과 새로운 경제시스템 상의 대기업집단 관련제도 및 정책도 미래지향적으로 리모델링해야 한다. 당연히 거쳐야 하는 수정이다. 기본방향은 대기업집단의 한국 경제에 대한 긍정적 역할을 계속 수행토록 하면서 부정적 역할은 최소화해야 한다. 여기서 긍정적 역할이란 대기업집단이 지금까지 한국 경제에 이바지했던 성장동력으로서의 능력과 몫이다.

우리가 조심해야 할 점은 대기업집단을 '마녀사냥 식'으로 비판하면서 이들에게 최대한의 규제를 가하는 정서와 행위다. 자칫 잘못하면 우리나라의 유일한 성장동력을 우리 손으로 없애버리는 우(愚)를 범할 수 있다. 대기업집단은 세계시장에서 최고 수준에 오른 우리나라의 유일한 주체다. 아울러 우리나라에서 가장 우수한 인재들이 모여 있는 집단이다. 앞으로도 우리 대기업집단이 한국의 가장 중요한 성장동력의 역할을 수행하고 난국을 타개해 나가는 주력이자 선봉으로 나설 수 있도록 격려를 아끼지 말아야 한다.

반면 우리 경제에 해로써 작용했던 대기업집단의 요소도 적지 않았다. 상품시장과 생산요소시장을 장악하면서 우리 경제의 역동성을 대폭 떨어뜨리거나 부당하게 영향력을 행사해 소득분배 형평성을 악화시키는 행위였다. 이는 제도적으로 강력하게 처벌하거나 원천적으로 봉쇄해야 한다. 이번 '최순실 사태'에서 드러난 50년 넘는 정경유착의 관행도 이 기회에 제도적으로 뿌리 뽑아야 한다.

다섯째, 새로운 성장동력을 수립할 때 반드시 고려해야 할 가장 중요한 변수 세 가지가 있다. 이 세 가지 변수는 향후 우리나라 경제와 산업에 가장 큰 영향을 미칠 전망이다. 대외적인 변수로는 중국의 부상과 제4차 산업혁명 추이이며, 대내적 변수는 우리나라 저출산·고령화 현상이다.

여섯째, 새로운 성장전략과 부합하는 경제시스템을 구축해야 한다. 이를 위해서는 관련이 있는 모든 경제·사회제도 및 정책을 전면적으로 개편하는 작업을 병행해야만 한다. 즉, 인력양성시스템·R&D시스템·금융시스템·경쟁제도 및 노동시장 개혁 등이 주요 대상이다.

2. 역동성 제고를 위한 구조개혁

1) 문제점

우리나라 경제는 1990년대 이후 경제 및 산업구조가 대기업집단 위주로 고착화하면서 새로운 혁신형 기업이 나오지 못했다. 이들이 활발히 창업한 뒤 성장해 대기업으로 성장하는 현상이 추세적으로 거의 일어나지 못했다는 얘기다. 이는 대기업집단이 우리나라의 거의 모든 산업과 생산요소시장을 장악해 다른 분야에도 절대적인 영향력을 미치고 있었기 때문이다.

대기업집단 소속 자회사, 손자회사 및 관련기업이 하는 사업을 모두 펼쳐놓고 분석해 보면, 이들이 우리나라에서 '돈 되는' 사업 중 극히 일부분(예: 게임)을 제외한 모든 분야에 진출해 있음을 알 수 있다. 사실상 그 산업 또는 분야를 장악하고 있다는 점도 볼 수 있다. 대기업집단이 신규로 진출할 분야가 정해지면 자회사 또는 손자회사를 설립한 후 그룹 본사에서 인력과 자금을 지원한다. 국내 어떤 기업도 우리나라 최고의 인재와 막강한 자금력을 보유한 대기업집단과 경쟁할 수 없다.

그리고 그나마 기술력이 있는 혁신기업을 창업하면 그 기업이 가장 쉽게 돈 벌 수 있는 기회는 대기업집단 기업에 납품하는 길이다. 만약 제품이 채택되면 최대 1,000억~2,000억 원까지는 아주 쉽게 매출을 올릴 수 있다. 쉽게 돈을 버는 만큼 대기업집단에 종속해 하청기업으로 스스로를 한정짓는 경우가 허다하다. 코스닥에 상장한 기술력 있는 기업은 거의 모두 이런 형태다. 우리나라에서 독일, 일본의 '히든 챔피언' 같은 글로벌 경쟁력을 가진 중소·중견기업이 생겨나지 못하는 가장 근본적인 이유다.

우리나라 경제와 산업이 이 구조를 깨지 못하면 새로운 성장동력 창출을 통한 지속적인 경제성장, 임금소득 불평등으로 인한 양극화 해소는 불가능하다. 역대 정부의 중소·중견기업과 서비스산업 등 대기업집단 이외의 성장동력을 육성하는 정책들이 실패로 끝난 것은 본질적인 문제를 해결하지 못한 채 전시성 정책들만 추진했기 때문이다. 이제 우리나라는 더 이상 이 문제를 미루거나 도외시할 여유가 없다.

2) 추진과제

(1) 생산요소시장의 개혁

우리나라 경제 및 산업의 역동성을 제고하기 위해서는 생산요소시장의 개혁이 절대적으로 필요하다. 대기업집단으로만 몰리는 우수한 인재와 자금을 새로운 성장동력 분야에도 흐를 수 있도록 제도적인 개선을 하루 빨리 추진해야 한다. 특히 혁신적인 중소·중견기업에 우수한 인재와 자금이 갈 수 있도록 정부의 집중적인 지원과 노력이 필요하다. 모든 경제·사회정책의 초점이 여기에 모아져야 한다.

노동시장은 이미 오래 전부터 우수인력이 대기업집단으로 극단적으로 몰리는 현상이 이어지고 있다. 특히 중소·중견기업이 돈을 아무리 많이 준다 해도 기피하는 우리나라 노동시장은 정상적인 시장기능을 상실했다.

세계 어느 나라에서도 볼 수 없는 극단적인 양극화 현상이다. 따라서 정부는 이렇게 고착화한 인력공급시장 구조를 깨뜨릴 정도로 파괴력 있는 정책패키지를 만들어 과감하게 실행에 옮겨야 한다. 이 점은 1970년대 초 독일이 실시한 정책을 벤치마킹할 만하다. 당시 독일에서는 제1차 오일쇼크, 마르크화 강세, 후발경쟁국인 일본의 등장 등으로 가격경쟁력이 대폭 약화하면서 이를 견디지 못하고 도산하는 중소기업이 속출했다.

이에 독일 정부는 중소·중견기업의 경쟁력을 근본적으로 강화하기 위해 우수한 기술인력이 중소·중견기업에 갈 수 있는 획기적인 정책을 실시한다. 'PKZ'(*Personal Kosten Zuschuß*) 프로그램을 통해 중소기업이 석·박사급 연구인력을 고용할 때 인건비를 정부에서 전액 보조금 형태로 지원했다. 1979~1987년 연방정부 R&D 지원액의 10%인 32억 마르크를 지원했는데, 이 결과 중소기업의 석·박사급 R&D 인력이 3만 8,000명 이상 증가했고, R&D를 본격적으로 수행하는 중소기업도 33% 이상 늘었다. 이러한 인력지원 프로그램이 오늘날 독일의 '히든 챔피언'을 있게 한 근간이다.

우리나라 경우도 이러한 형태의 획기적이고 창의적인 정책패키지가 절실히 필요하다. 우리나라도 그동안 중소기업 인력을 지원하는 프로그램을 단편적으로 만들었으나 효과가 거의 없었다. 이제 전시성 정책은 필요 없다. 시장에서 작동하는 효과 있고 파괴력 있는 정책들이 필요할 뿐이다.

혁신 중소·중견기업에 돈이 원활하게 흘러들어갈 수 있도록 중소기업 관련 산업금융과 기술금융 제도의 전면개편이 필요하다. 여기에서 우리나라 금융산업 개편을 논의하는 것은 적절치 않다고 본다. 그러나 우리나라 경제의 지속적인 성장을 위해서는 금융시스템 개혁이 반드시 필요하다.

우리나라 금융시스템 중 산업금융의 역할은 대단히 미흡하다. 산업혁명을 통해 가장 성공적으로 경제와 산업을 키워온 나라는 당연히 미국이다. 그런데 미국에서 혁신이 만들어지고, 새로운 산업이 등장하고, 이를 통해 경제가 성장해온 역사를 살펴보면 흥미로운 사실을 한 가지 발견할 수 있다. 바로 금융산업의 혁신이 이러한 발전을 뒷받침해 왔다는 점이다. 혁신을 만들어내고, 산업을 키우는 데 가장 기본적인 자원인 자금을 공급하는 역할을 하는 금융산업에서 경제와 산업에 새로운 '돈 줄기를 꽂아주는' 혁신가가 등장할 때마다 미국 경제는 한 단계씩 올라설 수 있었다. 미국 산업의 혁신에 결정적인 기여를 한 금융혁신의 선구자는 다음과 같은 다섯 명을 꼽을 수 있다.[7]

첫째는 앤드류 멜론(Andrew Mellon)이다. 멜론 뱅크(Mellon Bank)의 전신을 만든 미국 금융산업의 1세대로서 록펠러(John Davison Rockefeller) 및 포드(Henry Ford)와 함께 미국 3대 부자였다. 아울러 1910년대 미 재무장관으로 산업화를 이끈 바 있다. 특히 기업에 돈을 대는 은행가로서 알루미늄의 알코아(Alcoa), 초기 오일 메이저 중 하나인 걸프오일(Gulf Oil), 카네기(Andrew Carnegie)가 세운 베들레헴 스틸(Bethlehem Steel)과 함께 미국 철강산업을 이끈 맥클린틱 마셜(McClintic-Marshall)을 육성했다.

둘째는 메릴린치 창업자 중 한 명인 찰스 메릴(Charles Merrill)이다. 원래는 미국 유통산업을 선진화한 케이마트(K-Mart)와 세이프웨이(Safeway)의 대주주였으나, 산업화의 과실을 일반대중에게 나누어주는 역할이 중요하다는 것을 깨닫고 이를 금융산업에서 실현했다. 최초로 대중 대상의 증권회사를 만들어 과거 소수 부자들의 전유물이었던 주식시장의 문호를 개방했다. 대중의 돈이 직접 기업에 투자되는 길을 열었던 선구자다.

셋째는 최대의 뮤추얼펀드인 피델리티(Fidelity) 창업자 네드 존슨(Ned Johnson)이다. 뮤추얼펀드를 통해 '노동자-퇴직연금(401K)-뮤추얼펀드-기업'으로 이어지는 미국 자본주의의 작동기제, 즉 '미국 주식회사'(Corporate America)의 설계자다. 노동자가 열심히 일을 해 기업을 발전시키고, 여기서 얻어진 수익이 다시 퇴직연금과 뮤추얼펀드를 통해 주주로서의 노동자에게 돌아가는 간접투자의 선순환 구조를 완성시켰다.

넷째는 '정크본드(*junk bond*) 왕'으로 불리는 마이클 밀켄(Michael Milken)이다. 신용도가 낮은 기업이 채권을 발행해 자금을 조달할 수 있는 길을 열어줌으로써 자본조달의 신세계를 열었고, 무엇보다 이를 통해 자본의 극한적 수익추구라는 판도라의 상자를 열었다. 사모펀드나 LBO(*leveraged buyout*)를 가능하게 한 창조주다.

다섯째는 아서 록(Arthur Rock)이다. 벤처캐피털이 누구 아이디어인지는 여러 가지 설이 있으나 아서 록도 대표적 선구자다. 페어차일드 반도체(Fairchild Semiconductor)의 창업을 도왔고 애플 초기투자자였으며, 인텔(Intel)을 공동 창업했다.

오늘의 미국을 만드는 데 결정적인 기여를 한 이들 미국 금융의 선구자들과 견줄 때 한국의 금융은 특히 문제가 있다. 1998년 IMF 금융위기 이전까지 은행의 역할은 주로 기업들에게 돈을 빌려주는 것이었다. 하지만 정부가 시키는 대로만 하던 은행들은 위험관리에 실패했다. 제일은행이나 상업은행 등 당시 시장을 선도했던 은행들은 대부분 팔리거나 문을 닫았다. 가장 모험적인 기업금융을 하던 종금사들은 아예 멸종했다.

이를 기점으로 한국의 은행들은 급격히 무게중심을 소매금융, 즉 개인들에게 돈을 빌려주는 사업으로 발길을 돌렸다. 특히 주택을 담보로 대출을 해주고 신용카드를 발행하는 사업으로 옮겼다. 그러다 보니 현 시점에서 한국에는 아주 큰 대기업을 제외한 나머지 기업들

이 쉽게 돈을 빌리고 투자를 유치할 방법 자체가 극히 제한적이며, 그 기법 또한 매우 후진적이다. 8

물론 최근 들어 사모펀드들이 한국 산업생태계에서 점점 더 중요한 역할을 맡으면서 기업과 산업의 진화를 이끌어나가는 새로운 금융기업의 역할을 수행하리라는 기대가 나온다. 그러나 아직까지 이들은 전통산업 중심의 사업을 전개해 왔다. 앞으로 급변할 미래에 맞춰 새로운 디지털 엔터프라이즈(*digital enterprise*)들을 키우고, 디지털 트랜스포메이션(*digital transformation*: 디지털 전환)에 필요한 자금을 지원할 수 있는 새로운 금융기업과 금융기법들이 더욱 많이 필요하다. 9 따라서 금융산업의 낙후성을 획기적으로 개선하여 금융이 기업과 산업의 발전을 충실히 뒷받침하도록 하기 위한 대대적인 금융개혁이 필요하다.

(2) 경쟁과 개방 수준의 대폭 제고

'개방 수준의 제고'는 사실상 '경쟁 수준의 제고'를 가리킨다. 개방 수준을 높이면 경쟁은 더욱 치열해지기 때문이다. 시장경제의 역동성과 효율성을 확보하려면 모든 분야에서 '경쟁'을 촉진해야 한다. 시장경제체제의 우수성은 자유를 통해 가능한 한 많은 사람으로 하여금 경쟁에 참여할 수 있게 함으로써 효율성과 역동성이 다른 어떠한 경제시스템보다 뛰어나다는 점이다.

시장경제는 보다 많은 참여자들이 계속 경쟁에 참여해 시장에서 경쟁을 통해 선택된 참여자 또는 기업에게 보다 많은 자원을 배분해 줌으로써 경제의 효율성을 확보하는 시스템이다. 그러나 모든 지역과 국가가 이와 같은 경제체제를 확보하고 있지는 않다. 거의 모든 분야에서 완전경쟁 상태를 확보한 나라는 아마 미국일 것이다. 미국 경제가 확보한 세계에서 가장 높은 수준의 효율성과 역동성은 바로 이 경쟁에서 나온다.

미국에서 가장 인기 있는 직업 중 하나가 변호사다. 돈을 많이 벌기도 하지만 높은 경쟁 압박에 스트레스가 가장 많은 직업이기도 하다. 미국 로스쿨(law school)을 졸업할 때 1등부터 꼴찌까지 석차가 매겨지고 그 성적에 따라 연봉이 정해진다. 그러나 다음해 연봉은 로스쿨 졸업성적과는 전혀 관계없다. 오로지 근무성적을 토대로 정한다. 매년 치열한 경쟁을 해야 하는 것이다. 대학도 마찬가지다. 교수들 연봉도 연구와 강의성과에 따라 치열한 경쟁을 거쳐 정해진다. 물론 각 대학마다 공정한 평가체계를 가지고 있다.

경제와 산업도 마찬가지로 완전경쟁에 가까운 경쟁이 일상적으로 일어나는 시스템이다. 미국은 경쟁을 통해 보다 창의적인 인재나 기업을 찾아냄으로써 창조적 혁신기업의 성장을 촉진하는 세계에서 가장 훌륭한 시스템을 가지고 있다. 실리콘밸리가 그 대표사례라 할 수 있다.

우리나라의 경우는 어떤 상황인가? 우리나라의 경쟁 수준은 미국에 비해 상상할 수 없을 정도로 낮을 뿐 아니라 다른 선진국은 물론이고 중국보다도 낮다고 본다. 1990년대 이후 우리나라 경제·사회의 경쟁 수준은 급속히 약해졌다. 이러한 경쟁의 약화현상이 우리나라 경제·사회의 역동성을 떨어지게 만든 중요한 요인 중 하나다. 모든 부문에서 이와 같은 경쟁약화 현상을 쉽게 찾아볼 수 있다.

우선 산업부문을 보면 1990년대 이후 산업 내 참여자가 대기업집단 소속기업으로 대폭 축소되면서 실제로 거의 모든 상품시장은 2~3개 대기업집단 기업의 독·과점시장으로 변했다. 경쟁대상이 2, 3개 대기업으로 줄어든 것이다. 이들 대기업들의 독·과점적 지위로 다른 기업들의 시장참여는 실제로 불가능해졌기 때문에 사실상 경쟁이 거의 없는 시장으로 바뀌고 말았다.

생산요소시장도 앞에서 살펴보았듯이 대기업집단 위주로 이뤄져 사실상 경쟁이 거의 펼쳐지지 않은 지 오래다. 대기업집단 기업들이 상품시장과 생산요소시장을 장악하면 창조적 혁신기업들이 출현해 성장하기가 점점 어려워질 뿐 아니라 중소·중견기업들도 대기업으로 성장하기가 용이하지 않은 생태계로 변했다.

다른 분야도 경쟁적이지 못한 것은 마찬가지 상황이다. 아마 대학사회가 경쟁적이지 못한 대표적인 분야가 아닌가 생각한다. 지금은 사립대학을 중심으로 평가체계의 도입을 통한 경쟁시스템 구축을 시도하고 있으나 저항이 만만치 않다고 알려져 있다. 국내 대학에서 일단 정교수가 되면 기본적인 의무인 1주일 일정시간(9시간 정도) 강의를 하고 나면 어떤 제한도 받지 않는 것으로 알려져 있다.

우리나라 대학사회는 연봉을 제일 적게 받는 전임강사, 조교수들이 제일 열심히 강의와 연구에 매달린다. 연봉을 제일 많이 받는 정교수들은 정반대 입장에 있다. 실적과 연봉이 전혀 연계되지 못한 것이다. 우리나라 대학교가 홍콩, 싱가포르 대학보다 평가에서 뒤지는 이유는 이와 같은 경쟁부재에 있다.

우리나라 대학입시도 마찬가지로 경쟁이 상당수준 제한돼 있다.

우리 대학입시 제도는 학생 본인의 잠재력이나 창의력보다 부모의 경제력이 더욱 중요한 역할을 하고 있다는 연구들이 최근 나오고 있고, 이는 실질적인 인재경쟁 풀(pool)이 점점 줄어들고 있음을 의미한다. 10

서울에서 고가과외를 받거나 학원을 다닌 학생에게 훨씬 유리한 대학입시 환경이 만들어져 있어 지방학생이나 서울에서 강남학원에 다닐 수 없는 학생은 상대적으로 매우 불리하다. 고교입시가 있던 시기에는 지방소재 명문 고등학교가 강남 고가(高價) 학원 역할을 했다. 따라서 많은 지방인재들이 서울대 등 서울 명문대학 합격자 수가 서울소재 고등학교 못지않았다.

이제는 그런 기회가 점차 줄어들고 있다. 우리나라에서 비교적 경쟁적인 기업 내부조직도 다른 나라에 비해서는 그 수준이 낮다. 우리나라 임금체계는 기본적으로 연공 중심이다. 실적에 관계없이 오래 근무하면 많이 받는다. 승진도 능력과 근무햇수가 거의 같은 비중으로 고려된다. 성과급 자체를 반대하는 풍조도 여전히 강하다. 경쟁하지 않고 똑같이 나눠 가지겠다는 얘기다. 이와 같이 우리나라 사회는 경쟁적이지 못하다. 전반적인 경쟁강도를 대폭 높여야 한다. 중소·중견기업과 서비스산업의 생산성이 선진국의 절반 수준에도 미치지 못하는 결정적인 원인도 경쟁의 부재에 있다.

이제는 대외적 개방수준을 대폭 높여야 한다. 우리나라는 많은 나라와 FTA를 체결하고 있어 대외 개방수준이 상당히 높다고 알려져 있다. 그러나 사실은 그렇지 않다. 상품분야의 경우만 그렇다. 서비스분야와 생산요소 중 인력의 경우는 상당히 폐쇄적이다. 일본과 비숫한 수준이다. 우리나라 서비스산업이 일본처럼 매우 낮은 생산성에서 머물며 발전하지 못하는 이유다.

싱가포르를 보면 답이 나온다. 싱가포르는 대외적 개방을 통해 발전한 대표적인 나라다. 우리나라는 일본식 시스템을 도입하다 보니 상당히 폐쇄적인 시스템을 가지고 있으며 미국 압력에 밀려 시장을 개방하는 등 문호를 여는 일에 소극적이었다.

필자는 1980년 이후 미국 압력에 따라 상품시장을 개방하면서 절실히 깨달은 점이 있다. 산업발전과 소비자후생을 위해 시장개방이 절대적으로 필요하다는 것이다. 당시 개방주의자와 보호주의자 사이에 치열한 논쟁이 있었다. 보호주의자들은 시장을 열면 선진국에 비해 뒤떨어진 국내 산업은 망한다고 주장했다. 국내 기업들도 결사반대였다. 그런데 나중에 보니 망한다고 한 기업은 한 군데도 망하지 않았다. 오히려 개방을 계기로 국내 기업들은 경쟁력을 강화했다.

우리도 싱가포르 수준으로 개방의 폭을 대폭 끌어올릴 필요가 있다. FTA를 체결하면 국가경제에 어떤 긍정적 효과가 있느냐를 따질 때 보통 상대국가의 관세가 몇% 내려가면 수출이 얼마나 증대하느냐를 분석한다. 그런데 사실 FTA 체결효과 중 가장 큰 것은 국내 개방에 따른 효율성증대 효과이다. 그만큼 개방을 통한 경쟁증대 효과가 중요한 것이다.

3. 선진국 수준의 창조적 국가혁신시스템 구축

결론적으로 정리해보면, 창조적 혁신이 일어날 수 있는 국가혁신시스템의 구축에 대한 궁극적인 책임은 정부에 있다. 그런데 현재 정부 시스템은 효율적인 국가혁신시스템을 설계한 후 이를 시행해 나갈 수 있는 역량을 갖추지 못했다고 평가된다. 현재 우리나라에서는 삼성전자 등 몇 개 기업들만 혁신역량을 갖춘 채 더 이상 다른 부문으로 확산되지 못하고 있다. 국가 R&D 중·장기계획의 목표는 성장동력 창출, 고용창출, 국민복지 향상과 같은 국가목표를 효율적으로 달성할 수 있도록 국가혁신시스템을 구축하는 것이라고 요약할 수 있다. 이 중에서 전면개편이 필요한 몇 가지를 소개하면 다음과 같다.

첫째, 선진국 수준의 창조적 혁신이 창출될 수 있도록 국가혁신시스템을 제로베이스에서 재설계하여 관련된 모든 제도와 정책을 수정해야 한다. 우리나라는 한 번도 전체 국가혁신시스템을 평가한 적이 없다. 정권이 바뀔 때마다 큰 고민 없이 전문가연하는 몇 사람이 모여 이리저리 뜯어 고쳤을 뿐이다. 그러다 보니 혁신을 창출하기는커녕 전체적으로 효율성도 매우 낮다. 많은 돈이 투입되나 그 성과는 매우 미흡한 수준이다.

이제 이러한 악순환에서 벗어나야 한다. 국가혁신시스템 전체를 평가한 후 국가목표와 연계하여 창조적 혁신이 원활하게 창출되는 효율성 높은 국가시스템을 구축하고 중·장기적으로 일관성 있게 운영해 나가야 한다. 대학과 연구소에서 창출된 지식이 기업과 산업시스템에서 제대로 활용되어 가치 있는 혁신이 창출될 수 있어야 한다.

혁신주체뿐만 아니라 정부 지배구조 및 제반 제도의 전면적인 혁신이 이루어질 수 있도록 혁신정책의 틀 안에서 R&D 정책이 수립되어야 한다. 새로운 성장전략은 창조적 선도형을 추구해야 한다. R&D 정책은 추격형·투입형 성장전략을 탈피하고, 새로운 성장전략과 연계하여 전면 재설계되어야 한다.

두 번째로 정권교체와 관계없이 정책이 지속될 수 있도록 정부 내 R&D 관련부서와 지배구조 관련 제도개선이 하루빨리 이루어져야 한다. 앞에서 지적하였듯이 정권이 바뀔 때마다 R&D 부서개편이 뒤따랐다. 그것도 심도 있는 고민이나 원칙도 없이 이루어졌다. 그렇다 보니 '컨트롤타워'가 없어 정부 R&D투자의 시너지가 날 수 없을 뿐 아니라 중·장기계획의 실행은 기대할 수도 없다. 우선 R&D 지배구조를 개편해야 한다. 현재 미래창조과학부(전략본부)가 수행하는 R&D 조정은 그 효과성이 실패했다고 판단된다. 즉, 동일부처 수준이며 예산편성 권한이 없는 상태로는 부처를 총괄 조정하는 것은 거의 불가능하다는 것이 여러 정부를 거치면서 이미 증명되었다. 따라서 미국 또는 일본의 사례처럼 대통령실 또는 총리실(대통령제에서는 대통령실) 산하에 기술전략위원회(*Technology Strategy Board*) 또는 국가과학기술위원회를 설치하여 총괄 조정권과 예산 배분권을 부여하는 것이 바람직하다. 이 위원회에서 국가 R&D 중·장기 방향을 설정하고 정부부처 전체가 이 방향에 부합되게 R&D 정책과 사업을 추진하도록 통제하는 권한을 가져야 한다. R&D 중·장기 방향 설정시 정부의 주요 목표와 긴밀히 연계해야 하며 특히 새로운 성장전략 달성을 강력히 뒷받침할 수 있어야 한다.

하지만 R&D 컨트롤타워는 전략차원의 컨트롤을 의미하는 것으로 과정상의 컨트롤까지 의미하는 것은 아니다. 이제까지는 연구자의 창의성이 최대한 활용되어야 할 연구과정에까지 지나치게 정부관료가 개입함으로써 연구현장을 관료화시키고 창의적 연구결과의 창출을 어렵게 했음을 교훈으로 삼아야 한다.

세 번째로 정부 R&D 프로그램을 제로베이스에서 전면적으로 손질해야 한다. 현재 정부 R&D 프로그램은 정부 정책목표와 크게 유리되어 있다. 목표가 불분명한 여러 가지 이질적인 프로그램들이 임시방편으로 그때그때 만들어져서 누더기처럼 되어 있다. 응용 R&D 경우를 보더라도 기업, 대학, 국가출연연구소의 비중에 대한 사전기획이 전혀 없을 뿐 아니라 대기업과 중소·중견기업에 대한 비중, 중소·중견기업 중에서도 대기업 종속기업과 대기업집단에 독립된 기업 중 어느 쪽을 우선할 것인가에 대한 고려가 전혀 없다.

그저 정해진 규칙에 따라 지원예산을 능력껏 따가는 주체가 임자이며, 이를 나중에 집계하여 대기업, 중소·중견기업, 국가출연연구소, 대학별 비중을 차후에 알게 된다. 전략성이라고는 눈곱만큼도 찾아볼 수 없다. 그저 R&D 예산을 땄으니 책임지지 않는 선에서 적당히 나누어 주면 된다는 식이다.

이렇게 하면 정말 밑 빠진 독에 물붓기식밖에 안 된다. 전체 틀을 바꿔야한다. 이 방향으로 현재의 부처별 예산제도를 전면 개편해야 한다. 사업과 과제 수의 전면 개편을 통해 포트폴리오를 전면 개편하여 전략성과 목표대비 효과성을 확보해야 한다. 폐기할 프로그램은 과감하게 없애야 하며 효과가 검증되어 일정기간 후 유의미한 결과를 도출할 수 있는 프로그램 위주로 리모델링한 후 일정기간마다 철저하게 평가·피드백하여 정부 R&D 프로그램 전체의 효율성과 효과성을 극대화하는 노력이 체계적으로 이루어지도록 하여야 한다. 부처 간 프로그램의 연계를 통해 시너지를 극대화하는 것은 당연한 일이다. 부처 간 협조가 자동적으로 이루어지도록 시스템화해야 하며, 그렇지 못할 경우 엄한 처벌이 뒤따르도록 제도화해야 한다.

네 번째로, 우리나라 R&D의 효율성이 떨어지는 주요 원인 중 또 다른 하나는 기획-선정-집행-평가단계에서 기획과 마지막 평가단계가 거의 없을 정도로 소홀히 이루어지는 것이다. 선진국과는 정반대이다. 선진국에서는 기획단계에 가장 공을 들이는 반면, 우리나라에서는 기획단계가 거의 무시된다. 대학교나 국가출연연구소의 연구원들이 적당히 만들어 오면 그것으로 끝이다. 기획단계에 투입하는 예산도 5% 수준이다.

선진국은 예산의 20~30%를 기획단계에 쏟아 붓는다. 그만큼 기획단계의 성공 기여도가 큰 것이다. 그 다음 평가가 중요하다. 선진국에서는 각 기관이 수행한 과제들에서 실제로 유의미한 결과가 나왔는지, 즉 사업화에 성공하여 실제 제품이 출시되었는지 혹은 얼마나 시장에서 성공하고 있는지를 2~3년에 걸쳐 추적 평가한다. 우리나라의 경우 통상적으로 공공기관 직원과 평가자(대개 대학교수)가 해당기업 또는 기관에 가서 설명을 한 번 듣고 성공여부를 판정하고 만다. 하나마나한 사후평가인 셈이다. 우리나라가 가장 신경 쓰는 단계는 선정과 집행과정이다. 우리나라 선정과정의 문제점은 정부가 선정의 투명성에만 신경을 쓰다 보니 적정성이 손상을 입게 된다.

즉, 선정과정이 공정하고 투명하면 문제없다는 식이다.

선정위원들의 전문성도 자주 문제되고 있다. 우리나라 최고전문 가들은 대부분 대기업 연구소에 근무하고 있다. 그런데 이들은 정신 없이 바쁘다 보니 정부 R&D 과제 평가위원으로 올 수 없다. 그렇다 보니 대개 대학교수들이 평가를 하게 되는데 과제신청을 한 기업의 연구자에 비해 이들의 전문성이 떨어질 수밖에 없다. 따라서 많은 경 우 전문가가 신청한 과제를 비전문가가 평가하는 바람직하지 못한 현상이 발생하곤 한다.

집행과정의 문제는 연구자와 기관에 대한 과도한 규제이다. 선진 국에서는 통상 사전규제를 하지 않고 선별적으로 조사하여 규정을 위반했을 경우 매우 엄격하게 처벌하는 사후규제 방식을 채택하고 있다. 그리고 연구시행 중에는 거의 규제를 하지 않고 자율성을 보장 한다. 그런데 우리나라는 정반대이다. 연구시행 과정에서 정부의 연 구관리 대행기관은 연구시행을 매우 엄격하게 통제한다. 항목별 전 용은 없는지, 다른 곳에 유용하지 않는지 등을 보고받고 지시한다.

철도공사는 KTX 고속철도에서 승차권을 사전에 검사하지 않는 방 식을 도입하면서, 처음에는 승차권 없이 열차를 타는 사례가 많을 것 이라고 걱정하였으나 의외로 거의 없었다고 한다. 공짜 승차했을 경 우 10배의 과태료를 부과하다 보니 이것이 두렵기도 하고 우리나라 국민들의 의식수준이 그만큼 높아졌기 때문이라는 것이다. 우리나 라 R&D시스템도 과감하게 사후규제 방식으로의 전환이 필요하다.

다섯 번째, 국가출연연구소 역량강화를 위해 대대적인 제도개선 이 이루어져야 한다. 현재 국가출연연구소의 골격은 대부분 1980~

1990년대에 형성되었다. 그동안 국가출연연구소의 지배구조는 뚜렷한 원칙 없이 이런저런 형태로 변화를 거쳤지만 기본 골격은 거의 변화가 없었다. 그만큼 낡았다는 것이다. R&D 융합시대가 벌써 도래했음에도 불구하고 규모의 경제에 한참 못 미치는 고만고만한 크기의 연구소들이 난립하면서, 칸막이를 쳐놓고 별로 도움이 되지 않는 비슷비슷한 연구들을 경쟁적으로 하고 있는 실정이다. 또한 정부는 국가출연연구소별 담당미션이 확실하지 않은 상태에서 연구원들로 하여금 주로 정부과제를 따는 데 내몰고 있어, 장기적으로 국가출연연구소의 연구역량은 축적되지 않으면서 정부예산은 예산대로 쓸모 없이 투입되는 악순환이 반복되고 있다. 국가출연연구소를 관장하는 부처와 지배구조가 자주 바뀌다 보니 관련정책의 일관성을 잃게 되었을 뿐 아니라 정부정책, 담당부서와 국가출연연구소의 연계성도 대폭 약화되고 말았다.

그리고 국가출연연구소 운용방식도 전면 개편되어야 한다. 우선 자율성이 대폭 확대되어야 한다. 기초과학 분야는 '기초연구연구회'를 신설하고 자금배분은 정부는 간여하지 않고 연구재단에 일임해야 한다. 물론 사전기획이 대폭 강화되고 투명성이 보장되어야 한다. 산업기술 분야는 국가출연연구소별로 달성해야 할 국가적 과제인 미션을 명확하게 부과한 후 예산을 일괄방식(lump sum)으로 통째로 주어야 한다. 미션을 달성하기 위한 연구원의 인건비는 100% 지원하며 미션달성에 전념할 수 있는 최소한의 환경을 조성해 주어야 한다. 그리고 주어진 예산범위 내에서 필요한 인력의 선발과 운용에는 자율성을 부여해야 한다. 미션 수행과정에서 가능한 자율성을 보장하되 일정기간(3~5년) 경과 후 엄정한 성과평가를 실시한 후 퇴출시킬 수 있는 구조를 구축해야 한다.

여섯 번째로 대학의 R&D시스템도 대대적인 혁신이 필요하다. 대학교는 장기적으로 대학별 차별화 전략을 세워야 한다. 어떤 분야에 특화해서 어떤 기여를 하겠다는 식의 장기비전을 대학교가 자율적으로 수립하여 시장에서 평가받도록 해야 한다. 각 대학교별 장기적 비전에 따라 대학별 미션이 기초과학, 기초기술 및 대기업과의 산학협력, 중소기업 기술지원 등과 같이 차별화되어야 한다. 지금처럼 A부터 Z까지 다하지 않도록 중점분야도 설정해야 한다. 우리나라 공과대학은 서울대부터 제주까지 모든 학과를 백화점식으로 그 지역산업과 관계없이 모두 가지고 있다. 그리고 기초연구를 위주로 하는 대학인지 또는 산업계와의 산·학 협력 위주의 대학인지 등의 차별화도 명확하지 않다.

이렇게 하기 위해서 정부의 간섭을 대폭 줄이는 대신 그에 상응하는 책임을 지도록 해야 한다. 정부는 'n분의 1식'의 지원을 통해 대학을 간섭하는 관행에서 과감히 탈피하고 잘하는 대학 위주로 지원을 집중하여 차별화와 대학의 연구역량 강화가 시장 내에서 이루어지도록 유도해야 한다. 이렇게 되면 대학 간 경쟁이 활발하게 이루어질 것이다. 정부 R&D 자금은 전체적으로 대학과 협의하여 대학이 설정한 비전에 따른 연구역량을 제고하도록 제공해야 한다. 제공된 자금은 최대한 자율적으로 사용하도록 보장하되 일정기간 후 성과평가를 엄격히 실시하여 철저히 반영해야 한다. 대학교에 대한 R&D 관련자금 배분은 철저히 전체적인 관점에서 제공하고 평가하고 그 평가결과를 피드백해야 한다. 이렇게 되려면 개별부처에서 각각 제공되는 특정목적용 프로그램을 통한 R&D 자금배분은 원칙적으로 금지되어야 한다.

그리고 대학 R&D가 제대로 이루어지려면 대학교 내 제도개선도 반드시 뒤따라야 한다. 즉, 평가에 따른 차별화된 보상제도 정립을 통해 대학교 내 경쟁이 대폭 강화되어야 한다. 현재 우리나라 대학교는 자율적 운영과 그에 따른 책임이 상당히 제한적인 상태에서 대학교 간뿐만 아니라 대학교 내 경쟁도 별로 없다. 이런 상황에서 혁신적인 연구와 교육이 이루어질 수 없다.

아울러 산·학 협력이 활성화되도록 전반적인 제도개선이 이루어져야 한다. 천편일률적으로 논문편수로만 대학평가를 해서는 안 되며 대학이 제시한 목표와 비전에 따라 평가기준이 달라야 한다. 중소기업 R&D 지원을 대학의 주목표로 설정하면 교수 및 대학평가를 논문편수로 해서는 안 된다.

일곱 번째로 혁신주체 중 기업들의 혁신역량이 가장 중요하다. 앞에서 살펴본 바와 같이 특정부문(IT분야) 및 특정기업(삼성전자)을 제외한 대부분 기업의 R&D 혁신역량은 글로벌 수준에서 볼 때 매우 미흡하다. 특히 중소·중견기업의 혁신역량은 더욱 그러하다. 향후 우리나라 R&D 관련 정부정책 및 인센티브 제도는 특정부문에 한정되지 않고 산업전반에 걸친 혁신역량 제고에 혼신의 노력을 기울여야 한다. 혁신을 만들어낼 수 있는 저변을 넓혀야 한다. 특히 중소·중견기업의 혁신역량 제고는 정부정책의 최우선 순위에 두고 최선을 다해야 한다.

4. 새로운 성장동력 창출 1:
   혁신적 중소·중견기업의 체계적 육성

중소·중견기업을 우리나라 경제의 새로운 성장동력으로 내세워야 하는 당위성은 앞에서 누누이 강조한 바 있어 여기서는 생략한다. 대신 기존의 정책적 접근이 이제는 달라져야 한다는 점을 강조하고 싶다. 즉, 지원이 필요한 곳에 정책이 따라가는 지금까지의 중소·중견기업 발전전략과 방법을 근본적으로 바꿔야 한다.

첫째, 대기업체제의 종속성에서 벗어난 독립적 주체로서 중소·중견기업들을 성장·발전시켜야 한다. 기존의 중소·중견기업 정책은 대기업집단 중심 성장전략에 근거를 두고 있다. 즉, 일부 대규모 기업집단에 크게 의존하는 구조에서 중소·중견기업의 역할을 대기업집단에 의존한 성장에 묶어뒀던 형국이다. 따라서 기존의 정책은 중소·중견기업들의 대기업집단 종속성을 강화했다. 새로운 성장전략은 여기서 완전히 탈피해야 한다. 중소·중견기업의 독립성을 가장 중시해야 한다.

둘째, 중소·중견기업이 새로운 성장동력의 주체로서 세계시장에서 경쟁력을 확보하기 위해서는 우선 혁신적이어야 한다. 정부정책의 초점도 보호적 관점에서 탈피해 이 혁신성에 집중해야 한다. 즉, 혁신적 기업이 활발하게 창업하고, 성장해 갈 수 있는 체제구축을 정부정책의 최우선 순위에 둬야 한다. 이를 달성하기 위한 추진과제는 다음과 같다.

1) 중소 · 중견기업의 성장생태계 조성

중소 · 중견기업이 성장할 수 있도록 상품시장은 물론 생산요소시장, 특히 인력공급시장에서 건전한 경쟁이 유지되는 생태계를 조성해야 한다. 앞에서 누누이 지적했듯이 경제구조가 대기업집단 위주로 심하게 기울어져 있다 보니 인력과 금융시장에서 중소 · 중견기업이 우수인력과 필요자금을 확보하기가 무척 어렵다.

정부는 이 문제를 해소하기 위해 특단의 노력을 경주해야 한다. 통상적인 지원 프로그램 몇 개로는 결코 이 문제를 해결할 수 없다. 특히 중소 · 중견기업에 우수한 인력이 가게 하려면 경제적 인센티브뿐 아니라 국민들의 인식과 사회적 분위기도 바뀌어야 한다. 이 부분에도 정부의 집중적이고 지속적인 노력이 필요하다.

정부는 기본적으로 시장기능을 존중하되 인력, 자금이 대기업 중심으로 왜곡되어 독 · 과점의 폐해가 발생할 것에 대비해 교정적(矯正的) 처방을 마련하면서 중 · 장기적 방안도 수립 · 추진해야 한다. 특히 산업별 실태를 미시적으로 파악해 대기업의 독과점으로 인해 중소 · 중견기업의 성장이 근본적으로 방해받을 경우 과감하게 개입할 수 있는 틀을 만들어야 한다. 또 산업 · 상품시장 및 요소시장 등에서 대기업의 독 · 과점 또는 시장지배력 남용으로 중소 · 중견기업의 발전이 근본적으로 방해받는 요인을 미시적으로 진단하고 처방해야 한다.

2) 중소 · 중견기업 정책의 전면개편을 통한 성장역량 제고

정부 정책담당자 혹은 이를 연구하는 대학교수에게 "현재 중소·중견기업 지원제도의 철학과 기조가 무엇인가?"라고 묻는다면 누구도 선뜻 답을 내놓지 못할 것이다. 현재의 지원제도는 그때그때 필요에 따라 생겨나다 보니 여러 목표가 혼재된 백화점식 정책 혹은 만병통치약처럼 보이지만 한 가지 병도 제대로 고칠 수 없는 처방전에 비유할 만하다.

현행 지원제도하에서 글로벌 경쟁력을 갖춘 중소·중견기업군을 육성하는 것은 대단히 어렵기 때문에 많은 전문가들이 제도의 전면개편에 한목소리를 내고 있다. 제도개편 과정에서 지원규모를 늘리는 일도 중요하지만, 가장 먼저 고려해야 할 것은 지원프로그램의 내용과 질이다.

현재 중소기업 지원프로그램 중에는 기업역량 제고와는 무관하게 경영에 필요한 단순운영비를 지원하는 부분이 너무 많다. 이렇게 되면 중소기업 지원은 '밑 빠진 독에 물 붓기'에 그치고 만다. 아무리 많은 운영비를 지원해도 중소기업의 역량 자체는 그다지 좋아지지 않기 때문에 한계상황에 몰릴수록 더 많은 운영비를 필요로 한다. 설령 역량이 좋아진다 하더라도 그것은 요행에 의한 것이지, 정책목표에 따라 의도된 결과는 아닌 경우가 많다. 그렇다면 중소·중견기업의 지원제도는 어떤 철학과 방향성을 가지고 재편해야 할까?

첫째, 이들의 역량을 높이는 방향으로 노력을 집중해야 한다. 돈이 없고 능력이 없는 사람에게 물고기 잡는 법을 가르쳐 줄 것인지,

아니면 계속 물고기를 잡아줄 것인지의 문제에서 답은 너무나도 자명하다. 그럼에도 현실은 당장의 곤란함과 어려움에 이끌려 기업의 연명과 보호에만 재원을 쏟아 붓는 우(愚)를 범하고 있다. 아직도 우리 국민들 사이에는 '중소기업은 약자이니 보호해야 한다'는 정서가 강하다. 중소기업 보호를 위해 엄청난 자금을 계속 지원하지만 경쟁력 제고에는 큰 도움이 안 되는 현행제도의 이면에는 이 같은 집단적 정서가 자리 잡고 있다.

중소·중견기업의 자생력을 높이는 쪽으로 프로그램의 대폭적인 물갈이가 필요하다. 운용비지원 프로그램은 혁신역량을 높이는 기업 등 꼭 필요한 경우에만 한정적으로 허용해야 한다. 이렇게 하면 현재의 지원규모만 가지고도 상당한 효과를 거둘 수 있다. 아울러 자생력 제고는 중소·중견기업 전반에 걸쳐 대대적인 혁신을 유도하는 방향이어야 한다.

둘째, '중소기업 → 중견기업 → 대기업'의 원활한 성장흐름이 펼쳐지도록 프로그램을 설계해야 한다. 기업의 성장단계에 맞춰 지원을 해야 한다는 말이다. 우리나라 기업들에게는 창업 뒤 성장하는 과정에서 맞닥뜨리는 단계별 정체구간이 있다. 매출액을 기준으로 100억~200억 원, 1,000억 원, 2,000억 원, 1조 원 등의 구간에서 병목현상을 보이는데, 특히 2,000억 원 선에 이르면 대부분 성장을 멈춘다. 이런 원인을 정밀하게 분석해 이들이 정체구간을 돌파할 수 있도록 단계별, 기업별 맞춤형 지원이 필요하다. 현행제도는 이러한 분석 없이 규모와 무관하게 백화점식으로 지원한다. 그리고 중소기업이기만 하면 모든 프로그램의 지원대상이고, 중소기업을 졸업하면 모든 지원으로부터 제외함과 동시에 대기업을 겨냥한 규제까지 들이 댄다.

지원제도가 이렇다면 누군들 중소기업을 졸업하고 싶겠는가? 많은 회사들이 필요 없이 회사를 쪼개고 또 쪼개 중소기업 지위를 유지하려는 이유가 바로 여기에 있다. 물론, 중소기업이 성장해 일정규모 이상이 되면 자력으로 커야 하는 것이 아닌가 하는 반문이 있을 수 있다. 그러나 이런 논리는 우리 현실에는 맞지 않는다. 중소기업을 졸업해 매출액 2,000억～3,000억 원 규모를 이룬 회사가 갑자기 대기업집단과 똑같은 대우를 받는 것은 누가 봐도 합리적이지 않다고 생각할 것이다. 규모가 커질수록 지원규모나 정도를 점차적으로 줄여나가는 방안을 모색하는 것이 기업의 성장을 촉진하는 지원제도가 될 것이다.

셋째, 지원대상이 개별기업인가 아니면 일부 중소기업군 혹은 중소기업 전체인가 하는 관점에서 제도를 분류할 필요가 있다. 현재 대부분의 지원제도가 개별 중소·중견기업에 대한 직접적 지원이기 때문이다. 앞으로는 중소기업 전체 또는 중소기업 공동지원 프로그램을 많이 발굴해야 한다. 이렇게 하면 똑같은 예산으로 훨씬 많은 효과를 거둘 수 있는데, 좋은 예가 중소기업이 입지한 산업단지를 리모델링해 젊은 인력이 즐겁게 일할 수 있도록 만든 사업이다.

시화·안산산업단지, 남동산업단지 등 우리나라 대부분의 국가산업단지는 1970년대에 건설해 인프라와 근무환경 등이 대단히 노후화되었다. 산업단지 안에 주차공간이 없어 도로 옆 불법주차가 일상화되었고 교통사정도 좋지 않다. 지원시설이 턱없이 부족하고 낡은 데다 특히 젊은 층이 좋아하는 영화관, 쇼핑몰, 운동시설 등 휴식공간이 전무(全無)하다. 이런 환경에서 근무하기를 좋아하는 젊은 층은 거의 없다.

모든 악조건을 무던하게도 견뎌냈던 1970~1980년대의 수출역군을 지금 이 시대에 기대할 수는 없다. 산업단지 안의 중소기업이 필요인력을 채용하기 위해서는 기업의 채용경쟁력도 중요하지만 주변환경이 쾌적해야 하며 휴식공간과 함께 오락시설도 필요하다. 만약 노후화된 산업단지를 리모델링해 젊은이들이 가고 싶을 정도의 문화·휴식공간을 마련하고 배움의 터전까지 제공한다면 단지에 입주한 모든 중소기업이 따로 돈을 들이지 않고도 큰 혜택을 볼 수 있다. 앞으로의 지원은 이처럼 가능한 한 많은 중소기업이 동시에 혜택을 받을 수 있는 방향으로 조정해야 한다.

넷째, 대대적인 혁신이 이뤄질 수 있는 프로그램을 많이 기획·시행해야 한다. 여기서 초점은 개별기업의 혁신역량을 뛰어넘어 혁신을 확산시키는 프로그램을 많이 도입하자는 것이다. 그래서 대기업들이 IMF 위기 이후 경험했던 대대적인 혁신과정을 중소·중견기업들도 경험하게 하자는 것이다. 보다 많은 기업이 혁신하기 위해서는 업종·규모·지역별로 세분화한 혁신 노하우와 사례를 개발·보급하는 사업, 혁신인력을 교육하는 사업 등이 있어야 한다. 정부가 이를 지원·보완하는 프로그램을 만들어야 한다. 특히 중소·중견기업 전반에 걸쳐 생산성을 획기적으로 높일 수 있는 정책과 프로그램을 개발한 후 지속적이고 체계적으로 추진함으로써 중소·중견기업의 생산성을 선진국 수준까지 제고해야 한다.

다섯째, 중앙부처와 지방정부에 산재한 지원프로그램 간의 정책 연계성을 강화하고 시너지 효과를 최대화해야 한다. 예를 들어 각 지자체들은 중소기업 해외마케팅 사업을 운영하는데, 해외전시회 지원이나 20명 내외의 수출사절단 파견사업이 대부분이다. 그런데 이런 사업이 지자체마다 따로 시행되다보니 해외전시회만 해도 중국이나 대만 등 경쟁국에 비해 참가규모가 너무 초라하다. 국제전시회는 목 좋은 곳에서 많은 바이어의 주목을 받고 세(勢)도 과시해야 성과가 있는 법인데, 이래서는 효과를 기대할 수 없다. 수출사절단 역시 소규모로 꾸려지다 보니 현지의 대형바이어들이 만나주지 않는 경우가 대부분이다.

지자체의 해외전시회나 사절단사업을 업종별로 묶어 공동으로 지원해야 더 큰 시너지 효과가 나는 법이다. 중앙부처와 지자체 사업들을 분석해서 묶을 것을 묶는다면 같은 예산이라도 2~3배의 효과는 쉽게 낼 수 있을 것이다.

3) 글로벌 경쟁력을 갖춘 중소 · 중견기업군의 육성

우리나라 중소 · 중견기업 가운데 독일의 '히든 챔피언' 기준에 해당하는 곳이 10~20개 내외라고 지적한 바 있다. 이 정도로 우리 중소 · 중견기업의 역량은 매우 열악한 수준이다. 우리나라의 미래 성장동력을 위해 빠른 시일 안에 대기업뿐 아니라 중소 · 중견기업군에도 글로벌 경쟁력을 갖춘 기업이 많이 나와야 한다.

산업통상자원부(구 지식경제부) 조사에 따르면 단기간 내에 '히든 챔피언' 수준으로 도약 가능한 기업은 100개 이내이며, 장기적으로 가능한 기업이 300~400개에 이른다. 물론 잠재력 수준을 보고 추정한 것이기 때문에 이들 기업 중 얼마나 많은 숫자가 실제 '히든 챔피언'에 오를지는 정부 정책개선과 육성의지, 기업의 뼈를 깎는 혁신노력 등에 달렸다.

중소·중견기업군의 글로벌 경쟁력 확보를 위해서는 선도기업군이 대단히 중요하다. 항상 처음이 어려운 것처럼 글로벌 경쟁력을 가진 중소·중견기업이 하나, 둘 생겨나 일정 숫자 이상이 되면 그때부터는 점차 가속도가 붙는다. 자신감과 노하우의 확산이 일어나는 것이다. 따라서 향후 5년은 선도기업군의 육성에 혼신의 힘을 기울이는 시간이 돼야 한다. 선도기업군 육성은 혁신역량을 높이는 쪽으로 재원을 집중하되, 철저히 전략적이고 개별 맞춤형이어야 한다. 이런 점에서 각 분야별로 성장잠재력을 가진 중소·중견기업을 선정하고 경쟁력 강화에 필요한 모든 요소를 패키지로 지원하는 방안이 적극 강구돼야 한다. 또한 정부지원과는 별개로 대기업이 자율적으로 강소기업 육성프로그램을 마련할 수 있도록 분위기를 조성할 필요가 있다. 대기업-중소기업 공동발전 방안을 대기업도 적극 검토할 필요가 있다고 생각한다. 예를 들어 '2020년까지 삼성전자 협력업체 중 강소기업 30개 육성' 등의 형태가 될 수 있을 것이다.

4) 대기업 - 중소기업 간 공동발전을 위한 새로운 관계 정립

대기업과 중소·중견기업이 함께 발전하기 위한 새로운 관계 정립에는 서로 다른 2가지 차원의 접근방법이 필요하다. 하나는 정부가 적극적으로 개입해 대기업의 불공정거래 등 바람직하지 않은 행위를 시정하는 영역이며, 또 다른 하나는 대기업-중소기업 간 상호협력·발전을 하나의 기업문화로 자연스럽게 정착하도록 유도하는 영역이다. 여기서는 전자의 경우를 중심으로 살펴보겠다.

대기업은 지금까지 우리나라의 유일한 성장동력으로서 경제성장에 절대적으로 기여했으나, 최근 들어서 오히려 성장을 저해하는 부정적 요소로 크게 부상했다. 선진국 도약을 위해서도 대기업과 함께 중소·중견기업의 역할이 더욱 절실해지는 상황이어서 정부의 적극적인 대책이 절실하다. 대기업의 바람직하지 않은 행위를 크게 구분해 보면 다음과 같다.

① 납품단가의 부당인하, 기술탈취, 인력 빼가기, 계약의 구두변경과 추후 관련경비 지불거부 등의 부당행위
② 소프트웨어산업, 특히 IT서비스산업과 같이 자회사에 일감을 몰아줌으로써 해당산업의 건전한 발전을 저해하는 행위
③ 인력·금융 등 주요 생산요소시장의 대기업 중심 왜곡

①과 ②는 의도한 행위이며, ③은 의도하지 않은 행위이다. ②와 ③의 경우는 앞에서 설명했으므로 여기서는 ①에 대해서만 설명하기

로 한다. 이 부분은 대기업과 중소기업의 이른바 '갑(甲)·을(乙) 관계'에서 발생하는 문제다. 모 개그 프로그램 코너인 〈갑을컴퍼니〉에서 우리 사회 곳곳의 갑·을 관계를 풍자했지만, 사실 세계 어느 사회에서나 이런 관계는 있기 마련이다. 특히 대기업과 중소기업(협력업체) 사이가 대표적인 갑·을 관계라 할 수 있다. 조립 대기업과 부품·소재 협력기업, 건설 대기업과 하도급 중소기업, 백화점 대기업과 입점 중소기업 또는 자체 브랜드(private brand) 상품 제조업체 등 그 형태는 다양하지만 갑의 우월적 위치에서 행해지는 부당 혹은 부당에 가까운 행위의 본질은 비슷하다. 다른 나라에도 있는 이런 문제가 유독 우리나라에서만 과도하게 불거져 심각한 경제·사회문제로 떠오르는 이유는 무엇일까?

해답은 대기업 종사자들의 마인드에서 찾을 수 있다. '협력업체는 우리가 발주하는 물량으로 먹고 사는데 단가인하, 사람·기술 빼가기 등의 손해쯤은 감수할 수 있는 것 아닌가' 라는 잘못된 생각과 관행이 오래 굳어지다 보니 하루아침에 고치기가 어려워진 것이다. 그리고 대기업이 협력업체의 목줄을 틀어쥐고 있는 까닭에 서로 문제를 묵인하면서 그 심각성이 구체적으로 밝혀지지 않고 있다.

최근 정부가 대기업·소기업 동반성장을 위해 많은 노력을 기울인 결과 사회적 공감대가 만들어지면서 개선사례도 속속 등장하고 있다. 하지만 워낙 오랜 관행이어서 바닥에 숨겨진 폐해가 아직 많다. 이런 갑·을 관계에서 파생하는 부당행위 근절을 위해서는 협력업체가 잘 돼야 대기업도 산다는 마음가짐, 협력업체도 한 식구라는 문화, 대기업-협력업체의 공동발전이 장기적으로 유리하다는 믿음이 뿌리내려야 한다. 부당행위 근절에 대한 정부의 강력한 의지와 지속적인 노력이 뒷받침돼야 함은 물론이다.

그런데 최근 경제민주화 논의와 관련해 염두에 두어야 할 사항이 있다. 대기업의 순기능과 역기능을 가려내 순기능은 강화하되 역기능은 최소화하는 방향으로 경제민주화가 추진돼야 한다는 것이다. 즉, 대기업의 성장촉진과 국제경쟁력은 제고하되 산업생태계의 건전한 발전을 저해하는 부정적 기능과 행태는 근절해야 한다. 부정적 측면만 들춰 포퓰리즘식 '대기업 때리기' 처방은 한순간에는 통쾌할지 몰라도 아직 대기업 이외에 이렇다 할 성장동력이 없는 우리 처지에서는 제 목을 스스로 조르는 행위나 마찬가지다.

5. 새로운 성장동력 창출 2: 산업구조의 전략적 재편

1) 부품 · 소재 · 장비산업의 초일류화

(1) 현황 및 문제점
우리나라 주력산업이 세계 최고수준의 경쟁력을 확보한 분야는 제조업 중 조립완성품뿐이다. 그런데 중국이 우리를 밀어내고 조만간 조립완성품의 최강자로 부상할 것으로 전망된다. 따라서 우리나라가 부품 · 소재 · 장비분야를 독일, 일본과 경쟁할 수 있는 수준까지 발전시키지 못한다면 우리나라 제조업이 세계산업에서 차지하는 지위와 역할은 급속히 위축되고 말 것이다. 즉, 조립완성품은 중국이 최고 경쟁력을 가지게 되고 부품·소재·장비는 독일과 일본과는 경쟁력이 되지 않는 어정쩡한 '샌드위치 위치'에 처하고 말 것이다.

세 차례에 걸쳐 부품·소재 기본계획에 의한 전략적 부품·소재 육성정책을 실시한 결과, 부품산업의 고도화는 상당한 수준에 도달한 것으로 평가된다. 또한 장비산업도 착실하게 발전한 결과 범용장비와 중기술 수준의 장비분야 경쟁력은 선진국 수준까지 도달하였다고 평가할 수 있다. 장비분야의 수출산업화도 상당수준 이뤄진 상태다. 그러나 첨단부품·소재·첨단장비(특히 첨단소재와 장비)의 해외 의존은 오히려 심화돼 미래 성장산업뿐 아니라 주력산업의 고부가가치화의 결정적인 저해요인으로 작용하고 있다.

더욱이 걱정스러운 것은 2005년 이후 대 중국 중간재(전통소재 및 부품) 수출중심의 부품·소재산업이 한계에 도달하였다는 사실이다. 즉, 범용 부품·소재·장비는 중국 기업이 정부의 집중적인 자주화 정책, 중국 산업의 어마어마한 '규모의 경제' 효과와 과학기술 분야에 대한 집중투자에 힘입어 예상했던 것보다 훨씬 빠른 속도로 발전하고 있어 조만간 우리나라를 추월할 전망이다. 이미 많은 중국산 범용 부품·소재 품목들이 우리나라로 수입되는 실정이다.

또한 핵심 부품·소재·장비는 일본, 독일 등의 소수 글로벌기업이 시장을 강력하게 지배하고 있다. 우리나라 부품·소재·장비산업이 상당수준 발전했지만 독일, 일본과의 격차를 조금도 줄이지 못하고 있다. 지금까지의 추격형 전략으로는 격차를 더 이상 줄일 수 없는 한계에 봉착한 것이다. 따라서 지금까지의 방식으로는 중국과 독일, 일본 사이에 끼여 압사하고 말 것이다. 기존 부품·소재·장비산업 정책의 일대 전환이 필요하다.

(2) 추진과제

첫째, 우리나라 부품·소재·장비산업이 독일, 일본과 같이 글로벌 경쟁력을 가지기 위해서는 지금까지의 추격형 전략에서 완전히 탈피해야 한다. 블랙박스식의 경쟁력 있는 독자기술을 확보해야 한다. 이를 위해서는 오랜 기간 기술축적이 필요하다. 시간이 걸리더라도 이 길을 가지 않으면 승산이 없다.

둘째, 기존 주력산업이 성숙기로 접어듦에 따라 부품·소재산업의 새로운 발전전략이 필요하다. 미래 성장분야의 산업화가 이뤄짐에 따라 기존과는 완전히 다른 새로운 부품·소재가 필요하다. 예를 들어 전기자동차와 자율주행자동차를 개발하려면 핵심 부품·소재인 전장부품과 경량소재는 필수적이다. 기존의 첨단 부품·소재는 기존 독·과점적 지위를 가진 독일, 일본 기업의 진입장벽을 뚫기 어려우나 새로운 분야는 올바른 선택과 집중이 이뤄진다면 승산이 있다고 판단된다.

셋째, 부품·소재·장비 분야에만 해당되는 것은 아니나 특히 아날로그 기술이 주류를 이루는 부품·소재·장비에 사물인터넷, 인공지능, 빅데이터 등 제4차 산업혁명의 접목이 중요하다. IT와의 융합이 기존 독·과점기업을 따라잡고 중국 기업과 차별화할 수 있는 가장 바람직한 방법이다.

넷째, 장비산업의 독자적인 발전전략을 수립해야 한다. 장비산업은 부품·소재 분야보다 수출산업화의 가능성이 더 크다고 판단된다. 장비분야는 매우 다양하며, 애프터서비스(A/S)가 반드시 수반 돼야 하므로 특정국가에서 전 세계시장을 모두 장악하기 어렵다. 따라서 지리적으로 가까운 중국과 동남아시장에 대한 수출산업화는 상당히 유망할 뿐 아니라 가능성 또한 높다. 더욱이 장비분야는 성격상 전형적인 중소·중견기업 영역이며 대기업집단의 영향력에서 벗어난 독자적인 기업이 많다.

따라서 필자는 집중적인 지원이 이루어질 경우 우리나라에서 독일식 '히든 챔피언'이 가장 빨리 나올 가능성이 가장 높은 곳이 장비산업 분야라고 생각한다. 그런데 장비산업은 한 번도 국가적으로 집중적인 관심과 지원을 받은 적이 없는 대표적 소외분야다. 정책전환이 절대적으로 필요하다.

다섯째, 부품·소재·장비제품의 체계적인 세계시장 진출방안을 수립해 시행해야 한다. 우리나라 부품·소재·장비(특히 부품, 소재) 기업들은 거의 대부분 국내 조립대기업에 종속해 납품하고 있으며, 해외 다른 조립회사에 제품을 공급하는 기업은 거의 없다. 우리나라 부품·소재·장비산업이 발전하려면 세계시장을 대상으로 제품을 공급하는 글로벌기업들이 많아져야 한다. 그런데 부품·소재·장비 회사들은 대부분 중소·중견기업들로서 해외에 진출하기 위한 기술, 자금, 인재들이 턱없이 부족하다. 정부는 이들 기업들을 체계적이고 적극적으로 지원할 수 있는 체제를 구축하여야 한다.

2) 고부가가치 서비스산업 육성

(1) 현황과 문제점

한국 경제의 선진국 진입을 위해서는 서비스산업의 성장·발전은 필수적인 과제이다. 수출위주 성장이 한계에 직면한 상황에서는 내수 위주 서비스산업의 성장기여도를 높여 수출과 내수의 양극화를 해소해야 한다. 또한 제조업과 서비스의 융합이 세계 경제의 메가트렌드로 자리를 잡으면서 서비스산업의 경쟁력이 매우 중요해지고 있다. 아울러 고용창출을 위해서도 고용유발 효과가 큰 서비스산업의 육성은 매우 중요하다. 우리나라 서비스산업의 문제점을 간략히 살펴보면 다음과 같다.

첫째, 선진국 수준의 생산성을 확보한 제조업에 비해 우리나라 서비스산업의 생산성은 글로벌 최고의 절반 수준에서 정체해 있는 등 우리나라의 대표적인 저생산성 분야다. 서비스산업의 노동생산성은 1990년대 중반까지만 해도 제조업과 유사한 수준이었으나, 이후 제조업 부문은 상대적으로 급성장했으나 서비스 부문에서는 노동생산성이 거의 정체상태에 이르고 있다.

서비스업의 노동생산성이 낮아지는 이유는 1990년대 말 외환위기 이후 빠르게 진행된 산업구조 조정의 여파다. 이때 제조업 부문은 설비투자, 기술개발 등에 힘입어 고용 없는 성장을 통해 생산성 향상을 달성했다. 그러나 서비스 부문은 새로운 산업을 통해 시장을 창출하는 데 실패해 일자리를 만들지 못했다. 게다가 제조업으로부터 구조조정된 인력을 대거 흡수함으로써 서비스산업은 부가가치 증가율보다 고용 증가율이 더 높아졌다.

주요 선진국과 서비스산업 노동생산성을 비교해보면 우리나라의 서비스산업 생산성은 상당히 낮은 것으로 나타나고 있다. 한국생산성본부 보고서에 의하면 국내 서비스산업 생산성은 미국의 44.2%, 일본의 62% 수준으로 OECD 주요국에 크게 뒤처져 있다. 구조적인 측면에서는 우리나라 서비스산업은 제조업에 비해 연구개발 활동이 취약해 생산성 향상에 한계를 드러내고 있다.

2010년 R&D 총투자(43.9조) 중 서비스산업의 R&D 투자비중은 9.0% 수준(2.9조 원)에 불과하며 이는 제조업(28.7조 원, 87.6%) 대비, 그리고 주요국들에 비해서도 매우 낮은 수준이다. 우리나라 전 산업 대비 서비스업 연구개발비 비중은 2008년 기준 7.9%로 서비스업이 강한 미국(32.3%), 영국(24.7%), 이탈리아(25.9%)는 물론 제조업 중심국가인 독일(10.3%), 일본(11.3%)에 비해서도 낮은 수준이다.

둘째, 우리나라 서비스산업은 구조적으로 자영업 등 저부가가치 서비스산업이 상대적으로 비중이 큰 후진성을 띠고 있다. 우리나라 서비스산업은 지난 30년간 구조적인 변화를 겪으면서 성장해 온 결과 자영업으로 불리는 개인서비스의 비중은 감소하고 정보통신·사업서비스·문화오락 등 고부가가치 서비스는 증가하는 바람직한 방향으로 변화했다.

이러한 지속적인 구조개선에도 불구하고 우리 서비스산업의 업종구조를 선진국과 비교했을 때 여전히 후진적인 상태에 머무르고 있다. 국내 서비스업체의 규모가 영세하고 자영업 비중이 높아 투자 및 인력개발 및 활용측면에서 규모의 경제 실현이 어렵다. 통신·금융을 제외한 전 업종이 10명 미만이고, 특히 도소매·음식숙박·기타 개인서비스업 등은 서비스산업 전체 평균인 4명보다도 적다.

셋째, 우리나라 서비스산업의 경쟁력 수준은 만성적인 서비스수지 적자에서 보듯이 미국, 프랑스 등 선진국과 비교해서 매우 낮은 것으로 나타나고 있다. 우리와 유사한 제조업 중심국가에 비해서도 처지고 있다. 서비스수지는 2000년부터 지금까지 매년 적자의 연속이며, 2006년 133억 달러의 적자를 기록한 이후 다소 감소하다가 최근 조금씩 증가하고 있다.

서비스수지 중에서 가장 적자폭이 큰 분야는 2007년까지는 여행수지였으나 최근 수년간 사업서비스 수지 적자폭이 가장 크며, 지적재산권 사용료 수지의 적자폭도 점진적으로 증가하는 추세이다. 서비스수지가 중·장기적으로는 산업의 국제경쟁력에 의해 결정되므로 국내 서비스산업의 국제경쟁력은 지난 10년간 크게 개선된 바가 없음을 알 수 있다.

사업서비스 수지와 지적재산권 로열티 지급에서의 적자폭이 커지는 것은 최근 우리나라의 수출이 급증하면서 해외시장 영업활동이 활발해지는 현상과 무관하지 않은 것으로 판단한다. 국내기업이 보유한 원천기술이 많지 않아 특허료 등 로열티 지급이 늘어나고 있기 때문이다.

사업서비스와 특허 등 지적재산권 사용료 지급부분은 경제체질과도 밀접한 연관이 있으므로 원천기술 개발에서 비교우위를 확보하기 전까지는 개선의 여지가 높지 않다. 또 수출이 지속적으로 호조를 보일 경우에도 사업서비스업의 개선은 기대하기 어려울 것이다.

좁은 내수시장 때문에 혁신적인 서비스산업의 발전이 용이하지 않으며, 남북분단 등으로 유럽국가처럼 외국과 육로로 이어지지 않는다는 점도 문제다. 또한 매력물이 많지 않고 호텔 등 관광인프라마저 부족해 단기적으로 이런 문제를 개선할 여지는 충분하지 않다.

(2) 추진과제

첫째, 기본적으로 우리나라 서비스산업은 진입장벽 등 규제의 완화와 경쟁촉진, 대외개방에 의한 경쟁력 제고에 힘쓰는 한편 대대적인 국내외 투자가 이뤄지도록 노력해야 한다. 우리나라 서비스산업이 생산성이 아주 낮고 경쟁력을 가지지 못하는 가장 원천적인 원인은 규제와 아주 낮은 개방 수준에 있다.

그 동안 역대 정부는 서비스산업 육성을 위해 노력했으나 이해관계자의 저항에 의해 규제를 철폐하지 못했으며 대외개방도 좌절하고 말았다. 서비스산업이 성장동력의 한 축으로 발전할 수 있도록 하기 위해서는 결단이 필요하다. 규제철폐와 대외개방 없이 서비스산업 육성노력은 아무런 효과도 없을 것이다. 싱가포르 수준의 자유화가 이뤄져야 한다.

둘째, 서비스산업을 성장동력으로 키우는 데 정책노력을 집중해야 한다. 우선 향후 국내 관련산업의 경쟁력 확보 가능성, 해외시장 진출 가능성 등을 종합적으로 검토해 전략적인 육성업종을 선정해야 한다. 또한 서비스산업의 다양성을 고려해 서비스산업의 유형별 접근으로 정책수단을 차별화하는 노력이 따라야 한다.

법률·회계·컨설팅 등 사업서비스 분야는 제조업 발전을 뒷받침할 수 있도록 대외개방 확대 등 경쟁요소의 추가도입에 주력해야 한다. 그리고 의료·복지·교육·문화·관광 등 독자적인 새로운 성장산업으로 발전 가능한 분야는 규제완화를 통해 참여기업의 규모와 범위를 확대함으로써 국제경쟁력 배양에 힘을 기울여야 한다.

셋째, 서비스산업의 글로벌화를 적극 추진해야 한다. 부족한 내수시장을 보완해 줄 수 있는 시장 확대라는 측면에서 해외시장 진출 또는 해외수요의 국내 유치를 통한 글로벌화는 반드시 필요하다.

넷째, 서비스산업 구조의 선진화와 자영업자의 소득향상을 위해 구조조정이 활성화할 수 있는 시스템을 구축해야 한다. 음식·숙박·운수 등 영세 자영업, 생계형 서비스업에 대해서는 영세성 탈피와 적정 경쟁상태를 유도하고 탈락자는 타 산업부문에서 상당부분을 흡수토록 해야 한다. 복지정책과 병행해서 추진하는 일도 빼놓을 수 없다.

다섯째, 서비스산업을 위한 중장기 육성계획 수립이 바람직하다. 미시적인 서비스산업별 발전방안과 함께 서비스산업 전체를 총괄하는 중·장기 산업육성의 마스터플랜 수립이 중요하다.

3) 기존 주력산업(주로 조립완성품 분야)의 전략적 재편

(1) 현황과 문제점

우리나라 기존 주력산업은 성숙기를 지나 쇠퇴기에 접어들면서 향후 ① 성장한계사업의 구조조정, ② 해외시장 확충과 고도화를 통한 기존 주력산업의 재도약, ③ 기존 시장기반 신사업 진출 등 크게 3가지

방향과 과제에 직면할 전망이다.

우리나라 주력산업은 중국 산업의 경쟁력 확보 수준 및 세계 경제 전망에 따라 업종별로 처하게 될 상황이 달라질 것이다. 그러나 이미 앞에서 밝힌 바와 같이 메모리반도체 분야를 제외한 대부분 주력산업과 대기업들은 ②와 ③의 시나리오가 아닌, ① 성장한계사업의 구조조정에 직면할 것으로 보인다.

왜냐하면 앞에서 살펴본 바와 같이 삼성전자를 제외한 거의 모든 대기업들이 글로벌 경쟁에서 승리하기 위해 기울인 노력이 부족했기 때문이다. 향후 성장동력이 될 새로운 사업전개를 위한 R&D 투자가 절대적으로 부족하다. 따라서 극히 일부 대기업을 제외한 대부분의 대기업들은 향후 새로운 성장사업 창출에 대한 대비가 거의 없어 보인다. 특히 중국의 추격을 따돌리기 위해서는 차별화한 비교우위가 필요했음에도 이를 확보하기 위한 노력은 턱없이 부족했다.

지금까지 버텨왔던 시스템에서 매우 제한적인 노력만을 기울였을 뿐이다. 기존 사업영역과 시스템에서는 중국을 이길 수 없다. 즉, 대규모 장치산업의 조립분야에서 생산기술의 최적화 방식으로는 '규모의 경제'에서 절대적인 경쟁력과 시장을 가진 중국을 절대로 이길 수 없다는 얘기다. 중국이 하지 않거나 하지 못하는 새로운 분야에 진출해야 하며, 중국을 이길 수 있는 새로운 시스템을 독자적으로 창조해 어떠한 형태로든 중국에 대한 비교우위 요소를 확보해야 한다.

이와 같이 미래에 대한 대기업들의 준비가 미흡해 시간이 지날수록 구조조정해야 할 산업과 사업대상이 확대될 것이다. 그럼에도 조선과 해운산업 사례에서 나타났듯이 우리나라 구조조정시스템은 제대로 작동하지 못하고 있는 실정이다. 상시적으로 구조조정이 신속하게 이뤄지는 구조조정시스템을 만들 수 있도록 대대적인 제도개선이 시급하게 이뤄져야 한다.

일본의 장기불황에는 거품붕괴로 인해 오랫동안 이어진 금융경색, 저출산·고령화, 산업경쟁력 약화 등 복합적 요인이 작용했다. 그러면서 장기침체 초기에 구조조정을 신속하게 추진하지 못한 것도 '잃어버린 20년'의 주요 원인 중 하나다. 즉, 일본은 장기불황 초기에 문제의 핵심을 파악하지 못하고 구조조정을 과감하게 추진하지 못했다. 그 이후 구조조정 지연으로 부실한 기업이 많아지면서 은행부실 문제가 심각해졌다.

일본은 1990년대 후반 이후에는 각 산업에서 대형합병, 경쟁사 간 사업통합을 추진했지만 정규직의 장기고용 관행 때문에 인력 구조조정은 고령근로자의 정년퇴직을 기다리는 형태로 장기간에 걸쳐 벌어졌다. 그 결과 구조조정이 지체하면서 경제가 장기간 침체하는 악순환으로 빠져들었다.

구조조정에서 명심해야 할 점은 해당산업의 수요회복을 기다리면서 참고 견디는 '버티기 방식'으로는 문제를 더욱 악화시킬 수 있다는 것이다. 일본은 참고 견디면서 내일의 수요회복을 기다리다가 20년 이상이나 위기를 이어왔다.

기업이나 산업의 구조조정에서는 관련자들의 낙관적 희망, 문제를 일단 덮어 보자는 심리가 신속한 대응을 어렵게 할 수 있다. 일본의 구조조정 과정에서도 금융기관 담당자들이 자신의 임기 중에는 문제기업의 부실이 노출되지 않도록 하기 위해 추가적인 유동성 지원을 계속해 결국 부실규모가 커졌다.[11] 한국산업은행의 대우조선 사례와 너무나 유사하다. 현재 한국은 일본의 20년 전과 매우 유사한 상황에 있으며, 구조조정시스템도 장기불황 초기의 일본시스템과 참으로 닮아 있다. 우리는 20년 전의 일본과 같은 우를 범해서는 절대 안 된다. 선제적인 구조조정이 상시적으로 펼쳐지는 시스템을 하루속히 정립해야 한다.

(2) 추진과제

기존 주력산업의 전략적 재편은 기본적으로 대기업집단의 책임 아래 이뤄져야 한다. 특히 기존 주력산업의 경쟁력 확보와 새로운 성장동력이 될 수 있는 신사업으로의 진출은 전적으로 인재와 자금동원 능력이 있는 대기업집단이 하루빨리 추진해야 할 과제다. 이 과정에서 정부의 역할은 걸림돌이 될 수 있는 제도를 개선하는 정도일 것이다. 다만 정부는 앞에서 지적했듯이 상시적 구조조정시스템 구축에 집중해야 한다.

첫째, 현재 채권단 주도의 구조조정시스템은 어떠한 형태로든 바뀌어야 한다. 일본의 경우를 살펴보았듯이 현재 은행중심의 구조조정시스템은 제대로 작동하지 않고 있다. 자신들의 이익을 우선시하는 전형적인 '모럴 해저드' 구조다. 1997년 외환위기와 2008년 글로벌 금융위기 등 경제위기에서 비롯된 구조조정 과정에서 대표적인 국책은행인 산업은행은 130개의 자회사를 보유한 공룡이 됐다. 대우조선의 사례에서 보듯이 산업은행이 보유한 자회사들에서 담당자들의 모럴 해저드가 더 번졌다. 자신의 임기 중에는 부실이 노출되지 않도록 하기 위해 추가적인 유동성 지원을 계속해 부실의 규모를 몇 배로 키우고 만 것이다. 그리고 산업은행이 보유한 자회사들은 조직과 인력을 유지하거나 키우는 수단으로 악용돼 왔다.

오신환 새누리당 의원이 최근 산업은행으로부터 제출받은 '최근 5년간 퇴직자 재취업 현황'에 따르면 퇴직자 중 43명이 산업은행 자회사, 대출회사 등에 재취업 했다. 자회사 사장과 이사회 구성원도 정권과 줄이 닿는 전문성이 없는 인사들로 채워지기 시작했다.12 이런 구조 하에서는 산업은행과 구조조정 대상 자회사 간의 이익이 일치하므로 양자 간 모럴해저드에 의한 담합이 일어날 수밖에 없다. 이런 구조를 개혁하지 않고는 구조조정은 물 건너간 이야기가 될 것이다. 채권단 역할을 하는 다른 일반은행들도 산업은행의 경우와 크게 다르지 않다고 판단된다.

둘째, 구조조정이 신속하고 원활하게 이뤄질 수 있는 규모에 따라 다양한 기제를 구축할 필요가 있다. 현재 사모펀드가 구조조정 시장에서 매우 긍정적이면서 중요한 역할을 하고 있다. 따라서 우선 사모펀드를 활용한 구조조정이 보다 활성화하도록 제도개선을 적극 추진할 필요가 있다. 그리고 현재 법정관리와 워크아웃(workout)으로 나뉘어져 있는 퇴출제도도 현실과 맞지 않으며, 구조조정이 지연되는 사례가 많으므로 시급히 제도개선이 이뤄져야 한다. 최근 KDI가 제시한 두 제도를 통합해서 운용하는 것도 생각해 볼 수 있는 대안이라고 본다.

셋째, 시장기능으로만 해결할 수 없는 경우를 대비한 시스템을 구축해야 한다. 우선 일본의 시스템인 산업경쟁력심의회와 일본혁신기구를 참고해 볼 수 있다. 산업경쟁력심의회는 기존에 있던 조직이며 일본혁신기구는 최근에 설립한 조직이다.

규모가 크고 국가경제적으로 매우 중대한 경우 채권단 주도의 구조조정 방식은 한계에 처할 수밖에 없다. 미국도 GM자동차의 경우 정부에서 적극 개입해 67일 만에 구조조정을 마쳤다. 외국기업에 의한 GM자동차 M&A를 방지하기 위해서다. 일본혁신기구도 이러한 목적으로 만들어진 것으로 알려져 있다. 민간과 정부가 공동으로 출자해서 만든 일종의 대형 구조조정 전문회사다.

최근 미국, 독일, 일본 등 선진국들은 중국 기업에 의한 M&A 공세에 골머리를 앓고 있다. 국가 경제의 관점에서 중국 기업으로 넘어가는 것이 매우 불리하다고 판단할 때 일본혁신기구가 매입에 나서 이를 방지할 수 있다. 꼭 중국 기업의 M&A 공세에 대한 방지목적만은 아니나 국가 경제를 위해 반드시 필요한 경우 정부역할을 대신할 수 있는 제3지대(sector)형 기구가 필요하다.

우리나라의 경우 중국 기업의 M&A 공세에 매우 취약하리란 전망이다. 대비가 필요한 부분이다. 그리고 일본의 산업경쟁력심의회와 같은 역할을 할 기구도 필요하다. 규모가 매우 크고 국가경제적으로 중요한 위치에 있는 산업이나 기업의 경우 채권단과 관련 정부부처, 관련기관 사이의 협업이 필요하다. 여기서는 정부 산업부처와 금융부처의 공동참여가 필요하다. 이러한 형태의 기구를 통해 구조조정의 큰 방향을 결정하고 걸림돌이 되는 사항은 적시에 제거하여 구조조정이 상시적으로 신속하게 펼쳐질 수 있도록 해야 한다.

4) 한국형 미래 성장분야의 효과적 선점

(1) 현황 및 문제점

우리나라는 노무현 정부 이래 '차세대 성장동력', '신성장동력', '미래 성장동력' 정책을 경쟁적으로 추진해왔다. 그런데 이러한 성장동력 정책은 대부분 전시성이어서 발표할 때만 요란할 뿐 약 10여 년이 지난 지금 거의 흔적도 없다. 우선 기존의 성장동력 정책의 문제점을 살펴보면 다음과 같다.

첫째, 가장 큰 문제점은 성장동력을 선정하고 육성하는 일을 정부가 주도했다는 점이다. 기본적으로 성장분야의 선택과 투자는 기업의 역할이고 정부는 기업이 선정한 분야의 발전을 촉진하고 뒷받침하는 생태계 및 인프라를 조성하는 역할에 주력해야 한다. 지금까지의 성장동력 정책은 이러한 기본적 역할분담을 무시한 것으로 앞으로의 성장동력 정책은 정부주도로 추진해서는 절대 안 된다.

둘째, 기존 성장동력 정책이 정부주도로 이뤄지다 보니 몇 개 R&D 프로그램 위주의 정책(그것도 장기과제 아닌 단기과제 중심)을 추진할 수밖에 없었다. 기업의 신사업 진출과 투자가 이어지지 않으므로 성과를 창출할 수 없는 구조다. 사업에 참여하는 국가출연연구소와 대학교수만 해당기간 동안 바쁠 뿐이다. 아무 성과 없는 예산낭비만 벌어질 수밖에 없다. 참여기업의 성과가 있다고 주장할지 모르나 대부분의 경우 해당기업은 정부 주도의 R&D 과제와 무관하게 이미 그 분야 진출계획에 따라 연구개발과 상품화를 진행하고 있었으며 정부 R&D 자금을 일부 지원받는 데 그쳤을 뿐이다.

셋째, 대부분의 사업기간이 5년 단임정부 재임기간에 한정해 있어 지속적인 추진이 매우 어려웠다. 미래 성장동력이 가시적인 성과로 이어지려면 적어도 10년 이상의 기간이 필요하다. 그러나 대부분의 사업이 3~5년 동안 벌어지다가 다음 정부에서는 도태의 운명을 피할 수 없으니 성과를 내기는 불가능하다. 그리고 사업이 여러 부처에 나뉘어져 있으며 컨트롤타워가 없어 효율적 사업추진도 어렵다.

(2) 추진 과제

정부주도와 R&D 프로그램 위주에서 완전히 탈피한 방식이 아니면 오히려 성장동력 정책을 아예 추진하지 않는 것이 바람직하다. 정권 초기 국민을 호도하는 전시성 성장동력 정책의 수립과 발표는 이제 지양해야 한다. 대신, 기업(대기업, 중소·중견기업 불문)이 미래 성장분야를 제시하고 정부는 기업의 유망분야 진출과정의 문제와 애로 해소 차원의 패키지 지원에 주력하는 방식으로 미래 성장분야 창출이 이뤄져야 한다.

대기업은 스스로 성장분야를 찾을 수 있을 것이며, 정부는 주로 중소·중견기업을 지원해야 할 것이다. 또한 정부는 R&D예산 투입사업 위주에서 탈피해 법·규제 제도개선, 초기 시장형성 차원의 공공조달, 해외시장 진출지원 등 시장창출 혁신(*market creating innovation*) 위주의 정책에 집중해야 한다.

6. 새로운 성장동력 창출 3:
   제4차 산업혁명 대응 국가전략 수립

1) 현황과 문제점

앞의 2장에서 강조하였듯이 제4차 산업혁명은 모든 산업과 생활의
모습을 근본적으로 변화시킬 것이다. 이 거대한 변화의 물결에 성공
적으로 적응하는 기업과 나라는 크게 융성할 것이다. 적응하지 못하
는 자는 참담한 패배자로 남을 것이다. 제4차 산업혁명은 우리나라
에게 대단히 불리할 것으로 판단한다. 그 이유는 다음과 같다.

첫째, 우리나라 주력산업은 제조업 중에서 규모의 경제에 기반을
둔 대규모 장비, 조립가공형 산업이다. 그리고 우리나라의 비교우위
는 원천기술, 상품개발 기술보다는 제조공정의 효율성에 있다. 그런
데 이러한 주력산업과 비교우위는 디지털혁명이 진행될수록 그 가치
와 중요성이 대폭 떨어지게 될 것이다. 현재도 제조업의 가치사슬상
제조 부문이 R&D와 서비스 부문보다 부가가치가 낮다. 앞으로는
현재보다 훨씬 더 떨어질 것으로 전망된다.

둘째, 앞에서 살펴본 것처럼 향후 생산방식도 큰 변화를 겪을 것으
로 전망된다. 즉, 원거리·대량생산방식에서 근거리·개별생산방
식으로 전환된다. 이렇게 되면 '규모의 경제'의 중요성이 약화되고
소비자에 근접한 소규모 공장이 대세가 될 것이다. 따라서 세계 제조
기지 역할을 담당하면서 조립제품을 수출하여 성장해온 우리나라의
입지는 대폭 축소되고 말 것이다. 아디다스처럼 아시아 생산기지를

소비자가 있는 선진국으로 분산하게 되면 그동안 대규모 생산기지 역할을 했던 국가들은 불리해질 수밖에 없기 때문이다.

셋째, 우리나라 경제시스템은 산업화시대에 맞게 정립되어 있다. 그리고 산업전반에 걸친 경쟁력, 관행 및 문화는 소프트웨어보다 하드웨어, 디지털보다 아날로그에 그 기초를 두고 있다. 스마트폰을 예로 들어보자. 우리나라의 경쟁력은 하드웨어에 있다. 소프트웨어의 핵심인 운용체계는 구글이 안드로이드시스템을 빌려주고 있다. 제4차 산업혁명의 플랫폼 기술과 산업은 소프트웨어 분야다. 그리고 시간이 갈수록 소프트웨어 기술에 기반한 빅데이터, 인공지능의 중요성이 증폭될 것이다. 하드웨어 부문에 비교우위가 있는 기업과 나라는 불리해질 수밖에 없다. 그리고 교육·금융·고용시스템 등을 포함한 우리나라 경제시스템은 산업화시대에 기초하고 있어 제4차 산업혁명의 물결을 순조롭게 받아들이기에는 적합하지 않다. 즉, 경제·사회시스템의 디지털화가 상당히 부족한 상태다. 제4차 산업혁명을 위한 대비를 서두르지 않는다면 선진국과의 격차가 더욱 벌어질 것으로 우려된다.

넷째, 향후 제4차 산업혁명에 대한 적극적인 대비가 없다면, 세계 경제 및 산업에서 우리나라가 차지하는 위상과 역할이 크게 감소할 가능성이 매우 높다. 최악의 경우 우리나라 산업의 존재가 미미해질 가능성도 배제할 수 없다.

〈그림 10-1〉에서 보는 바와 같이 스마일 커브상 부가가치가 높은 R&D와 서비스 부문은 현재 선진국이 장악하고 있다. 부가가치가 낮은 부문은 우리나라, 중국 등 후발산업국이 담당하고 있다. 그런

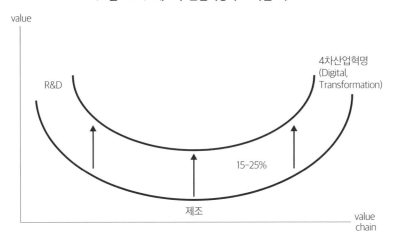

〈그림 10-1〉 제4차 산업혁명과 스마일 커브

데 독일, 미국 등 선진국이 제4차 산업혁명을 통해 의도하는 것은 그들이 장악하고 있는 R&D와 서비스 부문의 가치를 대폭 높여 그들의 지위를 더욱 공고히 하면서 제조 부문까지 다시 가져가겠다는 것이다. 그것은 〈그림 10-1〉에서와 같이 제조 부문의 부가가치가 현재보다 15~25% 정도 제고되면 고비용구조의 선진국에서 제조기능까지 수행할 수 있기 때문이다.

제4차 산업혁명 부분에서 설명하였듯이 3D프린팅 기술도 이런 흐름을 가속화시킬 것이다. 이렇게 되면 우리나라는 제4차 산업혁명을 통해 디지털 생태계를 완성한 선진국과 '규모의 경제와 14억 인구에 기반한 소비시장'이라는 비교우위를 가진 중국 사이에 끼인 새로운 형태의 샌드위치에 처할 가능성이 높다. 선진국은 그들의 기존 비교우위인 R&D와 서비스 부문을 더욱 공고히 하면서 제조 부문까지 중국과 경쟁하려고 할 것이다. 또한 중국도 14억 인구에 기반한

438

규모의 경제의 비교우위를 강화시켜 제조업강국으로 나갈 것이다. 그러면 우리나라는 어떻게 될까? 현재도 중국에게 우리의 주력산업이 밀리는 형국인데, 이대로 가면 우리나라 산업이 서 있을 곳은 어디에도 없을 것이다.

그러면 우리나라는 제4차 산업혁명(특히 디지털혁명)에 잘 대비하고 있는가? 그 수준은 어디까지 이르렀을까? 결론적으로 제4차 산업혁명에 대한 정부, 기업 등 모든 부문의 대응이 턱없이 미진한 상태다. 일부 대기업을 제외하고는 거의 없다고 해도 과언이 아니다. 더욱 걱정스러운 것은 제4차 산업혁명에 대한 관심 부족이다. 일부 언론에서 관심을 촉구하기 위한 보도를 하고 있지만, 그 내용이 미흡할 뿐 아니라 단발성으로 끝나고 만다. 정부는 체계적인 연구를 바탕으로 우리나라에 특화된 정책을 제시하지 못한 채 전시성 이벤트에 치중하는 실정이다. 요즘 해외 언론을 보면 거의 모든 선진국, 심지어는 중국도 야단법석이다. 기업뿐 아니라 정부, 대학 등도 경쟁적으로 나서 디지털혁명을 열띠게 논의하고 있다. 기업들은 산업 현장에서의 채비에 분주하며 일부는 그 성과를 가시화하고 있다. 정부 또한 산업계와 협의를 주고받으며 산업계를 지원하는 장·단기 대책을 쏟아내고 있다. 우리나라도 활발한 논의와 함께 우리나라에 맞는 체계적인 전략수립이 절실하다.

2) 추진방향

첫째, 제4차 산업혁명 자체에 대한 대응보다 제4차 산업혁명 추세에 순응하면서 우리나라 상황에 맞는 한국만의 중·장기전략이 필요하다. 미국, 독일 등 선진국의 대응은 새로운 생산혁명을 가져오기 위한 목표를 달성하기 위한 노력에서 시작된 것이며 디지털화 자체를 추구한 것은 아니었다. 독일 인더스트리 4.0의 경우도 정부에 의해 정책화되기 6년 전부터 독일의 산·학·연 민간단체 7개가 모여 스마트팩토리(*smart factory*)라는 비영리활동을 조직하고 어떻게 독일 제조업의 문제를 극복해 낼 수 있을지를 고민한 끝에 탄생한 것이다. 그런데 최근 우리나라는 제4차 산업혁명 자체에 대응하려고 하고 있다. 인공지능, 빅데이터 기술개발 자체에 목표를 두고 있는 식이다. 즉, 목표와 전략이 없다. 제4차 산업혁명과 관련하여 우리나라가 지향해 할 뚜렷한 목표와 이를 달성하기 위한 전략이 무엇보다 우선되어야 한다.

둘째, 우리나라 고유의 중·장기 전략수립을 위해 심도 있는 전방위적 연구가 필요하다. 우선 우리나라는 후발국이기 때문에 선진국의 선도기업과 정부의 전략을 철저히 그리고 수시로 파악해야 한다. 이들 동향을 파악할 모니터링시스템 구축이 필요하다. 선진국 동향에 대한 철저한 연구는 우리나라가 전략수립에 소요할 시간을 단축하고 시행착오를 줄이는 데 크게 도움이 될 것이다. 그리고 우리나라의 강약점을 분석하고, 추진분야를 탐색한 후 가능성 있고 필요한 기술개발, 인프라 구축 수요 발굴, 예상되는 사회적 문제에 대한 방비 등 제4차 산업혁명을 우리나라 맥락에서 소화하기 위한 전방위적 연구가 절대적으로 필요하다. 그런데 현재 정부대응을 보면 유명한 컨설팅회사 용역결과를 바탕으로 그럴듯하게 포장된 정책을 만들고 있다. 이제 이런 개도국형 방식은 절대 안 된다. 철저히 한국화된 전략을 만들기 위해서는 그만큼 연구와 고민이 뒷받침되어야 한다. 일본의 사례를 보면 일본도 일본식 전략을 발표하기까지 일본 정부, 산업계, 대학의 최우수 두뇌를 총동원하여 3년 넘는 연구를 하였다.

셋째, 제4차 산업혁명 대응전략은 단계적으로 추진되어야 한다. 제4차 산업혁명의 향후 방향이 분명한 분야도 있지만, 아직 초기단계에 있기 때문에 불투명한 분야도 많다. 따라서 방향이 분명한 분야 위주로 추진해 나가되, 시간이 지나면서 수정해 나가는 단계적인 추진하는 것이 합리적이다.

넷째, 일본 사례에서 보았듯이 제4차 산업혁명 전략의 포괄 범위는 경제·사회 전체시스템이 모두 해당될 정도로 광범위하다. 따라서 우리나라 전체가 전략의 중요성과 기본개념을 공유한 후 정부 전략, 민간 전략, 연구기관 전략 등이 별개로 각각 수립될 필요가 있다. 정부 전략도 모든 부처와 지방정부까지가 참여한 패키지 형태가 되어야 할 것이다.

7. 새로운 성장전략에 대응한 인력양성시스템 개혁

1) 현황과 문제점

우리나라의 성장동력 중 가장 원천적인 것은 무엇인가? 사람, 즉 인력이다. 우리나라는 경제성장과 산업발전에 필요한 자원은 사람 이외에 거의 없다. 국토의 70% 이상이 산악이며 석유 등 산업에 필요한 원자재도 대부분 수입에 의존한다. 따라서 지난 50여 년간 우리가 선진국 가까운 수준으로 발전할 수 있었던 원천은 세계 어느 민족보다 부지런하고 뛰어난 능력을 지니고 있는 국민이었다.

역사적으로 보면 우리나라만큼 자녀교육에 열성적인 나라는 유태인을 제외하고는 찾아보기 힘들다. 우리 부모들은 자녀교육을 위해서는 어떤 희생도 감수하려고 한다. 이러한 높은 교육열을 바탕으로 이승만 초대 정부와 박정희 정부까지의 교육시스템은 비교적 선순환적으로 작동하는 등 인력양성시스템은 국가발전에 결정적으로 기여했다. 이승만 정부의 초등학교 의무교육 실시는 초대 정부에서 가장 잘한 정책으로 평가된다. 빈약한 재정상황에서의 의무교육 결정은 정말 큰 결단이었으며 향후 초기 경제발전에 큰 기여를 했다. 박정희 정부의 인력양성시스템 구축은 높이 평가받을 수 있다. 우리나라 중공업 육성을 뒷받침했던 공업고등학교, 공과대학 등 관련시스템을 신속하게 구비했다. 무(無)에서 유(有)를 창조하는 방식으로 관련 인력양성시스템, 즉 우리나라에 없던 제도와 기구를 짧은 기간 내 새로 구축했다.

아울러, 우수한 인재들이 중요한 산업부문에 올 수 있도록 적극 유도해 오늘날 세계 최고의 제조업 기반을 갖추는 데 결정적으로 기여했다. 당시 우리나라 최고의 인재들은 의과대학이 아니라 전자공학과, 화공과, 기계공학과 등 공과대학으로 진학했다. 이들이 바로 제조업 중 조립완성품 분야에서 세계 최고를 이룩한 주역이다.

그러나 전두환 정부 이후 우리나라 인력양성시스템(교육제도 포함)은 발전하기는커녕 시간이 지날수록 시대에 뒤떨어지고 말았다. 특히 노태우 정부 이후 대학설립이 등록제로 바뀌면서 수준이 떨어지는 대학들이 무분별하게 난립했다. 더욱이 대학 지원금을 똑같이 나눠먹는 방식으로 분배하면서 우리나라 대학들은 질적으로 발전하지 못하고 정체하고 말았다. 또한 대학 내 경쟁이 전무하고 세계 트렌드에 따라가지 못하는 등 발전을 위한 구조개혁을 등한시해 우리 대학의 세계 경쟁력은 홍콩, 싱가포르 등 아시아 국가에 비해서도 떨어졌다. 이러한 경쟁력 저하에는 정부의 규제도 한몫했다고 판단된다.

대학이 지난 20년 동안 경쟁국에 비해 우수한 인재를 배출하지 못한다는 지적을 받아옴에 따라 역대 정부에서는 대학혁신을 위한 다양한 정책을 쏟아냈다. 그러나 이러한 정책들은 효과를 거두지 못하고 실패했다. 따라서 우리나라 대학이 질적으로 발전했다고 평가하기는 어렵다. 아직 갈 길이 멀다.

우리나라 초·중·고등학교 교육 또한 문제가 많다. 현재 우리나라 아이들은 '공부 지옥' 속에서 허덕이고 있다. 오로지 좋은 대학에 가기 위한 것이다. '꿈을 꾸는 청소년'은 어디에도 찾아볼 수 없다. 중학교 1학년부터 학교와 학원을 오가며 공부하기를 강요받는다. 방학 중에도 마찬가지다. 아침부터 밤늦게까지 학원에서 공부하고 집에 오면 학원 숙제하기 바쁘다. 그 다음날, 그 다음날도 마찬가지다. 토요일, 일요일도 마찬가지다. 오늘날 우리 부모들은 아이들 공부를 위해서는 모든 걸 희생하고 포기할 각오다. 그 점은 너무 지나칠 정도다.

우리나라 청소년들은 이러한 공부 부담 때문에 엄청난 스트레스를 겪고 있으며, 심한 고통을 호소하고 있다. 청소년들의 에너지를 건전하게 분출할 수 있는 곳이 없다. 오로지 공부만 강요당할 뿐이다. 이러한 부담으로 자살을 시도하는 청소년들이 급증하고 있다.

청소년들을 사회 전체적으로 공부 지옥에 몰아넣고 있는 것은 기본적으로 우리나라 부모들의 교육열 때문이다. 즉, 자식들을 좋은 대학에 보내고, 좋은 대학을 나와서 일류 직장에 다닐 수 있게 하기 위한 욕심 때문이기도 하다. 이 욕심이 사회 전체적으로 경쟁이 붙어 가속화하고 있는 것이다. '욕심 경쟁'은 시간이 갈수록 더 통제할 수 없을 정도에 이르다 보니 부작용이 매우 커지고 있으며 아이들의 고통은 말할 수 없을 정도이다. 중학교 1학년이 2, 3학년 과정을 미리 배우고, 체육 과외까지 받는가 하면 시간당 수백만 원 하는 족집게 과외까지 성행한다.

이렇게까지 공부해서 얻는 것은 너무 초라하다. 공부의 양과 고통에 비해 얻는 것이 너무 적다. 이렇게까지 쓸데없는 공부를 많이 시킬 필요가 없다. 우리 사회 전체의 통렬한 반성이 필요하다. 그리고 아이들 적성과 희망을 그다지 고려하지 않은 채 무조건 대학으로 보낸다. 대학만 나오면 좋은 직장에 취직할 것이라는 희망을 가지고 무리를 하더라도 대학을 보내려 한다. 그런데 현실은 그렇지 않다. 최근 지방대학을 나와서 취직하기 어렵다. 특히 이공계가 아닌 문과계열 대학을 졸업해서는 더욱 그렇다. 서울에 있는 대학도 상황은 마찬가지다.

대졸 실업자가 많을 수밖에 없어 청년실업의 주요인이다. 이제 우리나라도 단선화한 가치관으로 청소년들을 키우는 틀에서 벗어날 때에 이르렀다. 보다 다원화한 가치관 하에서 청소년들의 미래, 적성, 행복 등을 고려해 미래를 설계하도록 해야 한다. 공부할 의지도 능력도 모자란 아이들을 억지로 공부시켜서 대학을 보내서는 좋은 직장에 취직시킬 수 없기 때문이다. 이 부분에 대해서도 우리 사회 전체의 진지한 반성이 필요하다. 또한 학교 내에서 선생님 권위가 땅에 떨어졌으며 인성교육이 공부에 밀려 무시당하고 있다.

선진국에 비해 우리나라가 가장 뒤떨어지는 부분이 바로 남을 배려하는 마음과 수준 높은 도덕심이라고 생각한다. 선진국에 가서 가장 크게 감동받는 것이 바로 남을 배려하고 존중하는 현지 국민들의 마음과 수준 높은 도덕심이다. '아! 이래서 선진국이라고 하는 구나'라고 마음속으로 우리나라와 비교하곤 한다. 심지어 우리가 무시하는 일본에 가도 남을 배려하는 모습을 많이 본다. 대기업 인력충원 담당임원들이 이구동성으로 지적하는 사항이 있다. 우리나라 교육 시스템은 '공부만 잘하는 이기적인 사람'을 키워내는 데 초점이 맞춰져 있는 것 같다는 것이다. 이른바 우리나라 일류대학 학생들은 전반적으로 공부는 잘 하지만 매우 이기적이고 자기중심적이라는 것이다. 다른 부서, 다른 사람과 협동적이어야 하나 일류대학을 나온 직원들은 이기적이어서 걸림돌이다.

이와 같이 우리나라 교육시스템은 국가발전에 기여하기는커녕 걸림돌을 양산하는 데 치중할 정도로 문제가 많고 복잡하다. 우리나라를 발전시키는 가장 원천적인 동인은 바로 우수한 인재다. 교육이 백년대계라고 하는 이유다. 우리나라는 이제 인력양성시스템을 원점에서 다시 설계해야 한다. 국가발전에 다시 인재들이 큰 기여를 할 수 있도록 하기 위해서다. 대통령 선거의 공약 차원에서 단기적으로 급조해서는 절대로 안 된다. 정권과 관계없이 장기적으로 펼쳐질 수 있도록 신중하게 만들어야 한다.

2) 추진과제[13]

첫째, 어떤 가치관으로 우리나라 학생(초, 중, 고등, 대학교 포함)들을 키워낼 것인가에 대한 광범위한 논의를 거쳐 틀을 정립해야 한다. 현재 우리나라 교육시스템이 많은 문제점을 가지고 있는 가장 근본적인 원인은 철학의 부재라고 본다. 현재 우리 교육의 목표와 가치는 공부 잘 시켜 좋은 대학 보내는 것이 거의 전부라고 해도 좋을 정도다. 다른 어떤 가치관도 비집고 들어갈 공간이 없다. 이제는 이런 수준에서 탈피해야 한다.

둘째, 튼튼한 기본기를 갖추고, 창의성과 협동성을 기르는 데 교육의 초점을 맞춰야 한다. 우리나라 교육은 기본적으로 2차 산업혁명의 산업화 시대와 추격형 성장전략에 맞춰져 있다. 따라서 주입식 교육이 근간을 이루고 있다. 선생님이 강의하면 받아 적고 그 내용을 바탕으로 낸 객관식 시험을 보면서 1~4번 중 답을 적어내는 식이다. 답을 달달 외우는 방식이니 기본기가 약하다.

우리나라 학생이 학부과정에서는 두각을 나타내다가 석사, 박사 과정으로 가면 갈수록 선진국 학생에게 뒤떨어지는 원인은 기본기와 창의성에 중점을 두지 않는 주입식 교육 때문이다. 하루빨리 초등학교부터 대학교까지 전 과정에 걸쳐 튼튼한 기본기와 창의성을 제고하는 방향으로 개편이 이뤄져야 한다.

향후 제4차 산업혁명을 대비하려면 하루빨리 주입식 교육은 사라져야 한다. 아날로그 기술이 주류를 이루던 시대는 기술의 변화가 느리고 예측 가능했다. 따라서 맞춤형과 주입식으로 인재를 기르면 그만이었다. 그러나 디지털혁명 이후 기술변화의 속도는 하루가 다르게 빨라졌으며 예측하기도 어려워졌다. 이런 생태계에서 주입식 교육을 고집하는 것은 곤란하다.

변화에 빠르게 대응하기 위해서는 탄탄한 기본기에 창의적 사고능력을 갖춘 인재를 키워내야 한다. 더욱이 우리나라는 추격형 성장전략이 한계에 봉착했기 때문에 세계 최고가 되기 위해서는 더욱 창조적이어야 한다.

아울러 '창의성'과 함께 '협동성'도 매우 중요하다. 현재 세계 경제와 산업의 메가트렌드 중 하나가 협동성이다. R&D의 대형화와 함께 세계 경제 및 산업의 네트워크(network)화가 심화하고 있어 개인이 아닌 네트워크의 경쟁력이 조명을 받고 있다. 따라서 각 조직의 구성원들이 협동적이지 않으면 그 네트워크의 경쟁력은 약해지기 마련이다. 그럼에도 우리 교육시스템은 지나치게 개인 간의 경쟁을 강조한다. 각 개인이 공부만 잘하면 그만이라는 식이다. 공동으로 과제를 제출하는 방식의 교육, 즉 협동심을 제고하는 방식은 전무하다. 공부는 잘하지만 이기적인 인재를 길러내는 방식은 하루빨리 폐기해야 한다.

셋째, 산업인력양성 관점에서 대학교육은 근본적인 변화가 필요하다. 대학의 산업인력양성시스템은 새로운 성장전략을 뒷받침할 수 있어야 하며 미래지향적이고 혁신적이어야 한다. 우리나라의 재도약을 위해 대학교육을 미래지향적이고 혁신적으로 재편하고 대학교육의 질을 향상시키는 것은 결정적으로 중요하다. 그리고 장기적으로 대학교육을 통해 '무엇을 배우도록 할 것인지', 즉 교육의 내적목표에 대한 사회적 합의를 만들어내야 한다. 현재는 이러한 합의 없이 교육의 외재적 기준만으로 교육 전반을 평가하고 있다. 단기수요에 따라 특정목표에만 초점으로 맞춘 이 같은 흐름들이 대학교육을 황폐화시키고 질을 떨어뜨린다. 단기적 성과에 급급한 대학교육은 하루빨리 철폐해야 한다. 예를 들면 대학졸업생의 취업률과 정부의 대학지원을 연계시키는 것 등이다. 탄탄한 기본기 연마를 위해 커리큘럼을 어떻게 구성할 것인지, 창의성과 협동성을 제고하기 위해서는 교육내용을 어떻게 할 것인지에 대한 깊은 연구가 있어야 한다.

대학교육의 투명성을 높이면서 실제로 대학에서 무얼 가르쳐 어떤 장기적 성과를 냈는지 등을 살피는 사회적 검증이 강해져야 한다. 최근 이화여대 '정유라 사태'는 대학교육의 품질관리가 얼마나 허술한지 다시 한 번 입증한 좋은 사례다. 이런 상황을 해소하지 않는 한 대학에 대한 사회적 지원의 정당성을 찾기 어렵다. 현재 우리나라는 각

교수마다 자기 마음대로 가르치고 자기 재량으로 시험문제를 출제해 평가한다. 어떤 내용을 가르치는지에 대한 사회적 검증시스템이 전혀 없다. 이런 시스템 하에서 대학교육의 질이 나아지리라고 기대할 수 없다. 따라서 대학교육이 미래지향적으로 혁신을 이루려면 학문 분야별 커리큘럼을 개발해야 하며, 실질적으로 교육의 내적 목표가 제대로 이뤄지는지를 사회적으로 점검, 평가하는 시스템이 정립돼야 한다.

대학교육의 질을 대폭 향상시키기 위해서는 대학에 대한 재정지원 방식 또한 근본적으로 바꿔야 한다. 또 대학 재정과 관련된 정부 간섭을 가능한 한 축소해야 한다. 대학교 등록금 규제를 없애야 하며 대학에 대한 재정지원 방식도 근본적으로 달라져야 한다.

즉, 정부가 소수 전문가를 동원해 개별적으로 고안해 특정분야의 사업을 선별적으로 지원하는 방식은 이제 더 이상 채택해서는 안 된다. 이러한 사업은 학교의 근본적인 교육·연구역량을 키우는 데 전혀 도움을 주지 못할 뿐 아니라 인위적으로 재단된 지표들에 쏠림으로써 대학교육을 왜곡시키고 황폐화시킬 뿐이다. 사실 정부가 이러한 상황에 모든 책임을 갖고 있는 것은 아니며 국회, 언론 등도 단기 실적에 대한 압박을 정부에 가해왔다는 점에서 공동책임이 있다고 판단된다.

넷째, 모든 국민의 지속적 역량개발을 위한 평생교육시스템을 대폭 강화해야 한다. 미래의 불확실성에 대비하기 위해서는 학교교육에서는 탄탄한 기본기를 갖추도록 하고, 졸업 후에는 지속적인 재교육과 자기계발이 가능하도록 하는 평생교육시스템을 대폭 강화해야

한다. 이를 위해 고용노동부 직업능력개발사업의 근본적인 개편이
필요하다.

8. 노동개혁의 강도 있는 추진

1) 현황 및 문제점

모든 국제기구의 평가에 따르면 우리나라 고용·노사관계제도의 경
쟁력은 모든 평가대상 중 거의 꼴찌 수준으로 낙후했다. 이에 따라
거의 모든 역대 정부들은 노동부문(고용·노사관계제도) 개혁을 의욕
적으로 추진했으나 모두 실패로 끝나고 말았다.

　박근혜 정부도 4대 개혁 중에 노동부문 개혁을 포함해 추진했으나
핵심문제를 건드리지도 못한 채 국회 탓만 하면서 끝내고 말았다. 노
동부문의 개혁이 이처럼 모두 실패한 이유는 이 부문의 개혁이 어렵
기도 하지만 역대 정부가 이를 개혁하려는 진정한 의지가 없었기 때
문이라고 본다. 이제 형식적인 개혁은 모두 용도폐기한 뒤 진정한 의
지를 갖고 문제해결에 나서야 한다.

　현재 노동부문은 우리나라 경제시스템 상 가장 후진적일 뿐 아니
라 우리나라 경제의 성장과 분배 측면(특히 분배)의 실패를 초래하는
핵심부문이기 때문이다. 앞에서 지적했듯이 오로지 대기업에 근무
하는 근로자만이 성장의 과실을 누리는 형평의 불평등을 해소하려면
우선 노동부문의 개혁이 필수적이다. 그리고 기업의 경쟁력제고 차

450

원에서도 글로벌 스탠더드에 맞는 제도개선이 필요하다. 우리나라 노동부문의 주요 문제점을 살펴보면 다음과 같다.

(1) 과다한 대기업 임금수준으로 인한 대·중소기업 간 임금 격차

우리나라 소득분배가 가장 불공평한 부분은 대기업과 중소·중견기업 간 임금 격차다. 대기업과 중소기업간 임금 격차는 시간이 지날수록 커지고 있는데, 격차가 벌어지는 원인은 생산성 차이뿐 아니라 대기업집단의 독·과점적 지위와 함께 강성 대기업노조의 집단이기주의 형태의 결합에도 있다. 적어도 이런 측면은 무시할 수 없다. 아울러 대기업의 생산성과 무관한 연공(호봉) 임금체계, 대기업 대졸 초임의 과다한 임금 수준을 지적하는 전문가들이 많다.

우리나라의 임금체계는 상당부분이 근속기간에 비례하는 연공임금체계의 특징을 가지고 있는데, 성과연봉제를 채택하고 있다고 주장하는 대기업도 대부분 연공임금성 자체는 유지하는 혼합형이다. 우리나라 임금의 연공성은 다른 나라에 비해 월등히 높고, 특히 제조업의 경우가 심하다. 연공임금은 주로 대기업 정규직군을 중심으로 이뤄지고 있으며 생산성과 관계없이 시간이 지나면 임금이 자동적으로 올라가는 구조다.

이렇다보니 우리나라 대기업 임금 수준은 선진국에 비해서도 높은 반면 생산성은 약 절반 수준에 불과해 경쟁력 약화의 주요 요인 중 하나이기도 하다. 이런 연공임금체계 하에서 정년연장을 법률로 의무화할 경우 큰 문제가 발생할 수 있다. 즉, 정년을 연장할 때 연공임금체계 개편과 임금피크제를 동시에 시행하지 못하면 업무성과가 낮은 근로자에게 가장 높은 임금을 지급해야 하는 문제가 발생해 근로자 간 형평성을 해칠 뿐 아니라 기업경쟁력에도 악영향을 미친다.

그리고 '과다한 대졸 초임' 문제는 우리나라 대부분의 대기업에 걸쳐 발생하고 있다. 2014년 기준 한·일간 대졸 초임을 비교해 보면 한국 300인 이상 대기업 정규직의 경우 37,756달러인 데 반해 일본 1,000인 이상 대기업 상용직 초임은 27,105달러로 우리나라의 71.7% 수준이다. 일본의 1인당 GDP가 우리나라의 2배 수준임을 감안하면 우리나라 대졸 초임은 턱없이 높은 수준이다.

이런 임금수준은 대·중소기업간 임금 격차를 유발할 뿐 아니라 부수적으로 여러 가지 부작용을 일으키는 주원인으로 작용하고 있다. 즉, 청년실업 문제의 대부분이 대기업 정규직과 중소기업 간 임금 격차에 기인할 가능성이 높다. 청년층이 대기업에 비해 턱없이 임금 수준이 낮은 중소기업에 취직하는 것을 기피하기 때문이다. 그리고 대기업의 임금 수준은 선진국에 비해서도 높은 수준으로 글로벌 경쟁력 약화의 원인으로 작용하고 있다. 예를 들면 현대·기아자동차의 경우 매출액 대비 인건비 비중이 14.5~15%에 달하는 것으로 나오는데, 일본의 경우 한 자리 수에 그치고 있어 우리나라가 노동비용 측면에서 매우 불리하다는 것을 알 수 있다.

(2) 노사관계의 기초질서가 여전히 미흡

노동조합 조직률은 10% 전후를 넘지 못하는 등 약세를 면치 못하고 있지만 대기업 노조 중심의 노조분규 현장에서는 법질서가 여전히 지켜지지 않는 등 산업현장의 기초질서는 매우 후진적인 상태다. 현

정부의 갑을오토텍 직장점거 내지 사업장 출입봉쇄 사건, 전 정부의 쌍용차 옥쇄파업 등과 같은 장기 점거파업과 함께 전쟁을 방불케 하는 무법상태가 지속되지만 거의 모든 경우 공권력을 제대로 발동하지 못하고 있다. 법질서가 온전하게 지켜지지 않는다는 얘기다. 특히 평균연봉이 약 1억 원에 이르는 현대ㆍ기아 자동차의 경우 이기적이고 과도한 연례적 파업이 사회적 비난을 받고 있음에도 거의 매년 발생한다. 그리고 공공부문의 노동조합도 임금수준 및 복지수준이 높은 데도 불구하고 강력한 노조조직률을 이용해 집단적 이기주의의 전형적인 형태를 보이고 있어 사회적 비난을 받고 있다.

(3) 고령화 시대에 맞지 않는 임금체계와 노동제도 지속

우리나라는 향후 본격적인 고령사회를 앞두고 있음에도 불구하고 고용-복지 분야에서 이에 대한 대비가 매우 미흡하다. 현재 '베이비붐' 세대가 본격적인 은퇴연령에 접어들면서 이들이 수준 낮은 일자리와 저임금 등의 문제에 직면하며 사회문제로 떠오르고 있다. 이마저도 일자리 부족 현상이 병존하고 있어 더 심각하다. 더욱이 이들은 단기간에 형성된 국민연금 등 사회보험도 턱없이 부족한 수준이어서 이들 중 상당수가 노인빈곤에 시달릴 가능성이 높다.

아울러 일본의 사례에서 보듯이 고령사회에 접어들면 추가적인 정년연장 문제가 반드시 뒤따른다. 그러나 60세 정년연장 때와 같이 임금체계 개편 없이 포퓰리즘적 임기응변식으로 대응할 경우 국가경제적으로 커다란 문제에 봉착할 가능성이 있어 이에 대한 제도적 정비가 반드시 필요하다.

2) 추진 과제

(1) 임금체계 개편

첫째, 무엇보다도 임금체계를 호봉 내지 근속급에서 탈피할 수 있도록 추진해 대기업 임금 수준도 낮추면서 생산성을 높여야 한다.

둘째, 기업횡단적 임금시장을 구축해야 한다. 기업규모 간 임금격차는 대기업 정규직의 연공임금체계 축소로는 달성할 수 없다. 즉, 연공임금 축소는 대기업 정규직 임금의 생산성에 부합하는 수준으로 근접하게 할 수는 있지만 동일직종 직무의 임금 수준(예: 현대자동차 생산직과 1차 협력업체의 동일직종 직무 생산직) 간 격차문제는 해결할 수 없다.

기업횡단적 임금시장을 구축하면 동일직종 직무일 경우에는 어떤 직장이라도 임금 수준이 유사해짐으로써 기업규모 차이로 인한 임금격차 문제도 해결할 뿐 아니라 노동시장 내 자유로운 이동을 촉진시켜 경제활동에 참가하는 고용 총량을 늘릴 수 있다.

셋째, 적정한 수준의 대졸 초임을 지급하도록 사회적 조정이 필요하다. 대졸 초임이 글로벌 수준과 국내 사정을 고려한 적정임금으로 유지될 수 있도록 하는 글로벌 대기업들의 사회적 책임 환경을 조성해야 한다. 임금결정은 전적으로 사기업 영역의 몫이긴 하나 국내 대기업집단은 사회적 책임 측면에서 합리적인 대졸 초임 수준을 결정할 필요가 있다.

(2) 선진국 수준의 노사관계 기초질서 확립

첫째, 대체근로를 폭넓게 허용하는 방향으로 나아가야 한다. 노사분규 시 노조와 사용자가 균형적인 수단을 갖도록 해야 한다. 그럼에도 우리나라의 경우 대기업은 노조가 유리하고, 중소기업은 사용자가 유리하다. 특히 대기업 강성노조가 장악하고 있는 사업장의 경우 대체근로금지제도가 사용자를 결정적으로 불리하게 만드는 제도 중 하나로 지적된다.

파업 중 대체근로금지제도는 아프리카 말라위 등 극히 일부 개도국에만 있는 제도로 대폭적인 허용 쪽으로 개선해야 한다. 즉, 대기업에 한하여 쟁의기간 중 중단된 업무에 대해 외부인력을 동원한 대체근로는 물론 하도급을 주는 것도 허용해야 한다.

둘째, 직장점거 파업을 원칙적으로 금지하는 방향으로 법을 개정해 파업은 소극적으로 노동을 제공하지 않는 행위에 그치도록 유도해야 한다. 현재는 파업 때 운동장, 식당 등을 점거하는 것은 허용하나 실제로는 파업자가 전 사업장을 사실상 점거하는 형태로 벌어진다. 게다가 경찰 등 공권력 행사도 소극적이어서 기업의 소유권 또는 시설관리 권한이 침해받는 불법상태가 이어지고 있다.

(3) 고령자 고용대책 수립

첫째, 고령자 고용확대를 위한 정년연장 및 파견근로 등의 허용이 필요하다. 정년을 연장할 경우에는 반드시 임금피크제나 임금체계 개편이 따라야 한다. 취업이 어려운 고령자에 한해서라도 파견근로를 허용하되 필요하다면 차별금지 규정과 운영을 강화해서 공정한 보상을 받도록 해야 한다.

둘째, 근로시간 유연화, 고령자 편의작업장 등 고령자 친화적 고용정책을 강화할 필요가 있다. 그리고 고령자에 대하여도 청년창업 지원과 같은 장년창업 지원제도도 필요하다.

(4) 고용의 유연안정성 제고

글로벌 노동환경을 대비해 우리나라 노동시장이 반드시 개선해야 할 과제가 유연안정성 제고다. 이를 위해서는 무엇보다도 파견근로와 기간제 근로제도를 대폭 개선해야 한다. 현행 제도는 파견근로 활용을 원칙적으로 금지하고 있다. 기간제 근로도 사용기간의 단기화로 짧은 기간 내 이직이 불가피하며 정규직으로의 전환도 매우 어렵다.

따라서 제조업 파견근로를 허용하고, 기간제 근로 사용기간도 연장하는 방향으로 개선하는 것이 고용을 창출하고 현실적으로 비정규직의 고용안정을 도모하는 것이다. 다만 비정규직 활용에 따른 불합리한 차별 등은 동일근무 정규직과의 차별금지와 현행법상 차별시정제도 활성화를 통하여 공정한 보상이 이루어지도록 하는 차별시정 개선도 병행해야 한다. 근로자 보호수준이 매우 높은 독일, 프랑스 등 유럽 국가들도 원칙적으로 제조업 등에 파견근로를 허용하고 사용기간 제한도 폐지하는 대신 차별금지 및 시정은 대폭 강화하고 있다.

9. 체계적인 중국 대응 및 활용을 위한 국가전략 수립

1) 현황 및 문제점

앞에서 강조한 바와 같이 우리나라 경제와 산업에 결정적인 영향을 미치는 변수 중 하나가 중국이다. 중국의 미래, 한국에 대한 중국의 정책방향이 우리나라 정치·경제·산업에 미치는 영향은 지대하다. 중국은 우리나라에게 기회와 함께 위협을 동시에 제공하는데 앞으로는 우리에게 단기뿐 아니라 중·장기적으로 위협적 요소로 부상할 가능성이 훨씬 높다.

즉, 단기적으로는 중국이 새로운 성장패러다임으로 전환하는 과정에서 누적된 비효율과 부채를 해소하면서 큰 어려움에 처할 가능성이 크다. 이런 과정에서 우리나라 경제는 단기적으로 위기에 처할 수 있다. 중·장기적으로는 중국이 제조업강국으로 부상하는 등 적어도 30년 이상 번영할 것으로 전망된다. 이런 과정에서 아주 가까운 거리에 있는 우리나라가 중국에 대한 확고한 비교우위 요소를 확보하지 못한다면, 우리 경제와 산업은 거대한 블랙홀에 빨려 들어가듯이 거대한 중국 경제와 산업에 흡수되면서 중국의 주변국에 머물 가능성도 배제할 수 없다.

그럼에도 중국에 대한 우리의 대응은 너무나 안일하고 미흡하다. '정말 이럴 수 있을까?'라는 의문이 들 정도로 중국에 대한 대비가 거의 없다. 정부와 기업 모두 대비가 미흡하기는 질적으로 큰 차이가 없다. 그리고 우리나라 전체가 한데 뭉쳐 대응하지 못하고 모두 제각각이다. 민·관 협력 또는 기업 간 협력의 모습을 찾아보기 힘들다. 이렇다 보니 중국에 대한 대응이 극히 단편적이고 임기응변식이다. 또한 정치·경제 등 모든 분야를 고려한 종합적이고 입체적인 대응은 전혀 이뤄지지 못하고 있는 실정이다.

사드배치 결정이 대표적인 사례다. 사드배치 결정과정에 대한 논란이 많다. 경제분야와 관련해서는 특히 문제가 많다. 발표하기 전에 사드배치 결정으로 중국의 경제분야 보복 가능성을 예측하고 완화방안을 강구했어야 했다. 경제분야에 대한 고려 없이 순식간에 사드배치를 결정하고 난 후 "중국은 경제적 보복을 하지 않을 것이다"라고 정부 주요 책임자들이 희망 섞인 말을 국민들 앞에서 무책임하게 쏟아냈다.

과연 그런가? 지금 기업들은 중국 내에서 사업을 할 수 없을 정도라고 한숨만 내쉬고 있다. 중국과 중국 사람들에 대한 약간의 이해만 있어도 보복이 있을 것이란 예측은 쉽게 할 수 있다. '세계 중심에 있는 유아독존적 나라와 국민'이라는 강한 자부심이 있는 중국 사람들은 자존심이 상하는 일은 경제적 이해득실과 관계없이 참지 않는다. 반드시 그에 상응하는 보복을 하고 만다.

사드배치 결정에 따른 후폭풍은 우리가 예상한 것보다 훨씬 강력한 조치들로 오래 이어질 것이며, 그 피해는 온전히 우리나라 기업(특히 중소기업)의 몫이다. 그리고 중국의 위협요소에 대한 대비와 함께 중국으로 인한 기회요소를 적극 활용해야 한다. 중국은 세계에서 가장 규모가 큰 나라이면서 성장속도가 가장 빠른 나라 중 하나로서 향후 세계 최대 소비시장으로 부상할 전망이다. 한국에서 비행기로 1시간 30분 거리에 있는, 한반도보다 약 40배 이상 큰 나라가 세계에서 가장 역동적이며 최대의 시장으로 부상한다는 점은 우리에게 큰 기회임이 분명하다.

우리나라는 중국으로 인한 기회요인을 우리 것으로 만들어 경제성장과 산업발전의 동력으로 삼아야 한다. 그러나 2000년대에는 중국 경제와 산업의 비약적인 발전이 우리나라 경제와 산업발전에 큰 도움을 주었지만, 향후에는 사정이 달라질 것이다. 왜냐하면 전 세계 모든 나라와 최고의 기업들이 기회를 노리고 있으며, 글로벌 수준으로 성장한 중국 기업들도 만만한 상대가 아니기 때문이다.

중국으로 인한 기회요인을 우리 것으로 만들기 위한 치열한 노력이 없으면 2000년대와 같은 결과는 결코 얻을 수 없을 것이다. 철저한 연구와 함께 우리가 잘할 수 있는 분야를 선정・육성하는 등 전략적인 접근과 노력이 절대적으로 필요한 시점이다.

2) 추진과제

(1) 중국에 대한 체계적인 연구와 분석

중국에 체계적으로 대응하며 활용하기 위해 가장 시급하고 중요한 과제는 중국에 대한 연구와 분석이다. 선진국과 개도국을 구분하는 기준 중 하나가 선진국은 광범위한 연구・분석시스템을 중복적으로 보유하고 있다. 어떤 정책을 시행하기 전 실태파악을 정확하게 하기 위한 조사・분석을 한 후 문제해결에 필요한 연구를 진행한 뒤에 정책을 제시한다. 반면 개도국은 몇 사람의 정책입안자가 적당히 조사한 후 주먹구구식 결정을 한다.

이런 관점에서 보면 우리나라는 전형적인 개도국이다. 우리나라는 정책결정을 뒷받침하는 연구·분석시스템을 거의 갖추지 못했다. 특히 중국에 대한 연구는 거의 없다고 해도 과언이 아니다. 우선 정부 쪽을 살펴보면 한심한 수준이다. 특정 연구기관이 중국 연구를 독점하고 있는데, 지역과 거시연구에 치중하고 있다. 또 중국 전문가에 대한 연구의뢰도 일부에 치우치고 있다는 여론이 지배적이다. 중국에 대한 전반적인 연구는커녕 전혀 도움이 되지 않는 '연구를 위한 연구'만 이어지고 있을 뿐이다.

이렇다 보니 중국 관련 대책을 논의(특히 대통령 주재회의) 할 때면 난리가 난다. 국가출연연구소, 전문가집단에 의견을 묻고 난 후 정책을 급조한 후 그럴 듯하게 전시성으로 포장한다. 중국에 대한 전문지식과 연구가 쌓이지 못한 상태에서 나오는 전문가의 조언이 얼마나 도움이 될 것이며, 그것으로 만든 대책이 얼마나 현장에서 실효성 있게 효과를 내겠는가? 대부분 회의가 끝나고 나면 잊어버리고 만다. 이런 '눈 가리고 아웅' 식의 대응이 거듭 이어지고 있다.

민간기업은 어떤가? 대기업들은 대부분 마케팅정보가 필요한데 거의 대부분 글로벌 컨설팅기관에게 거액을 지불하고 의뢰해 필요한 정보와 지식을 얻는 것으로 알려져 있다. 대기업이 각자 따로 거액을 들여 필요한 정보를 사는 형태다. 그러면서 정보의 공유는 전혀 이뤄지지 않는다고 한다. 중소·중견기업의 경우 거액을 주고 정보를 구입할 형편이 아니다 보니 주변 지인의 도움에 의지해 필요한 정보를 얻고 있다. 결국 잘못된 정보에 근거해 사업관련 결정을 한 뒤 실패

460

하는 사례가 많다고 한다.

정부 유관기관이 관련정보를 제공하고 있으나 중소기업에게 크게 도움을 주지 못하는 수준이다. 일본의 경우 대기업이 자체적으로 조사·분석한 정보 중 영업비밀인 부문을 제외하고는 관련 정부기관에 제공해 정보를 공유한다고 한다. 그리고 민간기업들은 축적된 정보를 가지고 정보제공 자회사를 설립해 필요한 정보를 다른 기업에 판매한다고 한다. 정보·지식창출 및 유통시장을 광범위하게 조성하고 있는 것이다. 다른 선진국들도 마찬가지다.

따라서 중국관련 정보수집·분석·연구시스템을 새롭게 구축해야 한다. 우선 정부부문부터 살펴보자. 이명박 정부 초기 중국관련 연구기능을 대폭 강화하자는 논의가 활발하게 이뤄졌다. 당시 중국연구소를 설립하자는 제안이 있었으나 기존 연구소 내에서 중국연구를 활성화하자는 쪽으로 정리됐다. 그 이후 활성화 방안은 흐지부지되고 말았다. 중국연구는 어떤 기구를 설립하는 차원이 아닌 시스템 구축이 그 중심이 돼야 한다.

첫째, 중국관련 정보를 광범위하고 체계적으로 수집하는 기능부터 정립해야 한다. 중국은 계속 변화하고 있으며 앞으로도 변화를 계속할 것이다. 현재 중국 부처들은 관련법을 제정하고 있으며 정책들도 쏟아내고 있다. 기업부문도 하루가 다르게 새로운 기업이 생겨나고 있는가 하면 경쟁력 있는 기업들이 변화하고 있는 등 산업 자체가 역동적으로 변화하고 있다.

중국 시장도 분야별로 매우 다양하며 계속 진화하고 있다. 이러한 분야별 정보를 체계적으로 수집하는 시스템을 구축해야 한다. 미국,

독일, 일본 등 선진국들은 중국관련 정보수집에 엄청난 돈을 투입하고 있다. 이렇게 수집한 정보는 분야별로 관련된 정부 연구기관에 보내져 자국에 어떤 영향을 미치고, 향후 어떤 대응을 해야 하는지를 분석하는 자료로 쓰인다. 우리도 기업, 개별산업(자동차, 통신, 기계 등), 개별분야(건설, 금융, 환경, 에너지 등)별로 중국을 연구하는 기능이 있어야 한다. 중국 역사, 문화 등 인문분야에 대한 연구도 중요하다. 이렇게 수집·분석된 정보와 연구는 관련된 정부부처가 공유해야 하며 여기에서 대외적으로 개방할 수 있는 정보와 연구는 민간에게도 제공해야 한다. 여러 분야에서 분석된 정보와 연구는 한 곳에서 종합적으로 분석될 수 있도록 모아져야 한다. 이 기관은 여러 분야의 정보를 전체적으로 분석하고 이를 바탕으로 대중국 전략을 수립해야 한다.

결론적으로 말하자면, 중국 내 정보수집 시스템-분야별 분석 시스템-종합분석 및 전략수립 시스템을 우선 구축해야 한다. 여기에는 민간부문에서 수집한 정보, 또한 일본의 경우와 같은 민·관 협력 시스템도 들어가야 한다.

대기업은 지금처럼 각자 필요한 정보를 구입하면 된다. 그러면서 이렇게 획득한 정보를 가능한 한 여러 부문이 공유할 수 있도록 노력해야 한다. 그리고 선진국과 같이 정보를 사고파는 시장과 산업이 형성되도록 해야 한다. 정부 유관기관이 제공하는 정보는 한계를 가질 수밖에 없다. 돈이 되는 정보는 돈을 주고 살 수밖에 없다. 따라서 정보도 시장기능에 의해 해결하는 시스템 구축이 필요하다. 영세 중소기업의 경우 정부에서 쿠폰을 지급해 시장에서 필요정보를 구입할 수 있도록 하면 된다.

(2) 체계적인 중국 대응 및 활용을 위한 국가전략 수립

정부 내 분야별로 수집된 정보와 연구, 또 이와 함께 종합적으로 분석된 정보와 연구를 바탕으로 민간부문의 의견을 수렴하면서 우리나라의 대중국 국가전략을 수립할 수 있어야 한다. 중·장기적 전략과 함께 단기 전략도 마련해야 한다. 여기에는 정치·경제·산업·사회·문화 등 모든 분야가 들어가야 하며 여러 분야들이 종합적으로 검토돼야 한다. 이렇게 수립된 국가전략은 가능한 범위 내에서 민간부문과 공유할 수 있도록 만들어야 한다.

10. 저출산·고령화 대책의 강도 높은 추진

1) 현황 및 문제점

앞에서 수차례 강조한 바와 같이 저출산·고령화 현상은 우리나라 모든 부문에 나쁜 영향을 미치는 매우 중차대한 문제다. 그럼에도 불구하고 역대 어떤 정부도 실효성 있는 대책을 내놓지 않았다. 그저 면피 수준의 대책을 겨우 내놓은 정도다.

엄청난 비용을 투입한 후, 그리고 아주 오랜 기간이 경과한 후에야 그 효과가 나타나는 분야이기 때문이다. 5년 단임 정부가 관심을 가지기에는 너무 장기적인 대책이다. 이대로 가면 궁극적으로 재앙에 가까운 상황에 직면할 수 있다. 조속히 종합적이고 체계적인 대책을 마련해야 한다. 그리고 지금보다 훨씬 강도 높은 대책들을 포함해야 한다.

2) 추진방향

첫째, 생산가능 인구 감소에 대처하기 위한 가장 우선적인 방안은 지금 있는 노동력을 더 잘 활용하는 것이다. 특히 여성 노동력을 적극 활용하는 것이 매우 중요하다. 이를 위해서는 일·가정 양립, 노동시간 감축 등 할 수 있는 모든 방안을 동원해야 한다. 아울러 대학입학 준비기간의 단축을 통하여 청년들의 최초 취업연령을 낮추는 방안도 검토할 만하다.

둘째, 정년연장과 함께 퇴직자를 최대한 활용해야 한다. 정년을 65세로 늘리는 정책을 시행할 필요가 있다. 대부분의 선진국은 이미 65세 정년제도를 시행하고 있고, 독일과 덴마크는 67세 정년을 시행 중이다. 물론 정년을 연장하려면 임금피크제의 도입과 능력급제로의 제도개선은 반드시 수반되어야 한다.

셋째, 외국인 이민을 진지하게 고려해야 할 시기가 되었다. 현재 등록된 외국인 수는 전체 인구의 3% 수준이며, 이 중에서 외국인 근로자는 40% 미만이다. 고령화 비율이 높은 유럽 국가들은 심각한 노동력 부족을 극복하기 위하여 이민을 적극 받아들이고 있다. 스웨덴은 이민자 비중이 16%, 싱가포르는 외국인 비중이 43%에 달한다. 우리나라보다 외국인 비중이 낮은 나라는 일본뿐이다. 우리나라도 조만간 이민을 적극적으로 받아들여야 할 시기가 닥칠 것이다. 지금부터 대비를 해야 한다.

글을 마치면서

책의 앞머리에 필자는 우리 앞에 다가오는 위기를 먼 산의 비, 지금 내게 불어 닥친 바람으로 표현했다. 그러나 정말 바람뿐이었을까. 솔직한 심정으로 말한다. 먼 산의 비는 이제 우리 머리 위로 내리기 시작했다. 게다가 점점 굵어진다. 이 비 제대로 긋지 못한다면 우리는 심각한 폭우, 그 뒤로 이어지는 위험한 범람, 더 나아가 우리 스스로가 큰물에 잠기는 몰락의 형국을 맞이할 수 있다.

나는 그 위기의 전조를 일찍이 강조해왔다. 《한·중·일 경제 삼국지 1》을 집필할 때부터다. 그리고 이제 다시 솔직하게 말한다. 지금은 어느 땐가 찾아온 무력감에 휩싸인 지 아주 오래다. 이미 손을 댈 기회를 지나쳤다는 점, 우리의 총체적인 국력이 그를 헤쳐가기에는 심각한 구조적 문제를 지니고 있다는 점, 우리사회 균열이 작고 적지 않다는 점 등의 이유에서였다.

'한국은 다가올 위기를 극복할 수 있을까?' '그런 의지는 있는 것일까?' 나는 다가오는 비구름의 위기를 생각할 때마다 이런 물음을 품었다. 또한 위기가 닥치기 전 선제적 구조개혁을 시도조차 못할 것 같다는 생각이 떠나질 않았다. 일선에서 파악한 현장의 분위기, 정부조직의 운영과 정치의 무책임한 회피 등을 지켜보면서다.

그러나 답답한 심정으로 가만히 앉아있기만 할 수는 없었다. 우리 아들, 딸들의 미래를 위해서 무언가를 해야만 하는 절박한 마음 때문이었다. 그래서 마음을 다잡으며 《한·중·일 경제 삼국지 2》를 써 내려갔다.

나는 이 책에서 우리나라 경제시스템이 더 이상 작동하지 않는 한계에 처했음을 밝히고자 노력했다. 그리고 이를 극복하기 위한 실효성 있는 대안을 제시하고자 최선을 다했다. 이 과정에서 많은 전문가들과의 토론이 있었다. 결론은 매우 뚜렷했다.

이제 더 이상 머뭇거릴 시간이 없다는 점이다. 우리가 초고령사회에 진입하는 시점을 계산하면 남은 시간은 10년 남짓이다. 이 시간 안에 우리가 기울이는 노력은 앞으로 대한민국의 명운을 결정한다. 선진국 진입이냐, 아니면 보잘것없는 군소국가로의 전락이냐다.

급박한 지금의 형세를 볼 때 이 점은 가히 절체절명이라고 해도 좋을 정도다. 이 10년 안에 우리는 우선 모든 국민이 힘을 합쳐야 한다. 총력의 에너지를 만들어내지 못한다면 시간은 더 이상 우리의 편이 아니다. 이는 과거 우리가 경험했던 여러 형태의 위기에 비해 잔인할 정도로 매우 강하다.

우리는 위기에 뭉치는 민족이다. 해방의 혼돈을 잠재우고 나라를 건국했으며, 북한이 도발한 한국전쟁의 위기에서 다시 일어났다. 이어 닥친 경제위기에서도 우리는 힘을 모아 극복했다. 나는 이 점을 다시 믿고 싶다.

이제 모든 국민이 고루 잘살 수 있는 경제시스템을 구축하기 위한 경제·사회 개혁을 과감하고 흔들림 없이 추진해 나가야 한다. 그래서 '제2의 한강의 기적'을 이뤄 강대국으로 우뚝 올라서야 한다. 여기서 제시한 대안들이 활발한 토론을 거쳐 실천으로 옮겨져 결실을 거두길 간절히 기대한다.

미주

1장. 한계에 다다른 한국 경제시스템

1 세부적인 내용은 제6장 "기로에 선 한국" 편 참조.

2장. 불리하게 돌아가는 세계 경제

1 〈KB 지식 비타민〉(2015. 1. 19), 국내외 경제의 장기침체 논란 및 시사점.

2 *Financial Times* (2015. 10. 8), "Big Read : Global Economy".

3 *Financial Times* (2016. 6. 21), "Abenomics as epic fantasy".

4 자세한 내용은 5장 "'잃어버린 20년', 일본 경제 극복할 수 있을까?" 편에서 살펴보기로 한다.

5 현대경제연구소(2016. 5. 25), 〈6월 글로별 경제, 3대 불확실성 확대요인〉.

6 자세한 내용은 3장 "구조적 전환기의 중국 경제 미래" 편에서 다루기로 한다.

7 *Financial Times* (2015. 10. 8), "Global Economy".

8 사이버 물리시스템(*cyber-physical system*) : 물리적 공간이 디지털화 되고 네트워크로 연결되면서 물리적 세계와 사이버세계가 결합되고, 이들을 분석하고 활용하고 제어할 수 있는 시스템.

9 가상데이터: Web(검색 등), SNS 등 온라인 공간 활동에서 발생하는 데이터.

10 실시간데이터: 센서 등으로 건강정보, 주행 데이터, 공장 설비가동 데이터 등 개인, 기업의 실제 활동을 통해 취득한 데이터.

11 *The Economist*(2015. 11. 21), "Does Deutschland do digital?".

12 리쇼어링: 해외에 나가 있는 기업들이 각각 자국으로 돌아가는 현상을 말한다. 싼 인건비나 판매시장을 찾아 해외로 생산기지를 옮기는 오프쇼어링(*offshoring*)의 반대 개념.

13 현대경제연구원(2016. 2), 〈초연결시대 산업전략〉.

14 인도를 주목하는 사람도 있으나 엄격한 신분 제도인 카스트 제도 등 수천 년 동안 유지되어온 기득권층 때문에 조금 더 변화를 지켜봐야 함.

3장. 구조적 전환기의 중국 경제와 위기가능성

1   자세한 내용은 《한·중·일 경제 삼국지 1》, 79쪽 참조.

2   *Financial Times*(2016. 3. 30), "China's challenge to the world", Martin Wolf.

3   *The Economist*(2016. 7. 9), "China's middle class".

4   *Financial Times*, 앞의 기사.

5   자세한 내용은 《한·중·일 경제 삼국지 1》, 79쪽 이하 참조.

6   중국의 조강능력은 전문기관에 따라 편차가 크다.

7   이부영(2015), 〈중국 경제의 구조적 문제 점검과 시사점〉, 현대경제연구소.

8   *Financial Times*(2015. 3. 1), "Big read, China".

9   현대경제연구소(2015. 10)의 앞의 보고서.

10 *Financial Times*, 앞의 기사

11 이 문제는 '중국 경제의 위기 가능성'에서 집중적으로 다루기로 한다.

12 *Financial Times*(2016. 3. 1), "Big read, China".

13 *The Economist*(2016. 5. 7), "The coming debt bust".

14 《한·중·일 경제 삼국지 1》, 71쪽.

15 중국의 부채규모는 추정 기관에 따라 차이가 있다.

16 *Financial Times*(2016. 3. 1), "Big read, China".

17 위의 기사.

18 LGFV(*Local Government Financing Vehicle*: 지방정부 융자 플랫폼)은 중국 지방정부가 우회적으로 자금을 조달하기 위해 설립한 지방정부 산하 페이퍼컴퍼니임.

19 현대경제연구원(2016. 2. 23), 〈중국의 부채구조와 시사점〉.

20 현대경제연구원(2015. 10), 〈중국 경제의 구조적 문제 점검과 시사점〉.

21 *The Economist*(2016. 5. 7), "The coming debt bust". JP모건의 경우 약 80% 정도까지 추정.

22 위의 기사

23 위의 기사

24 위의 기사

25 *Financial Times* (2016. 4. 29) , "China's debt reckoning cannot be deferred indefinitely".

26 〈조선일보〉(2016. 5. 14) , "거품경제 부르는 중국 정부".

27 *Financial Times*, 앞의 기사.

28 *Financial Times* (2016. 4. 24) , "China debt load reaches record high as risk to economy mounts".

29 위의 기사

30 *The Economist* (2016. 9. 12) , "Business in China".

31 중국의 국영기업과 민영기업의 구분은 서방국가처럼 명확하지 않다. 국영기업의 요소와 민영기업의 요소가 혼재되어 있기 때문이다. 그런데 대체로 전략산업에 포함되어 있지 않아 정부의 규제를 받지 않고 자율적으로 경영할 수 있도록 보장 되어 있는 기업을 민영기업으로 분류한다.

32 *The Economist*, 앞의 기사.

33 〈중앙일보〉 중국팀 (2016) , 《중국의 반격》, 틔움.

34 *The Economist*, 앞의 기사.

35 〈중앙일보〉 중국팀 (2016) , 앞의 책.

36 위의 책.

37 *The Economist* (2016. 9. 10) , "Smartphones, Still ringing bells".

38 〈중앙일보〉 중국팀 (2016) , 앞의 책.

39 위의 책

40 Harry S. Dent (2015) , The Demographic Cliff How to Survive and Prosper During the Great Deflation Ahead, 2018: Portfolio. 권성희 역 (2015) , 《2018 인구 절벽이 온다》, 청림출판.

4장. 제조업 강국으로 부상하는 중국

1   〈중앙일보〉(2016. 8. 17) , "일본서 뺏어 온 TV 1등, 중국이 넘본다".

2   이규복 (2015. 7) , 〈한·중 휴대폰 산업 비교 및 분석〉, 전자부품연구원.

3   〈조선경제〉(2016. 2. 16) , "中, IT 하드웨어 이어 소프트웨어까지 약진".

4   〈조선경제〉(2016. 8. 9) , "中 스마트폰 빅3 점유율, 삼성전자 추월 직전".

5   정철호(2015. 10), 〈중국 철강산업 현황과 이슈〉, 포스코경영연구소.

6   조철(2015. 10), 《중국 자동차산업의 경쟁력과 전망》, 산업연구원. 한국의 경우
    도 엘란트라 독자개발 후 급속도로 발전했음

7   *The Economist*(2015. 5. 14.), "Made in China?".

5장. '잃어버린 20년'의 일본 경제, 극복할 수 있을까?

1   일본 경제학자 아카마쓰(赤松)가 제시한 이론으로, 한 나라의 산업화와 주변국으
    로의 산업 확산은 마치 기러기 떼가 날아오르는 것과 유사한 형태를 띤다는 것이
    다. 전형적인 기러기식 성장을 보인 지역은 동아시아로, 일본 → 한국 → 중국 ·
    베트남 등으로 확산되었다.

2   예외적으로 경제성장이 (+)인 해가 다소 있었으나 추세적으로 의미가 없음.

3   하류(下流)의 의미는 '단순히 소득이 적다는 것뿐만 아니라 커뮤니케이션 능력,
    생활능력, 일할 의욕, 배울 의욕 등 삶에 대한 의욕이 총체적으로 낮은 사람'이다.

4   후카오 쿄지(深尾京司, 2012), 《잃어버린 20년과 일본 경제(失われた20年 と
    日本経濟)》, 닛케이출판사(日本経濟新聞出版社).

5   모타니 고스케(藻谷浩介: 2010), 《디플레이션의 정체(デフレの正体)》, 角川
    書店.

6   태평양 전쟁 이후 1947~1949년 사이에 태어난 세대.

7   여성 한 사람이 생애에 출산하는 자녀의 수를 나타내는 수치로 2. 1을 밑돌면 전체
    인구가 감소한다.

8   이우광(2014. 3), 《한 · 일 양국 지식인의 대화》.

9   후카오 쿄지, 앞의 책.

10 末松千尋(2002), 京樣式経營: 日本経濟新聞社. 쓰에마쓰 지히로 저, 우경봉
    역(2008), 《교토식 경영》, 아라크네.

11 일본의 부품 · 소재 · 장비분야는 여전히 세계 최고의 경쟁력을 보유하고 있음.

12 이우광, 《일본병 그리고 한국병, 반면교사 일본》.

13 위의 책 중 신타구 준지로 교수와의 대담.

14 위의 책 중 오쿠노 마사히로 교수와의 대담.

15 위의 책 중 오쿠노 마사히로 교수와의 대담.

16 위의 책 중 요시가와 히로시 교수와의 대화.

17 Trans-Pacific Partnership(환태평양경제동반자협정)의 약자로 미국이 주도하는
    아시아, 태평양 지역 국가들의 다자간 자유무역협정.

18 金子 勝・兒玉 龍彦(2016), 日本病, 長期衰退のダイナミクス: 岩波書店. 가네코 마사루・고다마 마쓰히코 저, 김준 역(2016), 《일본병: 장기쇠퇴의 다이내믹스》, 에이케이커뮤니케이션즈.

19 이우광, 앞의 책 중 다나카 히데키 교수와의 대담.

6장. 기로에 선 한국 경제

1 〈매일경제〉(2016. 7. 18), "포용적 성장 포럼", 곽수일 서울대 명예교수.
2 〈중앙일보〉(2016. 7. 28), "한국 경제, 사회적 자본의 고갈이 더 큰 문제", 김광기.
3 〈매일경제〉, 앞의 기사.

7장. 한국 경제의 시스템적 한계 1: 대기업집단 중심시대의 종언

1 에드먼드 펠프스, 이창근 외 역(2016), 《대번영의 조건》, 열린책들.
2 S-Oil, 한국GM, LS니꼬동제련, 대우건설, 코카콜라음료, 환경시설관리공사, 코스모화학, 지투알.
3 세아(2004년), STX(2005년), 하이닉스(2006년), 웅진(2009년), 유진(2011년).

8장. 한국 경제의 시스템적 한계 2: 늙고 활기 없는 경제

1 주원・김천구(2016), 〈국내 잠재성장률 추이 및 전망〉, 현대경제연구원.
2 주원・김천구, 앞의 보고서
3 우리나라 주력산업별 현황은 중국 편에서 중국산업과 비교하면서 자세히 살펴보았기 때문에 여기서는 중복을 피하는 선에서 간략히 기술하기로 한다.
4 박상인(2016), 《삼성전자가 몰락해도 한국이 사는 길》, 미래를 소유한 사람들.
5 이정동 외(2015), 《축적의 시간》, 지식노마드 중 박영준 교수(서울대 전기정보공학부) 참조.
6 위의 책 중 김형준 교수(서울대 재료공학부) 참조.
7 위의 책 중 김용환 교수(서울대 조선해양공학과) 참조.
8 권성용(2015. 10), 《중국 EPCI 산업 경쟁력 분석》, 포럼 발표자료.
9 조영태(2016), 《정해진 미래》, 북스톤.
10 김갑수(2014. 12), 〈대기업의 R&D투자 현황 분석을 통해서 본 한국 산업구조의

문제점〉, KAIST 기술경영전문대학원 참조. 미발표 자료

11 전문기관들은 전문성·객관성·공정성을 갖춘 성과평가 및 연구성과의 관리·활용체계를 구축하고 효율적으로 운영하기 위한 정보 교환 등의 협력을 위해 14개 전문기관이 '연구관리혁신협의회'를 설립하여 운영하고 있다. http://corfa. or. kr.

12 미국의 경우 대표적인 펀딩기관으로 NSF와 NIH가 있으며, 일본은 JST, 핀란드는 TEKES 등 대부분의 국가에는 1~2개의 펀딩기구만 운영하는 상황임.

13 앞에서 상세히 설명하였으므로 여기서는 간략히 언급하기로 함.

9장. 한국 경제의 시스템적 한계 3: 양극화 및 불평등 심화

1 장하성(2015), 《왜 분노해야 하는가》, 헤이북스 참조.

2 강두용·이상호(2012. 12), 〈한국 경제의 가계 기업 간 소득성장 불균형 문제〉, 산업연구원 연구서.

3 위의 책.

4 위의 책.

5 위의 책.

6 위의 책.

10장. 새로운 성장전략과 과제

7 이지효(2016), 《대담한 디지털 시대》, 알에이치코리아.

8 위의 책.

9 위의 책.

10 김세직(2016), 〈한국 경제: 성장 위기와 구조개혁〉, 서울대 경제연구소 경제논집.

11 이지평(2016), 〈선제적 구조조정만이 경제 살린다〉, LG경제연구원.

12 〈매일경제〉(2015. 10. 1), "부실기업 떠안은 국책은행, 구조조정은 손 놨다".

13 여기서는 새로운 성장전략과 관련된 부문에 한정하여 제시한다.

찾아보기

기타

한·중·일
경제 삼국지 1

안현호 지음
(전 지식경제부 차관)

누가 이길까?

양장본 | 320면 | 값 18,000원

급변하는 세계 속 동북아시아 경제, 운명을 건 한·중·일 경제전쟁은 이미 시작되었다.
물러설 곳 없는 전쟁의 승리를 위해서 우리는 무엇을 해야 하는가?

세계 경제를 움직이는 IT, 자동차, 전자 등의 분야에서 치열한 한·중·일 3국의 소리 없는 전쟁이 시작되었다. 세계 최대의 인구를 바탕으로 엄청난 물량공세와 대대적인 개발로 높은 경제성장률을 보이는 중국, '아베노믹스'로 대표되는 엔저 카드로 전열을 가다듬는 일본. '한강의 기적'을 이루고 다음 기적을 준비해야 하는 한국, 우리의 위치는 어디인가? 그리고 이길 방법은 무엇인가?

나남 nanam www.nanam.net | 031-955-4601

가 보지 않은 길

한국의 성장동력과 현대차 스토리

송호근 지음

리셋 코리아(Reset Korea)!

시대를 대표하는 사회학자 송호근 교수의
사회학적 현장관찰기

신국판 | 400면 | 19,000원

"송호근 교수의 현대차 노조 질타, 핵심 짚었다" – 〈매일경제〉

"노조가 작업장 완전 장악 … 현대차, 제 2 한진해운 될 수 있다" – 〈중앙일보〉

"열망 사라진 노동자 … 이대로는 침체 못 면해" – 〈조선일보〉

"노동자들의 열정이 무너지면 한국 대기업도 무너져" – 〈경향신문〉

나남 www.nanam.net | 031-955-4601

세계적 기업 삼성그룹의 과거와 현재,
그리고 미래를 읽는다

호암자전
湖巖自傳

삼성 창업자
호암 이병철 자서전

삼성 창업자 호암 이병철이 육성으로 말하는 삼성,
그 창업과 경영의 위대한 서사!
한국 현대 경제사와 맥을 같이하는 글로벌 삼성신화의 서장을 목격하다!

이 책에는 호암 이병철의 진솔한 회고가 담담한 목소리로 기록되어 있다. 방황
하던 청년기에 대한 솔직한 고백과 인간적인 번민부터 거대 기업을 세운 그의
날카로운 사업적 감각과 통찰력, 국가 경제를 염두에 둔 거시적 안목까지 모두
담겨 있다. 국가 발전과 미래를 염려하는 초(超)개인적 기업인의 진면목과 실
패에 담대하라는 메시지는 오늘날의 독자들에게도 유효한 울림을 선사한다.

신국판·양장본·올컬러 | 440면 | 25,000원

나남 nanam www.nanam.net | 031-955-4601

20세기 한국경제 신화의 주역 정주영,
그의 삶에서 미래 해법을 찾는다!

영원한 도전자 정주영

20세기의 신화
정주영에게서 찾는 한국의 미래

허영섭(〈이데일리〉 논설실장) 지음

부진의 늪에서 벗어나지 못하는 한국경제.
앞장서서 혁신을 이끌 리더십은 보이지 않고
젊은이는 자조 섞인 패배의식에 빠졌다.
한강의 기적을 일군 정주영이 오늘날을 살아간다면 어땠을까?

"그를 키운 것은 거듭된 시련이었다. 시련이 있었기에 더욱 최선을 다해 노력
했다. 어려운 가운데서도 밀고 나가다 보면 반드시 길이 열릴 것이라는 믿음
을 지니고 있었던 것이다. 어려움이 닥쳐도 그는 불굴의 의지로 밀고 나갔다.
거듭된 도전과 시련, 또 도전이었다. 실패는 없었다. 그리고 끝내 빛나는 성공
을 이루었다."

신국판·양장본·올컬러 | 488면 | 27,000원

나남 www.nanam.net | 031-955-4601

코리안 미러클

육성으로 듣는 경제기적 편찬위원회(위원장 진념) 지음

박정희 시대 '경제기적'을 만든 사람들을 만나다!
경제난 어떻게 풀어 '창조경제' 이룰 것인가?
전설적인 경제의 고수들에게 배우라!

홍은주 전 iMBC 대표이사가 '그 시대' 쟁쟁한 경제거물들
인 최각규, 강경식, 조경식, 양윤세, 김용환, 황병태, 김호
식, 전응진을 만났다. 그들의 생생한 육성으로 통화개혁,
8·3조치, 수출정책, 과학기술정책 추진과정을 둘러싼
007작전과 비화들을 듣는다.

크라운판 | 568면 | 35,000원

코리안 미러클 2
도전과 비상

육성으로 듣는 경제기적 편찬위원회(위원장 진념) 지음

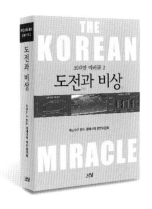

1980~90년대 '전환의 시대'를 이끈 경제주역들의 생생한
증언! 국가주도 경제에서 시장경제로 패러다임을 바꾸다!

1960~70년대 순항하던 한국경제호는 살인적 물가폭등
과 기업과 은행의 부실, 개방압력 등으로 흔들리기 시작
한다. 이 책은 시대적 과제였던 물가 안정, 기업과 은행의
자율, 시장 개방을 추진하는 데 핵심적 역할을 했던 경제
정책 입안자 강경식, 사공일, 이규성, 문희갑, 서영택, 김기
환의 인터뷰를 담고 있다. 한국경제 연착륙을 위해 고군
분투하는 그들의 이야기는 난세영웅전을 방불케 할 정도
로 흥미진진하다.

크라운판 | 552면 | 35,000원

나남 nanam www.nanam.net | 031-955-4601

코리안 미러클 3
숨은 기적들

육성으로 듣는 경제기적 편찬위원회(위원장 강봉균) 지음

'한강의 기적'에 가렸던 기적을 밝히다!
대한민국의 숲과 마을 그리고 도시 탄생의 역사!

전후 황폐한 농업국가에서 경제대국으로서 도약한 대한
민국의 발전 배경은 무엇인가? 그동안 제대로 조명되지
않은 대한민국 발전의 역사를 밝힌다. '농촌의 자립자활'
이라는 기치를 내건 새마을 운동, 민둥산을 푸른 숲으로
만든 산림녹화, 기술과 투지로 일으킨 중화학공업 등….
정부, 기업, 국민이 하나 되어 이룬 기적의 현장을 돌아보
며 갈등과 분열의 시대를 돌파할 해법을 모색해 본다.

- •**1권** 중화학공업, 지축을 흔든다 | 436면 | 26,000원
- •**2권** 농촌 근대화 프로젝트, 새마을 운동 | 244면 | 20,000원
- •**3권** 숲의 역사, 새로 쓰다 | 268면 | 20,000원

코리안 미러클 4
외환위기의 파고를 넘어

육성으로 듣는 경제기적 편찬위원회(위원장 강봉균) 지음

한국 경제의 불시착과 재비상의 드라마!
국가부도의 위기에서 대한민국 경제를 사수하라!

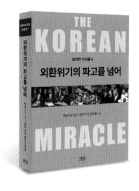

1997년 IMF로부터 구제금융을 받은 시점부터 2001년 외
환위기가 공식 종료된 시점까지 긴박했던 순간을 고스란
히 담았다. 당시 초유의 사태를 극복하기 위해 추진했던 금
융 및 기업 부문의 구조조정, 공공부문 개혁, 서민 생활보
호와 사회안전망 구축 정책을 경제드림팀 이규성, 강봉균,
이헌재, 진념 재경부 장관의 생생한 목소리로 들어본다.

크라운판 | 752면 | 39,000원

나남 nanam www.nanam.net | 031-955-4601